Une histoire du chat

Du même auteur

Les Neuf Vies du chat
Gallimard, « Découvertes », 1991

Laurence Bobis

Une histoire du chat

De l'Antiquité à nos jours

Fayard

LA PREMIÈRE ÉDITION DE CET OUVRAGE A PARU EN 2000
CHEZ LA LIBRAIRIE ARTHÈME FAYARD
SOUS LE TITRE *LE CHAT. HISTOIRE ET LÉGENDES*

ISBN 2-02-085705-7
(ISBN 2-213-60495-9, 1re publication)

© Librairie Arthème Fayard, 2000

www.seuil.com

À Daria, Balthazar et Timon

« – *Vous pourriez acheter un chat, suggéra Barbour.*
*Les chats sont assez bon marché, regardez dans l'*Argus… »

Philip K. DICK, *Les androïdes rêvent-ils de*
moutons électriques ?

Avant-propos

Qu'est-ce qu'un chat ? À cette question simple chacun apporte une réponse différente. Les uns décrivent son aspect et son comportement, d'autres évoquent des anecdotes, des souvenirs, d'autres encore rapportent des connaissances historiques ou prétendues telles. Quant au *Petit Larousse*, il propose une définition sèche et intemporelle : « Mammifère carnivore au museau court et arrondi, aux griffes rétractiles, dont il existe des espèces domestiques et sauvages (famille des félidés). *Le chat miaule* (pousse son cri) », accompagnée d'une série d'expressions et de locutions familières (*il n'y a pas un chat, avoir un chat dans la gorge, appeler un chat un chat, jouer à chat, chat à neuf queues*). Cette définition ne rend guère compte de l'animal que notre époque chérit tant, car le chat est avant tout un être animé, chargé d'affects et de symboles, un support de l'imaginaire humain. Il se définit par sa place dans la société, par les relations qu'il entretient avec l'homme, par ce qu'il mange ou ce qu'on lui donne à manger, par les images et les animaux qui lui sont associés.

Si tous les animaux ont une histoire, si la perception que l'on a d'eux a changé dans la durée, le chat a peut-être un « passé » plus lourd que d'autres à porter. Ne croit-on pas aujourd'hui encore que l'on massacrait les chats au Moyen Âge ? Or je n'ai jamais rien trouvé de tel dans mes recherches, et cette affirmation ressemble fort à un préjugé ou une croyance. On a prétendu aussi qu'il n'y aurait pas eu de chat au Moyen Âge, ou qu'il était impossible de le savoir faute de sources… Les images de chats et les textes qui l'évoquent sont en effet assez peu fréquents dans l'Antiquité et au Moyen Âge, mais ils existent, comme on le verra. Est-ce parce que ses représentations sont relativement rares que beaucoup ont cru que le chat n'avait été introduit en Europe qu'au milieu du Moyen Âge[1] ? Sans doute, mais le rapprochement logique de l'histoire du chat et de celle du rat noir a également étayé cette idée reçue, car on a longtemps pensé que les chats avaient suivi les rats dans les bagages des croisés. Les fouilles prouvent toutefois qu'il n'en est rien puisqu'on a découvert des vestiges de rats noirs d'époque romaine en Allemagne, en Autriche, en Suisse, en Grande-Bretagne et des restes de chats un peu partout pour la même période[2].

La rareté – ou la fréquence – des représentations d'un animal est-elle du reste signe irréfutable de sa présence commune ? On peut en douter à voir la place du lion – ou de monstres fabuleux – dans l'art médiéval. Pour prendre un exemple hors du champ de l'animalité, pourra-t-on apprécier dans dix siècles l'usage d'un ustensile banal comme la cocotte-minute dans l'Europe du XXᵉ siècle au vu des représentations artistiques, scientifiques et littéraires qui en survivront ? Or il ne nous reste pour faire l'histoire du chat que des documents épars, qui ne font que peu de place à la vie quotidienne.

Le livre que voici a pour origine un penchant avoué pour les chats, mais n'est-ce pas un travers largement partagé dans un pays, la France, qui, en ce domaine, dispose quasiment d'un record mondial avec 7,5 millions de chats ? Cet animal éminemment banal, dont l'amour que lui vouent les uns est parfois aussi agaçant que l'hostilité que lui témoignent les autres, provoque des réactions passionnées et contradictoires. Il offre aussi bien des séductions en tant qu'objet de recherches, car son histoire est jonchée de lacunes et jalonnée d'énigmes, à commencer par l'origine de son nom. Les circonstances et les lieux de sa domestication sont discutés, tout autant que l'époque et la façon dont il a été introduit en Europe.

« La connaissance historique, affirme Aaron J. Gourevitch, est toujours une conscience de soi : étudiant l'histoire d'une autre époque, les hommes ne peuvent pas ne pas la comparer à leur propre temps[3]. » C'est en contemplant la situation, souvent fort confortable, réservée à nos « amis » félins que m'est venue l'envie de savoir s'il en avait toujours été ainsi, et d'abord s'il y avait toujours eu des chats en Occident. Un point est sûr : nos chats domestiques ne sont pas, biologiquement parlant, les descendants des chats sauvages européens. Leur origine a suscité un grand intérêt au XIXᵉ siècle et au début du XXᵉ siècle avant que la question retombe dans l'oubli sans avoir été tranchée. L'émergence depuis les années 1970 de l'archéozoologie – c'est-à-dire l'étude des ossements des animaux et des traces diverses qu'ils ont pu laisser sur les habitats humains – permet aujourd'hui d'aborder le problème sous de nouveaux angles.

Bien qu'il existe aujourd'hui, dans les villes, des colonies de chats qui errent dans les friches urbaines, dans les jardins ou dans les cimetières, et, dans les campagnes, des chats plus ou moins ensauvagés, nous considérons avant tout le chat européen comme un animal familier. C'est cette image qu'exploite la publicité ; avec le chien, le chat est un véritable enjeu économique, leur entretien et leur nourriture à tous deux représentant 1 % du budget des ménages français.

Ce statut privilégié est récent : les premiers livres qui, à partir du XVIIIᵉ siècle, se sont proposés de faire l'histoire du chat sont en effet conçus sur le mode de la réhabilitation. *Les Chats*, ouvrage publié anonymement en 1727 par Paradis de Moncrif, secrétaire du duc d'Orléans, tient à la fois du plaidoyer et de la satire. Du plaidoyer, parce que Moncrif entend redresser une injustice : c'est après avoir entendu accuser les chats de tous les ridicules et de tous les vices qu'il aurait décidé d'écrire son livre. De la satire, parce que les « conjurés », qu'il veut convaincre d'abandonner leurs préjugés, sont gens d'esprit et que son histoire doit être en conséquence plaisante et incisive. Jules Husson, dit Champfleury, le second chantre des chats, assure en 1869, dans un ouvrage qui eut de multiples éditions, *Le Chat, mœurs, observations, anecdotes*, que le Moyen Âge, « qui brûlait les sorcières et quelquefois les savants, devait brûler les chats ».

Si le chat a depuis peu seulement une place d'exception, comment était-il traité auparavant ? Comme une bête famélique, solitaire, pourchassée parce qu'elle portait malheur et était réputée démoniaque ? Comme un instrument dont on avait besoin ? Comme un familier, un « commensal », un mangeur de restes ? Essayer de retrouver le véritable statut du chat, vérifier s'il a connu un « âge noir » m'a conduite naturellement vers le Moyen Âge, creuset supposé d'une légende néfaste aux échos encore perceptibles, et époque où des chats affamés étaient censés livrer une guerre impitoyable aux rats.

Le chat a-t-il toujours été un animal domestique ? La réponse n'est pas simple car, même de ce point de vue, le chat suscite des

réactions passionnelles, voire idéologiques. En affirmant que
« l'homme a domestiqué le chien, mais [que] c'est le chat qui a
domestiqué l'homme », l'anthropologue Marcel Mauss a valo-
risé à l'évidence le chat, en le rendant seul capable d'inverser le
sens de la relation homme-animal. Montaigne ne disait pas autre
chose lorsqu'il se posait cette question : « Quand je me joue à ma
chatte, qui sait si elle passe son temps de moi plus que je ne fais
d'elle ? » Au reste, la définition d'un animal domestique est
assez floue, comme l'a souligné l'anthropologue Jean-Pierre
Digard. Les zoologistes l'appliquent aux animaux qui se repro-
duisent en captivité et qui, sous la pression de la sélection exer-
cée par l'homme, ont fini par se distinguer profondément de
l'espèce sauvage dont ils sont issus ; les juristes, à ceux qui ont
un maître ; les éthologues s'intéressent d'abord à l'importance
des prédispositions comportementales à la domestication…
  À bien des égards, le chat du XXᵉ siècle ne répond qu'en partie
à toutes ces définitions : dira-t-on pour autant qu'il n'est pas
domestique ? Il en va de même à l'époque médiévale où le chat
est un animal domestique au sens étymologique (*domesticus*
vient du latin *domus*, maison ou maisonnée) ; mieux, il est très
tôt un animal de l'« intime », un familier puisqu'il fait partie de
la « famille ». Dans les tableaux représentant l'intérieur des maisons, nobles ou humbles, aux XIVᵉ-XVᵉ siècles, le chat est un
élément indispensable du décor et dort paisiblement près du
foyer. Mais bien qu'il soit représenté sous des dehors pacifiques,
le chat a pour tâche primordiale la chasse aux souris. La formule
« chat domestique » est inconnue au Moyen Âge : on parle alors
soit simplement de « chats » – et si l'on veut les distinguer des
chats sauvages, on qualifiera ces derniers de « sylvestres » – ou
encore de chats « privés ». Perçu comme un chasseur mais représenté sur les tableaux ou dans les livres comme un familier,
côtoyant l'homme sous deux formes, sauvage et domestique, le
chat a une place trop paradoxale pour entrer dans aucune des
catégories élaborées à propos de la domestication et définit peut-
être à lui seul une catégorie du domestique, tant les liens qu'il
entretient avec l'homme sont divers. Ce sont ces liens qu'il faut
tenter de cerner au plus près, en recherchant ceux qui ont été
prescrits ou, au contraire, prohibés.
  Malgré la situation d'exception qui est désormais la sienne et
qui l'érige en animal singulier, le chat fait partie d'un « bestiaire
mental » qui associe les animaux par couples antagonistes. Par

la place qu'il occupe sociologiquement, le chat contemporain est constamment rapproché du chien. Pour expliquer ce rapprochement, certains font valoir l'hostilité innée que se vouent ces deux animaux. Qui ignore par ailleurs que le chat chasse les rongeurs ? Et pourtant, bien des chats contemporains n'ont jamais pris de souris ; beaucoup, même parmi ceux auxquels leur mode de vie permet d'exercer une telle activité, ne chassent guère pour s'alimenter. Les représentations du chat au fil des siècles montrent que ces associations, qui nous semblent si évidentes, sont en réalité des faits culturels. Ainsi le couple chat-souris continue-t-il à être évocateur dans notre société où il n'a souvent plus lieu d'être, comme si l'imaginaire lié au chat était dissocié de la réalité quotidienne.

Ce livre repose sur une enquête de longue durée, de l'Antiquité au XIXe siècle, mais donne une place centrale au Moyen Âge, car c'est alors que le chat trouve une fonction dans la société occidentale et que se constitue un imaginaire qui, dans ses grandes lignes, reste le nôtre ; c'est au Moyen Âge que semblent naître les aspects noirs de sa légende.

Écrire l'histoire du chat revient à faire œuvre de mosaïste collectant des pierres de couleur ou de détective glanant des indices tout autant que d'historien : fragments d'os, textes littéraires ou théologiques, grammaires, vies de saints, listes de pénitences ou lois, recettes de médecine ou de cuisine, croyances populaires, sculptures, manuscrits, tapisseries… Ce sont ces documents tout autant que les encyclopédies ou les bestiaires qui nous permettent de suivre la silhouette furtive du chat à travers les siècles.

Première partie

Le chat dans l'Antiquité

> « Ces gens dont l'esprit est imbu de superstitions bizarres affronteraient les pires tortures plutôt que de porter une main sacrilège sur un ibis, sur un aspic, sur un chat... »
>
> Cicéron.

1

Des origines controversées

À la différence des autres animaux domestiques, le chat ne descend pas d'une seule et même espèce sauvage, bien identifiée. Au genre *Felis silvestris* appartiennent trois grandes espèces : le chat sauvage européen (*Felis silvestris Schreber*), que l'on trouve un peu partout sur le Vieux Continent ainsi que dans le Caucase et l'Asie Mineure ; le *Felis manul Pallas*, qui vit en Asie, et le chat sauvage de Nubie, *Felis libyca Forster*, appelé aussi chat ganté, que l'on rencontre du bassin méditerranéen (Baléares, Corse, Sardaigne) jusqu'en Afrique, en Arabie et même en Inde.

Un animal venu d'Égypte

Le chat que nous connaissons aujourd'hui descend-il du *Felis silvestris* européen ? C'est au début du XIXᵉ siècle qu'un naturaliste hollandais, Conrad Jacob Temminck a mis en doute l'idée, longtemps admise, selon laquelle le chat aurait été domestiqué sur le Vieux Continent :

> « *L'opinion reçue et adoptée par le plus grand nombre est que le chat sauvage des forêts de l'Europe et de l'Asie doit être considéré comme souche primordiale de toutes les races de chats domestiques. En réfléchissant sur ce point, on voit naître le doute, qu'une comparaison établie entre nos chats de maison et ce type sauvage tend à fortifier. En cherchant à remonter vers l'origine de la domesticité du chat, on se trouve en quelque sorte guidé par la pensée vers ces contrées qui furent témoins du premier élan de la civilisation... l'Égypte*[1]. »

De fait, il n'y a nulle trace de chat domestique dans les sites préhistoriques d'Europe. Surtout, le chat sauvage européen est réputé inapprivoisable, alors que le chat ganté vivant au sud du Sahara se laisse aujourd'hui encore facilement approcher. Ce dernier pourrait donc être l'ancêtre sauvage du chat domestique.

À la suite d'un processus compliqué, la domestication qui implique le confinement de colonies d'animaux et leur sélection, une nouvelle espèce est apparue, dotée d'une morphologie propre, qui diffère de l'espèce sauvage originelle tant d'un point de vue biologique que comportemental : les individus domestiques ont ainsi une taille et un poids soumis à de plus importantes variations et une fertilité qui favorise de nouvelles combinaisons génétiques, ce qui explique la diversité de leurs robes.

Si la plupart des zoologues admettent aujourd'hui que le berceau du chat est l'Égypte, certains ont suggéré d'autres hypothèses. Selon le Hongrois Sandor Bökönyi, le chat sauvage européen aurait pu être apprivoisé au Moyen Âge[2]. Pour Reginald Innes Pocock, le chat domestique résulterait du croisement de chats domestiqués d'importation et de chats sauvages européens[3]. Ce type de croisement serait possible, selon Frederik E. Zeuner, qui évoque des formes transitionnelles sur les îles méditerranéennes[4] et selon l'archéologue Achille Gautier qui met en avant le mode de vie assez libre des chats médiévaux, à l'exemple de ceux découverts dans les fouilles de l'abbaye de Saint-Avit-Sénieur (XIe-XIIIe siècle)[5]. Mais d'autres zoologues estiment que le chat domestique et le chat sauvage européen ne se croisent que très difficilement, que les chatons produits sont fragiles, peu viables et ne peuvent eux-mêmes se reproduire[6].

Selon d'autres encore, la domestication du chat aurait commencé en Perse ou au Pakistan, où des restes de chat datant de 2000 avant J.-C. ont été retrouvés à Harappa, le berceau de la civilisation de l'Indus, puis continué en Égypte, à partir de souches importées[7]. Il existerait aussi des traces anciennes de la présence du chat à Chypre, où l'on a mis au jour sur le site de Khirokitia une mandibule de *Felis silvestris libyca* attribuée à un individu domestiqué, qui serait datée de 8000 avant J.-C.[8]. Des statuettes de femmes tenant dans leurs bras de petits carnivores à longue queue ont été exhumées à Hacilar, en Anatolie (VIe millénaire), et certains y ont vu des chats. Enfin, une dent découverte à Jéricho (vers 6700 avant J.-C.) appartiendrait à un individu du genre *Felis libyca*, mais rien ne prouve qu'il ait été domestiqué[9].

Ces hypothèses sont cependant fragiles et tout laisse croire que le chat a été domestiqué dans la vallée du Nil. La domestication est une étape cruciale dans l'histoire des rapports entre l'homme et l'animal, et on lui assigne diverses raisons, économiques, religieuses, culturelles ou techniques. Celle du chat aurait une cause plus conjoncturelle : des spécimens sauvages, naturellement prédisposés à l'apprivoisement, auraient suivi leurs proies, les rongeurs, qui étaient attirées vers les habitations humaines de la vallée du Nil par le développement de l'agriculture et donc du stockage de grains. Les Égyptiens ont du reste cherché à domestiquer ou apprivoiser de nombreuses espèces sauvages. Comme les représentations de chat se multiplient au Moyen et surtout au Nouvel Empire, on peut avancer que le chat a dû être domestiqué entre 3000 et 1500 avant J.-C.[10].

L'arrivée du chat en Occident

La date d'arrivée du chat en Occident a fait l'objet de débats dès le début du XVIIIe siècle. Paradis de Moncrif, premier historien autoproclamé du chat, affirme alors que les chats jouaient un rôle dans l'Antiquité et évoque en particulier le chat divinisé des Égyptiens qui auraient transmis ce « culte mystérieux successivement aux Grecs et aux Romains ». Un siècle plus tard, Champfleury soutient tout aussi fermement que le chat a été « délaissé par les Grecs et les Romains ».

C'est au début du XIXe siècle que philologues, archéologues et zoologues ont entrepris des recherches sur ce point de l'histoire du chat domestique. Selon Henri-Frédéric Link, Grecs et Romains élevaient la belette à la place du chat pour combattre les rongeurs, et le chat égyptien ou nubien aurait gagné nos parages « vers le Moyen Âge »[11]. Ce n'est pas l'opinion du paléontologue Alphonse Pictet, qui mentionne la découverte d'ossements de chat et de chiens dans l'établissement lacustre de Moosseedorf (canton de Berne), mais qui admet cependant que les Grecs et les Romains n'avaient pas d'ordinaire de chats, ce dernier étant comme son nom *cattus* l'indique d'origine africaine[12].

Selon l'archéologue François Lenormant, le chat serait devenu commun chez les Romains au IVe siècle, c'est-à-dire précisément au moment où le nom *cattus* apparaît. Il se serait répandu en Occident, non pas à partir de l'Égypte – où le chat porte un nom différent (*mau* ou *schau*) – mais à partir de la Syrie *via* l'Arabie, qui elle-même l'aurait tenu des pays du haut Nil et de l'Abyssinie. Le chat sauvage européen aurait été domestiqué peu après, à l'exemple de l'espèce exotique, avec laquelle il se serait croisé[13]. Pour le linguiste Victor Hehn, le chat se serait définitivement imposé avant l'implantation du christianisme qui n'aurait pas manqué de combattre l'expansion d'un animal païen ; le mot *cattus* serait d'ailleurs une forme de latin populaire[14].

Pour sa part, le rabbin Placzek remarque, en 1885, que l'expression « la belette et le chat », qui apparaît aux IIIe et IVe siècles, désigne des ennemis temporairement réunis par une communauté d'intérêts ; il y voit l'indice d'une coexistence des deux animaux dans la fonction de chasseurs de souris domestiques. Les deux animaux auraient cohabité du IIe au IVe siècle avant que le chat ne supplantât définitivement sa rivale[15]. Parti de Nubie, le chat aurait suivi un périple le menant aux régions du Nil, puis, de là, les peuples sémites l'auraient transmis aux Romains. Le zoologue allemand Otto Keller adopte, en 1909, une position intermédiaire : la belette aurait lentement reculé devant le chat domestique entre le IIe et le Ve siècle, mais ce dernier ne serait devenu commun qu'au Moyen Âge, quand l'arrivée du rat l'aurait rendu indispensable[16]. Il y aurait eu par ailleurs une acclimatation précoce, mais sans suite, du chat en Italie du Sud au Ve siècle avant notre ère[17].

2

Un animal de moins en moins exotique

Le témoignage le plus ancien et le plus précis sur le chat nous vient d'Hérodote (ve siècle)[1]. Dans ses *Histoires*, il donne une description du crocodile, de l'hippopotame ou de l'ibis, mais ne prend pas la peine de parler de l'apparence du chat, ce qui laisse supposer que cet animal était bien connu des Grecs. Il note en revanche avec surprise deux particularités qui limitent selon lui la prolifération de l'espèce : les mâles tuent volontairement les chatons pour ranimer le désir des femelles, car celles-ci, toutes à leur progéniture, les évitent après avoir mis bas ; les chats ont par ailleurs face à l'incendie une attitude suicidaire :

> « *Lorsqu'un incendie se produit, il arrive aux chats des choses qui tiennent du prodige. Les Égyptiens, debout de distance en distance, veillent sur eux, sans se soucier d'éteindre ce qui brûle, mais les chats se glissent entre les hommes ou sautent par-dessus et se jettent dans les flammes. Lorsque cela arrive, les Égyptiens en témoignent une grande douleur.* »

L'historien grec signale le caractère sacré des animaux pour ce peuple étrange qu'étaient à ses yeux les Égyptiens. La mort naturelle des chiens et des chats donnait lieu à des rites funéraires : toute la maisonnée se rasait les sourcils pour le deuil d'un chat, le corps entier et la tête pour celui d'un chien. Ces derniers étaient enterrés dans la ville où ils avaient vécu, tandis que les chats étaient embaumés dans des maisons sacrées puis enterrés dans la cité sainte de Bubastis. Dans cette ville située à l'est du Delta, qui fut capitale vers 950 avant J.-C., une importante nécropole de chats a été d'ailleurs retrouvée.

Un « égyptien » longtemps méprisé

Un siècle plus tard, Aristote évoque brièvement les chats dans son *Histoire des animaux*. Sans doute est-ce encore le chat égyptien que décrit le philosophe, car il l'associe dans un autre passage à des animaux représentatifs de la faune du Nil. Les chattes, dit-il, sont des femelles lascives qui excitent les mâles à l'amour et crient pendant l'accouplement[2]. Cette attribution au chat d'une sexualité exacerbée fera florès.

Le culte que vouent les Égyptiens aux animaux continue d'étonner Diodore de Sicile (Ier siècle avant J.-C.) qui recherche les causes de leur zoolâtrie. L'une relève du mythe : les dieux égyptiens se seraient changés en animaux pour échapper à leurs ennemis et auraient sacralisé ceux grâce auxquels ils avaient été sauvés[3]. La seconde appartient à l'histoire : les Égyptiens auraient dû leurs victoires militaires à l'adoption d'étendards portant des figures animales. Le chat pourrait enfin avoir été sacré parce qu'il s'attaquait aux aspics et aux autres serpents venimeux.

Des chats étaient élevés dans les temples : pour obtenir une guérison ou quelque autre faveur des dieux, les Égyptiens croyaient bon de donner de l'argent pour leur nourriture aux serviteurs qui en avaient la charge. Les chats recevaient ainsi du pain trempé dans le lait ou des morceaux de poisson.

Cette sacralisation des chats, note Diodore, se traduit par une véritable politique de protection. Ainsi, lorsqu'ils voyageaient à l'étranger, les Égyptiens étaient prêts à verser une rançon pour ramener avec eux les chats qu'ils y trouvaient. Il était également interdit de tuer, intentionnellement ou non, des animaux sacrés. La transgression de cette loi, surtout lorsque la victime était un chat ou un ibis, entraînait des réactions immédiates dans le peuple. Diodore rapporte l'exemple d'un Romain qui, ayant tué un chat, ne put échapper au supplice, en dépit des démarches entreprises par ses officiers auprès du roi et de la crainte qu'inspirait Rome[4].

Le respect des Égyptiens pour les chats est confirmé par les *Stratagèmes* de Polyen (IIe siècle) qui racontent comment le roi de Perse Cambyse II prit la ville de Péluse, où se trouvait le roi d'Égypte, en faisant placer devant son armée tous les animaux que vénéraient les Égyptiens, chiens, chats et ibis[5].

Le moraliste Plutarque (50-125) semble mieux connaître le chat que ses prédécesseurs. Il est le premier à parler des effets que peuvent avoir sur lui les parfums, faisant peut-être allusion au comportement du chat en présence d'herbes telles que la cataire. Mais il considère le chat comme un animal exotique que l'on apprivoise et non comme un animal domestique :

> « *On élève avec amour des chiens hargneux et des chevaux ombrageux, souvent même des lynx, des chats, des singes, des lions, et on ne supporte pas les humeurs, les ignorances, les ambitions de ses frères !* »

Le lien entre le chat et l'Égypte apparaît encore plus nettement dans le traité *Isis et Osiris*. Plutarque y donne une description précise du sistre, un instrument de musique au sommet duquel

> « *est ciselée l'image d'un chat à face humaine et en bas, sous les pièces mobiles, d'un côté le visage d'Isis et de l'autre celui de Nephtys. Ces emblèmes symbolisent la naissance et la mort... et le chat représente la lune, à cause du pelage tacheté, de l'activité nocturne et de la fécondité de cet animal. On dit qu'il met au monde d'abord un petit, puis deux, trois, quatre, cinq et qu'il en a ainsi un de plus à chaque portée jusqu'à sept, si bien qu'en tout il mettrait au monde vingt-huit petits, autant qu'il y a de jours dans une lunaison. Cela n'est peut-être qu'une fable : mais la pupille de l'œil du chat semble bien s'arrondir et se dilater à la pleine lune, rétrécir et se contracter pendant le décours de l'astre. Quant aux traits humains prêtés au chat, ils servent à représenter ce qu'il y a d'intelligence et de raison dans les phases de la lune[6]* ».

Pour Élien, auteur au tournant des IIe et IIIe siècles d'un traité sur la *Nature des animaux* empli d'anecdotes moralisantes, le chat, plus apprivoisé que domestique, fait encore partie de la faune et de la culture égyptiennes :

> « *En Égypte, les chats, les ichneumons, les crocodiles, et plus encore les faucons, apportent la preuve que la nature des animaux n'est pas complètement indomptable mais que, bien traités, les plus féroces des animaux sont capables de se souvenir des bienfaits.* »

Le même Élien est aussi le premier à faire état d'un « folklore » du chat. Il rapporte en effet un récit égyptien expliquant pourquoi les chats ne chassent pas les singes. Poursuivi par des chats sauvages, un singe se réfugia dans un arbre. Mais les chats grimpèrent à l'arbre en s'agrippant à l'écorce pour l'attraper et le singe alla au plus haut de l'arbre et se suspendit à l'extrémité d'une branche. Les chats durent abandonner leur poursuite et, de ce jour, renoncèrent à chasser les singes. Élien mentionne encore le chat à propos de l'oie d'Égypte qui, par son courage, réussit à décourager son prédateur. Comme Hérodote, Aristote et Plutarque, il note le caractère luxurieux du mâle, qui tue ses petits pour exciter sa femelle, ainsi que l'instinct maternel de la chatte. Il remarque également que les chats sont sensibles aux odeurs, ce qui les pousse à enfouir leurs excréments[7].

Les auteurs latins associent toujours le chat à la culture égyptienne, mais la vénération dont il est l'objet les étonne moins qu'elle ne suscite leur moquerie. Le mépris de Cicéron est radical :

> « *Qui ne connaît la coutume des Égyptiens ? Ces gens, dont l'esprit est imbu de superstitions bizarres, affronteraient les pires tortures plutôt que de porter une main sacrilège sur un ibis, un aspic, un chat, un chien ou un crocodile et même s'il leur arrivait par mégarde de commettre rien de tel, il n'est point de châtiment qu'ils ne reconnaîtraient légitime*[8]. »

Juvénal (première moitié du IIe siècle) s'indigne tout autant dans ses *Satires* :

> « *Qui ignore, ô Volusius Bithynicus, à quels monstres insensés les Égyptiens vouent un culte ?… Des villes entières vénèrent ici des chats, là un poisson du fleuve, ailleurs un chien, mais personne n'honore Diane*[9]. »

Au siècle suivant, le rhéteur Athénée, Grec né en Basse-Égypte mais qui enseignait à Rome, évoque le plaisir qu'Anaxandride affirmait prendre à tuer et à écorcher un chat pour mieux se distinguer des Égyptiens, qui pleuraient lorsqu'ils en voyaient un en difficulté[10].

Prenant la relève des auteurs païens, les apologistes chrétiens stigmatisent à leur tour la zoolâtrie des Égyptiens. Justin (100-165) dénonce, dans ses *Apologies*, le peuple qui adore

> « *des arbres, des fleuves, des rats, des chats, des crocodiles, des animaux de toute espèce*[11]*…* »

Au tournant des IIe et IIIe siècles, Clément d'Alexandrie, l'un des premiers philosophes chrétiens, donne une description horrifiée de ces cultes idolâtres, et compare leur vanité à celle des femmes qui cherchent à paraître tout en négligeant leur âme :

> « *L'or, l'argent et le vermeil font resplendir les temples, finement décorés de pierres resplendissantes venues d'Inde et d'Éthiopie, tandis que le sanctuaire est plongé dans la pénombre grâce à des voiles brodés d'or. Mais si nous pénétrons dans la profondeur de l'édifice, aspirant à contempler la divinité, et si nous cherchons la statue qui habite le temple, un de ceux qui ont la charge de la porter ou quelque autre prêtre parcourt le lieu sacré d'un regard solennel, chantant un cantique en égyptien, et soulève un coin de voile comme pour nous montrer le dieu, l'objet de la vénération provoquant en nous un grand éclat de rire : ce n'est pas en effet un dieu celui que nous cherchions avec empressement et que nous découvrons à l'intérieur, mais un chat, un crocodile, un serpent indigène ou une autre bête de ce genre, indigne d'habiter un temple mais méritant une tanière, un trou ou un bourbier. Le dieu des Égyptiens apparaît sur un lit de pourpre comme un animal, recroquevillé*[12]. »

Même lorsque ces cultes égyptiens sont battus en brèche, les chrétiens ne baissent pas la garde et le chat apparaît au détour des diatribes en tant qu'animal exemplaire de la zoolâtrie. Au début du IVe siècle, Arnobe, qui dénonce avec éclat l'idolâtrie, les attaque encore[13]. Du côté grec, les *Homélies clémentines*, prétendu abrégé des prédications de saint Pierre faussement attribué à Clément de Rome, comparent ceux qui outragent le nom de Dieu aux anciens Égyptiens :

> « *Les uns ont livré un bœuf appelé Apis à l'adoration des hommes, d'autres un bouc, ceux-ci un chat, ceux-là un serpent, voire un poisson, des oignons, les flatuosités du ventre*[14]*…* »

Au début du VIe siècle, lorsque ces cultes appartiennent au passé, Zacharie le Scolastique raconte les réactions d'un chré-

tien qui découvre avec quelques-uns de ses compagnons un
sanctuaire païen secret à Alexandrie :

> « *Quand il vit la multitude des idoles et qu'il aperçut l'autel
> couvert de sang, il s'écria en égyptien : "Il n'y a qu'un seul
> Dieu."... Il nous tendit d'abord l'idole de Kronos... ensuite
> toutes les autres idoles des démons, puis une collection variée
> d'idoles de toutes espèces notamment des chiens, des chats, des
> singes, des crocodiles et des reptiles ; car dans le temps, les
> Égyptiens adoraient aussi ces animaux... On disait que ces idoles
> avaient été enlevées au temple de Memphis par le prêtre de cette
> époque quand on s'était aperçu que le paganisme avait perdu de
> sa force, et qu'il était aboli. Elles avaient été cachées... On
> espérait, espoir vain et futile, qu'on ne les découvrirait pas*[15]. »

Le chat, les oiseaux et la lune

Les auteurs de l'Antiquité avaient un autre grief à l'encontre
du chat : ils l'accusaient d'être un tueur d'oiseaux. Aristote puis
Pétrone, auteur du *Satyricon*, ont noté ce goût commun aux
belettes domestiques et aux chats[16]. Varron (117-27 avant
J.-C.), dans son traité d'agriculture, invite à construire une
volière pour les canards, en élevant un mur plâtré pour éloi-
gner les chats (*feles*) et les autres animaux. Un peu plus tard,
Columelle, un autre agronome, donne les mêmes conseils pratiques. On trouve des prescriptions similaires recommandant
de garder les pigeonniers et les oiseaux des attaques des chats
et des renards, dans les *Géoponiques* de Cassanius Bassus
(IVᵉ siècle), compilation de textes sur l'agriculture[17]. Curieusement, l'agronome Palladius (IVᵉ siècle) désigne la belette et non
le chat comme prédateur des pigeons mais le recommande pour
combattre les taupes[18].

Aussi évidente pour nous que la peur des souris vis-à-vis du
chat, les auteurs antiques observent celle qu'en ont les oiseaux :
les oisillons se méfient instinctivement des chats, remarque
Sénèque, tandis qu'Élien note la crainte qu'il inspire au coq[19].
Le meurtre de l'oiseau familier par le chat est un thème de
diatribe dans les épigrammes de l'Antiquité tardive. Agathias
le Scolastique (VIᵉ siècle) condamne durement le meurtrier :

> « *Le chat domestique qui a mangé ma perdrix favorite espère-t-il vivre dans ma maison ? Chère perdrix, je ne te laisserai pas morte sans honneurs ; mais sur ton cadavre, j'immolerai celui qui t'a pris la vie.* »

Une autre épigramme met sans doute en scène le même chat :

> « *Ta tête [malheureuse perdrix] un chat l'a coupée, mais tout le reste je le lui ai enlevé et il n'en a pas rassasié sa mâchoire jalouse.* »

Un certain Damocharis reproche au chat d'Agathias de négliger les souris pour s'attaquer aux perdrix :

> « *Émule des chiens qui dévorent les hommes, chat très malfaisant, tu es l'un des chiens d'Actéon… Tu affliges ton maître, comme si tu l'avais dévoré lui-même. Tu ne penses qu'aux perdrix tandis que les souris dansent et mangent tes mets délicats*[20]. »

Ce reproche frappe d'autant plus que l'association du chat et de la souris, si évidente qu'elle pourrait sembler universelle, demeure longtemps rare chez les auteurs antiques. Le poète Callimaque (IIᵉ siècle avant J.-C.), dans son *Hymne à Déméter*, évoque la faim insatiable dont la déesse accabla Érysichton, faim qui poussa celui-ci à dévorer tous les animaux qu'il trouvait, jusqu'à « la chatte qui faisait peur aux souris » (*ailoura*), tandis que Philon d'Alexandrie, célèbre philosophe du début de notre ère, note la concurrence que l'hirondelle, grande chasseuse de souris, faisait aux chats d'Égypte[21]. C'est au IIIᵉ siècle seulement que le chat est décrit comme un dévoreur de souris parfois si vorace qu'il en meurt. L'*Anthologie latine* contient deux poèmes dont les titres sont explicites : *Le chat dans l'obscurité prit une pie pour une souris* et *Du chat qui mourut d'apoplexie en dévorant une souris trop grosse*[22].

L'opposition du chat et de l'oiseau est sans doute liée à la dimension affective et symbolique de ce dernier dans la culture antique. Dans son traité d'interprétation des rêves, l'*Oneirocriticon*, Artémidore d'Éphèse (IIᵉ siècle) affirme que le chat désigne l'homme adultère, car il vole les oiseaux qui sont comparables aux femmes[23]. La métaphore du chat voleur d'oiseaux pour désigner le corrupteur apparaît déjà chez Plaute, dans le

registre de l'injure : Trachation traite ainsi un certain Labrax de
« vilain dénicheur de jeunes filles » (*felis virginalis*) et l'accuse
de livrer à la prostitution des enfants de libre naissance dérobés à
leurs parents. La même insulte, que l'on peut traduire par « chat-
pardeur de jeunes filles », se retrouve dans une autre de ses
pièces[24]. Ausone, au IVe siècle, l'utilise contre un homosexuel.
Dans une épigramme virulente, le poète demande à Pythagore ce
que deviendrait un certain Marcus, « celui qu'on appelait le
chapardeur de poulets (*feles pullaria*), qui a corrompu toute la
jeunesse mâle… » s'il se réincarnait[25]. Dans le couple qu'il
forme avec l'oiseau, le chat est doté d'une symbolique sexuelle
qui prolonge la réputation d'animal à la sexualité débridée que
les zoologues lui attribuaient depuis Aristote. Au Ve siècle, le
naturaliste Timothée de Gaza affirme même que la femelle est
très semblable à une prostituée et caresse le mâle durant les
rapports sexuels[26].

Le chat était également associé à la lune, selon une symbolique nocturne et lunaire peut-être empruntée à la culture égyptienne. Après Plutarque, Aulu-Gelle (IIe siècle) note que la
lune, au cours de ses différentes phases, « fait grandir ou dimi-
nuer les yeux des chats »[27]. Le rhéteur Démétrius évoque une
autre croyance, selon laquelle le chat prospère ou dépérit suivant l'accroissement ou le décroissement de la lune et fait
allusion à la fable perdue de la lune engendrant le chat[28]. Le
philosophe Damascius (seconde moitié du Ve siècle) mentionne comme Plutarque l'influence du cycle lunaire sur les
portées de la chatte et affirme qu'elle marque comme une
horloge les douze heures du jour et de la nuit en urinant
régulièrement à chaque heure[29].

Quand le chat ne s'appelait pas encore chat

Les Grecs l'appelaient *ailouros*, l'animal qui remue la queue,
les Romains *felis*, mot qui désignait de petits mammifères carnivores, notamment les chats sauvages, bien avant de s'appliquer
à l'espèce domestique. La métaphore employée en grec aussi
bien que le caractère non spécifique du mot *felis* en latin suggèrent un animal non autochtone. *Cattus*, un nouveau mot dési-

gnant le chat en particulier, va s'imposer peu à peu dans toutes les langues européennes, vraisemblablement avant le IVe siècle. Par un retournement de situation, ce vocable attaché à l'espèce domestique s'appliquera désormais aussi à l'espèce sauvage.

Malgré l'arrivée tardive du mot, son origine est obscure. Au début du XXe siècle, le linguiste Lazare Sainéan a retracé l'expansion spectaculaire du mot « chat » en français et en roman, dans et hors de la *Romania* (familles germanique, celtique, slave, sémitique et finno-turque), déplorant l'impuissance de la linguistique à établir l'histoire d'un mot « absolument isolé en latin où il apparaît d'une façon presque mystérieuse » et y voyant une sorte de « création linguistique sans histoire et réfractaire à toute analyse »[30].

Le mot féminin *catta*, qui apparaît pour la première fois au Ier siècle chez le poète Martial, puis dans une traduction du Livre de Baruch (IIIe siècle), désigne d'abord un oiseau nocturne et non le chat. Les premières occurrences du masculin *cattus* dans le sens de chat domestique datent également des IIIe et IVe siècles (*Codex salmasianus* et traité d'agronomie de Palladius) : l'*Anthologie latine* le présente, on l'a vu, comme un chasseur insatiable de souris, tandis que Palladius recommande « d'avoir des chats » au milieu des plans d'artichauts pour combattre les taupes.

Au début du Ve siècle, un Père de l'Église, Rufin d'Aquilée, traduit le grec *ailouros* par le latin *gatta*[31]. Peu après, Polemius Silvius, ami de l'évêque d'Arles Hilaire (mort en 449), établit une liste d'animaux, quadrupèdes, oiseaux et poissons, où le chat, sous la forme *cattus*, figure tout naturellement parmi les quadrupèdes[32]. Il est probable que Martianus Capella (Ve siècle) emploie à des fins stylistiques le mot archaïque *felis* dans ses *Noces de Philologie et de Mercure* : ce sera en tout cas le dernier emploi de *felis* pour désigner le chat avant la Renaissance[33].

Au Ve siècle encore, le naturaliste Timothée de Gaza emploie en grec la transcription du latin (*katta*) et précise que les Grecs utilisent couramment le nom romain pour désigner cet animal qui serait né du croisement de léopards en Libye. À la fin du VIe siècle, Évagrius affirme que le chat (*ailouros*) est appelé *katta* dans l'usage courant[34]. Mais la toute première apparition du mot latin dans la littérature grecque revient à Césaire de Naziance, qui fait allusion dans ses *Dialogues* aux peuples qui

« mangent des renards et des chats sauvages », en employant l'expression *tas endrumous kattas*[35]. Le mot *cattus* semble donc s'être ancré d'abord dans le monde latin.

L'apparition d'un nom commun *cattus* a certainement accompagné l'implantation dans le monde occidental de l'animal qu'il désignait. Cette mutation s'est faite avec une rapidité surprenante : *cattus* surgit aux IIIe-IVe siècles, et, dès le Ve siècle, les appellations antérieures, *felis* et *ailouros*, sont supplantées. C'est peut-être le signe d'une brusque élévation du nombre des chats domestiques et de l'adoption définitive d'un excellent ratier. L'animal était cependant présent en Occident de longue date, à en juger par les représentations qui en subsistent.

3

Le chat dans l'art antique

Les représentations du chat dans l'Antiquité sont très dispersées dans le temps et dans l'espace, un peu comme si le chat faisait des irruptions sporadiques ici ou là sans faire vraiment partie de la faune où les artistes puisent leurs motifs d'inspiration.

Les plus anciennes apparitions du chat dans l'art occidental sont dues aux artistes de Crète où se développa une brillante civilisation préhellénique. Au cours des fouilles de Mallia, on a découvert des chats figurant sur des reliefs moulés qui remontent sans doute à 1800-1700 avant J.-C., en particulier une cruche d'argile et des tasses, qui mêlent des éléments marins traditionnels, comme le murex, à une décoration insolite, telle que le chat[1]. Des représentations de chats plus anciennes sont signalées dans l'île, signe probable d'une influence égyptienne. Ces chats d'époque minoenne sont cependant originaux et sans équivalents dans l'art égyptien.

Les chats sont également nombreux sur des sceaux crétois de la même époque. Gravés dans le jaspe, le quartz, la cornaline ou la stéatite, ils sont assis ou debout et, plus souvent encore, représentés de face, parfois avec des vibrisses ou moustaches marquées. L'animal assis sur la tête d'une célèbre figurine de faïence découverte au palais de Cnossos (XVIIe siècle avant J.-C.), déesse brandissant deux serpents, a très tôt été identifié comme un chat. Une applique représentant un chat a par ailleurs été retrouvée à l'intérieur d'une maquette de terre cuite figurant un sanctuaire[2] (1800-1700, Minoen Moyen II). Sur une fresque du palais de Cnossos, un félin attaque un canard ; sur une autre, au palais d'Haghia Triada, un chat s'avance furtivement vers un faisan[3] : ce motif est fréquent sur les tombeaux égyptiens, où l'on voit des chats chassant et rabattant des oiseaux sauvages. À l'exception de ces derniers exemples où l'influence égyptienne est tout à fait perceptible, la stylisation dont le chat fait l'objet dans l'art minoen montre qu'il était directement connu des artistes qui le représentaient. Sans doute a-t-il été très tôt importé en Crète puisqu'il existait des relations entre le monde égéen et la civilisation nilotique prédynastique.

Chypre a également subi l'influence de l'Égypte par laquelle elle a même été brièvement dominée (565-545 avant J.-C.). Des amulettes d'importation représentant des chats, des hippopotames ou des singes, y ont été retrouvées qui dateraient de l'âge du bronze[4].

Des témoignages bien moins anciens nous ramènent toujours vers le Nil. Ainsi le chaton d'une bague phénicienne d'or pâle, datée des VIIᵉ-VIᵉ siècles avant J.-C., porte un chat assis entre deux faucons dans un cadre de chevrons ; cette bague a été retrouvée dans une tombe avec d'autres ornements d'or et un scarabée du temps du pharaon Psammétique Iᵉʳ à Kameiros dans l'île de Rhodes[5]. À Carthage, des nécropoles puniques (VIIᵉ-IIᵉ siècle avant J.-C.) ont livré en abondance amulettes et figurines égyptisantes, parmi lesquelles des couvercles d'étuis à amulettes ornés de têtes d'animaux appartenant au panthéon égyptien – la lionne Sekhmet, le faucon Horus, le bélier Amon-Rê et la chatte Bastet[6].

Les vases grecs

Un chat de bronze, daté du milieu du VIIᵉ siècle avant J.-C. et retrouvé dans l'*Héraion* de l'île de Samos, suggère une importation précoce de chats en Grèce[7]. À partir du VIᵉ siècle avant J.-C., on trouve des chats sur quelques vases attiques. Un *kylix* attribué à un artiste athénien du Vᵉ siècle avant J.-C. représente un chat debout sur une table basse, tenu en laisse par un éphèbe nu, face à un chien de grande taille. Derrière les deux animaux, leur propriétaire respectif semble les inciter au combat[8]. Deux vases de fabrication athénienne montrent un chat dans une école de musique. Sur l'un, un homme âgé tient en laisse un chat ; il pourrait s'agir d'un homme accompagnant son jeune favori à l'école et voulant attirer l'attention de jeunes éphèbes en exhibant un animal rare et donc recherché. Sur le second, un écolier joue avec un chat placé sur un siège, comme s'il l'invitait à jouer de la musique en lui présentant un instrument[9].

Les chats sont plus nombreux sur les vases grecs d'Italie du Sud où ils sont représentés avec d'autres félins apprivoisés, guépards, panthères ou léopards. Il s'agit, dans la plupart des cas, de scènes de genre, où de jeunes femmes ou de jeunes garçons jouent avec des animaux manifestement familiers. Une douzaine de ces vases viennent d'Apulie et datent des Ve et IVe siècles avant J.-C. Sur l'un d'eux, un éphèbe porte sur ses épaules un chat qui essaie de happer on oiseau posé sur sa main droite ; près de lui se tient une femme assise, tandis qu'Éros accompagné d'un autre personnage féminin occupe l'autre versant du vase. Éros figure aussi sur un *pélikè* du milieu du IVe siècle, qui représente une femme à sa toilette face à un éphèbe ; à leurs pieds, un canard blanc affronte un chat[10]. Sur un cratère un peu plus ancien, un jeune homme offre à une femme assise avec un oiseau sur la main le chat qu'il tient sur son avant-bras, sans doute un présent amoureux, voire une invitation érotique[11]. Ailleurs, des femmes laissent courir un chat sur leur bras tendu, face à un jeune homme. Un autre vase apulien figure Aphrodite, avec sur son bras droit un chat vers lequel Éros tend la main, et sur le gauche un oiseau blanc[12].

D'autres vases découverts à Tarente associent le chat à des jeunes femmes, à des éphèbes, à Éros, ainsi qu'à des oiseaux. Sur l'un d'eux, une femme, richement parée, abritée sous une ombrelle, tient une couronne et se penche vers le chat que porte un éphèbe nu, nonchalamment appuyé sur un pilier ; à ses pieds, deux Éros luttent corps à corps[13]. Sur un autre, une femme, peut-être Aphrodite, présente un pigeon qu'elle tient par les ailes à un chat[14].

Les monnaies antiques

Plus étrangement, le chat apparaît sur des monnaies grecques de Tarente et de Rhegion, datées du Ve siècle avant J.-C. Les deux cités entretenaient des liens politiques : en 473, Tarente, qui dépendait de Sparte, reçut l'aide de Rhegion dans la lutte qui l'opposait à des peuplades indigènes. La défaite des

Tarentins et la révolution démocratique qui s'ensuivit ont peut-
être laissé une trace sur les revers des monnaies de cette cité qui
montrent un homme assis, identifié à Démos – émanation du
peuple –, ou à Taras, le fondateur mythique de la cité[15], fils de
Poséidon et d'une nymphe locale, Satura. Des monnaies émises
au cours des années 443-400 portent des scènes analogues à
celles des vases grecs. Taras, nu, assis, présente à un chat qui
bondit pour les saisir une quenouille ou un oiseau. Dans des
variantes de ce type, le chat s'avance furtivement pour saisir
l'oiseau. Il en va de même sur certains statères de Rhegion, où
l'on voit un chat jouer avec une balle sous le siège du fondateur
de la cité, Iokastos[16].

La présence d'un chat auprès de Taras et d'Iokastos est surprenante : peut-être s'explique-t-elle par un aspect des cycles
légendaires, aujourd'hui perdus, de ces héros. Les types exhibés
sur les monnaies sont en effet l'image même d'une cité dont le
monnayage exprime la souveraineté. Ainsi la quenouille était
attachée à Taras parce qu'il passait pour avoir enseigné aux
habitants de Tarente le travail de la laine, première industrie de
la région. L'Italie du Sud et la Sicile ayant des liens commer-
ciaux et culturels avec la Crète, voire avec l'Égypte, peut-être
attribuait-on également à Taras l'introduction du chat, cet animal rare.

L'Italie antique et la Gaule

On retrouve le couple chat-oiseau en Étrurie aux IVe et
IIIe siècles avant J.-C., sur des encensoirs de bronze. Leur fût
élancé, lisse ou cannelé, représente un animal semblable à un
chat, grimpant pour atteindre un coq ou un serpent, ou encore
un groupe d'oiseaux, des colombes le plus souvent, entourant
le plateau supérieur[17]. Peut-être là encore s'agit-il d'un emprunt
à l'Égypte avec laquelle l'Étrurie entretenait des échanges[18].

Lorsque l'Égypte passa sous le contrôle politique et économique de l'Empire romain, certains de ses cultes, notamment
ceux d'Isis et de Bubastis, la déesse à tête de chatte qui proté-
geait les naissances et les maternités, eurent la faveur d'empe-
reurs comme Caligula, Néron, Othon, Vespasien, Domitien ou

Titus : un des serviteurs de ce dernier épousa une prêtresse de Bubastis[19]. De cette faveur subsistent aussi des traces iconographiques. Ainsi, à Pompéi, les peintures du temple d'Isis (IIe siècle avant J.-C.) montrent un chat sur une corniche, derrière un scribe sacré ; un autre chat évoque la déese Bastet, avatar de Bubastis, dans le *pastophorion* du temple, où habitaient les prêtres[20]. À Ostie, où les navires marchands apportèrent d'Égypte, à partir du Ier siècle de notre ère, blé, papyrus, verre et toiles, des inscriptions révèlent l'existence d'associations cultuelles liées au panthéon égyptien, notamment une *Bubastiaca*[21]. On y a également retrouvé une dédicace à Isis-Bubastis, les deux déesses ayant parfois été assimilées, car elles protégeaient toutes deux les naissances et la maternité[22].

En Gaule, l'axe Rhône-Rhin joua un rôle décisif dans la pénétration des cultes égyptiens, qui auraient été introduits en Narbonnaise, selon Jean Leclant, par des soldats romains ayant participé à la campagne d'Égypte. Au sud de la Gaule, une statuette de la déesse-chatte Bastet a été retrouvée dans un faubourg d'Arles, à Trinquetaille[23]. Tout près de Glanum, en Provence, un sistre en bronze à quatre tringles mobiles, orné de deux lotus stylisés et surmonté d'une chatte couchée, atteste la présence d'un culte isiaque[24]. De Provence provient aussi une tête de chat en bronze, l'oreille percée d'un anneau[25] ; datant du début de l'époque ptolémaïque, elle est connue en maints exemplaires dans les musées égyptiens. Plus au nord, une amulette en bronze représentant un chat assis a été retrouvée dans la région d'Autun[26].

Le chat a aussi inspiré des représentations purement gallo-romaines, comme ce petit chat de bronze aux oreilles dressées, exhumé près d'Annecy, sur le site du *vicus* de Boutae[27]. De même, on a découvert à Auxerre en 1856 une statuette de pierre de l'époque des Antonins, figurant un chat au cou orné d'un collier à godrons, signe de sa familiarité[28]. Les céramistes gallo-romains, à qui l'on doit de très nombreuses figurines animales, inclurent le chat dans leur bestiaire de même que les orfèvres : une aiguière à anses, trouvée à Murviel-lès-Montpellier, est ornée d'une tête de chat stylisée ; un anneau des Ier et IIe siècles représente un chat tenant un objet indéterminé dans sa gueule. Le chat fut même utilisé sur des tessères (jetons) émises par des particuliers, ou sur des pierres dures leur servant de sceau : la cornaline d'une certaine *Catta Felix*, qui porte un chat, a par exemple été découverte en Afrique[29].

La sculpture funéraire gallo-romaine, qui associe des enfants et des chats, est le premier témoignage indubitable de la présence en Gaule de chats familiers, placés aux côtés de leurs jeunes maîtres. Près de Montceau-les-Mines, dans le hameau de Lucy, une stèle, mise à jour en 1937, représente une fillette qui tient sur ses genoux un chat[30]. Trois autres stèles funéraires d'époque gallo-romaine placent un chat, vraisemblablement familier, auprès d'un jeune défunt. Ainsi la stèle de la petite Aurelia Satyra, âgée de six ans et demi, trouvée à Lyon, ou encore celle plus fruste, découverte à Dijon au XVIIe siècle, sur laquelle un enfant tient d'une main un chat, de l'autre un fouet. Sur une statue bordelaise, un petit garçon serre sur sa poitrine un chat dont un coq, à ses pieds, pince la queue[31]. D'autres reliefs placent le chat dans les bras d'adultes. Ainsi, à Autun, une stèle funéraire assez endommagée pourrait représenter une femme tenant deux chats[32].

À ces stèles, il faut ajouter deux statues à vocation religieuse : l'une exhumée en Angleterre, à Gloucester, représente Mercure portant dans ses bras un petit animal, aux oreilles dressées, qui a tout l'air d'un chaton[33]. Au Mont-Auxois, un pied de table de pierre blanche, en forme d'autel, figure un adolescent – peut-être Priape jeune en raison de sa robe relevée – tenant dans les mains un chat portant un collier à clochette[34]. La présence de chats auprès de divinités du panthéon local traduit sans doute un syncrétisme avec des cultes orientaux.

Le bestiaire des mosaïques est particulièrement riche. La plus célèbre mosaïque au chat a été découverte à Orange en 1630. Aujourd'hui presque détruite, elle représentait, sur un tapis de motifs géométriques, un chat qui tenait dans sa gueule un rat. Selon Henri Lavagne, qui rapproche ce motif étrange de cinq autres mosaïques analogues, toutes d'inspiration alexandrine, il s'agit d'un *emblema* d'origine hellénistique, tableau exotique rare et coûteux ayant appartenu à un indigène très romanisé ou à un Romain ayant importé à Orange les modes de sa patrie[35]. Sur une mosaïque de Volubilis, un chat, à l'aspect assez féroce, le poitrail orné d'une bricole rouge, saisit entre ses pattes de devant un rat[36]. Ce tableau mettrait en scène un combat d'animaux organisé. L'association du chat et du rat, qui deviendra

banale au Moyen Âge, fait ici son apparition dans l'iconographie occidentale.

Le couple chat-oiseau est en revanche plus fréquent. L'*emblema* de la Maison du faune, à Pompéi (fin du IIe-début du
Ier siècle avant J.-C., musée national de Naples) est un des plus
anciens : un chat y assaille un oiseau aux pattes liées. Une scène
analogue, de l'époque de Sylla, ornait une villa à la Cechignola,
sur la via Ardeatina (Musée national romain). Une autre, datée
de la fin du règne d'Hadrien, a été découverte près de Rome,
dans la villa de Tor Marancia où le chat attaque cette fois une
poule (musées du Vatican)[37].

Ces mosaïques sont rangées dans la catégorie des natures
mortes représentant des victuailles, des végétaux ou encore des
animaux (*xenia*). Elles s'inspirent peut-être d'une sculpture de
marbre alexandrine qui montre un chat tenant dans sa gueule
l'aile d'un volatile[38], mais le chat voleur d'oiseau est, on l'a vu,
un thème connu des textes de l'Antiquité tardive[39]. Ce motif se
retrouve en outre sur un relief conservé au Musée capitolin à
Rome ; on y voit un chat qui cherche à saisir deux volatiles
attachés à une branche d'arbre en se mettant debout sur ses
pattes de derrière, tandis que, près de lui, une jeune fille, assise
sur un siège à haut dossier, joue de la lyre[40].

En dépit de leur décalage, les textes et les représentations
antiques du chat offrent une certaine cohérence. Perçu comme
un animal propre à la faune et à la culture égyptiennes et donc
extérieur au monde occidental, le chat n'en a pas moins quitté
très tôt les limites de son berceau originel. Sans doute exporté de
façon précoce en Crète, il est connu dès le Ve siècle avant J.-C.
du monde grec qui disposait d'un certain savoir sur ses habi-
tudes et son comportement, même s'il n'était pas encore bana-
lisé et restait sans doute une fantaisie de prix. Les Romains le
connaissaient mieux encore mais, dénigrant les cultes égyptiens
qui gagnaient peu à peu du terrain, se devaient de déprécier un
animal si lié à la civilisation égyptienne. Peu à peu cependant,
une symbolique commença à s'attacher à cet animal étrange et
étranger. Certaines associations, comme celle qui unit le chat à
la lune, l'ont probablement suivi dans son périple. D'autres ont
peut-être inversé l'image que s'en faisaient les Égyptiens :
l'association du chat et de la luxure ne prend-elle pas le contre-

pied de la chatte égyptienne, attribut de Bastet, symbole de fécondité et de prospérité ?

Cette dernière association est sans doute liée à l'émergence d'un couple chat-oiseau dans l'imaginaire occidental. Or l'oiseau est pourvu, notamment en Grèce, d'une connotation érotique. La chasse et la capture se prêtant volontiers à la métaphore amoureuse, peut-être y eut-il un glissement de sens, imputant au prédateur la symbolique sexuelle de sa proie. L'utilisation des mots *felis* ou *catta* pour dénommer des femmes, notamment des prostituées, n'est probablement pas sans rapport avec cette symbolique. Deux inscriptions obscènes retrouvées dans le quartier des lupanars à Pompéi font état de femmes portant le nom de *felicula* ou *felicla*, « petite chatte »[41]. Exclusivement féminin, ce surnom, fréquent à partir du Ier siècle dans l'onomastique de nombreuses provinces romaines, avait sans doute aussi une nuance hypocoristique. Le chat, tard venu dans la culture antique, en a reçu en fin de compte une connotation péjorative dont le Moyen Âge va hériter.

4

Les traces du chat en Europe

Pour appréhender la place du chat dans la faune européenne de l'Antiquité, il est des témoins plus objectifs que textes et représentations : les ossements, voire des traces plus immatérielles, comme ces marques de pattes qu'un chat a imprimées sur deux tuiles de la cité romaine de Silchester pendant qu'elles séchaient. Les os de petits mammifères sont cependant fort fragiles, et il n'en subsiste souvent que des fragments infimes, rarement des squelettes entiers. Identifiés et dénombrés, les fragments livrent néanmoins des indications précieuses sur la faune sauvage et domestique.

Quatre-vingt-sept sites antiques ont livré des ossements de chat qui datent du Ier siècle avant J.-C. au VIe siècle. L'aire géographique qu'ils recouvrent est très large : France, Grande-Bretagne, Allemagne, Autriche, Hongrie, Suisse, Suède, Danemark[1]. Ils confirment la présence discrète mais constante du chat dans l'Occident antique, et montrent que sa diffusion a précédé l'arrivée des Romains : le chat est attesté en Gaule (Paris) et en Grande-Bretagne (Budbury, Gussage All Saints, Danebury) dès la fin de l'âge du fer. À Gussage All Saints, ont même été retrouvés les restes de cinq chatons, signe de l'élimination intentionnelle d'une portée[2]. À Danebury, quelques restes de chats datent du VIe-Ier siècle avant J.-C. : les spécimens découverts étant immatures, il pourrait s'agir de chats domestiques, chassant les souris et les campagnols qui pillaient les fosses où l'on stockait le grain[3]. Le chat domestique se serait donc implanté très tôt dans plusieurs contrées occidentales, notamment en Gaule et dans les îles Britanniques qui entretenaient d'ailleurs dès l'âge du fer des relations commerciales avec le bassin méditerranéen.

Bien attesté dans les limites de l'Empire (Gaule, Espagne,

Germanie inférieure et supérieure, champs Décumates, Rhétie, Norique, Pannonie, Dacie…), le chat apparaît aussi dans des zones que les Romains ne soumirent jamais, sur des sites indigènes, germains (Overbo, Tritsum, Eggolsheim en Franconie, Hildesheim-Bavenstedt et Feddersen Wierde en Basse-Saxe, Wüste-Kunersdorf en Poméranie, Waltersdorf en Brandebourg), ou slaves (Dominsel en Brandebourg), les sites les plus septentrionaux étant ceux de Skedemosse (Suède) et de Vallhagar (Danemark).

Le chat semble même avoir été utilisé dans le cadre de pratiques funéraires : en Hongrie, à Keszthely, une tombe vandale a livré un chat posé sur la poitrine d'un homme[4], et à Biebrich (Hesse méridionale) une sépulture franque renfermait les squelettes de trois chats[5]. Dans une autre tombe franque du cimetière de Bourogne, un squelette de chat retrouvé au pied d'une femme était probablement celui d'un animal familier enterré avec sa maîtresse[6].

Le chat était-il dans l'Antiquité un animal rare, une bête de luxe importée, ou est-il, à un moment donné, devenu commun ? Des sites comme Porchester Castle, où l'on a retrouvé des chats en nombre au IVe siècle, supposent qu'il existait déjà des colonies bien implantées, ce qui n'empêche nullement qu'ils aient pu être absents ailleurs. Sans doute le chat s'est-il diffusé peu à peu à partir des foyers où il avait été importé de façon précoce, la rapidité de reproduction de l'espèce domestique permettant un accroissement considérable de sa population en un temps assez court[7]. Son aire de diffusion ainsi que son apparition sur des sites de nature variée témoignent aussi en faveur d'une banalisation assez rapide.

Connu en Europe occidentale dès les premiers siècles de notre ère, notamment dans les îles Britanniques et dans le sud de la Gaule, le chat est, à la fin de l'Empire, présent sur tout le continent : les voies commerciales ont certainement favorisé son implantation, en particulier la route de l'étain qui liait les îles Britanniques au monde méditerranéen. Mais l'armée romaine fut sans doute aussi un vecteur essentiel pour l'Europe du Nord, puisque de nombreuses places fortes du *limes* rhénano-danubien abritaient des chats. Si son introduction tient peut-être à un certain goût pour l'exotisme et à l'influence de l'Égypte sur la culture occidentale, l'aptitude du chat à la chasse aux souris fut probablement pour beaucoup dans son succès : c'est vers le IIIe siècle, quand on commence à appeler le chat un chat, que cet animal, longtemps considéré comme un prédateur d'oiseaux, commence à apparaître aux côtés des souris.

Deuxième partie

Les multiples usages
du chat au Moyen Âge

« *Gardien fidèle protégeant la maison
et veillant toute la nuit, je purgerai
les cachettes aveugles dans l'obscurité
des nuits, sans perdre dans les recoins
sombres l'acuité de mon regard.* »

Saint Aldhelm, VIIe siècle.

5

Un animal banal
dès le début du Moyen Âge

La *Vie de saint Samson* est l'un des premiers textes qui laissent entrevoir l'existence de chats familiers. Elle a été rédigée peu après la mort de ce saint irlandais, vers 564. Samson fut placé très jeune au monastère de Saint-Iltud, dans le pays de Galles, où deux frères le prirent en haine. Redoutant de voir leur échapper, au profit de Samson, les bénéfices du monastère que détenait leur oncle, ils demandèrent à un moine de lui donner un breuvage empoisonné. Le moine accepta de préparer le poison et en vérifia l'efficacité sur un chat qui tomba raide mort. Dans cette légende, le chat, victime de la machination menée contre le saint, semble bien un familier du monastère. Il est désigné par le mot *pelax*, variante graphique de *pilax*, le « poilu », appellation fréquente du chat dans les îles Britanniques au haut Moyen Âge[1].

C'est aussi dans une légende irlandaise qu'un chat, pour la première fois, joua le rôle d'un personnage. Selon cette légende, qui figure dans le *Book of Lismore*[2], trois jeunes clercs partirent en pèlerinage avec, pour toutes provisions, trois gâteaux et leur foi ; l'un d'eux emmena cependant avec lui un petit chat. À peine arrivés sur une île magnifique, tandis qu'ils commençaient à construire une église, le chat disparut. Il leur rapporta bientôt un saumon, et continua à leur ramener trois poissons à chaque heure canoniale. Mais les frères refusèrent de profiter de la pêche du chat, car ils avaient fait vœu de se remettre aux mains de Dieu et d'attendre leur subsistance de Sa providence. Le miracle finit par survenir : un jour, en effet, sur l'autel de l'église, apparurent un demi-gâteau de froment et un morceau de poisson, message du Christ approuvant leur constance. Le chat-pêcheur, bien qu'il soit tentateur, n'est pourtant pas ici un animal démoniaque, il ressemble aux animaux secourables qui peuplent tant de vies de saints du Moyen Âge. Mais sa présence valorise la patience des

clercs, qui ont voulu attendre des preuves indéniables de la bien-
veillance divine, manifestée par le don d'aliments préparés et
non d'aliments bruts comme ceux qu'apportait le chat.

Plusieurs autres vies de saints irlandais ne laissent percevoir
aucune prévention contre le chat et montrent au contraire qu'il
est un animal familier. Ainsi cet épisode de la vie de Ciaran de
Clonmacnois : alors que Ciaran était enfant, sa mère, Darerca,
lui demanda de sortir parce qu'elle s'apprêtait à teindre des
vêtements en bleu et que l'usage voulait que cette opération se
pratiquât loin de la vue des hommes. Le jeune saint, se moquant
de cette superstition, jeta un sort à la teinture et déclara que le
linge porterait une rayure sombre, ce qui arriva en effet. Darerca
prépara une seconde teinture et voulut à nouveau faire sortir son
fils. Cette fois, Ciaran récita une incantation qui fit blanchir
toutes les étoffes trempées dans le bain. Sa mère le pria alors de
cesser de gâcher sa teinture et lui demanda de la bénir. La teinture fut d'une qualité si exceptionnelle que les chiens, les chats
et les arbres qui entrèrent en contact avec le linge devinrent
bleus. Cette énumération concerne à l'évidence les animaux et
les plantes les plus communs, ceux de la vie courante.

La vie de saint Abbann décrit, quant à elle, le comportement
familier du chat, ce qui est exceptionnel dans les documents de
cette époque. Un porcher mit Abbann au défi de débarrasser la
contrée d'un chat monstrueux et diabolique. À la vue du saint,
l'animal s'inclina à ses pieds, « comme un chat domestique se
réjouit à l'arrivée de son maître[3] ». Saint Moling, toujours un
Irlandais, pacifie pour sa part un chat qui recrache sur son ordre
l'oiseau qu'il tenait dans sa gueule[4].

Les pénitentiels irlandais

La présence de chats est également confirmée par les livres
pénitentiels du pays de Galles et d'Irlande, où le monachisme se
développa dès les ve-vi^e siècles. Leurs premiers destinataires
étaient les prêtres confesseurs, à qui ils permettaient d'évaluer
les fautes commises par les fidèles et de trouver la pénitence
appropriée, consistant le plus souvent en un jeûne plus ou moins
prolongé. Ces pénitentiels, qui n'existaient pas dans l'Église

primitive, ont vite gagné le continent dans le sillage des mis-
sionnaires insulaires. Ils comprennent de nombreuses prescriptions relatives à l'hygiène alimentaire. Ils établissent notamment
des règles concernant la pureté et l'impureté des aliments qui
nous donnent une idée précise de la faune alors familière à
l'homme et des tabous attachés à l'animal. La nourriture peut
être impure en tant que telle (prohibition de la chair d'un animal
de façon générale ou dans certaines conditions) ou le devenir à
la suite d'un contact immonde (mains non lavées, contact animal), et les pénitentiels insistent sur le danger de contamination
que représentent les animaux vivant au contact immédiat de
l'homme, qu'ils soient familiers (chiens et chats) ou commensaux (souris).

L'un des pénitentiels les plus complets, et aussi l'un des plus
anciens (vers 650), est attribué à l'évêque écossais Cumméan
Fota. Sans doute originaire d'Irlande, il connut une grande fortune sur le continent. À propos de la célébration de l'Eucharistie, il précise que quiconque aura consommé ou bu ce qui a été
touché par une bête familière, à savoir un chat, sera purifié s'il
se soumet à trois « jeûnes spéciaux[5] ». De telles prescriptions
sont fréquentes. Le pénitentiel d'Egbert d'York (732-766), par
exemple, impose cent psaumes ou deux jours de jeûne à qui a
bu ou consommé sciemment une boisson ou un aliment touché
par un animal familier, chien ou chat, la pénitence étant réduite
de moitié si le péché n'a pas été commis en connaissance de
cause[6]. Au début du Xe siècle, l'abbé Reginon de Prüm (906),
dans un ouvrage qui n'est plus un pénitentiel au sens strict,
prévoit seulement deux jours de jeûne quelle que soit l'inten-
tionnalité du fait[7].

D'autres pénitentiels sont plus sévères. L'un des *Canons
d'Hibernie*[8] (vers 675) fixe ainsi la pénitence pour qui a bu
illicitement une boisson contaminée par un chat à cinq jours au
pain et à l'eau et une « superposition »[9]. Cette pénitence est
pourtant légère si on la compare à celles que vaut la consommation d'une boisson souillée par un chien (un an), un aigle,
une corneille, un coq ou une poule (quinze jours), un cadavre
de brebis (quarante jours et quarante nuits), ou une souris (sept
jours). Au siècle suivant, le pénitentiel anglo-saxon dit de
Théodore se montre plus conciliant et décrète que la nourriture
touchée accidentellement « par une main impure ou par un

chien, un chat, une souris ou un animal immonde qui mange le sang ne nuira pas[10] ».

Associant prescriptions d'hygiène et peut-être condamnations de pratiques magiques, le *Old irish penitential* (vers 800) interdit sous la rubrique gourmandise (« *gula* ») l'ébriété ou la goinfrerie, mais aussi la consommation de viande de cheval ou de nourritures souillées par des voies diverses ; celui qui boit le sang ou l'urine d'un animal doit être puni de trois ans de pénitence, celui qui consomme ce qu'a laissé un renard, un corbeau, un coq, ou une femme enceinte, de quarante nuits au pain et à l'eau. De même, celui qui mange les restes d'un chat devra se soumettre à cinq jours de pénitence, celui qui boit son sang, à trois jeûnes[11].

La mythologie scandinave

Autre signe de sa banalisation précoce, le chat est entré dans le bestiaire de la mythologie scandinave, comme le montre l'*Edda*, rédigée vers 1220 par Snorri Sturluson[12], poète et historien de la royauté norvégienne. La première partie de ce long poème, la *Gylfaginning* (la mystification de Gylfi), raconte la visite du roi de Suède Gylfi aux dieux de l'Asgard. Ayant pris l'apparence d'un vieillard, il obtient le droit de questionner les dieux autant qu'il le voudra, à condition de se montrer plus savant qu'eux. De cette manière, il se fait faire le récit de nombreux mythes, notamment celui de l'expédition du dieu Thor chez le géant Utgarda-Loki qui l'avait soumis à une épreuve inattendue.

> « *Les jeunes garçons, dit le géant, se livrent ici à un jeu qui doit paraître insignifiant : ils soulèvent de terre mon chat… Sur ces entrefaites, un chat de couleur grise et de taille plutôt grande arriva en courant au milieu de la halle. Thor s'approcha, lui mit la main sous le ventre pour le soulever. Mais le chat courba le dos au fur et à mesure que Thor étendait le bras. Et, quand Thor s'étira du plus haut qu'il pouvait, le chat ne souleva qu'une seule patte. Aussi Thor ne put remporter cette épreuve.* »

Au cours d'une autre épreuve, apparemment tout aussi anodine, le dieu échoua à nouveau devant Elli, la vieille nourrice d'Utgarda-Loki. Le géant révéla cependant la vérité à Thor avant son départ : Elli était la Vieillesse qui finit par terrasser tout homme ; le chat, « le serpent Midgard, qui se trouve tout autour de la terre et dont la taille est à peine assez grande pour que sa queue et sa tête puissent toucher la terre ». « Mais toi, ajoute Utgarda-Loki, tu le soulevais tant et tant que tu ne fus plus qu'à une courte distance du ciel. » Le chat d'Utgarda-Loki, au-delà de sa dimension mythologique, est un simple chat familier, le récit jouant précisément sur le contraste entre la facilité supposée de l'épreuve – soulever un chat – et sa difficulté extraordinaire[13].

Les codes gallois

Plusieurs législations coutumières du haut Moyen Âge comportent des dispositions relatives aux animaux, en particulier des textes juridiques irlandais et gallois qui nous donnent des indications précieuses sur le chat entre le ve et le ixe siècle. Chasseur de souris, il occupe une place bien définie au sein de la société. La fixation de son prix, de ses devoirs et de ses qualités, la responsabilité de son vendeur ou de son propriétaire, les animaux domestiques auxquels il est associé, tout cela montre qu'il est parfaitement intégré à la faune la plus proche de l'homme.

Le Senchus Mor a fait autorité en Irlande jusqu'au début du xviie siècle. Ce recueil de lois, exceptionnel par sa date – il a été composé dès les années 438-441 à l'époque du roi Laeghaire, contemporain de l'empereur Théodose – et par l'influence que saint Patrick aurait eue dans sa rédaction, montre que les conflits entre personnes faisaient l'objet de procédures extrêmement complexes. Lorsque quelqu'un s'estimait lésé, il jeûnait devant la maison de celui dont il pensait avoir subi un tort, puis, accompagné d'un agent de loi et de témoins, il allait prendre un gage chez son débiteur, pour une durée qui variait selon les objets. Or, parmi une liste d'objets astreints à un emprunt de deux jours, pour la plupart « féminins » (fuseau, quenouille, aiguille, rouet, sac à laine, chien de manchon de la reine, miroir…), le texte évoque laconiquement « le chat noir et blanc » commenté comme le « blairc-nia, grand champion que l'on prenait dans le navire de Breasal Brac où se trouvaient des chats noirs à gorge blanche » : cette indication mystérieuse laisse supposer que certaines races de chats étaient particulièrement prisées.

L'un des traités utilisés par les juges irlandais (brehons), le *Heptads*, indique par ailleurs qu'un chef de famille doit donner sept gages à la communauté pour sa famille : les jouets d'enfant, un chien de chasse n'ayant pas encore l'âge de chasser, des chevaux et des bœufs qui ne supportent ni l'homme ni l'attelage. Or, selon les commentaires traditionnellement joints au texte, les jouets d'enfant sont les chiens et les petits chats jusqu'à ce qu'ils soient capables de remplir leur rôle de chasseur[14].

Les *Canons irlandais* consacrent un livre aux « animaux doux » (*De bestiis mitibus*) parmi lesquels les chiens et les chats. Il y est prévu que les méfaits nocturnes commis par ces derniers ne donneront pas lieu à compensation, contrairement à ceux qu'ils pourraient commettre le jour. Cette disposition, qui revient à dire que la nuit tous les chats sont gris, pose clairement l'appartenance des chats à un maître et la responsabilité de ce dernier en cas de méfait de l'animal[15].

Mais les dispositions les plus nombreuses quant au chat apparaissent dans les codes gallois. Au début du Xe siècle, le roi Howel Dda soumit les différentes régions du pays de Galles et, pour chacune d'elles (Vénédotie au nord, Dimétie au sud, Gwentie à l'est), fit rédiger un code de lois puisant dans un fonds de coutumes et d'usages immémoriaux. Or ces codes définissent la valeur du chat selon des critères extrêmement précis. En Vénédotie, le chaton vaut un penny de sa naissance au moment où il ouvre les yeux, 2 pence de ce moment jusqu'à sa première souris, le prix du chat adulte étant de 4 pence, ce qui est le seul tarif connu en Dimétie. En Gwentie, le prix du chat varie en fonction du statut social de son propriétaire : le chat commun vaut 4 pence, celui du roi, une livre, celui d'un *breyr*, 6 « score pence », celui d'un *taeog* un « cure penny[16] ». Dans le code vénédotien, les chiens semblent avoir une valeur marchande bien supérieure à celle des chats, mais seul le prix de chiens sélectionnés est précisé, l'âge, le dressage et la qualité du possesseur entraînant aussi de sensibles variations de prix.

La valeur des chats ne s'entend cependant que de chats dignes de ce nom. Le chat doit voir, entendre et tuer les souris, avoir des griffes entières ; la chatte doit savoir élever ses petits et ne pas les dévorer, précise le code de Vénédotie. À défaut d'une de ces caractéristiques, l'acquéreur peut exiger la remise d'un tiers de la valeur de l'animal. « Quiconque vend une chatte doit se porter garant qu'elle n'ira pas miauler chaque lune, qu'elle ne dévorera pas ses chatons, qu'elle aura oreilles, yeux, dents et griffes et sera bonne chasseuse de souris », affirme le code dimétien. Celui de Gwentie exige la perfection des oreilles, des yeux, des dents, des griffes, mais aussi de la queue ; en outre le chat doit être exempt de marques de feu[17], il doit tuer les souris, ne pas dévorer ses chatons et ne pas aller crier à la lune. Ces dispositions visent à garantir l'aptitude du chat à la chasse mais aussi à assurer sa reproduction. Les considérations esthétiques (prohibition des marques de feu) ou d'ordre public (interdiction de miauler à la lune[18]) sont secondaires mais néanmoins importantes.

En cas de vol ou de meurtre du chat qui garde les greniers du roi, pour évaluer le préjudice, le code de Dimétie établit une procédure très particulière :

> « *La tête du chat doit être placée en bas, sur un sol plan et propre, sa queue levée vers le haut et il doit rester ainsi suspendu pendant qu'on verse du blé sur lui, jusqu'à ce que le bout de sa queue soit recouvert ; et voilà quelle est sa valeur. Si on ne peut avoir du grain, sa valeur est une brebis avec son agneau et sa laine.* »

Le sol doit être balayé avant l'opération, ajoute le code de Gwentie. Ces pratiques formalistes sont manifestement fondées sur la fonction essentielle du chat qui est de protéger les grains contre les rongeurs. Les chats gardiens des greniers royaux étaient en quelque sorte des chats « fonctionnaires », des souricières vivantes, qu'il fallait donc protéger.

Plus marginalement, les codes gallois légifèrent sur les désordres éventuellement causés par un chat. « Qui prendra un chat à chasser les souris dans son champ de lin fera payer les dommages à son propriétaire », stipulent les codes de Gwentie et de Dimétie.

Le système coutumier gallois laisse enfin entrevoir une classification des animaux selon la comestibilité de leur lait ou la valeur de certaines parties de leur corps. « La dîme d'un chat, et de tout animal dont le lait n'est pas comestible, est du tiers de sa valeur ou bien équivaut à celle de ses petits », précise, par exemple, le code de Dimétie, qui ajoute qu'il y a « trois laits sans valeur » : ceux du chat, de la chienne et de la jument, car on n'en peut tirer aucun profit ; un proverbe gaélique dit d'ailleurs que « le lait du chat ne fait pas de crème ». Selon le code de Gwentie, « il y a trois animaux dont les queues, les yeux et les vies ont la même valeur : un veau, une pouliche et un chat, à l'exception de celui qui garde le grenier du roi ». Une version plus tardive du code de Dimétie signale que les trois animaux ayant pleine valeur à un an sont le mouton, le chat et le chien, et qu'un hameau, pour être conforme à la loi, doit comprendre neuf bâtiments, une charrue, un four, une baratte, un coq, un chat, un taureau et un pâtre[19].

Certaines dispositions des codes du pays de Galles offrent une analogie avec les « fors » (*fueros*) rédigés en Espagne à partir de la fin du XIIe siècle. Il s'agissait de « privilèges » accordés à une ville, fondés sur des usages qui avaient acquis force de loi. Le *fuero* de Cuenca est le plus ancien de Castille après celui de Téruel et surtout l'un des plus étendus. Rédigé entre 1189 et 1211, il condamne le meurtrier d'un chat à une amende de 12 deniers s'il y a des témoins[20]. Les *fueros* d'Alcaraz et d'Alarcón, villes reconquises au début du XIIIe siècle par Alphonse VIII, fixent la même compensation[21]. Le *fuero* de la ville de Huesca, en Aragon, promulgué par le roi Jacques Ier en 1247, rappelle plus encore les codes gallois :

> « *Quand quelqu'un trouve le voleur avec le chat qu'il a volé, il doit planter un pieu au milieu d'une aire de 60 pieds de circonférence et à ce pieu il doit attacher le chat au moyen d'une corde d'une paume seulement ; le voleur doit verser sur le chat du millet porté à moudre, jusqu'à ce que le millet recouvre l'animal. Cela fait, le voleur sera laissé libre d'aller et ce millet sera partagé comme les deniers pour les autres peines. Et si d'aventure le voleur est si pauvre qu'il ne puisse acquitter cette dette, il doit être livré à la cour du lieu qui le fera courir nu, le chat attaché au cou du côté du dos, d'une porte de la ville à l'autre ; et ils doivent être frappés avec des lanières, de telle manière que le*

voleur et le chat soient frappés également et autant de fois l'un que l'autre[22]. »

L'état de droit coutumier distingue ici le règlement amiable, subordonné à la solvabilité du voleur, et le recours à une cour de justice. La procédure suivie dans le premier cas est empreinte d'un formalisme qui remonte sans doute à une tradition très ancienne. Les fors innovent en revanche, en associant, en cas d'insolvabilité, l'objet du délit au châtiment du voleur. Le système de compensation prévu pour le vol du chat au pays de Galles comme en Espagne témoigne en tout cas qu'ici et là il avait un rôle essentiel en tant que protecteur des récoltes.

Quel que soit leur contexte, les apparitions furtives du chat dans la littérature du haut Moyen Âge montrent qu'il était par essence un animal familier et banal. Si banal, et dans le même temps, si peu encore entré dans la symbolique occidentale, qu'il ne pouvait être mentionné que par hasard au détour d'un récit ou d'un fait surgi du quotidien.

6

Un rival de Dieu ?

Dès le haut Moyen Âge, des témoignages rares mais précieux montrent que l'homme et le chat pouvaient entretenir des relations affectives. Un des documents les plus anciens et les plus exceptionnels à ce propos nous ramène encore une fois en Irlande. À la fin du VIIIᵉ, ou au début du IXᵉ siècle, un moine irlandais anonyme a laissé dans la marge d'un manuscrit un poème à la gloire de son chat «Pangur», appelé «Pangur blanc» en raison de la couleur blanche de son pelage. Ce poème, qui exalte le travail accompli dans la joie, compare le plaisir du moine, occupé à rechercher le sens du texte biblique, au bonheur qu'éprouve le chat à guetter et prendre les souris :

Moi et Pangur blanc mon chat
Nous avons une tâche semblable.
La chasse aux souris est son délice,
À la chasse aux mots je me livre toute la nuit.
Bien plus que la renommée des hommes,
J'aime m'asseoir avec un livre et un stylet ;
Pangur ne me montre aucune mauvaise volonté,
Lui aussi exerce son art simple.
C'est chose plaisante de voir
Combien nous sommes heureux à nos tâches
Quand nous sommes assis au logis
Et que nous trouvons de quoi divertir nos esprits.
Souvent, une souris vient s'égarer
Sur le passage du héros Pangur ;
Souvent ma pensée affûtée
Prend un sens dans ses filets
Vers le mur il dirige son œil
Droit, farouche, perçant et rusé ;
Contre le mur de la connaissance

J'éprouve mon peu de sagesse.
Quand une souris sort de sa tanière,
Comme Pangur est heureux !
Quelle joie j'éprouve
Quand je résous les doutes que j'aime !
Ainsi en paix nous jouons à nos travaux,
Pangur le blanc, mon chat, et moi ;
Dans nos arts nous trouvons notre bonheur,
J'ai le mien et lui le sien.
Une pratique quotidienne a rendu
Pangur parfait dans son métier ;
Je cherche la sagesse jour et nuit
Faisant de l'obscurité, lumière[1].

Nul doute que Pangur soit un chat familier : le fait qu'il reçoive un nom, l'attention qui lui est portée, la mention d'une cohabitation quotidienne entre le moine et son chat, tout cela atteste qu'il y a entre eux une relation privilégiée, même si le poème n'évoque aucun contact physique, aucune caresse. Le moine exalte avant tout l'unicité et l'harmonie de la création, à laquelle l'homme et l'animal participent, chacun dans le rôle qui lui est attribué. Mais il y a un contraste évident et voulu entre l'exaltation de l'activité banale de Pangur et l'humilité dont fait preuve le moine pour décrire sa tâche.

Cette reconnaissance de la fonction positive du chat apparaît déjà chez saint Aldhelm (mort en 709), abbé de Malmesbury et évêque de Sherborne. Auteur d'énigmes en vers, le poète donne la parole au chat :

« *Gardien fidèle, protégeant la maison et veillant toute la nuit, je purgerai les cachettes aveugles dans l'obscurité des nuits, sans perdre dans les recoins sombres l'acuité de mon regard. Pour les voleurs odieux qui dévastent les tas de blé je prépare en silence les scandales de la mort. Et chasseur errant, je scruterai les repaires des bêtes sauvages sans vouloir poursuivre avec les chiens, qui aboient et me mènent une guerre cruelle, leurs troupes fugaces. Une race haïe m'a donné le nom que je devais avoir*[2]. »

Le conte du chat de l'ermite

Une telle considération à l'égard d'un animal, plus encore à l'égard d'un chat, n'est pas fréquente au Moyen Âge. Le rapport affectif entre chat et homme de Dieu est ainsi nettement condamné dans le conte du chat de l'ermite. Cet épisode apparaît dans la vie de Grégoire le Grand, le premier grand pape depuis la fin de l'Empire romain, rédigée vers 874 par un moine du Mont-Cassin, Jean Diacre, et dédiée au pape Jean VIII :

> « *Un ermite, homme d'une grande vertu, ne possédait rien au monde qu'une chatte qu'il réchauffait sur son sein et caressait souvent, comme si elle était sa compagne de logis. On raconte qu'il pria le Seigneur de le juger digne de lui montrer la récompense qu'il devait espérer dans l'au-delà pour avoir renoncé à la possession des biens d'ici-bas et avoir fui ce monde par amour de Dieu. Une nuit, tandis qu'il dormait, il eut la révélation qu'il devait espérer qu'une place lui était réservée auprès du pape Grégoire. Mais il poussa de grands gémissements, pensant que sa pauvreté volontaire et les jeûnes résultant d'une retraite si complète lui avaient valu bien peu s'il devait partager le sort d'un homme qui avait vécu au milieu des biens de ce monde. Comme nuit et jour, il soupirait, comparant les richesses de Grégoire à sa pauvreté, une nuit, il entendit dans son sommeil le Seigneur s'adresser à lui : "Puisque ce n'est pas la possession des richesses mais le désir de posséder qui fait le riche, comment oses-tu comparer ta pauvreté aux richesses de Grégoire, toi qui aimes davantage la chatte que tu as, la caressant tous les jours sans la partager avec quiconque, que lui n'aime ses immenses richesses que bien au contraire il méprise et disperse en les distribuant largement à tous[3]." »*

Ce conte a connu un immense succès au Moyen Âge. On le retrouve notamment, sous une forme abrégée, chez l'abbé Odon de Cluny (mort en 942), puis, en 1217, dans un traité sur l'éducation des princes dû à Giraud de Cambrie, qui en donne une autre version[4]. L'ermite assiste à Rome à une procession où Grégoire apparaît dans toute sa pompe puis s'en retourne chez lui, plein d'admiration mais aussi de doute, se demandant si l'humilité et la gloire peuvent faire bon ménage. La nuit venue, il entend dans son sommeil une voix qui lui dit : « Tu fais plus de cas de ta chatte que le pape de son pontificat. »

La même histoire constitue un épisode de la vie de saint Basile chez Eudes de Chériton, vers 1220[5]. *La Légende dorée* de Jacques de Voragine présente simultanément les deux versions du récit, l'une dans la vie de Grégoire, visiblement inspirée de Jean Diacre, l'autre, proche de l'anecdote rapportée par Giraud de Cambrie, insérée dans la vie de saint Basile[6]. L'une et l'autre histoires ont aussi circulé indépendamment des vies de saints qui les ont vu apparaître, sous forme d'*exemplum*, c'est-à-dire de court récit, à portée morale, que les prêtres utilisaient dans leurs sermons.

Ce thème est très ancien. On le trouve déjà, cinquante ans avant son apparition chez Jean Diacre, dans l'œuvre d'Ermold le Noir, un poète de cour qui vécut dans l'entourage de Pépin, fils de Louis le Pieux, avant d'être exilé par le roi à Strasbourg en 824. Depuis son lieu d'exil, il adressa à Pépin une épître où il consignait les règles de conduite du prince chrétien. Entre autres conseils spirituels, il lui recommandait de ne laisser aucun amour prendre le pas sur l'amour de Dieu. Pour illustrer son propos, il citait cet exemple, prétendument tiré de la *Vie des Pères* :

> « *Un ermite vivait dans le désert… Il était toujours seul et de cette solitude se montrait joyeux ; il n'avait d'autre soin que d'aimer Dieu. Ses prières et ses pleurs… lui valurent enfin de voir le Seigneur. L'Écriture enseigne en effet que chaque fois qu'il se tournait vers lui, Dieu lui apparaissait et lui parlait. Mais pour son malheur, après de si grandes récompenses, voilà qu'il nourrit un chat qui lui était utile ; c'était le réconfort du moine, le convive du solitaire et, comme un père, il caressait le dos de l'animal. Un jour qu'il voulait voir le Christ…, il ne reçut pas les réponses habituelles et comprit qu'il avait péché… Il versa des torrents de larmes, se frappa la poitrine des poings, se lacéra le visage de ses ongles… Touché par ses prières, sa contrition et ses demandes implorantes de pardon, le Christ lui dit : "C'est le chat qui est cause de ce si grand malheur ! Tant que me voir a été ton plus grand plaisir, tu as pu te réjouir souvent de ma vue. Plus ton amour pour ce chat a grandi, plus, crois-moi, ma vue t'a échappé[7]." »*

L'ermite courut aussitôt derrière « la bestiole pour laquelle de si nombreux malheurs arrivent », la roua de coups, et lui enjoignit d'aller chasser dehors les souris.

Ce récit exemplaire visait à détourner Pépin de l'attachement qu'il portait à ses chiens. C'était déjà le propos de Jean Diacre qui condamnait le lien affectif que l'homme instaure avec un animal familier. Cette condamnation répond aux préceptes d'un christianisme exigeant, qui invite l'homme de foi à rejeter l'amour de la créature pour s'absorber dans l'amour du Créateur ; elle suppose aussi que l'animal a une fonction, et une seule, à accomplir : de même que le chien est utile à l'homme pour la chasse, le chat doit éliminer les souris. La familiarité de l'homme avec l'animal est doublement contre nature puisqu'elle l'éloigne de Dieu tout en détournant l'animal de la voie que le Créateur lui a tracée. Si Jean Diacre insère ces idées dans une réflexion plus générale sur l'être et le paraître, sur les notions paradoxales que sont richesse et pauvreté par rapport au monde d'ici-bas et à la vie spirituelle, il est probable qu'il puise à la même source qu'Ermold, antérieure au début du IXe siècle et peut-être hagiographique.

Le conte du chat de l'ermite montre clairement qu'il existait des rapports intimes entre le chat et l'homme dès le Moyen Âge mais il révèle aussi que l'Église désapprouvait l'affection vouée à l'animal familier. Certaines règles monastiques le confirment, tel le *Liber confortatorius* de Goscelin (1082-1083), dédié à une certaine Ève, qui avait décidé de quitter son couvent anglais pour mener une vie de recluse près d'Angers. Goscelin, qui voulait affermir son courage et la guider dans sa quête spirituelle, la mit en garde contre les vains bavardages et les mauvaises paroles. Rien, pas même des animaux domestiques, ne devait troubler sa réclusion :

> « *N'aie avec toi comme animal domestique ni chatte, ni oiseaux, ni bestiole, ni aucun être privé de raison… Sois seule et solitaire avec Dieu*[8]. »

Une telle recommandation suggère que moines et moniales devaient avoir l'habitude de vivre avec des animaux domestiques, mais aussi que certains s'émouvaient du préjudice moral que leur valait ce type de distraction.

La présence d'animaux familiers dans les communautés régulières est confirmée par l'arbitrage que rendit, en 1138, Raymond, évêque de Maguelonne, dans un litige entre une petite communauté régulière et l'abbaye d'Aniane, qui revendiquait la propriété du terrain sur laquelle elle était établie. Raymond maintint la communauté, mais en limitant le nombre de ses membres et l'étendue de ses possessions : les sept frères ne pourraient avoir plus de cent brebis ou chèvres et ne devraient posséder qu'un âne ou un mulet. Il leur était en outre interdit de garder chiens ou chats[9].

Il y avait cependant des règles moins exigeantes, comme l'*Ancrene riwle*, un traité spirituel du début du XIIIe siècle, qui recommande aux nonnes de n'avoir aucune bête, à l'exception d'un seul chat[10].

Le caractère ambivalent de l'amour pour l'animal est très net chez le franciscain du XIIIe siècle Salimbene de Adam : il reproche à ceux qui croient imiter saint François en jouant avec un chat, un chaton, ou un petit oiseau, de ne pas avoir la pureté d'intention du fondateur de l'ordre lorsqu'il s'amusait avec un faisan ou une cigale[11]. Les animaux que choisit le saint pour témoigner de son amour universel à l'égard des créatures n'ont sans doute pas les attraits suspects des bêtes familières qui entraînent certains moines vers des plaisirs condamnables.

La méfiance de l'Église envers le chat résulte avant tout d'une exigence spirituelle et morale selon laquelle le rapport entre l'homme et l'animal doit se limiter à une stricte subordination. À la lettre, le texte biblique affirme en effet que les animaux ont été assujettis à Adam qui les a nommés et a reconnu du même coup l'utilité de chacun. Les animaux ne doivent donc pas être les compagnons de l'homme, les familiers étant de ce point de vue les plus dangereux car ils entraînent à la faute. Selon l'historien Robert Delort, le rejet des chats avait cependant une spécificité car leur présence chaleureuse apaisait les frustrations des moines et les caresses qu'on leur prodiguait pouvaient être empreintes d'une sensualité suspecte[12]. Mais exigence morale, refus de l'animalité et défiance envers la sexualité ont évidemment un lien.

À la fin du Moyen Âge, la vie de Geert Groote (XIVe siècle), dit Gérard le Grand, témoigne peut-être d'un nouveau rapport entre l'homme et l'animal. Le saint homme, « ayant renoncé à toutes les choses du monde, [il] se retira dans une petite maison où il menait une vie solitaire… Là, en lieu de domestiques et serviteurs, il n'avait qu'un chat qui lui servait pour nettoyer les écuelles… Après le repas, en effet, il donnait l'écuelle à laver à son serviteur, le chat, et la replaçait, une fois nettoyée, dans la corbeille suspendue à sa table[13] ». Antithèse du chat de l'ermite, le chat de maître Gérard n'est cependant pas le compagnon de l'ascète mais son serviteur. L'auteur de cette vie, Petrus Horn, n'insiste sans doute pas par hasard sur son rôle utilitaire, et prévient ainsi les reproches jadis adressés à l'ermite : au terme de ce renversement de situation, le chat peut donc, à bon droit, devenir l'auxiliaire positif du saint.

7

Le protecteur, le familier
et le vagabond

L'Église se méfiait du chat si on le détournait de sa fonction primordiale, la chasse aux souris. La morale profane aussi : le bourgeois qui, vers 1393, s'adresse à sa jeune épouse dans *Le Mesnagier de Paris* ne place pas le chat parmi les « bêtes de chambre », bien qu'il recommande d'avoir une « garnison de bons chats » et des souricières pour défendre les réserves de blé, de lard, de fromage et les autres provisions[1]. De même, au XIIIe siècle, le grand agronome italien Pierre de Crescens n'évoque le chat qu'à propos des souris :

> « *Les souris sont prises et tuées par de nombreux moyens, d'une part par les souricières domestiques qu'on garde dans les maisons, d'autre part par des souricières faites d'un bout de bois creusé*[2]*… »*

Il emploie le même mot, *muscipulum*, pour désigner à la fois la souricière vivante, le chat, et l'objet façonné. Cette vocation utilitaire vaut cependant au chat de faire, plus qu'aucun autre animal domestique, partie intégrante de la maisonnée. Mais précisément, parce qu'il fait partie des meubles, il n'est signalé dans les textes que de façon inopinée.

Que le chat soit par excellence l'animal du foyer se vérifie dès l'époque mérovingienne. Un moine de l'abbaye de Saint-Gall rappelle alors deux de ses disciples à leur sacerdoce, en leur signifiant qu'ils n'ont pas été éduqués à la manière de petits chats auprès de l'âtre, mais « dans les châteaux de l'empereur céleste[3] ». Le *Ruodlieb*, que l'on considère souvent comme le premier roman du Moyen Âge (milieu du XIe siècle), fait surgir un chat au détour du récit, dans un contexte des plus prosaïques en notant que, le repas terminé, on se hâte de « débarrasser les plats afin que la chatte ne les compisse pas[4]… » Chats et chiens peuvent même devenir les représentants de la maisonnée : en 1158, les habitants de Lodi s'enfuirent devant les Milanais laissant, dit la chronique, leur maison et tous leurs biens, fermant derrière eux les portes de leurs demeures, chiens et chats en restant les seuls gardiens[5]. Au XIIe siècle encore, l'inventaire des biens et bêtes d'un manoir anglais mentionne un vieux chat et deux autres jeunes[6]. Selon un « dit » qui précise les choses nécessaires à un ménage, chacun doit avoir en sa maison un chat et un chien, des vaches, des brebis et des mitaines contre le froid[7].

Ces chats omniprésents ne se nourrissaient pas cependant que de souris. La demeure de Catherine de Sienne, au XIVe siècle, abrite plusieurs chats : « La jeune recrue du Christ, note son directeur de conscience Raymond de Capoue, commença dès sa jeunesse son combat contre la chair en refusant de manger de la viande : elle donnait celle qu'on lui servait à son frère Étienne ou la jetait aux chats, afin que nul ne s'en aperçût[8]. » Dès la fin du XIIe siècle, on voit des chats représentés au pied des tables de repas ou de banquets. Plus systématiquement encore, ils apparaissent dans les cuisines, où ils lèchent plats et écuelles. Une fresque de Pietro Lorenzetti, *La Cène*, montre à côté du feu un chien mangeant des restes, près d'un gros chat couché, indéniablement repu. La *Complainte du nouveau marié* (milieu du XVe siècle) déplore la nécessité pour tout ménage d'avoir un chat et un chien qui mangent mais ne font rien[9]. Un mystère joué à Angers, en 1456, assigne à la femme le rôle de nourrir le chat ainsi que les volailles, les oiseaux en cage et le chien[10]. Le chat est sauvage, excepté envers celui qui le nourrit, dit Hildegarde de Bingen dès le XIIe siècle. Albert le Grand (milieu du XIIIe siècle) souligne l'influence de la nourriture sur la robe des chats, en particulier domestiques. Tout cela laisse supposer que les chats étaient de vrais « commensaux » de l'homme, du moins dans les temps de relative opulence. Mieux encore, dans une fable, un homme demande à un boucher de la viande pour son chat, puis, ce dernier ayant refusé de la lui donner, lui envoie son fils pour lui adresser la même requête[11].

Les chats domestiques étaient attachés à une demeure où ils circulaient librement et aucun lieu ne leur était interdit. À la fin du Moyen Âge, parfois représentés sur le seuil d'une maison ou sur l'appui d'une fenêtre, ils apparaissent surtout dans la pièce à vivre, celle où se trouve la cheminée et qui fait souvent fonction de cuisine, que la demeure soit humble ou plus luxueuse.

Beaucoup moins présent dans les salles de réception que son rival, le chien, le chat a en revanche facilement accès aux lieux les plus intimes de la maison, à la chambre à coucher, aux salles où se tiennent les femmes et les enfants. Une splendide copie du *Tacuinum sanitatis* (vers 1490), un traité d'hygiène qui recense tout ce qui peut influer sur la santé – aliments, phénomènes météorologiques, etc. –, illustre l'article consacré au sommeil par une chambre et un lit sous lequel dort un chat[12]. Le chat est de ce fait associé à tous les grands événements de la vie humaine, la naissance, l'amour, la maladie et la mort, mais aussi aux plus humbles : dans une nouvelle de Boccace, le chat réveille sa maîtresse en faisant tomber un ustensile et déclenche un vaudeville à rebondissements[13].

Certaines pratiques visent du reste à freiner les vagabondages du chat « qui va par les toits », ainsi que l'appelle Boccace, et à confiner un animal domestique plus que tout autre enclin à s'ensauvager par goût pour la chasse ou les amours. Au XIIIe siècle, les encyclopédistes Thomas de Cantimpré et Vincent de Beauvais recommandent à cet effet de couper les oreilles du chat, qui renoncera ainsi à sortir car il craint la pluie et la rosée[14]. De semblables amputations apparaissent dans le folklore récent de la Normandie et du Loiret[15]. *Les Évangiles des quenouilles*, qui recueillent les propos fictifs tenus par six vieilles femmes au XVe siècle, gardent la trace de traditions populaires moins cruelles : selon Guillemette la boiteuse, il suffit de faire tourner trois fois le chat que l'on veut garder à la maison autour de la crémaillère, puis de lui frotter les pattes contre le mur de la cheminée. Une autre prescrit de lui enduire les pattes de beurre trois soirs de suite[16]. La castration des chats au sens strict n'a pas laissé de traces au Moyen Âge alors qu'on la sait courante au XVIe siècle.

En dépit de ces tentatives de confinement qui visent à garantir au maître du chat le profit de ses talents de chasseur, les chats circulaient assez librement de l'intérieur à l'extérieur des maisons. Les chatières existaient déjà au XIVe siècle : une de ces trappes à chat est mentionnée dans une nouvelle de Franco Sacchetti (1335-1410), et le « conte du Meunier » de Chaucer parle d'« un trou dans le bas d'une planche par où le chat avait l'habitude de passer[17] ».

Les chats étaient l'occasion de querelles de voisinage dont les archives ont gardé la trace. En 1400, une altercation survint entre Jehan Bruyère et Gillet du Sablon, car celui-ci avait volé un chaton appartenant à la femme du premier. Poursuite et injures s'ensuivirent, l'affaire se terminant par la mort accidentelle de Gillet[18]. En Bourgogne, dans les années 1365-1369, Pierre Budin dut payer une composition de neuf deniers pour avoir pris un chat tandis que, vers 1385, une femme fut condamnée à une amende de quatre deniers pour en avoir volé un[19]. Mais il existait aussi dans les villes des chats errants, ou harets ; à Paris, il y avait au XIIIe siècle une place appelée «platea ad catos» ou «carrefour aus chaz», qui était sans doute un dépôt de détritus, et Strasbourg, dans les années 1220, avait une *Fontaine des chats*[20]. Des échoppes et des auberges portaient également des enseignes au chat, comme l'auberge du *Cat cornu* à Arras en 1434[21].

Les allusions au rapport familier entre l'homme et le chat sont rares, en dehors des textes qui le prohibent. Par Eadmer de Cantorbéry, élève de saint Anselme, on sait cependant que la beauté d'un chat et son contact pouvaient être considérés comme une source de plaisir : le fait de voir et de toucher un chat blanc en le caressant procure, note-t-il, un double plaisir[22]. Les chats aiment les caresses et expriment leur joie en ronronnant, constate Thomas de Cantimpré[23]. Dans *Le Conte du Graal*, Keu suggère à Gauvain de séduire Perceval en lui disant : «Vous saurez très bien le caresser/Comme on caresse le chat[24].» Le chat est une bête fort «privée», car il peut dormir sur le lit de son seigneur, assure une encyclopédie de la fin du XIIe siècle, le *Livre de Sydrach*[25].

Animaux familiers, les chats recevaient des noms. Le *Ci-nous dit*, un recueil d'«exemples» du XIVe siècle, reproche aux usuriers de ne pas répondre à leur nom, alors qu'«un chien et un chat et plusieurs autres bêtes entendent bien au nom qu'on leur a donné[26]». Mais de ces noms rien ou presque n'est resté. Il y a l'exceptionnel «Pangur» mais aussi «Raoul» qui était peut-être un nom commun pour les chats dans la France à la fin du Moyen Âge. Un mystère du XVe siècle, *Le Martyre de saint Denis et de ses compagnons*, met en effet en scène un personnage burlesque, Masquebignet, qui jure successivement sur Hustin, son chien, et sur son chat gris Raoul, en jouant du comique de répétition[27].

Il existait également des termes affectueux pour désigner les chats, mais ils apparaissent rarement dans la littérature puisqu'ils sont le propre de l'oralité. Dans le *Roman de Renart*, on trouve ainsi l'expression « si l'une est chatte, l'autre est mite », « mite » étant un terme affectueux pour désigner le chat. Dans une nouvelle comique de Franco Sacchetti, l'épouse du protagoniste veut libérer son mari, dont la chatte a pris les génitoires pour une souris, et appelle l'animal en répétant des noms au son doux et proches phonétiquement : « *muscina, muci, muci, muscina*[28] ».

D'autres textes médiévaux évoquent, en revanche, des chats au comportement méfiant ou se tenant à l'écart de l'homme. Hildegarde de Bingen remarque que le chat ne fréquente pas volontiers l'homme, à l'exception de son maître. Dans un de ses sermons, Jacques de la Marche (1391-1476) recommande aux belles-mères de traiter leurs brus comme leur propre fille et non « comme les chiens et le chat », c'est-à-dire sans attention ni affection[29]. Dans *Les Lamentations de Matheolus* (fin XIIIᵉ siècle), le bigame, c'est-à-dire le veuf remarié mis au ban de la société, est comparé au chat qui « d'ordinaire fuit quand on l'appelle[30] ». Un fabliau de Gautier le Leu, qui fait un portrait au vitriol des veuves, parle d'un chat battu dans l'âtre quand sa maîtresse n'a pas été contentée – sexuellement parlant – par son nouveau mari, alors qu'il est, dans le cas contraire, voué à Dieu[31].

Au XVIᵉ siècle encore, des savants comme le médecin italien Jérôme Cardan ou le naturaliste Soderini évoquent des chats domestiques qui gardent leurs distances avec l'homme. Mais d'autres affirment à la même époque le contraire : les zoologues Gesner et Aldrovandi, reprenant les encyclopédistes médiévaux, parlent l'un et l'autre des caresses que l'homme accorde au chat et des jeux qu'ils partagent.

Ces propos contradictoires montrent qu'il existait une large palette de relations entre l'homme et le chat. Il est probable que les rapports affectifs se développaient surtout entre les chats et ceux qui restaient au foyer, femmes, enfants et vieillards. Cardan rapporte que son père, un octogénaire, « élevait et gardait un chat mâle, comme presque tous les vieillards ont l'habitude de s'en faire un délice[32] ».

C'est peut-être aussi ce que suggère un poème satirique du XIIIᵉ siècle qui déploie le plaidoyer parodique, devant un tribunal imaginaire, d'une sorte de « mère Michel » dont le chat affamé s'est introduit dans le coffre empli de vivres d'un voisin.

Entendant des pas, il tente de s'enfuir et, victime de sa gourmandise, meurt écrasé par le panneau qui maintenait le coffre ouvert. Sa maîtresse traîne alors en justice le propriétaire du coffre et fait un vibrant éloge de feu son chat :

> « *Je n'avais qu'une chose, un chat, gardien de mes biens,*
> *Purgeant la maison des souris…*
> *Qu'il était propre, grand, quel beau poil il avait !*
> *Un homme inique, empli de fiel, me l'a arraché*[33]. »

L'offensée évoque les droits naturels des bêtes brutes qui, telles la panthère, l'oiseau ou la fourmi, pour vivre sur le bien d'autrui, n'en méritent pas pour autant la mort. La longue péroraison de la femme suscite les applaudissements et entraîne la condamnation du coupable. Dans ce poème, qui constituait sans doute un exercice de rhétorique fréquent dans les écoles, le comique naît du traitement inhabituel d'une affaire banale, de l'écart entre le caractère vulgaire de l'anecdote et le ton emphatique du plaidoyer. Le chat est donc le héros – et la victime – d'un fait divers, qui, à travers l'exercice d'un élève appliqué, est présenté sous le jour d'un procès. Mais le chat y est aussi présenté comme l'animal « fétiche » d'un type de femme seule, que l'on peut supposer âgée.

Le chat médiéval a un caractère indéniablement populaire du fait de sa fonction essentielle, la capture des rongeurs. À la différence de certains animaux exotiques comme le singe qui ont été à la mode à la fin du Moyen Âge, ou de certaines espèces de chiens dont la possession était un luxe, le chat est avant tout l'animal du vilain, celui que l'on possède lorsque l'on n'a rien d'autre. C'est bien le sens du conte de l'ermite ou du *Chat botté* dont les plus anciennes rédactions datent du XVIe siècle. Une exception toutefois : en 1406, les comptes royaux font apparaître une commande de tissu vert pour la couverture d'une chatte de la reine de France, Isabeau de Bavière. Il n'en reste pas moins que le chat n'est pas au Moyen Âge une bête d'agrément mais bien un outil de protection des denrées et des récoltes, indissociablement lié à sa proie, la souris. Cette fonction lui vaut cependant une place particulière dans les maisons qu'il fréquente plus que le chien, et entraîne parfois la naissance de véritables relations affectives entre hommes et chats.

8

Vendre la peau du chat...

Le chat domestique fut tout au long du Moyen Âge une matière première d'usage courant en Occident. Le commerce de sa fourrure n'avait sans doute pas pignon sur rue : il s'agissait plutôt d'un trafic d'aubaine, faisant profit de la récupération de cadavres, voire, suivant la sûreté des temps et la surveillance des chats, de la capture des matous vagabonds ou simplement malchanceux. Dans une économie de pénurie, toutes les fourrures disponibles pour lutter contre le froid étaient recherchées et récupérées. Celle du chat offrait plusieurs avantages : douce, chaude, de couleurs variées, elle était aussi très accessible, puisqu'un grand nombre de chats, domestiques ou harets, faisait des villes et des campagnes un terrain de chasse. Pendant ses divagations, le chat était une proie facile.

On sait qu'il existait un commerce des fourrures de chat sauvage – aujourd'hui quasiment disparus, ils étaient nombreux au Moyen Âge. On sait moins qu'on utilisait aussi la peau des chats domestiques. Plusieurs témoignages ne laissent aucun doute à ce sujet, même si, dans les textes, le mot *cattus*, qui renvoie aussi bien à l'espèce sauvage qu'à l'espèce domestique, est ambigu. Dans le *Salomon et Marcolphe*, ouvrage d'origine germanique sans doute antérieur au Xe siècle, le rustre Marcolphe qui se livre à une joute de proverbes avec le roi Salomon affirme péremptoirement : « Le chat qui a une belle peau s'écorchera lui-même[1]. » Encyclopédistes et chroniqueurs du XIIIe siècle disent la même chose plus explicitement : le chat est souvent capturé par un pelletier qui l'écorche en raison de la beauté de son pelage, dit Barthélemy l'Anglais, « les pelletiers attrapent les chats pour les tondre, ce qui les rend prudents », assure Thomas de Cantimpré. Salimbene de Adam rapporte une anecdote personnelle qui confirme ces observations :

> *« Je me trouvais à Imola quand un laïc me dit qu'il avait pris au piège vingt-sept chats grands et beaux dans des fermes incendiées et qu'il avait vendu leurs peaux à des pelletiers ; il s'agissait sans aucun doute de chats qui étaient autrefois domestiques dans ces fermes du temps de la paix[2]. »*

L'utilisation du chat comme bête à fourrure était si courante qu'elle donna lieu à des proverbes comme « je ne veux rien du chat sinon la peau » (xve siècle) ou « il a du chat bon gage celui qui en tient la peau » (vers 1470). Le proverbe « acheter chat en sac » fait peut-être aussi allusion à ces chats qu'on capturait ou ramassait pour leurs peaux. Cette expression a connu une grande fortune littéraire et se trouve en particulier chez Rutebeuf ainsi que dans des « jeux-partis », pièces lyriques où deux partenaires se répondent. La variante « vendre chat en sac » se rencontre dans un roman du xiiie siècle où le héros, Joufroi, qui feint de mener une vie de saint, est accusé de « bien savoir vendre chat en sac » aux naïfs[3].

La peau de chat a cependant eu aussi des détracteurs : Maïmonide, au xiie siècle, affirme qu'elle engendre la maigreur, et Hildegarde de Bingen qu'elle attire les mauvaises humeurs, mais ne nuit véritablement qu'à « un homme infirme dans sa tête ou paralysé dans son corps[4] ».

Avoir un propriétaire ne suffisait pas au chat pour sauver sa peau. Des sermons, assimilant les chattes aux femmes coquettes, rapportent qu'il faut brûler leur poil pour les rendre moins vagabondes. Sous la condamnation moralisante se dissimule probablement une pratique réelle destinée à détourner les convoitises, comme le dit cet *exemplum* : « L'évêque Guillaume de Paris parvint en visitant son diocèse à une ferme brûlée et y prêcha que Dieu s'était comporté envers ses habitants comme la vieille qui brûlait le poil de son chat non parce qu'elle le détestait mais afin de ne point le perdre[5]. » Ceux qui volent les chats ne veulent pas de ceux dont on a brûlé le poil, explique le bigame qui se plaint des femmes dans *Les Lamentations de Matheolus* (xiiie siècle)[6].

Il existait sans doute de véritables rabatteurs, qui dépeçaient les chats imprudents, à moins que leurs maîtres n'aient eu la sagesse de les rendre moins attrayants, mais ces exactions n'étaient pas le seul fait de professionnels. Il n'était pas difficile de gagner un peu d'argent en prenant un chat. On connaît

par deux *exempla* les mésaventures de chats domestiques ran-
çonnés : l'un raconte qu'au début du XIIIe siècle, des étudiants
parisiens s'amusaient à faire lancer un dé à un chat, en lui
donnant à manger chaque fois qu'il marquait des points ; mais
le chat ayant fini par perdre, ils l'écorchèrent puis vendirent sa
peau. D'après le second, à Paris, vers 1270, des clercs obli-
gèrent un chat à jouer aux dés ; pour finir, ils le renvoyèrent à
son maître avec un message lui annonçant que l'animal avait
perdu une quarte de vin et qu'il perdrait sa peau s'il ne rem-
boursait pas sa dette. Le maître s'exécuta, mais demanda aux
clercs de ne plus pousser son chat au jeu « car il ne savait
compter sa chance[7] ».

L'usage de la peau de chat domestique en pelleterie est
confirmée par plusieurs documents financiers. *Le Livre des
mestiers* d'Étienne Boileau fixe, en 1268, le tonlieu (taxe sur
les marchandises perçue à l'entrée d'une ville, d'un port, d'un
marché ou d'une foire) à 2 deniers pour onze peaux de chat
sauvage et 4 deniers pour douze peaux. Les « peaux de chats
privés, que l'on appelle chat de feu ou de foyer », coûtent la
moitié pour douze peaux et sont exonérées pour une quantité
inférieure[8]. Dans le port d'Ipswich, vers 1303, les droits se
montent à 4 deniers pour mille peaux de « chat de feux » et à
1 denier pour une douzaine de peaux de chats sauvages[9].

Les écarts, de prix et de quantité, suggèrent que la peau du
chat domestique constituait une matière première abondamment utilisée et bien moins onéreuse que celle de l'espèce
sauvage. De nombreux textes évoquant des peaux de chats
peu coûteuses concernent donc peut-être des chats domestiques. À Saint-Vaast d'Arras, par exemple, peaux de chats et
de lapins sont taxées 2 deniers au début du XIe siècle[10]. À
Montpellier, vers 1201, on prélevait une taxe de 2 deniers sur
les peaux et vêtements de chats, de 1 denier pour une douzaine
de chats, de 2 deniers pour une botte de chats[11]. À Pont-
Audemer, à la même époque, la taxe était de 2 deniers pour
une douzaine de chats[12]. Des documents similaires sont connus
en Angleterre (ordonnances de Southampton), en Espagne et
en Italie (fors d'Alarcón et statuts d'Orvieto)[13]. Plusieurs tes-
taments des XIe et XIIe siècles mentionnent également des
peaux de chats qui faisaient l'objet de legs ou de transactions
relativement modestes : les peaux étaient en effet fréquemment
utilisées dans l'ameublement sous forme de carpettes, tapis,

dessus de chaises ou coussins, et bien davantage comme couvertures. La fourrure des chats servait aussi à confectionner
des vêtements (manteau, gilet, chapeau, doublure), ainsi que
des pennes, c'est-à-dire des fourrures montées en nappe[14].

Abbayes, prieurés et chapitres échangeaient parfois ces peaux
contre des droits sur des terres, ou les donnaient en remerciement
à des donateurs. Peut-être les abbayes disposaient-elles même de
tanneries. C'était le cas en Angleterre, à Abingdon, dont les
coutumes prévoient de donner au moine chargé de l'intendance
« du blé du grenier, du sel de cuisine et de la craie de Lachinges »
pour la préparation des peaux d'agneaux ou de chats[15]. Autre
signe de l'utilisation de la fourrure de chat domestique, les noms
familiers du chat ont servi à former des termes désignant la
fourrure et des pièces fourrées. Le mot *miton* (XVᵉ siècle) désignait une sorte de manchettes, et les mots *mite* et *mitaine*, qui
remonteraient au XIIᵉ siècle, des gants laissant le bout des doigts
à découvert.

Les fourrures de chats semblent avoir été diversement appréciées des hommes d'Église. L'évêque Yves de Chartres adressa
au roi Louis VI, qui lui avait demandé deux paires de peaux de
chats, une virulente lettre de reproche, déclarant qu'il était
indigne d'un roi de réclamer à un ministre de Dieu des choses
viles ou des artifices de vanité[16]. Mais rien ne permet de préciser si l'évêque parle de chats sauvages ou domestiques.

Les ordres religieux, méfiants envers les manifestations
somptuaires, toléraient néanmoins les fourrures « viles » dans
la mesure où elles étaient indispensables. « Toutes les pelisses
sont d'agneaux blancs, précise la coutume de Cluny au
XIᵉ siècle, mais les couvertures sont d'agneau, de chat ou de
putois, et jamais d'aucune fourrure de grand prix[17]. » Le concile
de Westminster interdit aux abbesses de porter des fourrures
plus coûteuses que celles de chats ou d'agneaux[18]. En 1275,
l'archevêque de Cantorbéry recommande au prieur et aux
moines de Boxgrove de n'avoir que des fourrures d'agneaux,
de chats ou de lapins[19].

L'hagiographie nous renseigne à sa façon sur ces peaux grossières qui protégeaient contre le froid. Guillaume de Malmesbury célèbre l'ascétisme de saint Wlstan, évêque de Worcester
(seconde moitié du XIᵉ siècle), en rappelant qu'« il se servait
avec indifférence de vêtements vils, repoussant le froid à l'aide
d'agneaux de préférence à tout autre fourrure. Et si on le priait

d'accepter du moins des peaux de chat, il répondait avec une bonté enjouée : "Crois-moi... je n'ai jamais entendu chanter *'cattus Dei'* mais *'agnus Dei'* ; c'est pourquoi je veux me réchauffer non avec du chat mais avec de l'agneau[20]" ». Le jeu de mot laisse peut-être deviner une certaine méfiance à l'égard du chat, symbole antinomique de l'agneau.

D'autres fourrures de chats étaient plus luxueuses. Au milieu du XIᵉ siècle, le poète Sextus Amarcius invite à renoncer aux fausses richesses et se moque de l'homme « vêtu de chat tendu sur de la peau de castor, de fourrure de souris cousue à du lin fin, de gilets de gris[21] ». Plus sérieusement, saint Bernard dénonce le faste qui a gagné son ordre, regrettant l'austérité d'un âge d'or où chacun recevait seulement ce dont il avait besoin, et où il eût été impensable de couvrir les lits de couvertures de chat ou de housses de toutes les couleurs[22]. Saint Bernard n'est pas le seul à condamner l'emploi de telles fourrures. Son contemporain Pierre le Vénérable, le maître de Cluny, attaque également la « passion bien connue et condamnable pour les peaux de chats et autres fourrures qui... a pris une telle ampleur que, méprisant les peaux de chats français, la passion des religieux s'est reportée sur les chats espagnols et italiens ». « Bon nombre de prieurs et de moines, ajoute-t-il, pensaient ne rien posséder s'ils n'ornaient leur lit d'une couverture de grand prix, confectionnée à partir de ces fourrures de chats de Numance... à poils longs et denses. » Pour mettre fin à cette mode, un nouveau statut interdit aux frères de Cluny « de se vêtir de fourrures de chats et autres animaux étrangers ainsi qu'ils en avaient l'habitude... à l'exception des peaux de béliers, agneaux et moutons et seulement pour en faire des couvertures[23]. »

Il est peu vraisemblable que saint Bernard et Pierre le Vénérable aient songé à interdire le commerce modeste de la fourrure de chat domestique ; leurs emportements visent avant tout une mode nouvelle qui recourt à des espèces exotiques, en particulier les chats de Numance, sans doute les « chats d'Espagne » mentionnés par certains comptes royaux. Nous savons ainsi qu'en 1468, la duchesse d'Orléans paie trois manteaux de nappes de chats d'Espagne et cinquante douzaines de pareils chats pour faire des bords[24]. Ces chats à la fourrure appréciée n'ont retenu l'attention ni des historiens ni des naturalistes alors qu'ils étaient la seule variété de chats domestiques connue en Occident au Moyen Âge[25]. Au XVIᵉ siècle, dans son *Histoire des animaux*,

Conrad Gesner note que, dans le sud de la France et ailleurs, on utilisait leur fourrure, car, « plus agiles et plus rapaces que les nôtres », ces chats étaient « plus grands, plus noirs et de poil très doux »[26].

La fourrure était évidemment une marque sociale : dans l'Angleterre de la fin du Moyen Âge, chacun portait une fourrure différente selon son rang. À la noblesse, aux clercs, aux riches citoyens, les fourrures venues des lointaines régions de chasse nordiques, tandis que le peuple se contentait de fourrure d'agneau, de lapin, de chat ou de renard[27]. Le succès de la fourrure des chats d'Espagne montre l'importance de critères esthétiques, tels que la couleur et la douceur. Il est possible que les peaux de chats communs aient été elles aussi sélectionnées : dans le roman éponyme attribué à Chrétien de Troyes, Guillaume d'Angleterre achète des « peaux de chats grises et noires » qui ne peuvent guère appartenir à des chats sauvages[28], et des comptes royaux des XIVe et XVe siècles mentionnent des peaux dont la couleur est propre à la robe des chats domestiques[29].

La piètre réputation des marchands de fourrures et des pelletiers médiévaux constitue aussi une preuve indirecte de l'emploi des peaux de chats domestiques. Le *Romans de Carité* du reclus de Molliens stigmatise le commerce du monde et assure : « Tous les marchands sont trompeurs, on vend vite de la peau de chat[30]. » Pour Maurice de Sully, le diable « fait comme le marchand qui va par les cités, par les châteaux, par les foires achetant des marchandises… et place ensuite sa marchandise en divers ballots, dans un le vair, dans un autre le gris, dans un les chats, dans un autre les lapins[31]… ». Les statuts de la ville de Rome au XIVe siècle tentent de prévenir les fraudes et interdisent aux pelletiers de « coudre ou mêler du cuir de chat ou autre cuir à des garnaches », sous peine de dix livres d'amende à chaque infraction. Ceux qui coudront ou mêleront du cuir de chat ou tout autre cuir à des peaux et garnaches neuves de renard seront punis de la même peine[32]. Il est en outre interdit de mêler des peaux de chien à des peaux de martre, ce qui laisse supposer que l'on faisait souvent passer du chien pour de la martre et du chat domestique pour du renard.

Des fouilles ont permis de retrouver, parfois en abondance, des restes qui témoignent de ce trafic. À Saint-Denis, où il existait une foire d'automne réputée pour le commerce des fourrures, un atelier de pelleterie du XIIe siècle a fourni de très nombreux os de chats domestiques – mais aussi de chiens – présentant des traces de découpe aux bas de pattes. L'archéologue Barbara Noddle a interprété dans le même sens la forte concentration de chats dans certains puits de Southampton pour la période 1250-1350 et signale qu'à Hatting, au Danemark, les chats étaient aussi tués pour leurs peaux[33]. Des ossements de chats découverts dans des dépôts de la cour Napoléon du Louvre (XIVe siècle) portent aussi des traces de découpe à l'extrémité des membres, sur les zygomatiques et sur les mandibules[34]. Une proportion anormalement élevée de restes de chats a été relevée dans des strates des XIIe et XVIe siècles du site de la rue de Lutèce à Paris : ces restes portent des incisions fines, qui témoignent d'un écorchement soigneux et professionnel[35]. On a également retrouvé une accumulation de crânes de chats dans les dépotoirs des tanneries de Lödöse, en Suède. Le même commerce semble avoir eu lieu à Haithabu et à Exeter. Notons que les fouilles livrent, en revanche, peu de restes d'animaux sauvages à fourrure (écureuil, castor, renard, zibeline, etc.) car ceux-ci, fort prisés, étaient dépouillés dans les zones de production d'Europe du Nord et non dans les centres urbains où ils étaient commercialisés.

9

Un mets délicat ?

A-t-on mangé du chat ? La question semble presque indécente tant le monde occidental contemporain éprouve de répulsion à l'idée de consommer la viande de bêtes familières.

Ce tabou existait sans doute dans la société médiévale, car les chroniques lient systématiquement la consommation de chat à l'horreur de la famine. Ainsi, en 871-872, les habitants de Salerne, pressés par les Hongrois, en seraient venus à dévorer chats et souris[1]. D'après la chronique du Mont-Cassin, ils furent à nouveau contraints de se nourrir de chevaux, de chiens, d'ânes et de chats en 1076 lors du siège du Normand Robert Guiscard[2]. En Italie toujours, le siège de la citadelle de Rantra où, en 1136, l'abbé du Mont-Cassin s'était réfugié avec quelques moines et le trésor de l'abbaye, est l'occasion d'un récit héroïque, les moines se déclarant prêts à braver la mort et à manger chiens et chats plutôt que de se rendre[3]. À Pise, en 1174, les habitants durent manger des chiens, des chats et des charognes[4]. Boncompagnus de Bologne décrit les événements « inouïs » qui se déroulèrent à Ancône lors du siège de 1173 :

> « Ceux qui étaient restés dans la ville étaient affligés d'une faim indicible... Ils tuaient les chevaux, les bêtes de somme et les ânes et mangeaient avec avidité des chairs immondes, la faim rendant acceptable n'importe quelle nourriture... Et, ce qui n'a jamais été entendu depuis le commencement du monde ni ne le sera avant des siècles, certains à cette époque mangèrent des chiens, des chats et des souris[5]... »

Le doge Andrea Dandolo, dans la chronique de Venise qu'il conduit jusqu'au milieu du XIIIe siècle, Jean, abbé du monastère de Sainte-Marie-de-Victoria à Victring, en Carinthie, Henri de Herford, au XIVe siècle, rapportent de semblables exemples de consommation de chats et d'autres animaux dans des conditions de détresse[6].

Le caractère stéréotypé de ces récits montre la répugnance extrême qu'inspiraient ces nourritures de nécessité qu'étaient les animaux familiers, les chevaux, les bêtes de somme, les rats et les souris, voire d'autres nourritures plus inattendues comme les orties de mer, l'anthropophagie étant le recours ultime du désespoir. La consommation d'animaux domestiques, excusable dans les temps de malheurs, est toutefois une marque de barbarie quand elle devient l'expression d'un goût. L'évêque Otton de Freising (vers 1112-1158) rapporte les accusations portées contre les Hongrois lors de leur installation en Pannonie (IXe siècle) :

> « À cette époque, on dit que ce peuple était si cruel et si sauvage qu'il se nourrissait de viandes crues et buvait du sang humain. À qui trouverait cela incroyable, je rappellerai que les Petchenègues et ceux qu'on nomme Falones se nourrissent de nos jours encore de chairs crues et immondes, comme celle des chevaux et des chats[7]… »

C'est là sans doute le meilleur exemple de l'aversion qu'inspirait la consommation d'animaux domestiques.

Le tabou lié à la consommation de chat apparaît aussi dans des textes normatifs. Hildegarde de Bingen affirme au XIIe siècle que manger du chat rend fou et infecte la chair de l'homme, sans que l'on puisse affirmer qu'elle s'oppose à une pratique courante[8]. Un médecin de Padoue, Giovanni Michele Savonarola (XVe siècle), fait appel à la science d'un célèbre médecin arabe Rhazès (al-Rāzi) et note que la viande de chat est d'une complexion proche de celle du lièvre, mais plus humide, plus molle, communément, plus grasse et engendrant une humeur mélancolique[9]. Un *Manuel de conversation*, composé à Bruges au XIVe siècle par un maître d'école qui expose les règles de la vie sociale, domestique et religieuse, range le chat parmi les animaux qu'on ne mange pas, avec les loups, renards, singes, ânes, chiens et éléphants[10].

Au XVIe siècle, des médecins, émus par les malheurs des pauvres, jettent un regard plus froid sur ce type d'aliments et adoptent un point de vue pratique. Jacques Dubois, dit Sylvius, médecin formé à Montpellier et lecteur du roi, auteur de quatre opuscules sur les nourritures de nécessité entre 1542 et 1546, affirme que « petitz et ieunes chiens, chats, ratz, regnardz, asnons, blereaux, furetons, oultre les bestes accoustumées, s'ilz sont charnuz et gras sont bons[11] ».

La transgression de l'interdit de la consommation de chat est aussi un thème satirique. Une nouvelle de Franco Sacchetti narre les mésaventures de messire Dolcibene, à qui l'on offrit du chat, à la place du lapin en croûte annoncé, avant de lui révéler l'affaire :

> « *Quand la croûte fut mangée, le curé et les autres commencent à appeler : "Muscia", et de miauler comme font les chats. Messire Dolcibene, voyant cela, pâlit, mais il se tempéra en disant : "il était très bon" pour ne pas leur donner occasion de rire*[12]... »

Il prit sa revanche en conviant les mauvais plaisants à un festin de souris...

À la fin du Moyen Âge apparaissent cependant des allusions à une consommation régulière de chat. À l'exemple de Sylvius, le médecin Joachim Strupp publie une *Ancre de la faim ou Nouveau garde-manger et cellier en cas de famine, de mauvaise récolte et de guerre tel qu'on n'en a jamais parlé auparavant* (1582), où il rappelle que les Espagnols et les Italiens se régalent de chats bien gras, invitant avec discrétion ses lecteurs allemands à en faire autant en cas de besoin[13]. Conrad Gesner avait aussi noté vers 1550 que la chair de chat était réputée proche par la saveur de celle du lapin et que, dans plusieurs régions, surtout en Espagne, elle était admise dans la cuisine. Chez lui, en Allemagne, assure-t-il, certains consommaient des chats sauvages, mais personne ne mangeait de chat domestique[14]. Cette consommation attribuée dans ces deux textes à des cultures extérieures à celle du témoin était-elle fable ou réalité ? Dans la seconde moitié du XVIe siècle, le naturaliste italien Ulysse Aldrovandi note que la chair de chat se mange bouillie ou rôtie et qu'elle est même prisée :

> « *Le chat, le plus terrible ennemi des souris, n'a pu éviter les pièges de la gourmandise. Certains tiennent en effet la viande de chat pour un mets très délicat bien que sa cervelle soit accusée*

d'être un poison… La chair de chat est très proche de celle du lièvre par la saveur[15]. »

« Beaucoup, poursuit-il, mangent à notre époque de la viande de chat et surtout dans certains endroits d'Espagne… » Ruperto de Nola, auteur à la fin du XVe siècle du premier livre de cuisine en espagnol et cuisinier du roi de Naples, donne en effet sans état d'âme la façon de préparer le chat rôti :

> « *Tu prendras un chat qui soit gras, et tu l'égorgeras, et ensuite tu lui couperas la tête que tu jetteras parce qu'on ne peut la manger, dans la mesure où on dit que celui qui en mangerait la cervelle risquerait de perdre la tête et le jugement. L'écorcher très proprement ensuite et l'ouvrir et le nettoyer soigneusement, et après l'envelopper dans un linge de lin propre et l'enterrer sous la terre où il restera un jour et une nuit, puis le sortir de là et le mettre à rôtir sur une rôtissoire, et le rôtir au feu, et tandis qu'il commence à rôtir, il faut l'enduire avec du bon ail et de l'huile, et lorsqu'on a fini de l'enduire, il faut le fouetter avec une badine, et il faut faire cela jusqu'à ce qu'il soit bien rôti, l'enduire et le fouetter, et dès qu'il est rôti à point, on le découpe comme si c'était un lapin ou un cabri, et on le met sur un grand plat, et l'on prend de l'ail et de l'huile qui se sont détachés avec un bon bouillon qui soit bien clair et on le verse sur le chat ; tu peux alors en manger parce que c'est une très bonne nourriture*[16]. »

Plus tard, le cardinal Bernardo de Sandoval y Rojas (1599-1618), archevêque de Tolède, affirmera sans répulsion que la chair du chat, chaude, humide, facile à digérer quand les chats sont gras, fait engraisser ceux qui la mangent et leur fait du bon sang[17]. Bien que la France ne soit pas mentionnée parmi les pays où l'on pratique l'« ailourophagie », le médecin Jean de La Bruyère affirme au XVIe siècle que certains tiennent la viande de chat pour un mets délicat[18].

Des trouvailles archéologiques semblent bel et bien attester une consommation ponctuelle de chats au Moyen Âge. Les dépotoirs de Besançon (XIIIe-XIVe et XVIe siècles) ont livré des os portant des marques de découpe caractéristiques[19]. À Douai, des restes particulièrement nombreux de chats ont été découverts lors de la fouille d'une strate du haut Moyen Âge

(850-950), dont un squelette presque complet portant lui aussi des traces de découpe éloquentes au niveau des pattes arrière[20].

Le folklore témoigne également de telles pratiques alimentaires. À la fin du XIXᵉ siècle, Giuseppe Fumagalli rapportait qu'en Vénétie celui qui mangeait de la viande de chat était excommunié, parce que le chat était réputé parent du diable. Mais bien des gens s'en moquaient selon lui et accommodaient volontiers un beau chat gras, désigné communément comme « lapin de gouttière »[21]. En Languedoc, les habitants du village de Saint-Étienne-Estrechoux sont surnommés *« lous mango cats »* (les mange-chats) parce qu'ils apprécieraient la viande de cet animal[22].

Nul doute que le statut d'animal domestique du chat n'ait joué pour en interdire l'usage alimentaire. En Angleterre, Edmund Leach a mis en évidence une série de cercles autour du sujet, alternativement positifs et négatifs : au plus près de lui, les animaux familiers comme la parenté immédiate font l'objet d'un tabou intense, alimentaire pour les premiers, sexuel pour la seconde. À l'opposé, les animaux sauvages, lointains, non consommés, et l'étranger avec lequel les relations matrimoniales sont exclues, sont également affectés négativement[23]. Ces catégories anthropologiques jouaient aussi sans doute dans la société médiévale : le chat, proche de l'homme, voire familier, tend à être exclu de la catégorie des animaux consommables. Ce tabou s'étendait peut-être à ses autres usages, ce qui expliquerait que le commerce des peaux de chat ait été en grande partie occulté.

10

Le chat qui guérit

La médecine médiévale mêle étroitement un savoir hérité de l'Antiquité et retransmis par la civilisation arabe, qui l'a à son tour enrichi, à un savoir populaire dont les prescriptions relèvent essentiellement de la pensée magique et de connaissances empiriques. Outre la diète et la chirurgie, elle recourt principalement à la médication, puisant dans les ressources du règne végétal, mais aussi dans les minéraux et la matière animale, des ingrédients qui heurtent parfois notre sensibilité, mais qui étaient le plus souvent parfaitement inoffensifs. Différentes parties du chat servaient par exemple à composer des onguents dont les éléments constitutifs, à l'issue de longues cuissons, devaient être méconnaissables. C'est ce que révèlent des traités médicaux, qui constituent des jalons précieux car ils témoignent, à leur façon, de la présence du chat à des périodes où les autres documents font cruellement défaut, comme l'Antiquité tardive et le haut Moyen Âge.

La médecine antique

Alors même que la littérature latine rejette le chat vers l'Égypte, la médecine commence à l'intégrer à la pharmacopée. Celse, à l'époque d'Auguste, mentionne très brièvement la graisse de chat (*adeps ex fele*) qu'il range parmi une série de substances calorifiques, mais il n'est pas sûr qu'il évoque le chat domestique[1]. Le doute n'est plus permis avec Pline, à qui l'on doit une description de la façon dont le chat domestique s'approche furtivement des oiseaux. Se moquant des recettes recommandées par les mages, il signale celle qu'ils adoptaient pour le traitement de la fièvre quarte :

> « *Pour la fièvre quarte, les mages ordonnent de porter en amulette de la fiente de chat avec un doigt de hibou et de ne les enlever, pour éviter les rechutes, qu'après la fin du septième accès. Qui a bien pu, je le demande, inventer cela ? Pourquoi a-t-on choisi de préférence un doigt de hibou ? De plus modestes ont dit qu'il faut prendre dans du vin, avant les accès de fièvre quarte, le foie, conservé dans le sel, d'un chat tué pendant le décours de la lune.* »

Toujours selon Pline, la fiente de chat guérit les ulcères, et, appliquée avec de la résine et de l'huile rosat, les ulcérations de l'utérus. Elle permet aussi d'extraire arêtes et corps étrangers coincés dans le gosier, lorsqu'on s'en frictionne la gorge, ainsi que les épines entrées dans les chairs[2]. Si certaines recettes de l'*Histoire naturelle* font long feu, l'excrément restera jusqu'au XIe siècle pratiquement le seul ingrédient emprunté au chat. Plusieurs traités médicaux de l'Antiquité tardive y recourent, notamment le *Medicina ex animalibus (Médecine tirée des animaux)* d'un certain Sextus Placitus Papyriensis, dont on ne sait rien sinon qu'il s'inspire de Pline et peut-être du médecin gaulois Marcellus (début du Ve siècle), d'autres prétendant au contraire que Marcellus lui a fait des emprunts. La matière animale y est à l'honneur, avec trente-deux animaux cités. Ce traité suit Pline en recommandant l'excrément de chat pour faciliter l'extraction des arêtes et en cas de fièvre quarte, mais il ajoute que l'amulette contenant excrément de chat et ongle de hibou (et non plus doigt) doit être portée au cou ou au bras. Pour soigner les hémorragies consécutives à l'accouchement, Sextus conseille le remède que Pline indiquait pour les ulcérations de l'utérus.

Sextus donne aussi pour la première fois la formule d'un onguent, composé à part égale d'excréments de chat séchés et de sénevé écrasés dans du vinaigre, lequel, appliqué sur le cuir chevelu, est supposé traiter la chute des cheveux[3]. L'Africain Cassius Felix donne une recette similaire au milieu du Ve siècle, mais avec des proportions différentes (deux tiers d'excréments de chat pour un tiers de sénevé). Il précise en outre qu'il faut faire sur le crâne dégarni des scarifications petites et nombreuses avant d'y appliquer l'onguent[4]. Ce traitement rencontra un succès certain. Le médecin byzantin Alexandre de Tralles (VIe siècle) en propose une version simplifiée, et conseille de délayer l'excrément dans le vinaigre sans y ajouter de moutarde[5]. On le trouve aussi dans les *Euporista (Remèdes faciles)* de Théodore Priscien, un médecin africain du Ve siècle, puis chez Constantin l'Africain (XIe siècle), dans le *Kiranides* (XIIe siècle), chez Gilbert l'Anglais et Vincent de Beauvais (XIIIe siècle).

Enfin, un recueil de recettes en latin, daté du VIe siècle, recommande pour les maux de tête un remède à base d'excrément de chat, délayé dans de l'huile de myrte[6].

La pharmacopée médiévale

À partir du XIe siècle, l'utilisation du chat s'étend à de nouvelles affections. On ne recourt plus seulement à ses excréments mais aussi à sa graisse, sa moelle, son fiel ou sa chair, qui entrent dans des préparations de plus en plus complexes, et souvent assez proches les unes des autres. Un traité anonyme de Salerne (XIIe siècle), où existait une célèbre école de médecine, recourt au chat pour guérir le « feu infernal » (l'herpès) :

> « *Prends un chat écorché, blanc si l'affection est de cause froide ; après l'avoir éviscéré, pile-le fortement ; pile-le à nouveau après avoir ajouté des grains de genièvre et de la savine ; place-le ensuite dans une oie mise à rôtir ; réserve le jus qui s'en écoulera et oins-en l'endroit lésé. Si le mal est de matière chaude, prends un chat noir, et fais comme précédemment en y ajoutant de la cire.* »

Pour soigner la goutte et les affections arthritiques, le même traité recommande d'appliquer cet onguent :

> « *Prends un chat mâle, écrasé avec ses intestins, six onces de graisse salée, une racine de fougère bien nettoyée, cuite et d'abord broyée, de la cire vierge et fais comme auparavant à propos de l'oie : cela soigne la podagre et toutes les douleurs articulaires[7].* »

Au XIIᵉ siècle encore, le *Kiranides* reconnaît deux usages au chat, « cet animal bien connu ». Il conseille de placer une chatte vivante sur la poitrine d'un homme en proie à une crise d'épilepsie ou d'apoplexie, à un spasme ou à des vertiges. De la médecine antique, il retient l'usage de l'excrément de chat pour guérir la fièvre (avec de l'huile de lys) et arrêter la chute des cheveux[8]. Un manuscrit du *Kiranides* conservé à la Bibliothèque vaticane donne une liste plus complète de recettes à base de chat, dans un second article, introduit par la rubrique *murilegus*, nom couramment donné au chat dans les textes latins jusqu'au XIIIᵉ siècle : moelle de chat fondue et chair de chat cuite pour soigner la podagre (goutte) ; fiel de chat et huile de sureau appliqués sur les narines contre la paralysie faciale ; boisson à base de moelle de chat et d'huile de sureau contre les douleurs hépatiques ; fiel et camomille en pulvérisation contre la consomption. Certaines potions ont manifestement une portée magique : ainsi, les testicules de chat noir avec du sel en suffumigation font fuir le mauvais esprit, tandis qu'un cœur de chat noir lié au bras gauche rend insensible à la douleur[9].

Le *Compendium medicinae* (vers 1230-1240) de Gilbert l'Anglais, un des plus célèbres médecins du siècle, reprend les recettes à base d'excrément de chat de Sextus Placitus et d'Alexandre de Tralles contre la chute des cheveux. Il propose également une potion pour soigner la catalepsie, maladie nerveuse considérée comme une variété de l'épilepsie : elle consiste à mélanger à du vin de l'excrément de chat mâle pour un homme, de chatte pour une femme, les affinités des genres de l'animal et du patient reposant sans doute sur le principe de magie sympathique. Pour traiter la paralysie, ou interruption de transmission des nerfs sensibles et moteurs, il prescrit des plantes émollientes ainsi qu'un mélange de moelle et de graisse d'animaux (bœuf, chat, chien, renard, ours) et d'oiseaux (vautour, aigle, canard, oie, héron, hibou), de cire et d'huile.

Le recours au chat dans le traitement de l'arthrite ou de la goutte est très en faveur au XIIIᵉ siècle. Sa graisse ou sa chair entrent dans la composition d'onguents ou d'emplâtres complexes, associant des ingrédients animaux et végétaux, qui doivent être appliqués sur le membre douloureux. Pour traiter les affections arthritiques, Gilbert l'Anglais ne donne pas moins de quatre formules différentes à base de chat. La première, « cure de l'arthrite selon les maîtres », est un emplâtre à base d'excréments de bœuf et de chèvre cuits dans du vinaigre, de graisse de vautour, de chat ou de héron. La seconde, un onguent attribué à Esculape, est réalisée à partir d'une once de plantes (scille, rue, aigremoine, racine verte, ortie, savine, absinthe, sauge, romarin, hièble, racine de mauve, ronce, fenugrec), d'une livre d'huile vieille et d'une livre d'eau de mer, le tout réduit en huile avec deux onces de nitre, d'euphorbe, de poivre, de baies de laurier, d'hellébore, de castoréum, de galbanum, de la térébenthine, de l'opopanax, de l'ammoniaque, et deux onces d'un mélange de sérapias, de térébenthine, de myrrhe et de gomme de lierre. Pour renforcer l'effet, on peut en outre y rajouter de la graisse de chat, de renard, de loup, d'ours, de hérisson, d'oie, de canard et de cheval. Un troisième onguent, « spécial pour l'arthrite froide », est confectionné de la sorte : il faut écorcher et éviscérer un chat gras puis l'emplir d'un mélange de plantes (ive, pariétaire, rue, marrube, racine arthritique, concombre agreste, gomme, feuilles et fruits de lierre, euphorbe) et de produits animaux (castoréum, graisse de vautour, de héron, d'oie, de renard et d'ours). La panse bien cousue est placée sur feu doux jusqu'à ce qu'en sorte un liquide onctueux que l'on mêlera à de la cire. Le dernier onguent, censé guérir la goutte froide, est encore plus élaboré :

> « Prendre des chairs de chat gras et d'oie grasse soigneusement coupées et trois onces de sang de blaireau. Placer dans une marmite brute dont le fond est perforé. On met ensuite dans la marmite deux cornes de cerfs cassées en petits morceaux et l'on ajoute du lierre, de la sauge, du cerfeuil, de la rue, du cresson alénois, des oignons, ainsi que de la graisse de chat, de chien, de blaireau et d'oie, trois onces de cire vierge et quarante jaunes d'œufs durs frits, une pleine écuelle de vieux frêne coupé menu, trois onces d'huile de laurier et une pleine écuelle de limaces écrasées. Le tout placé dans la marmite, on couvre celle-ci d'une écuelle scellée avec de l'argile et du fumier de cheval bien mélangé et on la pose sur une autre marmite, mise dans un trou creusé dans la terre, dans le fond de laquelle on met une peau pour recueillir la liqueur. Cet onguent est excellent[10]. »

Le *Trésor des pauvres*, traité de médecine populaire, est peut-être le plus important manuel de médecine du Moyen Âge. Connu par soixante-dix manuscrits, il est attribué à un médecin et philosophe portugais né entre 1210 et 1220, Petrus Hispanus, devenu pape sous le nom de Jean XXI. C'est une compilation de recettes, qui puise notamment au *Compendium* de Gilbert l'Anglais. À ce dernier, il emprunte son traitement de l'épilepsie et, en les simplifiant et en les adaptant, les deux recettes d'onguents contre l'arthrite et la goutte froide ainsi que la cure selon les maîtres. Toujours pour guérir des affections rhumatismales ou arthritiques, Petrus Hispanus signale deux autres remèdes faisant appel au chat, dont l'un s'appelle précisément « onguent de chat ». Attribué à Constantin l'Africain, il est proche par sa forme des prescriptions de Gilbert l'Anglais :

> « *De même, l'onguent de chat guérit en l'espace d'un seul jour. On le fait ainsi : prendre un chat gras écorché ; retirer les os ; le broyer fortement et le placer dans le ventre d'une oie grasse ; ajouter une demi-livre de graisse salée, une once de poivre, sénevé, euphorbe, suc de scammonée, pyrèthre, rue, absinthe, ail, graisse d'ours, deux onces de cire ; faire rôtir et réserver ce qui est distillé*[11]. »

Toujours au XIIIᵉ siècle, l'*Antidotaire Nicolas*, abrégé français de l'*Antidotarius magnus,* recueil de remèdes d'origine salernitaine, recommande contre la goutte de farcir un chaton de quelques jours d'herbes et matières diverses, notamment de la graisse de chat[12].

Les encyclopédies de cette époque mentionnent elles aussi les indications médicales du chat. Vincent de Beauvais cite le médecin arabe Ali ibn Ridwan, qui préconise l'emploi de chairs de chat, chaudes et sèches, pour guérir les hémorroïdes, réchauffer les reins et soulager les douleurs de dos[13]. Albert le Grand, s'il semble se méfier du chat domestique, prescrit chair de chat sauvage contre la podagre et fiel de chat noir contre les douleurs faciales ; les deux espèces, en revanche, sont utiles en suffumigation, pour évacuer les fœtus morts[14]. S'il ne précise pas ses sources, il semble puiser dans le fonds antique et à des sources orientales, peut-être au *Kiranides*[15]. La distinction qu'il opère entre les deux espèces doit-elle faire douter que le mot *cattus* représente bien le chat domestique et non le chat sauvage dans les textes médicaux que nous avons évoqués jusqu'ici ? Bien au contraire : Albert adjoint l'adjectif *agrestis* (sauvage) à *cattus* pour désigner le chat forestier mais emploie le mot absolument pour signifier le chat domestique.

Dans la première moitié du XIVe siècle, la *Rose de médecine* du chirurgien anglais Jean de Gaddesden recommande l'utilisation du chat dans plusieurs affections : spasmes (crampes), stérilité et impuissance masculine, troubles de la digestion… En cas de paralysie, il conseille de mettre sur les membres immobilisés un « onguent de chat », dont la composition ressemble à celui de Gilbert l'Anglais, même s'il le dit emprunté à Galien[16]. En cas de douleurs violentes, le malade doit être immergé dans du suc d'aneth dans lequel a cuit jusqu'à dissolution un chiot, un renardeau ou même un chaton, ou, tout au moins, doit frotter avec ce liquide le membre douloureux. En cas de difficultés de digestion, il est bon d'embrasser un enfant, « charnu, sain, de bon tempérament » afin de procurer à l'estomac la chaleur propre à lui faire cuire et digérer la nourriture. Faute d'enfant, on peut recourir à un chiot noir ou à un chat mâle bien gras. Enfin, la stérilité ou l'impuissance sont traitées à l'aide de suppositoires à base de graisse d'oie, de grue, et de chat, de pyrèthre, d'huile de noix d'Inde et de graisse d'âne, ou encore d'un onguent dont il faut oindre l'épine dorsale, les reins, les testicules, la verge, le périnée et la plante des pieds : ce dernier est composé d'une once d'asafœtida, pyrèthre, staphisaigre, roquette, oignons, cyprès, castoréum, myrrhe, styrax et calament, deux drachmes de graisse de lion, de blaireau ou de chat, un scrupule de musc, le tout étant bouilli dans de l'huile et additionné de cire[17].

L'art vétérinaire avait aussi recours au chat, surtout pour soigner les oiseaux de proie. Pour traiter ceux qui étaient atteints de goutte, en particulier l'autour, Albert le Grand propose un onguent dont la formule ressemble à celles prescrites par Gilbert l'Anglais ou Petrus Hispanus contre l'arthrite[18]. L'oiseau qui ouvre le bec et bat des ailes est atteint de *malum agrum* : il sera oint de graisse de chat et nourri de chair de chat et d'encens pendant neuf jours[19]. Le chat ne servait du reste pas seulement de nourriture aux oiseaux malades. Le traité de fauconnerie de *Moamin et Ghatrif* précise que la chair de chat et de souris leur profite, tandis que Guillaume Tardif affirme, en 1492, que la chair du chat permet d'engraisser les rapaces[20].

Le chat, introduit en Occident dans les premiers siècles de notre ère, est donc très vite intégré à la pharmacopée. Les traités de médecine, qui sont des textes de la pratique, nous fournissent des indications précieuses sur les noms communs du chat à des

époques reculées. Si Pline et Celse emploient le classique *felis*,
Sextus Placitus et Cassius Felix au Ve siècle, le pseudo-
Théodore Priscien au VIe siècle, recourent à *cattus*, apparu peu
auparavant. Tout au long du Moyen Âge, les auteurs de traités
de médecine préfèrent ce mot à *murilegus* en faveur chez les
clercs des XIIe-XIIIe siècles.

La médecine médiévale, à l'exception de Maïmonide et de
Hildegarde de Bingen, ne manifeste aucune méfiance à l'égard
du chat. Si presque toutes ses parties sont mises à profit (excrément, fiel, chair, sang, graisse, moelle, panse, cuir), certains
ingrédients semblent particulièrement efficaces, d'autres n'étant
employés que de façon marginale (sang, moelle, fiel). La médecine antique fait la part belle aux excréments de chat, mais c'est
la graisse de chat qui est dotée au Moyen Âge des plus grandes
vertus comme l'attestent des recueils de remèdes populaires[21].

En vieux français, l'expression « saïn (graisse) de chat »
avait d'ailleurs le sens de ruse dans certains proverbes, comme
l'a noté le linguiste Gunnar Tilander[22]. Dans le *Roman de
Renart*, par exemple, le proverbe « n'y vault noiant saÿns de
chat » signifiait qu'une maladie était pratiquement incurable
puisque la graisse de chat était impuissante à la guérir. De là,
l'expression aurait servi à désigner une situation inextricable.
Peut-être la graisse de chat passait-elle pour avoir des vertus
magiques ou avait-elle d'autres utilisations : Massin note qu'au
XVIIIe siècle, les chiffonniers ramassaient les cadavres de chat
pour les revendre à l'équarrisseur car leur graisse servait à
certains artisans[23].

Le large éventail des utilisations du chat à partir des XIIe-
XIIIe siècles montre quoi qu'il en soit autant la banalité de
l'animal que l'originalité de la médecine médiévale dont les
modèles antiques, en ce domaine, étaient limités à une ou
deux affections.

Nocivité du chat

La promiscuité du chat serait-elle dangereuse pour l'homme ?
C'est ce qu'affirme Maïmonide (1139-1208) dans son *Traité du*

régime de santé, qui semble évoquer une opinion couramment admise :

> « *... On dit que les vêtements en peau de chat engendrent la maigreur. Semblablement leur odeur et leur haleine et, de ce fait, on dit qu'il faut se tenir éloigné d'eux et de leur odeur*[24]. »

Hildegarde de Bingen est plus radicale. Le chat est nocif, en raison de sa nature et de certaines particularités de son comportement. Plus froid que chaud, il attire les mauvaises humeurs et aime les esprits du mal. Elle déconseille donc l'usage de sa fourrure et sa consommation mais aussi son utilisation dans la pharmacopée, car, dit-elle, la graisse de chat ajoutée à un onguent provoque un point de côté.

Hildegarde de Bingen note également que la cervelle du chat et toute sa chair sont vénéneuses, car il a l'habitude de lécher les crapauds et les serpents[25]. La toxicité de la cervelle du chat est en effet une croyance répandue jusqu'à la fin du Moyen Âge, et on la voit encore mentionnée, au XVIIe siècle, dans un traité sur les poisons du père Athanase Kircher (1602-1680)[26]. Au XIVe siècle, dans son *Traité des poisons*, Guillaume de Marra soutient qu'elle attaque la tête, et cette affirmation se retrouve chez Cristoforo de Honestis (mort en 1392), qui enseignait la médecine à Bologne[27]. Consommer de la cervelle de chat provoque des vertiges et peut faire perdre définitivement l'esprit, selon Antonio Guainieri, professeur de médecine à Pavie au début du XVe siècle. Il existe toutefois des antidotes, dont un à base de musc et de vin blanc[28].

Cette croyance dépassait largement les cercles médicaux et avait une réelle assise populaire. Montaigne raconte ainsi qu'une femme mourut car elle était convaincue qu'on lui avait fait manger un pâté de cervelle de chat[29]. Les actes juridiques sont tout aussi éloquents. En 1500, devant l'officialité de Paris – c'est-à-dire le tribunal ecclésiastique –, Gillet de Bailly accusa Philippot Malaquis et Jacques le Page de lui avoir fait manger un pâté de cervelle de chat. Il en demeura infirme, ne pouvant plus, à ses dires, avaler de viande après cela[30]. La peur n'était pas cependant universellement partagée, puisque Philippot, l'accusé, avait lui-même mangé, en connaissance de cause, de ce pâté sans dommage ; l'affaire se solda par une amende. L'accusation est plus grave quand elle est liée à une

affaire de sorcellerie : selon Jean Bodin, une guérisseuse italienne, arrêtée en Anjou en 1573, fit appel d'une sentence lui
interdisant de se mêler de médecine ; les juges étaient parvenus à
montrer qu'elle employait en guise de remèdes des ingrédients
contre nature, comme la cervelle de chat et la tête de corbeau[31].

Les effets de la morsure de chat ne relèvent pas, en revanche,
de la superstition. Paul d'Égine, médecin alexandrin du
VIIe siècle, est le premier à évoquer la vive douleur que provoque
une morsure et la couleur livide qui gagne l'endroit lésé ; et de
préconiser une application immédiate d'oignon et d'ail[32]. La
douleur violente et le verdissement du corps consécutifs à la
morsure sont dus à la nocivité de la salive du chat, explique
Avicenne, selon Vincent de Beauvais. Jean de Gaddesden
recommande, quant à lui, l'application d'un « onguent noir »,
sorte de remède générique pour les coupures et les morsures
d'animaux, chien enragé, cheval, lion, souris ou chat[33]. Cristoforo de Honestis croit que la douleur et la malignité de la morsure
provoquent un refroidissement du corps et un relâchement des
chairs, car le chat est un animal maléfique dont la salive pernicieuse communique sa malice à l'ensemble du corps et en éteint
la chaleur[34].

Suivant une croyance populaire de la fin du Moyen Âge, le
sorcier métamorphosé en chat tuait hommes et surtout enfants,
par consomption ou étouffement. Les médecins médiévaux
voyaient en revanche dans cette superstition une pathologie
mal interprétée. Dès le XIIIe siècle, Gilbert l'Anglais décrit la
maladie appelée « epialtes » ou « incube » comme une totale
contraction des membres au cours du sommeil, accompagnée
d'une diminution du mouvement mais non de la sensation ;
tous ceux qui en étaient affectés, à la suite d'excès de nourriture ou de boisson, suffoquaient ; certains étaient incapables de
parler, tandis que d'autres tenaient des discussions, criaient,
étaient terrorisés, croyaient être oppressés par des démons ou
par des bêtes, ou en voir ramper[35]. Antonio Guainieri attribue
aussi à l'éphialte une cause strictement physiologique. Cette
maladie nerveuse, caractérisée par une sensation d'étouffement
et une paralysie, serait due à son sens à une obstruction des
voies par lesquelles les humeurs vont du cœur au cerveau et du
cerveau aux membres. Rien n'est donc vrai dans les croyances
du vulgaire qui imagine que le démon suffoque les hommes
ou attribue la cause de l'affection à certaines vieilles, appelées

« stries » ou « *zobianae* », qui peuvent prendre des formes variées et, le plus souvent, celle de chats[36].

À partir du XVIᵉ siècle, le discours médical semble, en revanche, se radicaliser et « diaboliser » le chat. Pour Matthiole, ce sont des animaux venimeux, tant à cause de leur cervelle que de leur poil, leur souffle et leur regard. Plus que tout autre animal, ils causent des étouffements lorsque, par inadvertance, on avale leurs poils. Leur simple fréquentation peut avoir des conséquences mortelles :

> « *D'ailleurs leur souffle est venimeux et notoirement contagieux. Car j'ay cogneu des personnages qui n'eussent dormy à leur aise s'ils n'eussent eu un chat couché avec eux : lesquels pour continuer l'haleine desdits animaux devinrent thisiques et eslancez et en fin en moururent. Et n'y a pas long temps que quasi tous ceux d'un convent moururent à cause du grand nombre de chats qu'ils nourrissoyent. Leur regard est aussi venimeux : de sorte qu'on trouve des personnes qui tremblent et entrent en une grande peur quand ils voyent ou qu'ils oyent seulement miauler un chat. Toutesfois je pense que cela ne procede seulement du venin des chats mais que c'est une naturel (sic) particulier de ceux qui tombent en ces craintes. Car l'influxion qu'ils ont prise et tirée du ciel ne s'esmouvera jamais, sinon qu'on luy mette au devant ce qui luy est naturellement contraire. En Allemagne, j'en ay veu plusieurs qui tomboyent en peur au seul regard d'un chat : aussi ay je en la ville de Goritie, mais ils estoyent allemans. Or que cela procede seulement d'une influence naturelle, qui advient à peu de gens, je l'ay veu par expérience. Car estant une fois en Allemagne, et souppant en bonne compagnie en un poële, pource que c'estoit au temps d'hyver, advint qu'un de nostre troupe estoit sujiet à ceste crainte. L'hostesse qui cognoissoit le naturel du personnage, cacha un petit chat qu'elle avoit et l'enferma en un coffre au poële, de peur que ce personnage ne le vist. Ce neantmoins encores qu'il ne vist le chat, il le sentit : de sorte que à raison de sa température, qui estoit ennemie des chats, il commença à suer et à pallir, et tremblant commença à crier qu'il y avoit audit poële quelque chat caché, au grand estonnement de la compagnie[37].* »

Ambroise Paré reprend à son compte ce discours de Matthiole dans son *Traité des venins*, et ajoute que le chat « est une bête pernicieuse aux enfans du berceau, par ce qu'il se couche sur leurs visages, et les estoufe ; parquoy il s'en faut bien donner garde[38] ». En dépit du danger que les chats peuvent faire courir aux nourrissons, en montant dans les berceaux, en dépit aussi des allergies respiratoires qu'ils peuvent susciter chez certains sujets sensibles, l'hostilité des deux célèbres médecins ne semble pas motivée uniquement par des nuisances réelles.

11

Le savoir médiéval sur le chat

Quadrupède inconnu de la Bible, entré tardivement dans la faune et la culture occidentales, le chat attire cependant l'attention des clercs du Moyen Âge. Omniprésent dans toutes les sphères de l'activité humaine, l'animal est aussi objet de recherche et de savoir, même si ce savoir s'inscrit dans une conception religieuse de l'univers perçu comme une création.

Le nom du chat

Au début du Moyen Âge, les spéculations sur le chat et sa nature se fondent sur des considérations étymologiques. Isidore de Séville (mort en 636), fondateur d'un nouvel idéal encyclopédique[1] va marquer pour des siècles le savoir sur l'animal avec ses *Étymologies* ou *Origines*. Voulant cerner l'essence des choses et des êtres dans le nom qui leur a été attribué, il consacre au chat un article en l'appelant *musio*, sans que l'on sache si cette appellation existait avant lui ou s'il l'a créée. Il n'omet cependant pas les autres noms du chat :

> « *Le chat* (musio) *est appelé ainsi parce qu'il est hostile aux souris. Le vulgaire l'appelle* catus *qui vient de captura. D'autres disent qu'il guette* (catat). *En effet, il a une vue si perçante que par l'éclat de sa lumière il surmonte les ténèbres de la nuit. Ou encore* catus, *c'est-à-dire « ingénieux », vient du grec* kaiesthai [brûler][2]. »

Alors que les autres animaux domestiques, ou sauvages, sont généralement désignés par un nom unique, les clercs donnent au chat après Isidore des noms multiples qui disent tous ce

qu'est sa place dans le plan divin. *Musio*, formé sur le latin *mus*
(souris), accompagné d'un suffixe (dépréciatif ou augmentatif),
définit en quelque sorte le chat par sa proie. Les grammaires et
les lexiques préfèrent également au vulgaire *cattus* des formes
composites et métonymiques qui signent le destin de chasseur
du chat. Une des plus fréquentes, *murilegus* – « cueille-
souris » – apparaît chez Sedulius Scottus au IXe siècle[3].
Muriceps – le « prend-souris » – se rencontre dans la grammaire
latino-saxonne d'Aelfricus (mort en 1006)[4]. Une encyclopédie
sans doute composée à Worms dans le premier quart du
XIe siècle, le *Summarium Heinrici*, donne une liste des mots
latins et vernaculaires, qui désignent le chat : « *Murio* [sic] ou
muriceps ou *pilax*, *kazza*, cet animal est appelé en grec *cattus*,
c'est-à-dire ingénieux[5]. » En revanche, les proverbes, la littérature satirique et le vocabulaire technique – on l'a vu pour la
médecine – privilégient le vrai nom du chat, *cattus*. Cette flo-
raison linguistique n'est pas le fait du hasard : elle est l'expression d'un savoir sur le chat qui lui assigne une fonction
déterminée, une « nature » de mangeur de souris.

De nouvelles questions sur le chat

À partir du XIIe siècle, les préoccupations « scientifiques »
l'emportent sur les considérations théologiques et linguistiques.
Le monde animal occupe une grande place dans les « questions
naturelles » que posent les savants du Moyen Âge, en particulier
les maîtres de l'école de Salerne, qui ont joué un rôle considérable dans l'essor de la médecine et des sciences naturelles.

Les comportements animaux leur inspirent des spéculations
très élaborées, ainsi l'habitude qu'a le chat de se frotter à la
cataire *(nepita)*[6]. Pour Urso de Calabre, un des principaux
maîtres du XIIe siècle, toute action suppose une cause effi-
ciente, des instruments, une coopération extérieure, une intention et un sujet. La nature faisant bien les choses, les
comportements des animaux ont un sens, même s'ils sont
apparemment aberrants. Certains ont besoin d'agents extérieurs pour être incités à l'accouplement, à la conception et à
la nidification, comme le chat en se frottant à la cataire, les

chevaux en s'exposant au vent et les oiseaux à l'humidité printanière. Le chat manque en effet, selon lui, d'une des trois conditions requises pour le coït, la chaleur, mais peut élever sa température en se frottant à cette plante dotée d'un pouvoir calorifère[7].

L'école de Salerne rayonna jusqu'en Angleterre, où un recueil de questions naturelles des années 1200 reprend la même théorie, que l'on retrouve encore à la Renaissance dans le *Speculator* de l'humaniste Dietrich Ulsen. Petrus Hispanus en avait sans doute aussi connaissance car il affirme que les femmes doivent s'inspirer utilement des chattes, les suffumigations de cataire réchauffant les matrices froides et favorisant la fécondité féminine[8]. L'affinité du chat pour la cataire le suppose de nature froide, une idée couramment répandue au Moyen Âge, et que l'on rencontre notamment au XIIᵉ siècle chez Hildegarde de Bingen.

La vision nocturne du chat et d'autres animaux a également très tôt fait l'objet de théories savantes. Au tournant des IIᵉ et IIIᵉ siècles, le Pseudo-Alexandre d'Aphrodise, commentateur d'Aristote, expliquait déjà que les chats, les chauves-souris et les chouettes voyaient la nuit, en raison de la ténuité de leur force visuelle[9]. Adélard de Bath, au début du XIIᵉ siècle, s'intéresse à son tour à la question[10], ainsi que les maîtres de l'école de Salerne : des questions salernitaines anonymes assurent que la vision varie en fonction de la nature des yeux et d'une force visuelle *(spiritus)*, capable de se disperser ou de se condenser en réagissant à la luminosité ambiante. Les chats, tout comme les loups, sont dotés d'une force visuelle subtile et claire que la clarté extérieure désagrège, tandis que l'obscurité lui garde son plein pouvoir de pénétration et sa puissance éclairante[11].

La même théorie apparaît dans le *Des louanges de la divine sapience*. Ce poème didactique, dû à Alexandre Neckam (XIIᵉ siècle), propose en effet deux explications à la vision nocturne des chats : la plus communément admise est que la petitesse de leur pupille leur fait craindre la lumière du jour et rechercher les ténèbres ; selon la seconde, clairement inspirée par l'école de Salerne, leur force visuelle est dispersée par la lumière et condensée par l'obscurité[12]. On retrouve encore cette conception, placée sous l'autorité d'Aristote, dans une volumineuse collection de questions naturelles (elle contient

1 483 questions et réponses), la collection *Omnes homines*, rédigée au plus tard au XIVᵉ siècle. Au siècle suivant, le chancelier de l'université de Paris, Jean Gerson, souligne que l'œil du chat a la propriété d'irradier les couleurs[13].

L'intérêt des savants pour le regard du chat reflète-t-il la fascination qu'il exerçait ? Cette fascination apparaît en tout cas dans des légendes, notamment au pays de Galles, où le portier ou le veilleur à œil de chat est un personnage fréquent. Ainsi, dans le cycle des *Mabinogion*, un des veilleurs du roi Arthur porte le nom de Gwrddnei aux yeux de chat (Gwrddnei Llygeit cath) parce qu'il « voyait la nuit aussi bien que le jour »[14]. Dans *La Mort tragique des enfants de Tuireann*, le portier du roi Nuadha à la main d'argent rencontre deux hommes qui se disent médecins, et qui, à sa demande, remplacent son œil par un œil de chat :

> « Cela lui convint et cela ne lui convint pas, car quand il voulait dormir ou se reposer, l'œil s'ouvrait au cri des souris ou au vol des oiseaux ou au mouvement des roseaux ; mais quand il voulait surveiller une troupe ou une assemblée, c'est alors qu'il avait envie de dormir et de se reposer[15]. »

Le chat a inspiré des spéculations plus déroutantes encore, comme celles de Hildegarde de Bingen. La sainte se méfie de cet animal et en propose une vision singulière :

> « Le chat est plus froid que chaud et attire à lui les mauvaises humeurs ; et il ne déteste pas les esprits aériens et eux ne le détestent pas non plus. Il a une conjonction naturelle avec le crapaud et le serpent. En effet, au plus fort des mois d'été, lorsqu'il fait très chaud, le chat est sec et froid et désire lécher le crapaud ou les serpents pour se réconforter de leur suc et en tirer un moyen de vivre ; autrement il ne pourrait pas vivre mais périrait... Et du suc qu'il reçoit d'eux il est comme vénéneux à l'intérieur, sa cervelle et sa chair devenant vénéneuses. Il n'est pas volontiers avec l'homme, excepté celui qui le nourrit. À l'époque où il lèche crapaud et serpent, sa chaleur est nocive et vénéneuse pour l'homme. Lorsque la chatte porte ses petits en elle, sa chaleur excite l'homme au désir ; à un autre moment, sa chaleur ne portera pas préjudice à l'homme sain[16]. »

Les « esprits aériens » avec lesquels le chat présente une grande affinité sont les forces démoniaques, ce qui explique sans doute la méfiance de Hildegarde à l'égard du chat, qu'elle montre néanmoins comme un animal familier. Les observations de l'abbesse de Bingen restent cependant à part dans la littérature médiévale, puisque seules la complexion froide du chat et la toxicité de sa cervelle étaient communément admises. Les sciences naturelles jusqu'au XIIe siècle doivent peu à l'héritage antique et posent sur le chat des questions originales, témoignant d'une capacité d'observation réelle.

Les encyclopédies du XIIIe siècle

Les XIIe et XIIIe siècles constituent un tournant dans l'étude et l'observation du monde animal. La perception des choses de la nature se modifie, à la suite de la redécouverte des œuvres philosophiques d'Aristote et de l'apport de la science arabe. Dès ce moment, se multiplient les « encyclopédies » qui décrivent la Création en exaltant son Créateur et accordent une place importante au monde animal. Leurs auteurs puisent à diverses sources : Isidore de Séville, bien sûr, dont les *Étymologies* restent un ouvrage de référence, mais aussi des sources arabes voire des sources occidentales récentes. Ils recourent aussi à des observations personnelles.

L'encyclopédie *Des bêtes et d'autres choses (De Bestiis et aliis rebus)* traite du chat dans deux chapitres. La notice sur le *catus (De cato seu musione)* reprend pour l'essentiel Isidore de Séville, mais celle qui décrit le *murilegus* apporte des notations nouvelles :

> « *Le chat est rusé ; il assaille les souris ; on le prend au lacet ; il voit de nuit ; il a des yeux étincelants ; il n'est pas vite noyé ; il a une grande force dans ses griffes ; il saute de haut sans se faire mal[17].* »

Toutes ces remarques, de l'hostilité du chat à l'égard des souris à l'intensité de son regard, reposent, à l'évidence, sur des observations. Certaines sont pertinentes comme l'aptitude du chat à tomber sans se blesser ; d'autres ont un sens plus équivoque : la capture des chats au lacet fait peut-être allusion

à l'utilisation des chats en pelleterie, mais on ne sait si le naturaliste pense à une noyade accidentelle ou à une noyade provoquée par l'homme.

L'une des encyclopédies médiévales les plus populaires du
Moyen Âge, *Le Propriétaire des choses (De proprietatibus)*,
mise en forme vers 1225, est due au franciscain Barthélemy
l'Anglais. Né à la fin du XIIe siècle en Angleterre, il enseigna à
Paris et mourut au couvent des frères mineurs de Magdebourg
vers 1250. Une seconde encyclopédie, marquée par une orien-
tation didactique, *De la nature (De naturis rerum)*, date des
années 1230-1240. Son auteur, Thomas de Cantimpré, originaire du Brabant, entra très jeune à l'abbaye du même nom,
près de Cambrai. Devenu dominicain à Louvain par goût de
l'étude, il suivit notamment les cours d'Albert le Grand à
Cologne et mourut vers 1270. Vincent de Beauvais, que l'on
a surnommé le « Pline du Moyen Âge », lui aussi dominicain,
a laissé une autre encyclopédie, d'un volume impressionnant,
le *Speculum maius* ; il l'acheva vers 1257-1258 et consacra
l'une de ses trois parties, le *Speculum naturale (Miroir de la
nature)*, à l'histoire naturelle. Enfin, il faut citer *l'Historia
animalium* d'Albert le Grand, rédigée vers 1260, qui puise
aux traités de philosophie naturelle d'Aristote mais aussi, tout
comme l'encyclopédie de Vincent de Beauvais, à l'œuvre de
Thomas de Cantimpré.

La description du chat s'enrichit considérablement au travers
de ces ouvrages qui adoptent pour présenter les animaux l'ordre
alphabétique. Le chat ayant, on l'a vu, plusieurs noms, est donc
parfois évoqué à deux reprises, sous deux entrées différentes.
Barthélemy l'Anglais, citant Aristote et Pline, consacre une très
longue notice au chat *(murilegus)* dans laquelle il fait preuve de
remarquables qualités d'observation[18]. Thomas de Cantimpré
traite du *feles* à partir de Pline, sans le rapprocher du chat domestique qu'il connaît sous le nom de *musio*. Il recourt à deux
auteurs non identifiés, « Jacobus » et « l'Expérimentateur »[19].
Albert le Grand, qui utilise lui aussi Pline pour évoquer un
animal nommé *feles*, classe par ailleurs les chats sauvages et
domestiques à *cathus*[20]. Il emprunte à Isidore, peut-être à
Thomas de Cantimpré, mais s'intéresse surtout à l'utilisation du
chat en médecine, puisant à des sources arabes. Vincent de
Beauvais, pour sa part, consacre un chapitre commun au *cato-
blepas*, une sorte d'antilope, et au chat *(cattus)*, s'inspirant de la

description d'Isidore de Séville et donnant, comme Albert le Grand, ses indications en médecine[21]. Pour de plus longs développements, il renvoie à un second article, aux noms de *musio* et *murilegus*, où il mentionne Isidore et surtout Thomas de Cantimpré, repris presque mot pour mot[22].

Les encyclopédistes disent relativement peu de choses sur le comportement général du chat : Albert le Grand, qui range les éléphants parmi les animaux doux et aisément domesticables, classe simplement le chat au nombre des animaux « réservés et circonspects à l'égard des autres »[23] ; à cet égard, il semble partager le point de vue de Hildegarde de Bingen, qui constatait chez le chat une certaine sauvagerie. Mais il remarque aussi que le chat est de « mœurs pudiques et aime la beauté »[24]. Thomas de Cantimpré le juge en revanche « immonde et odieux », peut-être parce qu'il chasse les souris.

Albert le Grand est le seul à rapprocher la morphologie du chat de celle des grands fauves : c'est, dit-il, un animal habitué à mordre et très semblable au lion ; comme lui, il est armé de griffes et de dents et fait sortir et rentrer ses griffes. Parmi les particularités physiques que les encyclopédistes mentionnent le plus souvent, figurent la vue et les dents acérées, qu'ils comparent à des scies. Pline avait déjà noté l'étrange regard des chats, « irradiant les ténèbres », « insoutenable comme l'est la vue d'une émeraude »[25]. Les encyclopédistes parlent tous de l'acuité visuelle du chat, mais Thomas de Cantimpré, peut-être inspiré par Pline, ajoute que le chat a des yeux d'escarboucle. En revanche, Barthélemy l'Anglais est le seul à souligner certaines particularités morphologiques évidentes notées par Aristote et Pline à propos d'autres animaux : « Il a une grande bouche… une langue longue et flexible, fine et subtile avec laquelle il lèche en buvant, comme les animaux dont les lèvres inférieure et supérieure sont inégales. De tels animaux, à cause de l'inégalité de leurs lèvres, ne boivent pas mais lapent. » On lui doit également une description de la variété de pelage du chat, « animal de poil et de couleur indéterminés, tantôt blanc, tantôt noir, tantôt fauve, tantôt varié, tantôt tacheté, tout à fait semblable par sa gueule et ses pattes au léopard ». L'« indétermination » du poil renvoie sans doute à une gamme de poil, allant du long ou ras ; quant à la couleur, le chat médiéval n'a rien à envier à son homologue contemporain. Albert le Grand, qui signale également la variété des pelages, a sur ce point une théorie : la couleur « naturelle » du chat, grise et semblable à de la glace fortement congelée, est, selon lui, celle de l'espèce sauvage. Sous l'influence de la nourriture, le chat domestique prend accidentellement d'autres couleurs, Albert le Grand supposant donc implicitement que chats sauvages et domestiques forment une même et seule espèce. Les vibrisses, « poils longs placés autour de la gueule du chat », ne frappent que Thomas de Cantimpré, qui affirme que leur ablation rend le chat craintif. Le caractère rétractile de ses griffes et la forme de ses pattes ne sont, en revanche, évoqués que par Albert le Grand.

Les encyclopédistes s'intéressent davantage aux mœurs et au caractère du chat qui évolue suivant les âges de sa vie, comme celui de l'homme. Le chaton, affirme Barthélemy l'Anglais, est caressant et agile ; il se jette sur tout ce qui bouge, joue avec le moindre fétu qu'on agite devant lui. Le vieux chat, au contraire, est pondéré et passe son temps à dormir. Thomas de Cantimpré note le goût du chat pour le jeu quand l'homme l'y provoque, son plaisir aux caresses, sa prédilection pour les lieux chauds et sa paresse qui l'amène à s'y roussir le poil. Le chat, ajoute-t-il, imite la toilette, en passant ses pattes sur sa tête. Comme Pline l'avait remarqué, il recouvre de terre ses excréments pour cacher leur puanteur et retombe toujours sur ses pattes sans se faire mal. Les différents sons qu'il produit sont liés à des comportements précis. Le ronronnement, par exemple, est une façon de chanter par laquelle le chat exprime sa joie lorsqu'il est caressé. Barthélemy l'Anglais n'évoque le miaulement des chats que lors des grandes batailles d'amour, quand ils émettent des cris horribles pour se provoquer au combat.

Le comportement sexuel du chat est l'objet d'une attention particulière. Le désir qui s'empare des chats, extrêmement violent, les pousse à s'ensauvager, à divaguer, et entraîne les mâles dans des batailles sans merci où chacun se lacère à coup de griffes et de morsures pour obtenir une femelle. Selon Barthélemy, le chat peut retourner à l'état sauvage ; redevenu féroce, il vit dans les bois en se nourrissant de lapins et de lièvres. Thomas de Cantimpré note que les chats se livrent également bataille pour obtenir des territoires de chasse. Afin d'éviter leur ensauvagement et de les garder domestiques, il préconise de leur couper les oreilles, la pluie et la rosée leur devenant insupportables. Barthélemy attribue les divagations du chat à une volonté d'exhiber son pelage et recommande de lui roussir le poil pour le confiner. Aux dires de Thomas de Cantimpré le désir pousse les chats à des erreurs fatales : le chat, à plus forte raison s'il est jeune et inexpérimenté, éprouve un amour si grand pour son semblable que lorsqu'il voit son reflet au fond d'un puits, il y plonge, croyant rejoindre ce leurre, et se noie[26].

Les chats, comme toutes les espèces, ont des affinités ou au contraire des haines avec certains animaux. La chasse aux souris, inscrite dans le nom même du chat et donc dans sa nature, est un fait d'évidence. Les encyclopédistes n'en décrivent pas moins la façon dont le chasseur guette longuement sa proie, qu'il sent plus qu'il ne voit, selon Barthélemy l'Anglais, et dont il se divertit longuement avant de la dévorer. On retrouve chez Thomas de Cantimpré comme un écho inversé des théories de Hildegarde de Bingen : alors que l'abbesse évoquait la conjonction naturelle du chat avec le crapaud et le serpent, dont, assoiffé par les grandes chaleurs, il léchait le suc pour survivre, le chat, selon Thomas, se battrait avec eux, résistant même aux crochets des serpents. Après avoir lutté contre les crapauds vénéneux, ajoute-t-il, il doit boire immédiatement ou mourir de soif.

L'exemple du chat illustre le renouveau que constituent les encyclopédies dans l'étude des sciences naturelles. Ce renouveau est marqué d'abord par une observation plus fine du comportement animal – Barthélemy l'Anglais semble sur ce point le plus original –, puis par un large mouvement de compilation des matériaux fournis par la science antique et arabe. La tendance à la moralisation est cependant loin d'être absente. On a vu le chat jaloux de sa beauté, paresseux, cruel, ou encore chérissant à ses dépens un vain reflet dans l'eau. Si la description physique, l'observation du comportement, le trait moralisant, voire l'anecdote sont mis sur un même plan, le discours des encyclopédistes sur le chat atteste néanmoins un véritable esprit scientifique et dépasse le symbolisme attaché à tant d'autres animaux par les traités d'histoire naturelle de la fin de l'Antiquité et du Moyen Âge, comme le *Physiologus* et les bestiaires.

Troisième partie

Le chat moralisé

« *Le chat aime les poissons, mais ne veut pas se mouiller les pattes* »

Proverbe du Xe siècle.

« *Tu as menti, comme chat que tu es* »

Proverbe du XVe siècle.

12

Les péchés capitaux

Le Moyen Âge ne trouve guère de qualités au chat. Il est très rare par exemple qu'on vante sa souplesse ou son agilité, voire qu'on l'utilise dans le cadre de comparaisons neutres. La plupart du temps, le chat tend à l'homme un miroir où ce dernier distingue, déformés, les vices qui le perdent. Inversement, l'animalité peut s'inscrire comme un stigmate dans la physionomie humaine. Pour rendre la laideur d'un personnage, le roman courtois recourt ainsi fréquemment aux comparaisons animales[1]. Avoir un nez de chat, par exemple, passe pour un défaut physique grave. Dans *Le Conte du Graal,* Chrétien de Troyes affuble d'un tel nez une demoiselle, « plus laide que toutes les productions de l'enfer », et affligée d'yeux semblables à deux crottes de rats, d'un nez de singe ou de chat et d'oreilles d'âne ou de bœuf. La laideur est en général l'apanage du vilain : le gardien de taureaux du *Chevalier au lion* a une grosse tête, des cheveux crépus, de grandes oreilles, le visage plat, des yeux de chouette, un nez de chat, une bouche fendue comme celle d'un loup[2]. Le portier du roman *Fergus* (premier tiers du XIIIe siècle) a lui aussi une grosse tête, un front plat, un « nez froncé comme celui du chat…[3] ». Mais si la laideur de l'homme qui tient du chat demeure un thème relativement isolé, la laideur morale du chat est, en revanche, un lieu commun.

La ruse, la rixe et l'hypocrisie

La ruse est une qualité lorsqu'elle permet à un faible de triompher d'un puissant, mais un défaut lorsqu'elle sert à abuser le simple. Le chat Tibert, un des héros du cycle du *Roman de Renart,* en est abondamment pourvu.

Tibert apparaît aussi chez l'un des grands fabulistes du Moyen Âge, Eudes de Chériton[4], auteur, au début du XIIIe siècle, d'un *Livre des paraboles* qui connut un succès durable. Eudes oppose Renart, se vantant d'avoir un plein sac de tours, et Tibert, qui, lui, n'en revendique qu'un seul : grimper aux arbres. Les tours de Renart sont impuissants à le sauver lorsque, avec son compagnon, il est poursuivi par chasseurs et chiens ; celui du chat est aussi simple qu'efficace. Morale de la fable : le chat est assimilé aux innocents qui ne connaissent qu'un artifice, monter au ciel[5]. Pendant structurel de Renart, Tibert fait ici figure de héros positif.

Les rôles sont inversés dans un récit du *Roman de Renart*, où le goupil rencontre dans la forêt un chat gros et gras qui l'entraîne vers la ville, dans la maison d'un grand seigneur. Là, le chat fait si bien manger le renard que celui-ci ne peut s'en retourner et se fait prendre[6]. Cet épisode est repris dans les *Contes moralisés* de Nicole Bozon où Tibert devient une figure du diable qui fait tomber le pêcheur dans ses pièges[7].

Mais Tibert est un chat sauvage, bien qu'il emprunte de nombreux traits à son homologue domestique. Ce dernier ne semble utiliser la ruse que lorsqu'elle sert son rôle de souricier ; quand, par exemple, elle lui permet de prendre un rongeur très astucieux ou de capturer plusieurs victimes du même coup. La plus ancienne version du *chat mitré* apparaît dans les *Isopets*[8] de Marie de France (vers 1167-1189). Un chat qui porte la mitre tente de se faire passer pour un évêque afin de convaincre souris et mulots de s'approcher, mais ceux-ci s'en gardent bien et fuient dans leur trou, préférant vivre cachés que de recevoir la bénédiction de leur évêque[9]. La moralité, à la fois profane et politique, conseille l'exil plutôt que la soumission à un ennemi.

Eudes de Chériton donne une portée didactique à un apologue similaire. Dans la fable *Du chat qui se fit moine*, il rapporte l'histoire du chat qui, vivant dans un réfectoire qu'il a purgé de toutes les souris, à l'exception d'un rat, se fait moine et parvient ainsi à tromper sa méfiance pour mieux l'attraper. Au rat qui proteste qu'un moine ne peut être aussi cruel, le chat répond : « Quand je veux je suis moine, quand je ne veux pas, je suis chanoine[10]. » Eudes de Chériton vise les ecclésiastiques qui recherchent honneurs, bénéfices et dignités en feignant la sainteté. Mieux vaut se tenir loin des grands seigneurs qu'en être trop proche, car il n'en vient que dommages, affirme à son tour Nicole Bozon, vers 1320, dans une autre version du *chat mitré*. Le folklore oriental connaît bien le conte du chat pénitent qui affecte d'être sage pour capturer des proies ingénues, mais celles-ci ne sont pas systématiquement des souris, comme dans les fables occidentales[11].

Au fond, le chat médiéval est moins rusé que querelleur et hypocrite. Plusieurs manuscrits des XIe et XIIe siècles, notamment le *Hortus deliciarum* de Herrade de Landsberg, représentent un monstre, hybride de sept créatures liées à la violence : il a une tête de chien, une main d'homme, des cornes de cerf, des sabots de cheval, un poitrail d'oiseau, une queue de scorpion et des griffes de chat. Cette figure allégorique illustre un passage des Psaumes relatif à la chute de l'homme, qui entre dans le règne du vice et de la bestialité car il a abdiqué l'intelligence supérieure qui le distinguait des animaux. On y a vu une allusion aux sept vices : de fait, dans un des manuscrits, chaque animal est associé à un vice particulier, le chat symbolisant la rixe[12]. Le caractère querelleur du chat a été également noté par les encyclopédistes du XIIIe siècle, mais c'est surtout à la fin du Moyen Âge qu'apparaissent des proverbes sur ce thème, comme « on ne prent pas tel chaz sans moufles[13] ». Le proverbe « esveiller le chat qui dort[14] », que l'on trouve dès le XIIIe siècle, renvoie peut-être aussi à la crainte des attaques du chat, de même que l'expression « à rechignechat[15] » (XIIIe siècle).

La réputation d'hypocrisie du chat surgit très tôt. « Le chat sait bien à qui il lèche la barbe » : ce proverbe latin, dont le *Salomon et Marcolphe* (IXe siècle ?) et la *Fecunda ratis* d'Egbert de Liège (1022-1024)[16] présentent deux versions, peut avoir plusieurs sens. Selon le plus évident, le chat sait parfaitement qui flatter pour obtenir ce qu'il veut. Mais « lécher » fait peut-être aussi allusion à la gourmandise du chat : le chat ne lèche la barbe, pleine de lait ou de nourriture, que lorsqu'il peut agir en toute impunité. Serlon de Wilton, un satiriste normand mort avant 1122, en propose la plus ancienne version française, « *Bien set chat ki barbe il leche*[17] ». Si le chat trompe, en effet, c'est pour mieux assouvir un travers plus grave encore que l'hypocrisie, la gourmandise.

La volonté de dissimulation du chat se manifeste encore par le fait qu'il recouvre ses excréments, pour ne pas signaler son odeur. Selon Bernardin de Sienne, l'attitude du chat « qui toujours recouvre ses fèces » est comparable à celle de l'envieux qui occulte le bien fait par autrui et cache le mal qu'il fait lui-même[18]. Mais la présomption d'hypocrisie du chat repose plus encore sur le contraste entre la douceur de son pelage et la soudaineté de son coup de griffe, même justifié. Dans la *Réponse au bestiaire d'amour* (vers 1285), la dame se défie de ceux dont les douces paroles sont mensongères ; ils sont, dit-elle, comme le chat à la mine simple, au poil doux et agréable, « mais serrez-lui la queue, il fera jaillir ses griffes hors de ses quatre pattes et vous déchirera les mains si vous ne le laissez aller[19] ». C'est encore la « simplicité » feinte du chat qu'évoque une chanson occitane anonyme dans laquelle un père recommande à son fils de se méfier d'« ami réconcilié », du vent qui entre par un trou et de qui « va simple comme chat[20] ». Enfin, un sermon de Ranulphe de la Houblonnière assimile le chat qui cache ses griffes quand tout va bien et griffe lorsqu'on lui fait mal à ceux qui sont pacifiques dans la prospérité mais non dans l'adversité[21].

La gourmandise

À la fois excès qualitatif (gourmandise) et quantitatif (gloutonnerie), la *gula* est un vice qui englobe aussi l'intempérance et l'ébriété. On en fait reproche au chat dès le début du Moyen Âge, plus encore que de l'hypocrisie qui n'en est souvent que la conséquence. Ainsi, dans le *Salomon et Marcolphe*, un paysan grossier, Marcolphe, se livre à une joute de questions, sentences et proverbes avec le roi Salomon. « Le pot plein de lait doit être gardé par le chat », déclare Marcolphe, qui contredit presque aussitôt ce proverbe inversé en demandant : « Qui trouvera le chat gardant fidèlement le lait ? » Salomon ne peut que lui répondre : « Personne »[22].

Par ce vice, le chat se rapproche de la femme dont la gourmandise est un des lieux communs de la littérature misogyne. Un pamphlet du XIIIe ou XIVe siècle, *L'Évangile des femmes* vilipende le chat « quand il monte au bacon », c'est-à-dire grimpe pour attraper le lard[23]. Le trouvère Robert de Reims (XIIIᵉ siècle) déplore le départ de sa dame, « bien qu'elle soit plus gourmande qu'une chatte[24] ». « On ne peut enlever leur nourriture aux porcs, ni, sachez-le, à la chatte, qui est voleuse par nature », prétend à la même époque un poème italien « sur la nature des femmes »[25]. Dans un fabliau, le *Dit des perdrix*, une femme gourmande qui a dévoré le repas accuse naturellement le chat de la maison[26]. La gourmandise du chat l'entraîne à toutes les trahisons : les chats ont fait à Dieu la promesse de ne jamais manger de fromage sans avoir au préalable entendu la messe, déclare un des sots de la *Sottie des rapporteurs*[27].

Parmi les mets qu'il convoite figurent lard, lait, fromage et jambon. Mais le chat affamé est moins délicat, dit un proverbe, et peut aller jusqu'à s'attaquer, comme la souris, à la croûte du pain. « Ce qu'on garde pour le lendemain est souvent mangé par le chat », affirme un autre proverbe latin du XIIᵉ siècle[28]. Il n'y a que les dettes que le chat ne mange pas, constate Sébastien Brant dans *La Nef des fous* (fin XVᵉ siècle), où il stigmatise les mœurs de son temps et les travers des hommes[29].

Que la gourmandise du chat ait inspiré les prédicateurs n'est pas surprenant. Mais ceux-ci ne dénoncent pas à travers elle les intempérants. Le chat qui vole et dévore est la métaphore d'autres vices, comme dans cet apologue du fromage, du rat et du chat :

> « *Un homme avait un fromage dans un coffre, mais un rat arriva qui commença à le ronger. Le père réfléchit à ce qu'il devait faire, et se résolut à placer à l'intérieur un chat. Et celui-ci dévora et le rat et le fromage.* »

Cette fable vise, selon Eudes de Chériton, la hiérarchie ecclésiastique qui accable les petites gens et, plus particulièrement, les archidiacres qui dévorent le chapelain et la paroisse, alors que le chapelain n'aurait dévoré que la première[30]. La même histoire est reprise par Jacques de Vitry puis par Étienne de Bourbon, ce dernier amplifiant le récit et développant les accusations contre le clergé séculier, archidiacres et archiprêtres en tête[31]. Un virulent pamphlet contre le mariage, *Les Lamentations de Matheolus*, assimile également le chat dévorant la tourte au clergé dévorant le troupeau qui lui a été confié[32]. Décrié pour son intempérance, le chat en vient à symboliser les excès et la rapacité du clergé.

Ce récit a eu un succès considérable tout au long du Moyen Âge. En langue vernaculaire, débarrassé de sa moralité, il est plus réaliste, parfois aussi plus cynique, comme dans le *Novellino* (fin du XIIIe siècle) où la chatte gourmande et voleuse renonce de surcroît à exercer sa fonction de chasseresse :

> « *Une femme avait fait une fois une bonne tourte d'anguilles et l'avait mise dans sa maie. Elle y vit entrer par la lucarne une souris attirée par l'odeur. Elle appela sa chatte et la mit dans la maie afin qu'elle l'attrapât. La souris se cacha dans la farine et la chatte mangea la tourte. Et quand la femme ouvrit, la souris sauta hors de la maie et la chatte, qui était rassasiée, ne la prit point[33].* »

La *gula* recouvrant toutes les formes d'excès, le chat a pu être aussi associé à l'ébriété. C'est sans doute la raison d'un curieux proverbe – « on dit que chat saoul s'amuse » –, qui, dans *Le Chevalier au lion*, évoque les propos irréfléchis de fin de repas[34]. La *gula* conduit à des comportements négatifs : la vaine gloire, que dénonce Chrétien de Troyes, ou encore l'agressivité ; « aucun chat n'aime partager son repas », dit un proverbe latin du XIIIe siècle[35].

Plusieurs images illustrent l'association du chat au vice de *gula*. À la fin du Moyen Âge, pour édifier les chrétiens, les sept péchés capitaux étaient représentés sous forme d'allégories dotées d'attributs, de montures et d'armoiries, sur les murs des églises de campagne. Au début du XIVe siècle, dans un traité allégorique, Bérenger de Landorre décrit *Gula* comme une femme assise sur un chat, portant un renard sur son casque et un poisson sur son bouclier. Mais le chat est ici un animal monstrueux : capable de traîner dans son antre trois ou quatre bœufs à la fois, il « désigne, dit Bérenger, les gloutons qui jamais ne sont rassasiés, comme les juifs dans le désert qui ne pouvaient se rassasier de la nourriture céleste et de la manne[36] ». Trois traités allemands des vices et des vertus du XVe siècle s'inspirent de Bérenger mais donnent pour attributs à *Gula* un chat familier, un poisson, une panthère et un renard. La même figure et les mêmes attributs, à l'exception de la panthère remplacée par un chien, se retrouvent sur un bois gravé à

Augsbourg en 1474 par Johann Baemler. Au xvᵉ siècle encore, dans un manuscrit de l'*Acerba* de Cecco d'Ascoli, l'illustration du chapitre *De gula* montre une dame qui, pour exciter la convoitise du chat qui est à ses pieds, lui présente un petit animal, sans doute une souris[37].

Le lien symbolique entre le chat et ce vice tient à l'évidence à certains de ses comportements. Il est, en effet, l'animal de la maison qui guette les reliefs qu'on lui a laissés ou cherche à dérober de la nourriture. Les miniatures le montrent souvent près des jattes et des écuelles, comme sur ce manuscrit vénitien de la fin du xvᵉ siècle, où l'on voit une femme préparer du fromage dans une jatte tandis qu'un chat lèche les gouttes de lait tombées à terre[38]. Dans les gravures du xviᵉ siècle, il est un élément indispensable des scènes domestiques : dans l'*Intérieur flamand* de Martin van Cleve, un chat lappe de la bouillie dans l'écuelle servie pour trois petits enfants[39]. Aux xviᵉ et xviiᵉ siècles, il figure dans nombre de représentations orgiaques, à côté des fous, des ripailleurs et des ivrognes.

La paresse

Le poisson excite la convoitise du chat, mais la crainte que celui-ci a de l'eau l'emporte sur sa gourmandise. Cette crainte passe cependant pour une forme de paresse. Egbert de Liège (vers 972-1023), et bien d'autres après lui, utilise le proverbe « Le chat aime le poisson, mais ne veut pas se mouiller les pattes » pour condamner ceux qui veulent jouir d'une chose sans faire d'effort pour l'obtenir[40].

Des proverbes similaires sont attestés en français aux xivᵉ et xvᵉ siècles : les *Proverbes en rimes* évoquent le chat « qui tresbien mengeroit/ Du poisson s'il le trouvoit cuit/ Mais ses pattes ne moulleroit[41] ». Les images tournent parfois de façon subtile autour de ce proverbe, en représentant par exemple un chat humanisé qui pêche à la ligne, c'est-à-dire, littéralement, évite de se mouiller les pattes, ou encore un chat qui dérobe à un singe en train de pêcher le poisson qu'il a pris[42].

Ce proverbe, comme beaucoup d'autres, a été utilisé dans les sermons. Jacques de la Marche reproche ainsi aux hommes de

placer tout leur désir dans les biens de ce monde, pour la conser-
vation desquels ils invoquent l'aide de Dieu, et de refuser l'effort, comme le chat qui aime les poissons mais ne veut pas
pêcher[43]. D'une façon plus générale, l'expression « manière de
chat » est, au XIIIe siècle, employée par le poète Geoffroy de
Vinsauf pour désigner le comportement de ceux qui veulent
savoir sans se donner la peine d'étudier[44].

La propension du chat à la somnolence est bien connue.
C'est précisément un chat qui dort sous un lit que représente
un *Manuel de santé* enluminé en Lombardie au XIVe siècle
lorsqu'il évoque le sommeil[45]. L'un des plus beaux bestiaires
enluminés anglais (Bodley 764, XIIe siècle) illustre l'article
consacré au chat par l'image de deux chats dont l'un dort,
couché en rond près d'un foyer stylisé.

Selon un proverbe latin du XIIe siècle, si le chat dort le jour,
c'est parce qu'il chasse la nuit[46], mais, le plus souvent, le chat
qui sommeille symbolise la paresse et l'incurie. « Au chat
qui dort et aveugle se tait/ quelque chose s'offre rarement »,
affirmait au XIe siècle déjà Sextus Amarcius dans un de ses
poèmes-sermons en latin *(De ce qu'on ne peut acquérir le
royaume des cieux sans patience)*[47]. Car la paresse du chat le
détourne de sa fonction naturelle, la chasse aux souris. Il faut
donc parfois le contraindre pour qu'il revienne à sa vocation,
comme le dit un autre proverbe latin qui recommande de faire
jeûner le chat pour en obtenir meilleure chasse[48]. Mais parfois
la seule nécessité de nourrir ses petits conduit la chatte à redou-
bler ses efforts[49]. En fin de compte, la morale populaire à
travers ces proverbes condamne le chat de compagnie, qui ne
remplit plus son rôle peut-être parce que l'homme en a affadi
l'instinct.

Le chat brûlé

Décrivant le Latium dévasté par les barbares au VIIIe siècle,
le poète Metellus (vers 1080-1157) comparait l'abattement des
peuples à celui du chat brûlé qui craint l'incendie[50].
Alors que la crainte du feu est universelle chez les animaux,
le Moyen Âge a particulièrement associé chat et feu, moins pour

la peur qu'il en éprouvait qu'en raison de sa prédilection pour la chaleur. Cette prédilection fait de lui un animal singulier qui, au risque de se brûler, recherche ce feu qui effraie tant les autres bêtes.

Ce goût inattendu est illustré par un conte de la *Disciplina clericalis*, un des premiers recueils d'*exempla* ayant circulé en Occident. Son auteur, Pierre Alphonse, un juif converti en 1106, saisit le prétexte des derniers enseignements d'un père à son fils pour insérer dans leur dialogue des contes et des fables de l'Orient. Ainsi celui de Maimon, le serviteur paresseux. Quand son maître, au milieu de la nuit, lui demande s'il pleut, Maimon appelle le chien qui dort à l'extérieur, devant la porte, et, voyant qu'il a les pattes sèches, répond qu'il ne pleut pas. Une autre fois, comme son maître veut savoir s'il y a encore du feu, il appelle le chat, et, celui-ci étant froid, conclut que le feu est éteint[51].

Le conte de Maimon montre un chat familier, attaché à la maison, et plus spécialement à son foyer. De même, les encyclopédistes du XIIIᵉ siècle, on l'a dit, notent que le chat aime tant dormir au chaud qu'il se roussit parfois le poil. Or ce comportement, réel ou supposé, devient un motif exemplaire, celui du chat brûlé : très répandu aux XIIᵉ et XIIIᵉ siècles, il sert à dénoncer non pas la paresse comme on pourrait s'y attendre, mais le goût des femmes pour la parure. Eudes de Chériton est un des premiers à mettre en scène ce thème dans un récit où il décrit un couple de chats humanisés :

> « *Un chat avait une belle épouse ; celle-ci, méprisant son mari, vagabondait dehors avec les autres chats. Le chat se plaignait à ses amis de son épouse. L'un d'eux lui dit : "Brûle-lui le poil en divers endroits et elle restera chez elle." Cela fait, la chatte resta à la maison sans plus vagabonder au-dehors.* »

La fable s'adresse ici aux femmes, sœurs et filles qui, dotées d'une belle chevelure et soigneusement parées, visitent voisins et voisines et courent les places. À l'exemple du chat, le père de famille doit leur brûler et leur attacher les cheveux et les vêtir de peaux. Dans un autre apologue, Eudes reprend le même thème qu'il traite de façon plus réaliste : le maître d'un chat beau et gras doit brûler sa fourrure et lui couper la queue pour l'empêcher d'aller vagabonder[52].

Jacques de Vitry, contemporain du fabuliste anglais, emploie lui aussi à deux reprises cet *exemplum* avec d'importantes variations, sans laisser de doute sur la nature du risque que comporte un tel vagabondage, à savoir la débauche sexuelle. Un sage brûle la fourrure de sa chatte et lui enlève presque tout son poil ; laide et défigurée, elle demeure près du feu dans la maison de son maître. C'est ainsi qu'il faut retenir les femmes en les vêtant grossièrement. Dans un second récit, Jacques de Vitry oppose aussi, de façon inattendue, la belle fourrure du chat sauvage à celle du chat « privé », qui la brûle en se tenant près du feu. L'espèce sauvage est donc valorisée parce qu'elle ne côtoie pas l'homme, tandis que les chats domestiques sont entachés d'infamie parce qu'ils en sont proches ; ces derniers représentent les femmes trop « privées » c'est-à-dire précisément celles qui se montrent peu « farouches »[53]. Quel que soit l'agencement du récit, le chat domestique est donc toujours du mauvais côté de la morale. Qu'il cherche à vagabonder, il faut l'enlaidir pour le retenir ; qu'il reste à la maison et s'enlaidisse lui-même, c'est la marque de son vice, de sa « privauté » et de sa familiarité suspecte.

Plusieurs poèmes satiriques reprennent l'histoire du chat brûlé. Certains l'inscrivent dans la tradition des pamphlets misogynes. Ainsi, le veuf remarié des *Lamentations de Matheolus*, rappelant qu'il était d'usage de brûler la peau des chats pour éviter qu'ils ne soient volés, conseille de brûler de même les pelisses, queues, draps et cornes des femmes lascives dont le costume même a dans sa description quelque chose d'animal[54]. Le point de vue féminin est développé dans *Les Contes de Cantorbéry* de Chaucer. La femme de Bath, qui se fait une gloire de la liberté que les hommes reprochent aux femmes, leur enseigne comment répondre aux récriminations de leurs jaloux de maris :

« Tu disais ceci : que j'étais comme une chatte ;
Car, si on brûle la fourrure d'une chatte,
Alors la chatte veut bien rester dans sa demeure.
Mais si la fourrure de la chatte est luisante et belle,
Elle ne voudra pas rester une demi-journée dans la maison :
Elle voudra s'en aller bien avant l'aube
Pour montrer sa fourrure et répondre à l'appel du mâle.
C'est-à-dire, Monsieur l'emmerdeur, que si je suis parée,

Je voudrai courir montrer ma bourre.
Monsieur le vieux fou, à quoi cela te sert-il d'épier ?
Même si tu priais Argus aux cent yeux
D'être mon garde du corps le mieux qu'il le pourrait,
Ma foi il ne me garderait que si cela me plaisait,
Et je pourrais lui faire la barbe de paille, par mon salut[55] *! »*

Si la femme de Bath met ces propos dans la bouche de l'époux, c'est bien qu'ils étaient des lieux communs du discours masculin : on ne peut garder ni un chat pourvu d'un beau pelage ni une femme richement parée, dit d'ailleurs un proverbe latin[56].

Les diverses associations du chat et du feu étaient en partie liées au comportement quotidien de l'animal qui recherchait la chaleur et dont on détériorait peut-être volontairement la fourrure pour l'attacher à demeure et éviter qu'il ne soit pris par quelque pelletier. Mais la morale de l'histoire du chat ou de la chatte brûlé(e) va bien au-delà de la simple observation du réel : sous toutes ses variantes, elle dénonce un ensemble de vices féminins qui ont un étroit rapport de causalité. Le goût pour la parure, attribué à la fois aux chats et aux femmes, ne risque-t-il pas d'entraîner les hommes à la concupiscence et les femmes à la luxure – si tant est que la luxure n'est pas le premier but de la coquette ? Lorsque Jacques de Vitry voit dans le chat brûlé une femme qu'on « pelote », il associe sans doute l'animal qui aime les caresses et la femme facile.

L'assimilation du chat à la femme puise ses racines au plus profond de l'imaginaire, on en verra d'autres exemples. Le penchant du chat pour le feu contribuait sans doute aussi à en faire un animal porté à la volupté et à la luxure : chez de nombreux troubadours, le feu a en effet pour fonction de procurer du plaisir et d'y conduire. Ce penchant qui différencie le chat des autres animaux, les vrais, suffisait à le faire percevoir de façon négative.

Les prédicateurs décrivent le chat conscient de sa beauté au point d'en faire étalage. Mais comment les hommes du Moyen Âge le voyaient-ils d'un point de vue esthétique ? Même s'ils évoquent rarement cet aspect, ils attachaient certainement une grande importance à la beauté de sa fourrure et appréciaient les chats blancs si l'on en croit Eadmer de Cantorbéry[57]. Un fabuliste du XIVe siècle, Ulrich Böner, met en scène le propriétaire d'une chatte, « blanche comme la neige », qui décide de roussir son poil, parce qu'elle attirait la convoitise d'un de ses voisins, lequel voulait la tuer pour en tirer cinq schillings[58].

Par ce qu'elle pouvait avoir de sensuel ou d'érotique, la belle apparence du chat constituait un danger moral car elle conduisait l'homme à le soustraire à sa fonction de chasseur pour en faire un animal d'agrément. Dans ce contexte, le chat brûlé représente non plus une bête marquée d'infamie, mais celui qui, en dépit de sa pauvre mine, vaux mieux qu'il ne paraît. Ainsi, une pièce en français du XIIIe ou XIVe siècle loue les gens d'aventure en ces termes :

> « *Vous ressemblez au chat brûlé,/ Car il y a en vous plus de bonté/ et de courtoisie et de sens/ que ne le pensent la plupart des gens*[59]. »

De même, un des personnages d'un Mystère de la Passion (1422), Jacob, s'adresse à son compagnon Pharès en lui disant : « Tu as l'air d'un chat brûlé ;/ Tu vaux mieux que tu ne sembles[60]. » En contrepoint de ces chats brûlés ou de ces chats maigres qu'il ne faut pas juger sur leur mine, Rabelais évoque les « chats fourrés » dirigés par l'archiduc « Grippe-minault », beaux, gros et gras, à la fourrure épaisse, emblèmes des hommes de loi mal enrichis et corrompus[61].

La fonction principale du chat étant la chasse, ses qualités esthétiques retiennent peu l'attention du Moyen Âge, si ce n'est de manière indirecte, pour être dévalorisées et assimilées à une tare morale, ou encore dans le registre de la parodie, comme dans les *Versus de murilego* où la propriétaire du chat regrette avec grandiloquence son animal à la fourrure propre et lustrée.

Noms de personnes et injures

Dans l'Antiquité déjà, le monde animal fournissait une source appréciable de vocables pour dénommer des êtres humains. Dès 411, on trouve un prêtre portant le nom de *Cattus* dans les Actes de la conférence de Carthage[62]. Au Moyen Âge, les anthroponymes formés à partir du mot « chat » ne sont pas rares. Un

Guillem Cat, seigneur de Carcassais, figure dans les rangs des Albigeois[63]. Plusieurs personnages portent le même nom en Angleterre ou en Italie[64]. Dans le Dijonnais, « Le chat » est un surnom courant aux XIIIᵉ et XIVᵉ siècles[65]. Il en va de même en Artois et en Picardie aux XIVᵉ et XVᵉ siècles[66].

Les noms de personnes tirés du mot *chat*, comme les noms empruntés à d'autres animaux, sont à l'origine des surnoms. Il va sans dire que *chat* n'était pas toujours un épithète flatteur. Le grammairien Ælfric (vers 955-1010) nous a laissé des « colloques », conversations tenues dans les écoles monastiques anglo-saxonnes entre maître et étudiants. L'un de ces colloques, destiné à favoriser l'apprentissage du latin, place dans la bouche d'un élève cette série d'insultes scatologiques :

> *« Tu es stupide ! Tu es une merde de chevreau ! Tu es une merde de brebis ! Tu es une merde de cheval ! Tu es de la fiente de bœuf ! Tu es de la crotte de porc ! Tu es de la crotte d'homme ! Tu es de la merde de chien ! Tu es de la merde de renard ! Tu es de la crotte de chat ! Tu es de la crotte de poule ! Tu es de la merde d'âne...*[67]*. »*

Le chat ici invoqué n'est certainement pas sauvage : les animaux qui l'entourent appartiennent en effet à l'univers le plus quotidien, à l'exception du renard, qui vit néanmoins dans l'environnement proche de l'homme. Que « chat » soit une injure courante, une série de documents de justice bourguignons datant des XIVᵉ et XVᵉ siècles nous en apporte la preuve[68]. En 1356-1357, Étienne Guerra dut payer une amende de 30 sous pour avoir renversé le chevalet sur lequel Jean Folet préparait ses peaux et l'avoir appelé *chat*. En 1416-1417, un homme fut condamné pour avoir dit à un autre « Chat, traître, larve, fils d'une orda, vil putain, messelle, larranesse ». En 1430-1431, la somme de 4 gros fut payée par Antoine Billion qui avait dit d'Humbert Billion qu'il était « très chat » *(cathissimus)*. Les mots « Tu n'es que ung chat. Par le sang Dieu, deux montaignes ne se rencontrent jamais, mais deux personnes se rencontrent bien » valurent à Pierre Jacquot une amende de 45 sous vers 1470-1473. D'autres insultes témoignent que le mot « chat » était souvent employé de façon injurieuse au XVᵉ siècle, parce que l'idée de ruse et de traîtrise lui était attachée : « Tu mens comme chat et traître », « Tu es chat et malautru », « Tu es chat et malatre. Tu as menti comme chat que tu es », « Puys que tu es chattons, tu as trouvé aussi chatton comme tu es », « Tu as menti comme chat et malestruz ».

Dans un autre registre, les pamphlets en vers émanant des catholiques comme des protestants puisent, au XVIe siècle, dans le vaste répertoire médiéval des métaphores animales, l'adversaire étant assimilé à des animaux malfaisants ou répugnants : ainsi, le *Huictain déclarant toute la vermine de ce monde* (1562) fait figurer dans sa liste aussi bien moines, nonnes, chanoines et divers ordres religieux que loups, rats, souris, chats, poux, puces, morpions et punaises[69]. Dans cette vision manichéenne du monde animal, le chat fait clairement partie des nuisibles.

En sens inverse, comme on l'a vu à la fin de l'Antiquité, le féminin du mot était parfois utilisé avec une connotation affectueuse : au XVe siècle, Ramusio désigne du surnom *Catta* sa muse et bien-aimée, Catherine de Narni, petite fille du *condottiere* vénitien Gattamelata, nom lui-même formé à partir de *gatta*[70]. Dans différentes langues romanes, enfants, petites filles, patron, père et mère, grands-parents sont aussi parfois affectueusement désignés par des noms de chat[71].

Occasion a, qui son chat bat

Glouton, simulateur ou paresseux, querelleur et dangereux, le chat a toujours un méfait à se reprocher : « Ochoison a, qui son chat bat », affirme en une formule lapidaire Gautier de Dargies, qui se plaint d'être traité comme un chat par sa dame[72]. Accuser le chat devient un symbole de l'excuse facile, la première qui vient à l'esprit d'un coupable désireux de trouver un « chat émissaire ». Mieux vaut d'ailleurs l'accuser dans le sens de ses défauts : dans le *Dit des perdriz*, la femme gourmande d'un vilain, ne pouvant s'empêcher de manger deux perdrix qu'elle avait fait cuire, songe au retour de son mari à attribuer le méfait aux chats. « Si le plancher craque/ c'est la faute du chat », dit Sébastien Brant à propos des gens de cuisine indélicats qui profitent du sommeil de leurs maîtres pour vider les tonneaux[73].

Il n'est pas surprenant que les comportements domestiques du chat aient été moralisés et dépréciés. L'animal, à moins qu'il ne s'inscrive dans une tradition allégorique chrétienne à laquelle seuls peu d'élus peuvent prétendre, comme l'agneau ou le pélican, ne peut guère tendre à l'homme que l'image de sa bestialité. Saint Basile, tout en reconnaissant la dignité des animaux, n'en établit pas moins une claire hiérarchie : « plante céleste », dressé, regardant le ciel, l'homme ne doit pas se rapprocher des animaux, penchés vers la terre, en devenant l'esclave de ses passions. La familiarité même du chat le plaçait, on l'a vu, dans une situation ambivalente par rapport à l'homme, d'où la méfiance des clercs à son égard. Le bestiaire des proverbes en donne de son côté une image surtout négative.

Mais en le dépréciant plus qu'il ne le loue, le Moyen Âge met aussi en évidence, en définitive, le lien entre le chat et l'homme. Toutes les langues romanes recourent d'ailleurs aux divers noms du chat pour former des épithètes décrivant des particularités du caractère de l'homme : ruse, affection et hypocrisie, avarice, bigoterie, caprice, colère, curiosité, débauche, gourmandise, maussaderie, esprit de querelle sont ainsi implicitement imputés au chat et attribués à l'homme. En sens inverse, douceur et gentillesse sont parfois des caractéristiques félines[74]. Mais qu'il somnole près du feu comme un vieillard ou qu'il se montre aussi gourmand que les femmes, le chat au Moyen Âge n'est pas seulement lié à l'homme, il est également inséparable des souris.

13

Du chat et des souris

Au Moyen Âge, le chat a une fonction économique et prophylactique essentielle puisqu'il protège les maisons des rongeurs. Le paysan doit prendre un chat à souris pour défendre ses huches, conseille l'*Oustillement au villain*, un fabliau qui énumère tout ce dont a besoin un candidat au mariage[1]. La tâche du chat dans la maison est clairement définie par les *Gesta romanorum* :

> « *Basile dit dans l'*Hexameron *que certaines bêtes sont faites pour travailler et ne valent rien pour l'alimentation… D'autres bêtes sont faites pour l'alimentation et ne valent rien pour travailler… De même d'autres bêtes ne valent rien ni pour l'alimentation ni pour le travail, mais sont faites pour garder la maison et la purger, comme les chiens et les chats ; les chiens la gardent, les chats la purgent*[2]. »

Le chat exterminateur peut avoir une certaine dignité. Ainsi, une fable moralisée du *Dialogue des créatures*, attribué à Mayno de Mayneri (après 1326), raconte la rencontre d'un chat, occupé dans un pré à lécher soigneusement son pelage pour en chasser la poussière, et d'un porc, qui patauge avec volupté dans la boue et vante en termes ampoulés la fange où il se vautre. Ces propos indignent le chat. Le cochon lui répond vertement d'aller juger ses souris, laissant entendre que celui qui a de semblables occupations n'a pas de leçon à lui donner. Le chat délivre alors au cochon un véritable sermon :

> « *De la souris pestilentielle, par l'autorité de Nature, j'ai été fait le juge ; pour toi, immonde, si tu veux bien écouter, je suis par nature ton correcteur sur le fait des mœurs ; en effet, en léchant de ma langue je t'enseigne comment éviter la saleté, si tu y fais attention ; et puis je suis juge de la souris lorsque ma griffe de*

justice l'a saisie dans ses méfaits. Vois, je te prie, combien la
propreté de l'âme autant que de la nature est chère et agréable à
Dieu... C'est pourquoi, si seulement tu aimes la vie, fuis la saleté
et descends vite au bain qui purifie[3]. »

Cette fable est peut-être d'origine orientale, car le chat avait
une image plus positive dans l'Islam médiéval qui le considérait
comme un animal pur. C'est d'ailleurs de Terre sainte qu'un
franciscain rapporta dans la première moitié du XVe siècle un
récit expliquant pourquoi les Sarrasins ne mangent pas de porc
et valorisant le chat : Noé, dont l'arche était souillée par les
déjections de ses habitants, et surtout par celles de l'éléphant,
s'adressa à Dieu qui lui conseilla de « frapper le cul de l'éléphant, près de l'orifice d'où sortent les merdes ». Ainsi fut fait et
un grand porc naquit, qui se mit à fouiller les fèces de son groin
et fit naître une souris, laquelle entreprit de ronger le navire.
Noé interrogea à nouveau Dieu, qui lui ordonna de frapper la
tête du lion : le chat sortit de ses narines et s'empara aussitôt de
la souris[4].

Un couple indissociable

Mais la fonction purificatrice du chat ne fait pas pour autant
de lui un héros positif en Occident, même s'il n'y est pendant
longtemps évoqué qu'en raison de sa relation à la souris.
Avant le XIIe siècle, il n'apparaît même jamais seul comme en
témoignent cette tête de chat mordant une souris qui orne la
lettre initiale d'un verset des Évangiles Barberini (Bibliothèque
vaticane, seconde moitié du VIIIe siècle) ou encore ces deux
chats accroupis, portant sur le dos deux souris et en retenant
par la queue deux autres occupées à grignoter une sorte de
gaufrette, que l'on peut voir sur un superbe manuscrit irlandais, enluminé à la fin du VIIIe siècle, le Livre de Kells[5].
À partir des XIIe-XIIIe siècles, les « bestiaires », ces traités
énumérant les propriétés légendaires des animaux, donnent
une place nouvelle aux chats tant dans le texte que dans les
images[6]. Le chat figure, en particulier, dans les représentations
de la *Création* et de la *Dénomination des animaux par Adam*

qui ornent les plus beaux d'entre eux et tentent de présenter en une seule image l'ensemble du monde animal. Il apparaît dans ces scènes fondatrices tenant dans ses pattes une souris, comme s'il était lié à elle dès le moment où il avait été créé et nommé. Dans la *Dénomination*, Adam appelle les animaux un par un, cherchant parmi eux une compagne qu'il ne trouve pas, et fonde sa suprématie en donnant à chacun un nom et donc un rôle. Xénia Muratova a montré que cette scène exprimait l'idée maîtresse des bestiaires, qui visent à donner une interprétation étymologique du monde animal plus qu'à en fournir une explication symbolique et scientifique[7]. Dans ces traités des animaux, le chat reçoit non point le nom de *cattus* mais celui de *musio*, c'est-à-dire le souricier ou *murilegus*, le « cueille-souris ». Devant le premier homme, il prend sa première souris. Parce que leur nom définit leur destin, les chats qui illustrent le texte des bestiaires ont une souris dans leurs pattes, ou bien cherchent à quitter la vignette où ils se trouvent pour assaillir la souris que l'ordre alphabétique des chapitres place inévitablement près d'eux (*murilegus/mus*).

Chat et souris sont aussi communément associés dans les marges des manuscrits qui, à partir du XIIᵉ siècle, se peuplent de drôleries, de fleurs, de fruits et, plus souvent encore, d'animaux. S'inspirant du comportement du chat, les artistes placent la souris dans sa gueule ou entre ses griffes ; d'autres représentent le chat guettant ou poursuivant le rongeur[8]. Certains recourent à des mises en scène plus complexes : dans le Psautier de Yolande de Soissons, un chat et un renard chassent de concert le premier une souris, le second un coq[9]. Ailleurs, c'est un homme ou encore un lièvre qui se servent d'une souris pour appâter le chat et chasser le chasseur. De véritables histoires sont parfois transmises en images. Ainsi, celle du chat qui fait le mort pour prendre les rats, représentée en haut d'un chapiteau du cloître de la cathédrale de Tarragone (XIIᵉ-XIIIᵉ siècle), où l'on assiste à l'enterrement du chat par les rats puis à l'attaque menée par le félin ressuscité.

L'anthropomorphisation des animaux peut se combiner avec un procédé bien connu, l'inversion, qui transforme la victime en agresseur et *vice versa*. Les images se répondent de folio en folio : la souris, après avoir été chassée par le chat, prend sa revanche en le pendant un peu plus loin. Les timides rongeurs deviennent de redoutables agresseurs qui transpercent leurs

ennemis avec un pieu ou les gardent prisonniers. Sur un livre
d'heures à l'usage de Paris (xve-xvie siècle), de gros rats noirs
activent au soufflet un feu sur lequel rôtit un chat, tel saint
Laurent sur son gril ; ailleurs, deux rats, tenant chacun un
aviron, mènent en barque un chat blanc aux pattes liées[10].
Autre procédé comique, l'humiliation de l'adversaire : le chat
est alors enfourché comme une bête de somme et le rat qui le
chevauche tient sur son poing un oiseau. L'impunité du rongeur tourne aussi en dérision le chat : une souris qui danse
devant un chat apparemment impuissant rappelle à l'évidence
le proverbe toujours connu. L'inversion peut bien transformer
la victime en agresseur, il est exceptionnel qu'elle transforme
les ennemis en amis comme ce chat qui tient sur ses genoux
une souris dans le Livre d'heures de La Rochefoucault
(Bruxelles, Bibliothèque royale, ms 15077, vers 1480).

La lutte peut prendre les dimensions épiques d'une guerre :
celle des chats et des souris est figurée sur une fresque de la
chapelle Saint-Jean à Pürgg[11], en Autriche, qui montre des
chats assiégeant un château défendu par des souris armées de
pierres et d'arbalètes (vers 1160-1165). C'est la situation
inverse, avec un général souris monté sur un chat tiré par des
chiens, que représente un papyrus égyptien (vers 1300-1185
av. J.-C.) aujourd'hui conservé à Turin. Plusieurs manuscrits
illustrent cette guerre. Le manuscrit Harley 6563 (British
Library) présente tour à tour le château des chats attaqué par
des souris actionnant des catapultes, puis celui des souris
assailli par des chats armés d'arbalètes, les défenseurs répon-
dant à coup de pierres ; quelques folios plus loin, les souris
munies d'épieux et protégées par des boucliers tuent leurs
ennemis au corps à corps. Une troupe de chats furieux monte
également à l'assaut du château des souris dans un manuscrit
hébreu de la fin du xve siècle[12]. La fortune satirique de la
guerre des chats et des souris continue au-delà du Moyen
Âge : au xvie siècle encore, une série de gravures allemandes,
françaises et italiennes réutilise le thème, y faisant parfois
entrer de nouveaux personnages, comme les hommes et les
chiens.

Un lieu commun dans la littérature

L'opposition naturelle du chat et de la souris a donné lieu à d'innombrables proverbes. L'un des plus anciens apparaît lors d'une querelle de théologiens sur la prédestination. « Le chat prend dans le noir la pie pour la souris », affirme Hincmar de Reims (vers 806-882), tandis que son adversaire, Godescalc d'Orbais, déclare que « le chat qui lâche la chandelle (…) prend la souris[13] ». Egbert de Liège, au XIe siècle, emploie pour sa part un proverbe imagé : « Les souris ne font pas leur nid dans l'oreille des chats[14]. » « La souris se sent mal dans le même sac que le chat », aurait déclaré le prince de Canossa au roi Litulfe Atto, afin de lui montrer par cette énigme que le pouvoir ne pouvait se partager[15]. L'emploi satirique du couple chat-souris se retrouve dans *Le Roman de la rose* de Jean de Meung. Faux-semblant, personnification de l'hypocrisie et auxiliaire d'Amour, déclare ne rien entendre que la ruse, à l'instar de Tibert le chat qui ne cherche que souris et rats[16].

Au Moyen Âge comme de nos jours, l'attitude des souris en l'absence du chat est une figure de l'impunité. Une série de proverbes l'utilise pour évoquer l'idée d'un relâchement des mœurs. La *Fecunda ratis* en offre un des premiers exemples en latin (vers 1022-1024) : « Pendant que le chat n'est pas là, on voit la souris courir[17]. » Le même proverbe est attesté dans des romans français du XIIIe siècle, sous la forme « où il n'y a pas de chat, la souris fait la fête » (« Lor il n'a cat, soris revielle »)[18]. Ce proverbe a de nombreuses variantes au Moyen Âge : les souris peuvent danser, courir de tous côtés, mener des chœurs, faire la guerre, porter le sceptre. D'autres proverbes insistent au contraire sur ce que les souris ne font pas quand le chat est là, même s'il dort ou est occupé (« Quand le chat dort la souris lui court rarement sur la gueule ; Quand le chat défèque, jamais la souris ne lui court sur la gueule[19]. »)

Le jeu du chat avec la souris a également inspiré toutes sortes de proverbes. « Les grands désirent de grandes choses, les petits des petites. Le chat fait à la souris ce que le lion farouche fait à la brebis », écrit dès la fin du VIIIe siècle le poète Théodulphe d'Orléans[20]. Assimilé à un lion en miniature dont le comportement reproduit, à une échelle très inférieure, celui du roi des animaux, le chat n'est ici déprécié que parce qu'il incarne la petitesse. Sa cruauté supposée est en revanche sévèrement condamnée dans *Perceforest*, un roman de la première moitié du XIVᵉ siècle, qui reprend la formule latine de Théodulphe en la plaçant dans le registre de la menace et de la violence : « Mais avant de te tuer, je veux faire de toi ainsi que le chat fait de la souris[21]. » L'attitude « sadique » du chat qui, tour à tour, prend et laisse aller la souris est décrite dans l'*Ysengrinus*, poème latin attribué à Nivard, qui préfigure le *Roman de Renart* (vers 1145)[22].

À partir du XIIIᵉ siècle, le jeu du chat et de la souris devient une comparaison commune dans la littérature homilétique. Pierre de Limoges l'assimile au jeu du diable s'amusant un moment du pécheur avant de le perdre à jamais[23]. Le *Ci-nous dit* (vers 1318), un recueil d'*exempla* en français, montre la succession en cascade des pièges démoniaques, ceux qui abusent les simples étant à leur tour abusés par le diable, à l'instar du chat qui guette la souris et est lui-même guetté par le renard[24]. La *Somme des exemples* du dominicain Jean de San Gimignano (mort en 1323) donne une liste des animaux diaboliques, c'est-à-dire ceux auxquels le diable peut être assimilé, y faisant figurer dragon, serpent, couleuvre, loup, renard, blaireau et y incluant le chat parce qu'il chasse les souris, comme le diable assaille l'homme[25]. Un livre de dévotion anglais, le *Remords de conscience* (*Ayenbite of inwyt*), évoque, vers 1340, les tentations par lesquelles le démon cherche à entraver la contrition à l'aide de l'image du chat jouant avec la souris[26]. Un siècle plus tard, dans une pièce de théâtre, *The Castle of perseverance*, qui met en scène des personnifications des vices, des démons, de l'humanité et des anges, le démon Bélial se réjouit à l'idée qu'il entraînera l'homme en enfer, comme le chat fait avec la souris[27].

La dépréciation du chat dans ces textes didactiques ne doit pas surprendre : le monde animal est un réservoir inépuisable pour la métaphore diabolique. Le chat, on le verra, a d'ailleurs été diabolisé à partir du XIIIᵉ siècle. Mais il n'a pas le monopole de ce genre de moralisation : dans ses prédications, Ranulphe de la Houblonnière (XIIIᵉ siècle) compare le diable au chien, au loup, au molosse, à un oiseau de proie, à un serpent et à un renard, mais jamais à un chat.

Le chat de Salomon

Chasser les rongeurs est dans la nature du chat : mieux, c'est la nature du chat. « Le fils du chat doit prendre la souris », proclame *La Chanson d'Aspremont*[28]. *Le Roman de la rose* de Jean de Meung compare la force de la nature chez le chat à celle qu'elle a chez un autre être d'instinct, la femme :

> *« Comme le chat sait par nature,*
> *La science d'attraper les souris*
> *Et n'en peut être détourné*
> *Car il est tout entier tourné dans ce sens*
> *Ainsi fait la femme*
> *Tant elle est sotte par son jugement naturel*[29]*. »*

Ce n'est donc pas un hasard si l'exemple du chat illustre de façon privilégiée l'idée selon laquelle la nature l'emporte sur l'éducation, idée résumée dans le proverbe médiéval : « Nature passe nourriture ». Dans *Le Roman de la rose* encore, la Vieille donne des conseils et des armes à Bel Accueil, personnification de la femme, revendiquant pour elle, au nom de Nature, une liberté que le carcan du mariage ne doit pas entraver :

> *« C'est une très forte chose que nature :*
> *Nature passe nourriture.*
> *Qui prendrait, bel enfant, un chaton*
> *Qui jamais rate ni raton*
> *N'aurait vu puis le nourrirait*
> *Sans jamais qu'il voit rat ni souris*
> *Longtemps, avec des soins attentifs,*
> *De délicieuse nourriture*
> *S'il voyait une souris venir,*
> *Il n'est rien qui pourrait le retenir,*
> *Si l'on le laissait échapper*
> *D'aller bien vite la happer ;*
> *Il en délaisserait tous ses mets*
> *Et ne serait plus si familier*[30]*. »*

Ni couche de soie, ni lait, ni viandes tendres ne peuvent détourner le chat de la souris, dit à son tour le *Conte de l'intendant*[31].

Un conte exprime déjà avec force la même idée dès le haut Moyen Âge. Connu sous le nom du *Conte du chat et de la chandelle*, il est inséré dans le *Salomon et Marcolphe*, ce récit d'origine germanique que nous avons déjà cité, particulièrement riche sur le plan proverbial et narratif. Le roi Salomon, irrité contre Marcolphe, un rustre malicieux et insolent venu le provoquer, lui ordonne de veiller avec lui, à défaut de quoi il perdra la vie. Mais pendant cinq nuits de suite, Salomon l'entend ronfler et lui demande s'il dort. À cette question, Marcolphe se réveille et répond chaque fois qu'il est en train de réfléchir à une proposition apparemment dénuée de sens dont il parvient pourtant à faire la démonstration logique. La cinquième nuit, il prétend ainsi être en train de réfléchir au fait que la nature est plus forte que l'éducation. Le lendemain, il réussit à en apporter la preuve par l'exemple :

> « *Salomon prit place au souper avec une grande compagnie de familiers. Marcolphe, s'asseyant avec eux, enferma trois souris dans la manche de sa tunique. Il y avait en effet à la cour du roi Salomon un chat dressé de telle façon que chaque nuit, au souper du roi, il tenait la chandelle devant tous, debout sur deux pattes, et tenant des deux autres une lampe. Alors que le repas était presque terminé, Marcolphe lâcha une des souris ; le chat, la voyant, voulut courir après elle mais fut retenu par un grondement du roi. Comme il en avait été de même pour la seconde, Marcolphe lâcha la troisième : le chat, à sa vue, incapable d'en supporter davantage, jeta la chandelle, se mit à courir après la souris et la prit. Voyant cela Marcolphe dit au roi : "Voilà, Roi, j'ai prouvé devant toi que la nature était plus forte que l'éducation*[32].*" »*

Ce conte est très ancien. Il y est fait allusion dans un traité rédigé par Godescalc d'Orbais (né vers 808), un théologien qui fut au centre d'une querelle sur la grâce et la double prédestination où il s'opposa à Raban Maur et Hincmar de Reims. Godescalc note qu'il y a dans le Christ une part de nature humaine bénie et s'insurge contre ceux qui dénoncent la corruption de la nature humaine pour la simple raison « que la nature est plus grande que la doctrine et que le chat a lâché le cierge et a pris la souris[33] ».

Le thème du chat et de la chandelle continue tout au long du Moyen Âge à illustrer la supériorité de la nature sur l'éducation. « On peut bien, assure le *Proverbe au vilain*, rendre le chat si sage qu'il tienne une chandelle ardente ; jamais il ne sera si bien éduqué qu'il n'aille immédiatement vers la souris, s'il la voit. Mieux vaut nature que nourriture : voilà ce que dit le vilain[34]. » On retrouve le motif, avec une connotation sexuelle évidente dans *Le Lai d'Aristote* de Henri d'Andely, au moment où Aristote, le vieux précepteur, le sage, le sévère censeur, cède brutalement au désir charnel que veut lui inspirer la femme d'Alexandre : « À ce coup, tombe la chandelle / du vieux chat tout en bas par terre/ ; il est pris sans rachat possible[35] ! »

La morale de ce conte est reprise dans plusieurs proverbes[36] qui préfigurent notre moderne « chasser le naturel, il revient au galop ». Les prédicateurs en feront cependant peu usage, peut-être parce que sa morale est profane et fortement ambivalente[37]. Le chat y représente la force vitale de la nature et son implacable nécessité, toute tentative pour l'entraver et transgresser son ordre étant vouée à l'échec. Figure de la suprématie de nature, le chat doit tuer les souris, et il est vain et absurde de chercher à l'en détourner.

C'est là sans doute qu'il faut chercher le sens du proverbe « passer un grelot au cou du chat ». Muni d'un grelot ou d'un collier, le chat ne peut en effet remplir son office de chasseur puisque le tintement avertit ses proies. L'homme qui détourne ainsi le chat de sa nature, se privant du même coup du bénéfice qu'il peut en retirer, se comporte donc en sot et en « fol ». Le chat au grelot est un des emblèmes de la folie humaine à la fin du Moyen Âge : un fou passe un grelot au cou du chat dans un cul de lampe conservé au musée du Broel, à Courtrai (XVe siècle) ; sur le tableau de Pieter Brueghel, *Les Proverbes*, il est remplacé par un homme d'arme au couteau entre les dents, qui tente de passer un collier à grelot autour du cou d'un chat apparemment paisible. Le grelot, ou son équivalent fonctionnel le collier, est en outre le propre de l'animal de compagnie. Là encore, le proverbe dénie au chat le rôle d'animal familier pour le renvoyer à ses souris. D'autres proverbes traduisent la même idée comme « Chat ganté ne chassera jamais bien les souris », car les gants (ou, ailleurs les moufles), destinés à rendre le chat inoffensif pour l'homme en l'empêchant de griffer, le privent également de son arme essentielle.

L'indissociabilité du chat et de la souris avait un sens religieux au haut Moyen Âge : dans les *Étymologies* d'Isidore de Séville et dans le conte de l'ermite, elle entrait dans le plan divin. Dans le conte du chat à la chandelle, elle prend un sens profane. L'instinct, en tant qu'élan vital suscité par Nature, peut être positif, ainsi que le revendiquent la Vieille du *Roman de la rose* ou la femme de Bath. Sur le versant noir, le chat est l'animal exemplaire du débordement. Sa domestication, sa familiarité, si grandes soient-elles, ne recouvrent que superficiellement sa sauvagerie et ne refoulent que provisoirement un instinct incontrôlable. Le conte de l'ermite comme celui du chat à la chandelle indiquent *a contrario* qu'il existait des rapports de familiarité entre l'homme et l'animal, mais la morale chrétienne comme la morale profane condamnent également ces relations. La première, fondée sur la prééminence de l'amour de Dieu sur celui de la créature, rejoint la seconde qui affirme l'immuabilité du monde et refuse à ce titre que l'homme tire l'animal vers l'humanité. Brider l'instinct du chat, c'est faire acte de démesure et, au fond, rivaliser avec Dieu ou la Nature.

Mais c'est peut-être aussi en raison de sa marginalité que l'on cherche à confiner le chat à un rôle de « souricière ». Il est en effet à la lisière du « familier » et du « sauvage » ; animal de la maison, il y transporte les lois de la nature qui le vouent au monde extérieur. Ambiguïté supplémentaire, l'homme doit mettre à son service, sans l'entraver ni le dénaturer, la qualité du chat la plus animale et la plus réfractaire à toute domestication, la prédation. En déniant au chat un statut d'animal familier et en le plaçant clairement aux côtés des souris, l'homme médiéval tente vainement de dépasser ces ambiguïtés, qui expliquent sans doute en partie la connotation négative attachée au chat.

Le parlement des souris

Un proverbe latin du XIIIe siècle donne un principe de longue vie aux souris en leur conseillant de prévoir toujours deux entrées à leur trou pour éviter les griffes du chat. Si l'homme transgresse parfois l'ordre de nature en attachant un grelot au cou du chat, pourquoi les souris ne tenteraient-elles pas d'échapper à leur destin par la ruse ?

Une fable médiévale, dont les leçons sont moins morales que politiques, illustre cette tentative dérisoire. Les souris, réunies en concile ou en parlement, y délibèrent de la meilleure façon de se protéger de leur ennemi juré. L'une d'elles suggère de passer un grelot, ou une cloche, au cou du chat pour qu'il ne puisse plus les surprendre. Ce beau projet est cependant vite abandonné, faute de volontaire pour le réaliser.

Tout aussi connue que le conte du chat et de la chandelle, la fable du *Parlement des souris contre le chat* apparaît plus tardivement dans la littérature occidentale[38]. Walter l'Anglais, archevêque de Palerme et chapelain d'Henri III d'Angleterre, donne la première version dans son *Romulus* en distiques latins (vers 1175). La morale en est simple : les grands projets en paroles ne voient jamais le jour et la montagne accouche pour finir d'une ridicule souris[39]. La fable est un peu plus tard réutilisée à des fins de prédication par Eudes de Chériton qui lui adjoint une morale plus adaptée à ses préoccupations et aux travers de son auditoire : les souris ressemblent aux clercs et aux moines qui récriminent contre l'évêque, le prieur, ou l'abbé mais n'osent s'opposer à lui ; plus généralement, elles figurent les petits qui permettent aux grands de vivre et de dominer[40].

Ce motif va bientôt circuler en français et en d'autres langues vernaculaires, sous forme de fable ou d'exemple, s'inspirant de Walter l'Anglais ou d'Eudes de Chériton. C'est ce dernier que suit le franciscain anglais Nicole Bozon qui, vers 1350, rédige un recueil de contes destinés notamment aux prédicateurs : il ajoute à la fable le personnage du chat, un matou blanc affublé du nom de « Sire Badde », c'est-à-dire « Sire Mauvais »[41].

L'apologue n'est pas confiné aux recueils de fables, comme en témoigne la naissance d'expressions proverbiales et son utilisation satirique. Le poète Eustache Deschamps fait un refrain des vers « Mais il convient, comme dit la souris / Voir qui pendra la clochette au minon » et compose une ballade sur ce parlement très spécial[42]. Il apparaît aussi dans un grand poème composé par William Langland vers 1370-1390, *Piers Plowman*, qui évoque la situation politique et sociale en Angleterre à la fin du règne d'Édouard III[43]. Une miséricorde de l'église de

Kempten (XVᵉ siècle), due à un huchier belge, en donne également une version imagée.

La tentative des souris ou des rats pour échapper au chat est-elle irrémédiablement vouée à l'échec ? Une fable d'Eudes de Chériton montre que non. Tombée dans une cuve de bière, une souris est sauvée de la noyade par un chat après avoir promis de venir se remettre entre ses griffes sitôt qu'il le souhaiterait. Mais la souris malicieuse refuse de respecter sa parole, en arguant qu'elle était soûle au moment de son serment. La souris n'a cependant point ici le beau rôle : à travers elle, Eudes de Chériton vise les mauvais chrétiens qui font des vœux dans le péril ou les difficultés, promettant alors de s'amender ou de jeûner, mais qui s'estiment déliés de leurs promesses une fois sortis d'affaire[44].

Jugée comme un mal nécessaire jusqu'au XIIIᵉ siècle, la férocité du chat change de signification avec l'essor de la prédication aux XIIIᵉ et XIVᵉ siècles. Les sermons et les fables témoignent alors d'un apitoiement nouveau devant la faiblesse des victimes et l'inégalité de la lutte, et commencent à faire du chat la figure des puissants, qu'ils soient religieux ou laïcs, des oppresseurs cupides face à un peuple démuni et réduit à l'impuissance.

Le pur et l'impur

La fable *Du banquet du lion et du chat et des autres* raconte comment le lion convia tous les animaux à un banquet et demanda au chat ce qu'il désirait manger. Le chat ayant réclamé des rats et des souris, le lion fit servir ce mets à l'ensemble des convives, ce qui provoqua de vives protestations et gâcha tout le repas. Eudes de Chériton la destine à « ceux qui mènent une vie immonde » et vise les intempérants qui perdent l'ensemble des convives en les poussant à des excès de boisson et de nourriture[45]. Le chat est, on l'a vu, un des attributs de la *gula*, ce vice qui englobe l'excès sous toutes ses formes, notamment l'ébriété, et débouche sur la luxure. Mais, au-delà de cette morale, la fable affirme à la lettre le caractère immonde de la nourriture du chat, comme si la nourriture absorbée par l'animal déterminait sa pureté ou son impureté. D'après *Le Roman des sept sages* (XIIIe siècle), le lait absorbé par l'enfant joue en effet un rôle plus déterminant que son lignage : nourri par une femme de bas étage, le fils d'un noble se comportera conformément à la nature de sa nourrice. À l'appui de cette théorie, son auteur cite l'exemple du chat, car « il est droit que le fils de la chatte prenne la souris et la rate[46] ».

Le mode d'alimentation du chat contribue donc peut-être à sa dépréciation. Là encore, les souris font d'une certaine manière du chat ce qu'il est, ainsi que le suggère ce proverbe : « Qui chasse avec les chats prend d'ordinaire des souris.[47] » C'est aussi parce que le chat dévore la souris que l'alchimiste Cornélius Agrippa (1486-1535) le place parmi les animaux qui dépendent de Saturne :

> « *Les animaux qui rampent, les solitaires, les nocturnes, les tristes, les contemplatifs, les sauvages, les craintifs, ceux qui se meuvent lentement, les laborieux, ceux dont la nourriture est immonde et qui dévorent leurs petits comme la taupe, l'âne, le loup, le lièvre, le mulet, le chat, le chameau, l'ours, le porc, le singe, le dragon, le basilic, le crapaud, tous les serpents, le scorpion, la fourmi et tous ceux qui sont engendrés par la pourriture tant dans la terre que dans les eaux et entre les ruines, comme les souris et les diverses espèces de vers[48].* »

Cette association latente entre l'alimentation du chat et son impureté explique sans doute que le chat soit considéré comme un animal impur en Occident. Dès le haut Moyen Âge, on l'a vu, les Livres pénitentiels irlandais prohibaient l'ingestion de nourriture contaminée par le contact d'un chat. À partir du XIVe-XVe siècle, des manuels de civilité concernant la manière de bien se tenir à table interdisent de la même façon de toucher ou caresser un chat en mangeant[49].

Entrant dans tous les registres du discours et de l'image, le couple du chat et de la souris, pour banal qu'il nous paraisse, est cependant une invention du Moyen Âge. Le chat de l'Antiquité est exotique, exogène, encore sauvage ; c'est un prédateur d'oiseaux, un chasseur. Si des images le montrent en train de s'attaquer aux oiseaux en cage, c'est peut-être parce qu'il n'a pas encore de fonction sociale et culturelle déterminée. La société

médiévale, en lui attribuant un rôle, l'a au sens strict domestiqué ; mais en l'intégrant à son bestiaire elle a aussi tendu à le
réifier, à le constituer en souricière sur pattes qui « absorbe »
pour ainsi dire la dimension négative et néfaste de ses proies.
Dès l'Antiquité, souris et rats sont en effet un symbole de destruction ; au Moyen Âge, ils peuvent représenter aussi ce qui
ronge et détruit la vie humaine, en la détournant du spirituel et
de l'éternité, thème qu'illustre, par exemple, l'image de la boule
aux rats[50]. Cette symbolique négative ne pouvait manquer de
rejaillir aussi sur leur prédateur naturel, le chat, dont la symbolique propre n'était du reste guère meilleure.

14

Du chien
et de quelques autres animaux

Conçoit-on le chat aux côtés d'un autre animal que la souris au Moyen Âge ? Qu'en est-il, par exemple, du couple, si évident pour nous, qu'il forme avec le chien ? Ces questions se posent d'autant plus que la pensée médiévale intègre tout animal à un « bestiaire », un système de représentation du monde animal, où il est lié à d'autres animaux, antagonistes ou partenaires.

Le plus vieil ennemi du chat ?

Chiens et chats sont banalement rapprochés dans les évocations de la vie quotidienne, puisque tous deux vivent dans l'entourage immédiat de l'homme. C'est le cas, par exemple, dans la vie de Ciaran, les codes du pays de Galles ou encore les *Gesta romanorum* où ils sont évoqués côte à côte, pour la simple raison qu'ils sont tous deux domestiques. Les prédicateurs, grands utilisateurs du couple moralisé chat-souris, ne recourent pourtant pas à celui du chien et du chat, sinon de façon fortuite et par simple juxtaposition : Jacques de la Marche parle, par exemple, de brus traitées « comme les chiens et le chat ». Ce couple antinomique est également ignoré par les bestiaires et autres traités sur les animaux et même, pendant longtemps, par les proverbes. Quand, par exception, une encyclopédie, *La Fontaine de toutes sciences* du philosophe Sydrach, les compare, c'est sans se soucier de les mettre en relation ou de les opposer. On y trouve, en effet, un dialogue en forme de questions et réponses entre le roi Boctus de Bactriane et le philosophe Sydrach. Boctus, qui semble s'intéresser au monde animal et qui s'inquiète de savoir « qui du chien ou du chat est plus gentil ? », se voit répondre par Sydrach :

> « *Ni l'un ni l'autre ne sont gentils mais le chat est plus proche [privé] de l'homme que le chien car le chat peut dormir sur le lit de son seigneur mieux que le chien ; il est fait pour garder l'intérieur de la maison de son seigneur et a plus grande liberté que le chien d'aller à travers l'hôtel en haut et en bas car le chien ne doit demeurer qu'à la porte dehors et non à l'intérieur, ou bien aux champs s'il en est besoin. Donc le chat a plus de noblesse que le chien*[1]. »

On ne sait si la réponse de Sydrach témoigne de l'attitude de l'Orient face au chat ou si l'auteur anonyme de cette œuvre avait une prédilection pour les chats. En tout cas, aucun texte occidental de la même époque ne valorise autant le chat.

Aldhelm de Malmesbury, au VIIe siècle, évoque fugitivement l'hostilité du chien et du chat qui n'est mentionnée ensuite qu'en 1262 dans un recueil d'*exempla* édifiants rédigé par Thomas de Cantimpré. Ce dominicain parle de la haine du chien et du chat en faisant référence à l'Antiquité. Les anciens, affirme-t-il, ont distingué cinq haines entre les animaux d'espèces différentes : entre l'homme et le serpent, entre le griffon et l'éléphant, entre le loup et l'agneau, entre le corbeau et le renard, entre le chien et le chat, auxquelles s'ajoute une sixième haine perpétuelle, entre le laïc pervers et le prêtre[2]. Peut-être cette cinquième haine a-t-elle été inspirée à Thomas – qui était devenu frère prêcheur vers 1230 – par l'intégration du chien fidèle et de son contretype, le chat diabolique, à la légende dominicaine.

Ce n'est qu'à la fin du Moyen Âge que l'opposition du chien et du chat commence à être utilisée de manière symbolique ou figurée. Au XIVe siècle, le *Polythecon* édicte des règles de conduite, conseillant d'éviter la légèreté d'esprit, c'est-à-dire la versatilité. Changer de doctrine, blâmer ce dont on a fait l'éloge, c'est en effet se révolter contre soi-même, combat illustré par cet exemple : « Qui joindrait par un pacte stable les chiens aux chats[3] ? » De façon moins solennelle, le couple chien-chat devient dans les proverbes une figure banale de la discorde. Le poète Eustache Deschamps voit avec regret dans les conflits de son temps des « amours de chiens et de chats », car chacun poursuit son intérêt propre sans souci du bien commun[4]. *Les Proverbes en rimes* (XVe siècle) illustrent la discorde politique par l'expression proverbiale «être comme chien et chat»[5].

Pendant longtemps aussi, les images montrent peu de chiens et de chats ensemble. Seules exceptions : des scènes de banquet ou de repas[6] ou encore des illustrations de calendriers ; les mois d'hiver, janvier et février, sont, en effet, très tôt représentés par un foyer accueillant qui réchauffe hommes et bêtes familières[7]. À la fin du Moyen Âge, en revanche, lorsque les artistes décrivent le monde avec une attention nouvelle et dépeignent avec un luxe de détails réalistes et symboliques des scènes d'intérieurs qui ont l'apparence de la vie quotidienne, chien et chat deviennent des «accessoires» indispensables de la maisonnée. Un bois gravé (vers 1499) illustrant les «Quinze Joies de mariage» montre un mari harcelé par sa femme ; l'homme, bardé d'ustensiles de cuisine, porte sur ses épaules un berceau, donne la main à l'un de ses enfants ; son chien et son chat qui se lèche la patte l'accompagnent. Une tapisserie tissée à Bâle à la même époque représente une femme accablée par les tâches domestiques : montée sur un âne, elle tient la quenouille, porte un panier sur la tête, allaite ; un chat sur l'encolure de l'âne, un chien sur sa croupe complètent son équipage. La *Naissance de saint Jean-Baptiste*, peinte par Jan Van Eyck vers 1422, place dans la chambre de la nouvelle accouchée un chat lappant du lait dans une écuelle et un chien rongeant un os. Un autre manuscrit prestigieux, le Bréviaire Grimani, enluminé par Simon Bening en 1510, fait figurer un chat et deux chiens dans une autre *Naissance de saint Jean-Baptiste*.

Par sa banalité même, le couple chien-chat devient un attribut commun à plusieurs allégories apparentées. Placés devant la cheminée, les deux animaux familiers en viennent à symboliser le foyer, mais aussi l'hiver et son équivalent dans la temporalité humaine, la vieillesse. Leur coexistence pacifique renvoie à l'idée de concorde, figurée par le foyer familial quand il est préservé du conflit, ou à la vieillesse, peut-être parce que la mort des passions caractérise l'hiver de la vie.

Quant à l'affrontement du chien et du chat, qui nous semble le mode de relation normal entre ces deux animaux, il ne se banalise aussi qu'aux XIVe et XVe siècles[8]. Souvent, il a lieu dans l'espace domestique, car c'est autour de la table que se noue la rivalité de ces commensaux avides de reliefs. Une devinette de la fin du Moyen Âge assigne une cause alimentaire à l'hostilité des chiens, des chats et des rats : un boucher gourmand prépara si bien les tripes, données jusque-là aux chiens, aux chats et aux souris, qu'on les leur refusa par la suite[9]. À l'inverse, c'est un chat occupé à dévorer une souris qui arbitre un conflit entre un lévrier et un mâtin dans les *Dits moraux pour faire tapisserie* d'Henri Baude, qui furent utilisés pour réaliser les peintures murales du château de Bourbon-Busset. La conclusion appartient au chat :

> « *Je sais et je l'ose bien dire :*
> *Chacun veut avoir l'avantage,*
> *Mais aucun de vous n'aura la renommée sans dommage,*
> *Car vous rongez tous deux le même os*[10]. »

C'est sans doute en raison de leur statut de compagnons de table que chiens et chats font leur apparition dans des représentations de scènes évangéliques ayant pour cadre un repas ou un banquet[11]. S'ils se côtoient parfois assez pacifiquement, le plus souvent ils s'affrontent parce qu'ils guettent les mêmes restes. Les premiers exemples de ce motif, au XVe siècle, sont une miniature de la Cène montrant un chien et un chat blancs assis de part et d'autre de Judas et une Cène peinte sur bois par le catalan Jaume Ferrer qui place au pied de la table deux chats dont l'un se bat avec un chien[12]. Plus connue, la Cène de la chapelle Sixtine exécutée en 1481 par Cosimo Roselli montre un gros chat blanc et gris qui pose sa patte sur un os, bravant ainsi un chien de petite taille qui lui montre les dents. Du fait que certaines Cènes présentent un chat placé au pied de Judas, on a proposé d'y voir un symbole du Mal[13]. Dans le même sens, la lutte entre chat et chien a parfois été assimilée au combat des forces du Bien et du Mal. Mais le chat, dans d'autres scènes évangéliques, a été interprété comme un symbole de la liberté, opposé à la servitude représentée par le chien, un emblème de l'immortalité du Christ, un attribut de la promptitude ou un animal purement familier[14]. Il n'est pas impossible que certaines scènes « conviviales » opposent volontairement le chien fidèle, gardien de la foi, et le chat, associé aux vices, à la connotation diabolique. Mais la présence de ce couple s'inscrit aussi dans le prolongement de la tradition iconographique médiévale qui le faisait déjà figurer au pied des tables. À la Renaissance, l'*Ico-*

nologia (1593) de Cesare Ripa, la « bible des ateliers », fait de l'affrontement du chien et du chat l'allégorie du contraste et de l'inimitié, sens que l'on retrouve dans les proverbes. De fait, ce couple antinomique est une figure de l'agressivité, de la guerre et de la discorde. Dans les scènes religieuses, il renvoie peut-être à l'idée d'un monde placé sous le signe de la chute et de la perte d'une harmonie originelle.

L'apparition du couple chat-chien à la fin du Moyen Âge coïncide avec le relatif déclin du tandem chat-souris, marqué par la disparition des mots latins savants désignant le chat comme un exterminateur de rongeurs. L'opposition chien-chat est donc un fait culturel, puisque leur hostilité est passée long-temps inaperçue. Ainsi que le signale une devinette de la fin du Moyen Âge, leur rivalité vient de ce que l'un et l'autre, aux yeux de l'homme, briguent la première place auprès de lui, pour man-ger les restes de ses repas et gagner ses faveurs. Ce rapproche-ment nouveau des deux animaux signale peut-être une évolution de la sensibilité à l'égard du chat, qui devient, du même coup, moins « ratier ». Le fait que le chien concurrence désormais la souris comme antagoniste et partenaire du chat pourrait traduire en fin de compte l'acceptation du chat comme animal familier. Le « chat sujet » commence ainsi à la fin du Moyen Âge à supplanter le « chat objet », souricière vivante, jusque-là omni-présent dans l'imaginaire. De façon significative, la symbolique codifiée par Cesare Ripa ne connaît que la figure de la discorde incarnée par chat et chien et ignore le binôme chat-souris.

L'oiseau, une proie symbolique

Un des plus anciens témoignages iconographiques sur le chat médiéval se trouve en Irlande. C'est une grande croix de pierre érigée dans le cimetière du monastère de Monasterboice. Ornée d'une imagerie chrétienne abondante, elle porte aussi des figures animales. Sur la face ouest, plusieurs scènes de la vie du Christ sont disposées en registres successifs ; deux chats accroupis face à face, l'un tenant entre ses pattes un oiseau, l'autre un animal identifié tantôt à une grenouille, tantôt à un chaton, apparaissent sur le bandeau inférieur, où se trouve l'inscription attribuant

l'érection de la croix à Muiredach, un abbé mort vers 920[15]. Le
symbolisme de ces chats reste obscur, et rien ne permet d'assurer qu'ils aient un caractère diabolique, comme on a pu le sou-
tenir.

Rares sont les enluminures représentant chat et oiseau. Dans
un *Traité d'astronomie* de Zaël[16], un chat tient un oiseau dans sa
gueule, suivant le rapport naturel qu'on attend entre les deux
animaux. Sur une miniature du début du XVe siècle, montrant
des femmes au bain, un chat figure à côté d'un oiseau[17] ; ce
couple a peut-être dans ce contexte une connotation sexuelle
car les maisons de bain avaient la réputation d'inciter à la
luxure, livrant les corps à la promiscuité et à la chaleur.

Le chat et l'oiseau apparaissent parfois dans une relation
inversée, de même que le chat et la souris : c'est le cas de ce
chat chevauché par un rat qui tient un oiseau, ou de ce héron
qui attaque un chat dans des manuscrits français des XIVe et
XVe siècles[18] ; ou encore de l'oiseau à tête de chat qui orne la
marge d'un manuscrit italien[19].

Parfois aussi, le chat est placé près d'une cage. Le motif de
l'oiseau en cage a été utilisé dans l'art paléochrétien puis dans
l'art médiéval, en particulier dans une série de mosaïques
romaines du XIIe siècle où il symbolise l'âme enfermée dans le
corps et le Christ prisonnier de la chair, c'est-à-dire le mystère
de l'Incarnation[20] ; mais il est peu probable que la présence
d'un chat ait quelque rapport avec cette symbolique. Dans le
bestiaire d'Oxford (Bodley 764, fol. 51, fin du XIIe siècle), un
chat est couché la tête entre ses pattes près d'un feu, sous une
cage à oiseau, tandis qu'un autre debout emporte un rat.
Devant lui se dresse une table couverte de pains ronds ou de
meules de fromage, le fond du décor étant semé de croissants
de lune et d'étoiles, sans doute parce que le chat est le gardien
qui protège la maisonnée contre les attaques nocturnes, ainsi
que le disait Aldhelm de Malmesbury. L'image, en rappro-
chant souris, oiseau et fromage, semble établir ici une liste des
proies potentielles du chat, mais celles-ci ne se situent pas
toutes sur le même plan : le chat tient le rat, l'oiseau est dans
sa cage, en haut, comme Titi bravant Gros Minet. Il est simultanément représenté avec la proie qu'il doit rechercher et celle
qui lui est interdite, la cage figurant cet interdit.

Chez Césaire de Heisterbach, une colombe et un chat apparus
en rêve à un moine cistercien symbolisent l'âme humaine tra-

quée par le diable. La même symbolique, parallèle à celle dont
est chargé le chat guettant la souris, inspire sans doute plusieurs
peintures religieuses de la fin du Moyen Âge et de la Renaissance. Un chat fixe ainsi le chardonneret retenu par l'enfant
Jésus dans une Vierge à l'enfant peinte dans l'atelier de Cosmé
Tura (fin du XVe siècle)[21]. Une Annonciation anonyme, réalisée
dans l'atelier de Wroclaw (Pologne), montre aussi un chat guettant un oiseau qui s'envole. Quoique marginale, son association
avec l'oiseau assigne au chat une symbolique négative puisqu'il
s'attaque à une proie inoffensive, relevant de la sphère céleste et
spirituelle.

Le singe

Si les textes médiévaux n'associent pratiquement jamais chat
et singe, leur rapprochement n'est, en revanche, pas rare dans
les images médiévales et modernes. Au gré des marges des
manuscrits, un singe pend un chat, un autre lui décoche des
traits, un troisième enfin suit furtivement un chat qui tient une
souris. Les deux membres de ce couple ambigu sont parfois
simplement juxtaposés. Dans un manuscrit du *Roman de la
rose*, un chat tient dans sa gueule une souris tandis que, près de
lui, un singe fait l'arbre droit[22] ; une sculpture conservée au
musée de Douai montre trois fous, accompagnés d'un chat,
d'une chouette et d'un singe, trois animaux qui présentent des
affinités. De la même époque (XIIIe siècle) date le chapiteau de la
rotonde de l'église de Neuvy-Saint-Sépulchre (Indre) figurant
un chat sur le dos entre deux singes. Au XVe siècle, une fresque
de la cathédrale d'Augsbourg rapproche également un chat et
un singe. Chat, chien, singe et lion figurent encore ensemble
dans une série de cartes à jouer[23]. Ailleurs, le chat fait le gros
dos devant un singe ou lui dérobe le fruit de sa pêche[24].
Le singe parodie aussi, grâce au chat, des rapports affectifs : il
le tient dans ses bras, le serre sur sa poitrine, le lèche[25]. Parfois
même, il le traite comme un enfant : une guenon retient sur ses
genoux un chat fasciné par un gros rat qui se promène devant lui ;
un singe tente de nourrir un chat qu'il tient sur ses genoux dans

une gravure du « Maître aux banderolles » représentant une salle d'armes et des bains[26].

Certaines scènes sont encore plus burlesques. Deux livres d'heures hollandais (1480) montrent un singe poussant une brouette dans laquelle un chat se lèche le derrière[27] ; un autre manuscrit flamand représente deux chats portant une poule chez le singe-médecin[28]. En Angleterre, une miséricorde du cloître de Beverley (vers 1445) figure un singe chevauchant un chat qu'il peigne, tandis qu'un singe harnache un chat dans la marge d'un Psautier anglais[29].

Ces représentations sont nombreuses au XIVᵉ siècle, et surtout au siècle suivant, ce qui suggère que le rapprochement entre les deux animaux, rare dans les textes, n'est pas fortuit dans les images. *Les Faictz et dictz* (1490) de Jean Molinet livrent toutefois l'expression proverbiale « c'est un bon jeu de chat à singe », dont Leroux de Lincy signale une occurrence légèrement plus ancienne chez Jean Mielot au milieu du XVᵉ siècle[30]. La linguistique fournit d'autres rapprochements entre singe et chat : certaines variétés de singe sont désignées en roman par un mot composé à partir de *chat* ou de ses appellations familières. Le français *magot*, équivalent de *matou*, désigne un gros singe et au sens figuré un homme laid. *Matagot*, formation de compromis entre *magot* et *matou*, attesté chez Rabelais, serait le nom donné au singe des forains[31].

Le couple chat-singe aura une longue postérité, notamment dans les *Singeries* en vogue au XVIIᵉ siècle, scènes où des singes exercent des activités humaines, accompagnés parfois d'autres animaux et surtout de chats. D'où vient cependant le rapprochement des deux animaux ? Au XIIᵉ siècle, les démons prennent la forme de chats et de singes dans plusieurs récits hagiographiques ou exemplaires. Le singe est comme le chat une figure du diable, qui est le « singe de Dieu », ainsi qu'une personnification de l'idolâtrie, de la luxure et de la vanité[32]. Bestiaires et encyclopédies confirment ce symbolisme. Le *Bestiaire divin* de Guillaume le Clerc, dans les premières années du XIIIᵉ siècle, déplore le succès qu'a néanmoins le singe de compagnie :

> « *Il existe une bête très déplaisante, pleine de laideur et repoussante : c'est le singe, que vous avez l'occasion de voir, auquel les seigneurs de haut rang vouent une grande affection. Le singe est*

laid et difforme, vous l'avez vu bien souvent… Cette bête, à mon avis, a des rapports avec le diable et lui ressemble[33]. »

Chats et singes partageaient encore la réputation d'être des bêtes lubriques. Cette dimension sexuelle prévaut sans doute dans la gravure du « Maître aux banderolles » : les deux animaux apparaissent dans une scène de bains publics, où un fou à demi-nu s'échappe des bras de femmes lascives.

La faveur du singe dans les manuscrits gothiques doit peut-être être rapprochée du succès littéraire du mot *simia* (singe), qui aurait été à la mode à partir des années 1200[34]. Ses qualités d'imitateur, son aptitude à l'apprivoisement et ses capacités d'apprentissage valurent au singe un succès indéniable et précoce. Alexandre Neckam rapporte au XIIe siècle qu'un bateleur conduisait ses deux singes aux tournois afin qu'ils en imitassent les exercices militaires ; il leur apprit ensuite à livrer, montés sur des chiens, des joutes parodiques du plus grand effet comique[35]. Ce sont ces caricatures de tournoi que l'on retrouverait dans les marges des manuscrits enluminés[36]. Il n'est pas impossible que des chats, souvent représentés avec des fous, aient été exhibés avec des singes auxquels on aurait appris à les tenir embrassés et à les cajoler comme des simulacres d'enfant. Un miracle compilé par un dominicain de Soissons vers 1330 fait peut-être allusion à ce type de spectacles, lorsqu'il décrit la force de l'« accoutumance » :

« *Par coutume, une bête danse ; voyez un singe, un chat, un chien, la coutume le dresse bien*[37]. »

Le rapprochement du singe et du chat se confirme au XVIe siècle, avec l'apparition d'une légende leur donnant une origine commune. Les *Commentaires hiéroglyphiques* de Piero Valeriano Bolzani donnent un récit qui les réduit à être des contrefaçons grotesques d'« animaux » supérieurs : alors que Hécate et Apollon se disputaient pour former les meilleures espèces animales, Apollon créa l'homme, à quoi Hécate répondit en produisant le singe. Apollon formant ensuite le lion, elle fit le chat. Apollon, pour se moquer de ces pitoyables performances, fit par dérision le rat. Sur ce, Hécate engagea le singe à faire la guerre au lion et le chat à poursuivre les rats[38].

15

Le chat et la femme

Un proverbe latin suggère une étrange analogie entre chat et femme : « Le chat s'asseoit où était assise la femme[1]. » La relation particulière qu'il révèle se noue dans l'espace domestique dont les habitants privilégiés sont femmes, enfants, vieillards et chats, alors que les chiens accompagnent les hommes à la chasse et restent à la porte.

Cette proximité se révèle dans les images de la fin du Moyen Âge, les mutations des formes artistiques permettant alors de représenter un univers plus intime et « réaliste ». Ainsi ce livre d'heures exécuté à Bruges, au début du XVIe siècle, par le célèbre miniaturiste Simon Bening, ou sous sa direction, qui illustre le mois de janvier par une ferme dans un paysage de neige ; la porte ouverte laisse entrevoir une femme assise à une table devant un feu, berçant un nourrisson et un petit chat sombre qui se tient sous la table, près d'elle[2].

Le regard de l'artiste ne retient pourtant jamais de geste d'affection entre l'animal et les humains qu'il côtoie : les chats que l'on voit embrassés dans les marges des manuscrits médiévaux le sont par des singes ou des fous, mais non par des femmes[3]. En revanche, la cohabitation devient parfois houleuse, car les chats, on l'a vu, sont aussi gourmands que voleurs : ainsi une femme frappe avec une quenouille un chat qui lappe le contenu d'une jatte dans la marge d'un manuscrit des *Cantiques de la Vierge*[4].

Les affinités entre chat et femme sont plus suggérées que montrées : le chat est significativement rapproché d'objets féminins tels que baratte, quenouille, écheveau de fil ou fuseau. La baratte renvoie manifestement au goût du chat pour le beurre et les laitages, l'écheveau ou le fuseau à sa propension à jouer avec un brin de laine ou un fil. Dans les *Heures de Jeanne d'Évreux*, enluminées par Jean Pucelle, un chat se suspend au fuseau pendant d'une quenouille, elle-même tenue par un clerc à califourchon sur un animal grotesque ; ailleurs, il est poursuivi par un homme qui le menace d'une quenouille et d'un fuseau, ou accompagne une nonne munie d'une quenouille ou encore des jongleurs en voyage, parmi lesquels une femme, en train de filer, le porte en croupe[5]. En Angleterre, vers 1410-1415, il figure aux côtés d'une vieille femme tenant une quenouille dans une miséricorde de l'église Saint-Mary de Minster-in-Thanet, et, dans une autre provenant de l'abbaye de Whalley, il se blottit contre la tête d'une femme endormie avec sa quenouille. La réalité est parfois inversée : le chat dévide alors la laine comme une femme[6]. Elle est en revanche saisie au vif par Pinturicchio (1454-1513) qui représente Pénélope tissant, tandis qu'un chat pousse de sa patte une des pelotes de fil[7]. Dans les premières années du XVIe siècle, quand Israël van Meckenem grave une suite de scènes de genre montrant des hommes et des femmes dans leurs activités quotidiennes, il place naturellement un chat dans l'atelier de la fileuse. La Vierge et les saintes se consacrent aussi à des travaux d'aiguille ou de filage : la corbeille à ouvrage de Marie attire le chat de la maison dans une Annonciation de Pomponio Amalteo (1535)[8]. Un passage de la vie de sainte Francesca Romana, écrite par son confesseur Jean Mattioli peu après sa mort en 1440, raconte comment Dieu envoya à la sainte un ange qui tissa avec elle une grande toile. Ce travail fut entravé par « des chiens et des chats [qui] troublaient l'ordre des fils de la toile[9] ». Ces « chiens et chats » désigneraient métaphoriquement dans le langage des tissandiers les fils qui adhèrent les uns aux autres : mais ce sont de vrais animaux qui empêchent l'archange de tisser sur une fresque exécutée vers 1469 pour décrire en images la vie de la sainte[10].

Même lorsque ces outils sont utilisés par un homme, le chat leur reste associé : il y a ainsi un chat dans l'atelier d'un brodeur de soie gravé par Henri Schopper (1574). C'est aussi un chat que prennent pour enseigne des marchands de drap vénitiens, les Menor, et le sceau de Colart le Chat, tailleur de la comtesse d'Artois au début du XIVe siècle, porte un chat armé de ciseaux coupant une pièce d'étoffe. L'association du chat aux objets servant à filer la laine a également laissé des traces linguistiques : le mot *chat* a en effet servi à former des termes relatifs au filage dans différentes langues romanes. Le peloton est appelé « chat » ou « chatte » en ancien slave, en roumain et en bavarois ; de même la poupée de laine ou de coton et la loquette qu'on prend en main pour filer au rouet en provençal, en italien et en dialecte suisse allemand. Le roman « chat » sert à former des verbes qui ont le sens d'embrouiller ou emmêler dans plusieurs dialectes italiens (Padoue, Milan, Venise, Parme, haute Italie), ce qui n'est pas sans rappeler l'épisode de la vie de sainte Francesca Romana[11]. Enfin, dans le folklore, le ronron du chat est assimilé au bruit du rouet ; on dit que les chats « filent », « rouent » ou « font aller leur rouet »[12].

Le chat d'Ève

Dans un des contes du *Décaméron*, une vieille maquerelle réconforte une jeune femme délaissée par son mari, qui préfère les hommes, en lui faisant valoir qu'il est juste que les femmes, par nature plus gourmandes que les mâles, satisfassent leurs appétits pendant qu'il en est temps. « Une fois vieilles, lui dit-elle, ni mari ni qui que ce soit ne veulent plus nous voir et ils nous chassent à la cuisine pour que nous racontions des fables au chat[13]. » Cuisine et chat relèvent du domaine féminin, mais l'allusion va sans doute plus loin, car le chat est coquin non moins que la femme. Ce n'est pas un hasard si *Le Roman de la rose* rapprochait, comme on l'a vu, l'instinct qui porte le chat à la « surgeüre » – à attraper les souris – de la folie féminine. Le chat occupe en effet la première place du bestiaire féminin qui, selon Bruno Roy, s'organise autour de deux axes, mépris et désir[14].

Les comparaisons entre chat et femme sont récurrentes dans les pamphlets misogynes médiévaux. Les *Proverbes sur la nature des femmes*, texte anonyme italien du XIIIe siècle, sont parfaitement explicites sur l'homologie entre chatte et femme. Il ne faut pas plus se fier aux femmes que la souris ne fait confiance au chat. La chatte, véritable « enseigne féminine » selon l'auteur du pamphlet, revient tout au long du poème comme un *leitmotiv* obligé, tour à tour gourmande, voleuse, perfide et caline :

« La chatte a en elle tout ce que l'on trouve
Chez la femme ; et rien ne lui manque :

Moi qui veux m'en assurer, j'y pense jour et nuit ;
Quelquefois on peut croire que je dors, alors que je veille sous
                                                  le ciel.
Lorsque la chatte a le poil raide et qu'elle est maigre,
On dit que si elle vole, c'est par nécessité ;
Jamais on ne le dit lorsque son poil est brillant et qu'elle
                                              est grasse,
Parce qu'alors elle ne se donne plus la peine de jouer de
                                         mauvais tours[15]. »

Les vices de la femme et de l'animal se correspondent : le chat brûlé, miroir exemplaire de la coquetterie, évoque aussi la luxure féminine. La gourmandise a, quant à elle, une dimension sexuelle. Mais d'après le *Dit de chastie-musart*, la luxure est subordonnée chez la femme à un troisième mauvais penchant, la vénalité :

« *Femme ressemble à trois choses : louve, renarde et chatte.*
Louve, renarde et chatte sont trois bêtes de proie.
Chatte cherche, renarde guette, louve ravit et pille.
Jamais femme n'aimera, on peut m'en croire,
Un homme si elle ne tire de lui des vêtements ou de l'argent[16]. »

« Acheter chat en sac » : pour le veuf remarié des *Lamentations de Matheolus*, c'est choisir une épouse sans discernement, le proverbe montrant l'assimilation entre ces deux êtres d'instinct[17]. De manière plus restrictive, le chat peut être l'emblème non plus de la mauvaise épouse mais de la femme de « mauvaise vie » : selon notre anonyme italien, l'imprudent qui conduit chez lui une putain est comme celui qui laisse la chatte mettre ses pattes dans l'auge ; la soumission et l'humilité de la rouée s'envolent dès qu'elle est dans la place et, tout à son aise, elle jouera les pires tours[18]. La *Bourse pleine de sens* traite de fou

          « *L'homme qui a une bonne épouse*
          Quand il va ailleurs se souiller
          Chez les folles garces traîtresses
          Qui sont plus lécheuses que les chats[19]. »

En ancien français, le verbe « *lechier* » signifie au sens propre lécher mais aussi, au figuré, être gourmand ou vivre dans la débauche et les « lècheresses » sont des femmes impudiques et lubriques. Quel animal pouvait mieux que le chat incarner la « *lècherie* » des femmes ? Au XIIᵉ siècle, le troubadour Marcabru déplore qu'Amour se soit « tordu et ébréché » et ait pris l'habitude de « lécher là où il ne peut mordre/ plus âprement que fait le chat[20] ».

Si le chat est l'animal d'Ève, celui de la femme perdue de vices variés – hypocrisie, gourmandise, vanité, débauche –, le registre du mépris n'est cependant jamais très loin de celui du désir. « Il n'est au monde, dit le poète, de chatte si maigre et si mal en point qui ne redresse la queue si on la caresse ; la bête que l'on caresse retrouve ses chaleurs : de plaisir, elle miaule et se frotte[21]. »

Le chat roux de Guilhem IX

Dans son comportement amoureux, la femme est chatte ; elle se comporte et doit être traitée en tant que telle. Jean de Meung, qui prolonge *Le Roman de la rose* de Guillaume de Lorris en lui donnant un ton plus comique et plus libertin, place dans la bouche d'Ami, une figure allégorique qui conseille l'amoureux, un discours cynique. Tous les moyens sont bons pour toucher au but et l'amant doit taire ses griefs, même si les femmes ont bien des travers. Ainsi il n'est pas bon de les battre :

> « *Car celui qui veut battre sa femme*
> *Pour mieux s'assurer son amour*
> *Quand il veut ensuite l'apaiser,*
> *Est semblable à celui qui pour l'apprivoiser*
> *Bat son chat et puis le rappelle*
> *Pour l'attacher à une cordelette*
> *Mais si le chat peut s'échapper,*
> *Il risque de ne pouvoir le prendre[22].* »

L'expression « si l'une est chatte, l'autre est mite »[23] souligne cette profonde identité entre chatte et femme en insistant sur leur commune sensualité. À la fin du Moyen Âge, les expressions « faire la chatte blottie ou cattie »[24] et « faire la chatte mouillée »[25] s'appliquent à la femme qui tente de séduire par des manières doucereuses ou cherche à apitoyer.

La fable de la chatte métamorphosée en femme traduit plus encore l'assimilation entre féminité et félinité : un jeune homme porte un tel amour à sa chatte qu'il obtient de Vénus qu'elle soit transformée en femme. Ce changement d'apparence permet au jeune homme de satisfaire ses désirs, mais la femme-chatte se jette sur la première souris qu'elle voit car sa nature profonde n'a pas changé. Cet apologue, dont il existe des versions grecques, latines et françaises[26] et qui devait inspirer La Fontaine, évoque à la fois l'amour exagéré pour l'animal et la force toute-puissante de l'instinct. À ce titre, elle rappelle le conte du chat à la chandelle dont la morale est identique.

Chez Guilhem IX (1071-1126), duc d'Aquitaine et comte de Poitiers, la symbolique sexuelle du chat s'inscrit dans un registre nettement obscène. Dans un de ses poèmes, le prince troubadour s'en prend aux dames qui préfèrent l'amour d'un clerc ou d'un moine à celui d'un chevalier en racontant comment, déguisé en pèlerin, il eut l'aubaine de rencontrer deux dames nobles, Agnès et Ermesent, à Saint-Léonard de Noblat, sur le chemin de Compostelle. Celles-ci lui adressèrent aimablement la parole, mais le poète feignit d'être muet. Ravies de l'occasion, toutes deux décidèrent de lui offrir secrètement hospitalité, bon feu et mets délicats, pensant pouvoir réaliser avec lui leurs desseins sans que nul n'en sache jamais rien. C'est alors qu'elles appellent leur chat roux, afin d'éprouver le mutisme de celui qu'elles prennent pour un clerc, mais dont elles se défient encore :

> « "Ma sœur, si cet homme est malin
> Et feint d'être muet à cause de nous
> Apportons notre chat roux
> Tout de suite
> Qui le fera parler sur-le-champ,
> S'il ment en quelque chose."
> Dame Agnès alla chercher l'animal :
> Il était grand, avec de longues moustaches ;
> Et moi quand je le vis entre nous
> J'en eus de l'épouvante
> Au point de manquer perdre force et hardiesse[27]. »

La suite du poème, qui a été considéré comme le premier fabliau en langue vernaculaire, est savoureuse. À l'issue d'un repas fin, les dames invitent le faux pèlerin à se déshabiller, puis, lui posant le chat sur le dos, tire la queue de l'animal. Mis au supplice, il garde cependant le silence et, sortant victorieux de l'épreuve, se soumet de bonne grâce aux volontés d'Agnès et Ermesent qu'il comble ensuite, à ses dires, cent quatre-vingt-huit fois. La « tornade », ou chute, lui permet toutefois de garder le dernier mot de l'histoire et de leur faire savoir qu'elles ont été jouées : le comte charge en effet un messager de leur demander, pour l'amour de lui, de tuer le chat. Guilhem IX fait sans doute allusion à des événements contemporains, comme l'a montré Rita Lejeune. Agnès et Ermesent seraient ses tantes, femmes très dévotes qui s'étaient soumises à l'influence de Pierre Damien à Rome. Le déguisement du poète et la localisation du récit seraient inspirés par un événement qui frappa les imaginations en 1106 : Bohémond de Tarente s'était rendu alors en pèlerinage à Saint-Léonard de Noblat pour remercier le patron des prisonniers d'avoir permis sa libération et avait montré au cours de son voyage une éloquence que certains jugèrent excessive. Guilhem prend à contre-pied la piété ostentatoire de ces différents personnages et l'utilise dans un conte scabreux. L'épreuve du chat roux, tiré toutes griffes dehors sur le dos nu du muet, serait une parodie des châtiments corporels préconisés par Pierre Damien[28].

Le choix du supplice n'a rien de fortuit dans un contexte où l'on retrouve des thèmes si souvent associés au chat : feu, bonne chère, femmes et débauche sexuelle. L'animal est en outre doté de caractères monstrueux qui justifient l'effroi grandiloquent du faux muet : couleur rousse[29], grande taille, longues moustaches. Ce chat inquiétant provoque la douleur, mais introduit aussi le pèlerin à la jouissance. Là où le troubadour montre souffrance et plaisir intimement mêlés, il est clairement un attribut sexuel.

Le chat roux de Guilhem n'a pas eu une grande postérité, mais on retrouve une histoire assez semblable dans un recueil d'*exempla* composé par un dominicain angevin à la fin du XIIIᵉ siècle. Un chevalier, rejeté par la dame qu'il courtise, se rend chez elle sous un déguisement et en feignant d'être muet. La dame éprouve son mutisme en lui plaçant sur la tête un chat qui le lacère de ses griffes et, voyant sa discrétion, couche avec lui. Le lendemain, elle demande au chevalier sorti victorieux d'un tournoi de rester auprès d'elle, ce qu'il refuse en prétextant que le chat lui fait peur[30]. *Li Proverbe au vilain* garde peut-être aussi trace d'une anecdote de ce genre, qui recourt à l'expression « se laisser tirer un chat sur le dos », dans le sens de « supporter en silence »[31].

Le « minon » de la novice

Le Roman de la rose exalte, par la bouche de la Vieille, la supériorité de la Nature sur la « nourriture », c'est-à-dire l'éducation, en faisant appel aux métaphores de l'oiseau en cage et du chat. Même délicatement nourris, tous deux n'aspirent qu'à s'enfuir, l'oiseau vers la forêt, le chat vers la souris. Mais l'appel de la nature est aussi celui de la chair. Symbole sexuel, le chat peut encore être métaphore des organes sexuels.

Béroalde de Verville, en 1610, assimile chat et sexe féminin dans une histoire obscène où une très jeune fille croit devenir bête parce que lui vient « un petit minon entre les jambes ». Rendue mélancolique par cette perspective, elle est éclairée sur sa métamorphose par une abbesse qui lui montre son propre sexe. À la jeunette qui s'effraie d'une telle « bestialité », l'abbesse répond :

> « *Ma mie, ma mie… le vostre n'est qu'un petit minon : quand il aura autant estranglé de rats que le mien, il sera chat parfait ; il sera marcou, margaut et maistre mitou*[32]. »

Ce texte, où le chat représente le sexe féminin, la souris celui de l'homme, est, quoique tardif, conforme à la symbolique médiévale du chat.

La figure peut également s'inverser : un fabliau licencieux, *La Sorisete des estopes* (« La petite souris d'étoupe ») raconte l'histoire d'un paysan stupide auquel sa femme fait croire qu'elle a perdu son con, l'envoyant le chercher. À la suite d'un concours de circonstance, le vilain prend une souris pour le sexe égaré. Lorsqu'il revient chez lui bredouille, son épouse le console en lui apprenant que son con est rentré tout seul au bercail. Elle lui recommande de le caresser au lieu de le gronder et de bien le tenir :

> *« Oui certes, dit-il, à cause de notre chat,*
> *Car s'il le rencontrait, dit le vilain,*
> *Il le mangerait bien, je crois,*
> *Que Dieu par pitié m'en garde*[33] *! »*

De même, chez Chaucer, le narrateur du récit dit à propos du clerc Absalon, passionnément amoureux de la jeune épouse d'un charpentier :

> *« J'ose vous dire que si elle avait été une souris*
> *Et lui un chat, il l'aurait attrapé tout de suite*[34]*. »*

La dimension sexuelle du couple chat-souris apparaît encore dans *La Nef des fous* de Sébastien Brant : un des bois gravés qui l'illustrent montre un fou regardant sa femme entre ses doigts tandis qu'au pied de la table un chat qui tient une souris dans sa gueule en poursuit d'autres. La légende est explicite : « Lorgner entre ses doigts sa femme au bras d'un autre, ce serait pour un chat sourire à la souris. » Le poème, qui fustige l'adultère, féminin s'entend, prolonge la métaphore en comparant le chat qui va à la chasse aux souris aux femmes qui attirent les hommes[35]. Notons que Montaigne emploie le mot « catze », adaptation française du mot allemand signifiant « chat », pour désigner le sexe de l'homme.

C'est sans doute en raison de cette charge symbolique que le chat pouvait intervenir favorablement dans des affaires de cœur. À la fin du Moyen Âge, dans le nord de la France, il était recommandé aux jeunes gens de ne pas haïr les chats qui procuraient grand bonheur et avancement en amour et leur permettaient de parvenir à la dame de leur pensée. Pour s'assurer l'affection d'un homme, on devait lui faire boire, la nuit de la Saint-Jean, un philtre contenant, entre autres, des poils du bout de la queue du chat. Pour s'assurer la fidélité d'un mari, une femme devait cacher son chat pendant deux jours sous un cuvier, sans le laisser manger ni boire, puis lui enduire les pattes de beurre après les avoir liées, enfin lui donner du pain trempé d'urine[36]. On trouve le même type de croyances dans le folklore germanique : quelqu'un suivi par un chat jusqu'à l'église le jour de son mariage jouira d'un bonheur particulier. La jeune fille qui croise sur la route du bal un chat tacheté rencontrera vite un homme. De même, les jeunes filles qui affectionnent les chats auront un mariage heureux, mais l'homme qui aime les chats ne se mariera pas[37].

La connotation sexuelle du chat était connue des clercs, qui s'en servaient lorsqu'ils évoquaient le péché de chair. L'*Ancrene Riwle*, ce traité destiné aux moniales, met en garde les nonnes contre les mauvais désirs qu'inspirent les sens, regard, toucher ou odeur. Il les invite à reconnaître, pour les éviter, les aspirations qui les portent vers l'extérieur, comme l'oiseau cherchant à sortir de sa cage, car dehors les guette « le chat infernal » qui saisit dans ses griffes le cœur défaillant[38]. La mention du chat de l'enfer est sans doute appelée par la comparaison du cœur de la nonne et de l'oiseau en cage, mais sa dimension sexuelle est non moins présente ici que son aspect diabolique.

Dans l'imaginaire médiéval, le chat est emblème de la femme parce qu'elle est jugée comme lui créature d'instinct et de chair, et donc portée à la lubricité. Accompagné de la souris, il symbolise organes et rapports sexuels. Seul, il est comparé à la coquette, à la prostituée, et chargé tour à tour de tous les vices féminins. Déjà présente dans l'Antiquité, cette association se décline au Moyen Âge en d'infinies variations et perdure dans l'imaginaire moderne et contemporain. Au XVIe siècle, les *Commentaires hiéroglyphiques* de Piero Valeriano Bolzani sont explicites. Sous couvert de traduire les « lettres et caractères dont usaient les Égyptiens », ils transmettent les lieux communs d'une longue tradition misogyne :

> « *Quant à ce qu'aucuns, par la figure de la chatte, ont entendu la luxurieuse inclination des femmes, ce n'est tant pource qu'ils admiroient la fécondité de la lune... que pour estre d'une nature suiecte à luxure... car mesmes elle appelle et incite les chats à saillir, et les bat s'ils n'obéissent : c'est pourquoy nous disons ordinairement que ceux là qui sont entièrement adonnez à leurs plaisirs, et ayant perdu toute honte, meinent une vie de chats*[39]. »

Les Vanités ou les femmes au miroir

Un détail du *Jardin des délices* de Jérome Bosch montre une jeune femme nue, dont le visage aux yeux clos se reflète dans un miroir posé sur le derrière d'un homme ou d'un démon agenouillé. Portant sur sa poitrine un crapaud, elle est embrassée par un démon à tête d'âne. Cette image énigmatique fait sans doute allusion à un lieu commun de la morale médiévale : la coquetterie et la vanité entraînent la femme à sa perte. Le thème du chat brûlé dénonçait, on l'a vu, ce travers féminin. Bosch y revient dans le panneau des *Sept péchés capitaux* où il présente chacun des vices qui atteignent mortellement l'âme humaine ; le Christ occupe le médaillon central avec la légende menaçante : « Prends garde ! prends garde ! Le seigneur voit. » Dans la partie consacrée à l'allégorie de l'orgueil (*superbia*), un diable ricanant tend un miroir à une coquette qui s'y pare. Un petit chat assis observe la scène : s'il a tout à fait sa place dans cet intérieur cossu, il a probablement aussi un sens symbolique.

Si le thème de la Vanité au chat semble surgir avec Bosch, une miniature du milieu du XVᵉ siècle permet peut-être de mieux comprendre la présence de cet animal dans ce contexte[40]. Dans un paysage vallonné, un chat bleu regarde en dessous de lui son image dans un cours d'eau tandis qu'une légende explique que le chat trompé par son reflet se noie. L'image illustre négativement le précepte « aime ton prochain comme toi-même », précepte qu'énonce le Christ, placé dans le registre supérieur du folio. Sur la gauche, un autre médaillon montre des cerfs. Le chat évoque l'amour négatif de la créature pour elle-même, alors que l'élan qui porte la créature vers Dieu est représentée par le cerf, conformément au Psaume 41 :

> « *De même que le cerf désire se plonger dans les eaux courantes, de même mon âme aspire à Toi mon Dieu*[41]. »

On se souvient du comportement du chat trompé par son reflet, que Thomas de Cantimpré rapportait :

> « *Le chat éprouve un tel amour pour son semblable que, s'il se tient au-dessus d'un puits et contemple son ombre dans l'eau du*

puits, il se laisse tomber spontanément d'en haut pour jouir de la société de son semblable et, ainsi trompé par la vanité de cette ombre, il se noie dans les eaux qui l'engloutissent[42]. »

De l'amour de son semblable à l'amour immodéré de soi, le pas est vite franchi qui fait du chat l'animal exemplaire de la vanité féminine. Dans les Vanités, le chat est le signe de l'illusion diabolique qui détourne le regard de Dieu au profit d'un vain reflet.

Le thème de la Vanité au chat est utilisé dans l'art flamand au milieu du XVIe siècle, mais le chat y acquiert une dimension plus nettement diabolique. Dans une estampe intitulée *Le miroir est le vrai cul du Diable*, une coquette se contemple dans son miroir ; derrière elle, un fou sinistre brandit sa marotte et exhibe sur son épaule un chat levant la queue pour découvrir son anus. La morale tient en peu de mots :

« *Le miroir est le vrai cul du diable : qui veut regarder au miroir fraises, touses, perruques et semblables ordures, que fait-il d'autre que montrer sa sottise*[43] ? »

Le personnage du fou cède la place à celui d'un jeune galant dans une Vanité attribuée à Pieter Wtewael. Une jeune femme contemple tristement son reflet dans un miroir, tandis qu'un jeune homme, accoudé au fauteuil dans lequel elle est assise, plonge son regard dans ce reflet. Sur les genoux de la jeune femme, un chat clair regarde sa maîtresse en miaulant étrangement.

Un récit anonyme relatif à une affaire survenue à Anvers en 1582 est peut-être lié à ces représentations. Une jeune fille résidant en cette ville du Brabant était maladivement entichée de sa parure. Conviée à des noces, elle entreprit de faire empeser des collets pour s'y rendre et, mécontente du travail des deux empeseuses qu'elle avait successivement appelées, devint comme enragée, « jurant et blasphémant le nom de Dieu, qu'elle aimerait mieux que le diable l'emportât que de se transporter aux noces revêtue d'une telle sorte[44] ». Satan, prenant l'apparence d'un des amoureux les mieux en cour auprès de la jeune fille, se présenta devant elle avec des fraises qui lui plurent tant qu'elle les lui demanda. Il les détacha de son cou pour les mettre à celui de la fille puis, feignant de l'embrasser, lui tordit et rompit le cou, la laissant morte. Les parents de la jeune fille, soucieux de cacher cette mort infamante, voulurent la faire enterrer en grande pompe. Mais le cercueil était si lourd que quatre hommes forts ne purent le soulever. Six hommes, pas davantage. Le peuple, épouvanté, imposa alors l'ouverture de la bière : elle ne contenait qu'un chat noir qui disparut sans que l'on put savoir ce qu'il était devenu. La disparition du cadavre et l'apparition simultanée du chat sont la punition suprême qui révèle ce qu'on cherchait à cacher ; comme dans l'*Edda*, le poids inexplicable de l'animal montre qu'il est autre que ce qu'il semble être.

Lié dans les Vanités de la fin du Moyen Âge aux femmes et au miroir, parce qu'il est lui-même pris au piège de son reflet, le chat renvoie également à l'époque moderne à la vue : Philippe Galle, d'après Hendrik Goltzius (1558-1617), la représente en 1578 par une femme debout, un miroir à la main, accompagnée d'un aigle et d'un chat. La vue perçante de l'animal suffit à expliquer sa présence dans cette allégorie, mais elle réunit aussi les objets, les acteurs et les attributs, qui apparaissent dans les Vanités.

Le chat de la Vierge

En matière de chats, la scène de prédilection des peintres est sans conteste l'Annonciation[45]. De cette insertion inattendue du chat dans l'histoire mariale, Lorenzo Lotto fournit en 1527 un exemple tardif mais frappant : il place au centre de sa composition un chat tigré qui fuit d'un bond, effrayé par l'arrivée inopinée de l'ange, tandis que la Vierge lève les mains et les yeux au ciel, guère plus rassurée. On y a vu un symbole évident des forces du Mal. Le chat peint par Federico Barocci (1535-1612) dans une Annonciation conservée à la Pinacothèque vaticane, dormant paisiblement sur le coussin d'une chaise, peut cependant difficilement passer pour un signe démoniaque. Le fait est qu'aucune interprétation n'a été proposée qui permette d'expliquer la présence de chats aux côtés de la Vierge et de lui assigner un symbolisme univoque.

Il existe une vingtaine d'« Annonciations au chat », la plupart ayant été réalisées aux XV e et XVI e siècles. La première remonte au tournant des XIVe et XVe siècles. Elle est l'œuvre de Carlo da Camerino, originaire des Marches, qui a peint la Vierge assise sous un portique sur un banc prolongeant une sorte de pupitre, un livre ouvert sur les genoux ; caché sous le banc, à demi dissimulé, se tient un chat dont seule la tête apparaît, mais qui semble paisiblement assis[46]. Une miniature enluminée vers 1405-1408 par le Maître des heures de Charles le Noble situe la scène dans le décor fastueux d'une église-palais gothique. Au premier plan, devant l'autel du chœur, un chien blanc à collier affronte un chat plus gros que lui et à l'aspect farouche[47]. Il existe trois autres « Annonciations au chat » datées du XVe siècle. Celle de l'Anversois Jan de Beer comporte un petit chat tout blanc, assis les yeux fermés, qui semble somnoler comme les chats ont coutume de le faire[48]. Celle de Benedetto Bonfigli et Bartolomeo Caporali a été peinte vers 1467-1468 pour le polyptyque des dominicains de Pérouse : sur le volet droit, la Vierge se tient devant un pupitre chargé de volumes, tandis que vers elle plonge une colombe blanche. Le volet gauche représente Gabriel agenouillé et tenant un lis ; en arrière-plan, un petit chat noir et un chien à taches brunes et blanches se dressent l'un contre l'autre. La troisième de ces Annonciations figure sur un bois gravé vénitien : la Vierge est agenouillée sur un prie-Dieu, face à l'archange qui tient une branche de lis fleurie, un chat blanc étant paisiblement assis entre eux[49].

Les Annonciations du XVIe siècle montrent, elles aussi, le chat dans différentes attitudes. Un chat sombre s'oppose à un chien dans l'Annonciation de Tommaso Papacello et Vittorio Cirillo, peinte en Ombrie dans la première moitié du siècle (Montone, San Fedale). Les chats tranquilles et familiers sont cependant plus nombreux. Deux d'entre eux apparaissent dans des éditions vénitiennes, les *Sette allegrezze de la Madonna* (premier quart du XVIe siècle) et l'*Officiolum beatissime Virginis Marie* (1513). Un chat joue avec la corbeille à ouvrage de la Vierge sur un tableau de Pomponio Amalteo (1535), tandis que le chat de l'Annonciation de Dario Varotari à Padoue se cache dans un panier à linge[50]. L'Annonciation gravée par l'Anversois Peter Huys (vers 1519-1577) comporte un chat familièrement couché, celle de Pomerancio place au pied de la Vierge une corbeille dans laquelle une chatte lèche un de ses chatons. Comme chez Lotto, le chat est parfois effrayé : ainsi dans une estampe d'Heinrich Aldegrever et un dessin de Francesco Salviati, où l'on voit la Vierge surprise sur son lit par l'arrivée mouvementée de l'ange, à l'instar d'un chat qui se tapit à terre[51].

D'autres scènes du cycle marial offrent des chats familiers. Arcangelo di Cola (né vers 1380) place un chat blanc entre la Vierge et sainte Élisabeth dans une Visitation[52]. Une Madone à l'enfant exécutée en Bohême montre saint Joseph occupé à nourrir un petit chat[53]. Un chat et une pomme figurent dans la *Vierge à l'enfant* de Nicolas Rosex, dit Nicoletto de Modène[54]. L'Enfant Jésus tient l'animal dans ses bras dans une Madone au chat dessinée par Léonard de Vinci entre 1478 et 1503 (British Museum). Les Saintes Familles accueillent aussi des chats, comme ce tableau du Ferrarais Dosso Dossi où un chat rayé haut sur pattes occupe le premier plan, ou celui de Jan Cornelisz Vermeyen (vers 1490/1500-1559) où un chat tigré dort sur du linge, ou encore celui de Frans Floris (vers 1520-1570), dont le chat est couché près d'une corbeille de fruit[55]. Il faut en outre signaler le chat multicolore de Giulio Romano (1499-1546), qui fixe sur le spectateur un regard impressionnant et insolite[56]. Des chats apparaissent également dans des Nativités de la Vierge toujours à la même période[57]. Signalons pour finir, la *Dormition de la Vierge*, grisaille où Brueghel, vers 1564, représente une foule nombreuse se pressant autour du lit de la Vierge tandis qu'un chat et une femme somnolent près de la cheminée (Edgehill, Upton House).

Le chat reste sans doute un motif marginal dans la riche iconographie mariale, mais sa présence auprès de la Vierge ne peut guère être fortuite. En dépit de quelques représentations où il semble menaçant ou effrayé, il est le plus souvent figuré comme une bête familière. L'association d'un animal si clairement marqué d'une symbolique sexuelle et de la Vierge n'en est pas moins paradoxale. Le symbolisme sexuel est cependant récurrent dans l'art religieux de la fin du Moyen Âge, affirme Jean Wirth qui montre que des échanges systématiques ont eu lieu entre symbolisme profane et sacré[58]. L'Annonciation, telle qu'elle est rapportée par l'Évangile selon saint Luc, est en soi un épisode ambigu. L'ange est envoyé à une vierge, mais celle-ci est l'épouse d'un homme de la maison de David, Joseph, sans que soit expliquée cette situation étrange. Marie elle-même, en réponse à l'annonce qui lui est faite par l'ange, affirme sa virginité en disant qu'elle ne peut enfanter sans avoir connu d'homme. Tout en fondant la nature humaine du Christ, l'Incarnation exempte la Vierge des lois de la nature et la délie d'une partie de son destin de femme. Dans cet épisode où s'opposent conception divine et naissance charnelle, un attribut de la sexualité et de la féminité tel que le chat pourrait désigner la sexualité surmontée dans le mystère de l'Incarnation, mais aussi la profonde humanité de la Vierge et sa féminité exaltée. Représenté dans une attitude d'effroi ou de menace, le chat semble renvoyer davantage à ce déni de la sexualité, tandis que, familier, il symbolise plutôt les valeurs féminines, comme la maternité qui abrite et protège. Mais l'effroi du chat fait peut-être simplement pendant à celui de la Vierge, certains artistes mettant l'accent sur le bouleversement que suscite l'apparition soudaine de l'ange et le caractère mouvementé de son irruption.

La symbolique sexuelle du chat prend tout son sens dans les Annonciations, mais il semble être aussi devenu un simple attribut marial. Étudiant la tradition de la *femina-muscipula* ou femme-souricière, Jacques Berchtold souligne que Marie, figure accomplie et corrigée de la féminité non pécheresse et idéale, est l'antitype de l'héritière d'Ève qui réduit l'homme à la position de rat. Le culte marial intègre en conséquence certains attributs et allusions propres à la « malédiction muscipulaire[59] ». Le chat peut certainement être rattaché à cette tradition, car si la femme est une souricière, il l'est aussi jusque dans certains de ses noms. Il peut ainsi passer sans solution de continuité d'Ève à Marie. Face au chat lubrique et féminin surgit un contretype de chat, sinon de chatte, associé à la figure de la Vierge.

Le folklore vénitien du XIXe siècle connaissait un tel chat inversé, appelé « chat de la Vierge ». Selon Giuseppe Fumagalli :

> *« Pour ce qui regarde la robe, le chat syrien est appelé à Venise chat de la Madone parce qu'il a d'ordinaire sur le front une marque noire en marque de M ; on dit en fait que la Madone en avait un de cette race dans sa maison de Nazareth[60]. »*

Ces chats syriens sont mentionnés à partir du XVIe siècle et semblent avoir joui d'une réputation en tout opposée à celle de leurs congénères autochtones : selon le médecin milanais Jérôme Cardan (1501-1576), ils sont voraces sans excès, doux, et néanmoins aptes à chasser les souris, plus ingénieux et plus dociles parce qu'ils ont été importés à partir d'une région chaude et que leur sang est plus tempéré que celui des animaux des climats froids[61]. À la fin du XVIᵉ siècle, le naturaliste Soderini invite à rechercher et à introduire dans les maisons des chats de la race « soriane », de mœurs plus agréables, plus beaux, plus grands, meilleurs chasseurs[62]. Ces chats de compromis, qui allient des qualités de chasseur à un caractère doux, sont vantés aussi dans la somme zoologique posthume d'Ulysse Aldrovandi et représentés comme des chats rayés. Le chat de Du Bellay, Belaud, « un vrai sourian », était lui aussi de cette espèce. Les syriens, bien connus au XVIᵉ siècle, ont probablement été introduits en Occident au siècle précédent. Il y a donc concomitance entre les premières Annonciations au chat et la date probable d'arrivée de ces chats exemplaires. On peut alors se demander si leur introduction n'a pas contribué à l'essor d'un chat symboliquement inversé, que ses qualités rendaient digne d'être un chat familier, voire de devenir le chat de la Vierge.

Analysant l'Annonciation du retable de Mérode, Meyer Schapiro a montré que la souricière qu'y fabriquait Joseph avait à la fois un sens théologique et une signification sexuelle. Mais il a noté aussi que l'apparition de tels symboles était liée aux mutations de l'art de la fin du Moyen Âge, qui développe un réalisme nouveau et élabore un programme iconographique plaçant au premier plan des thèmes en rapport avec l'intime et la vie privée, ce qui est précisément le propre du cycle marial[63]. Au-delà de l'imaginaire sexuel et féminin qui lui est, plus ou moins consciemment, attaché, le chat de la Vierge est aussi un animal familier et un attribut de l'espace clos et intime à l'intérieur duquel, comme la femme, il évolue. La représentation du chat familier naît au XVᵉ siècle grâce à cette mutation artistique, alors qu'il n'était auparavant représenté qu'avec ses souris et hors de tout repère spatial.

À la même époque, le chat surgit dans des Nativités, celle de la Vierge ou d'autres saints personnages. L'association entre chat et maternité, présente dans la civilisation égyptienne et antique mais inconnue des textes et des images médiévaux, semble alors refaire surface. On peut y voir un contrepoint du lien imaginaire entre le chat et la mort, sur lequel nous reviendrons, et une transformation positive de celui existant entre le chat et la femme. Une gravure de Jean Stradan (1523-1603), *Les Parques*, place un chat sur un fauteuil dans la chambre de la jeune accouchée. Des chats assistent à la naissance de sainte Catherine et saint Jean-Baptiste dans plusieurs miniatures[64] et un tableau du Tintoret (1514-1594) conservé à Saint-Pétersbourg, au musée de l'Ermitage. Dans la Sainte Famille de Giulio Romano, le chat est placé non loin du berceau du Christ. Symbole de fécondité, la chatte faisait peut-être aussi allusion à la délivrance heureuse, étant réputée concevoir dans la douleur mais mettre bas sans souffrance. L'imaginaire féminin du chat est riche et ambivalent. Chat d'Ève et chat de Marie sont les images inversées d'une même thématique qui ne se réduit pas à la seule symbolique sexuelle du chat, mais utilise toutes les facettes de la féminité.

16

L'animal du vilain et du fou

À partir du XIIIe siècle, le chat apparaît couramment dans le bestiaire des proverbes, fabliaux, fatras et fatrasies, devinettes, contes et nouvelles, mais aussi dans celui des sotties et des farces[1], tous genres littéraires témoignant de passages et d'échanges entre cultures populaire et savante. Le chat est en effet une source inépuisable pour les jeux verbaux du fou ou du sot. Ainsi le fabliau des « deux ribauds diseurs de bourdes » est une énumération facétieuse de chansons de geste aux titres déformés, où l'un des ribauds se vante dérisoirement d'être bon « saigneur » de chats et bon « ventouseur » de bœufs et déclare connaître « Renaut Brise-teste qui porte un chat en son escu[2] ». Le chat étant un animal rare dans le bestiaire des blasons, l'intention est ici évidemment parodique : le mot *chat* fait rire.

Dans les fatras et fatrasies, ces poèmes qui jouent sur des associations aberrantes, animaux domestiques ou sauvages foisonnent, mais le chat y est un des plus couramment admis devant le rat, la souris, le cheval, la truie, le chien, le veau, le singe, le bœuf et l'ânesse[3] : chez Philippe de Beaumanoir (vers 1252-1296), la mer fait un tournoi, et les pois montent sur des chats ; dans les fatrasies d'Arras, les chats pleurent et allument la mer, des chattes écorchées deviennent enragées en pelant des œufs, un chat contrefait est vêtu de draps de lin, un autre parle grec ou vend la lune, un autre encore porte Paris ; Watriquet de Couvins, vers 1319-1329, évoque une chatte à moitié morte qui chante tous les jeudis l'alléluia, tandis qu'un anonyme montre un âne vendant un chat « plus de trois poitevines[4] ».

Les sotties les plus simples, dépourvues d'action dramatique, mettent en scène un nombre variable de sots échangeant des coups, des injures, des propos absurdes ou des lieux communs. Le chat apparaît souvent dans *Le Recueil Trepperel*, qui rassemble des pièces du théâtre comique des XVᵉ et XVIᵉ siècles et utilise un grand nombre de proverbes et de bourdes dont certaines ne dépareraient pas dans une fatrasie. Un des sots de la *Sottie des rapporteurs* (vers 1480) affirme, par exemple, que les chats ont promis à Dieu de ne jamais manger de fromages sans écouter la messe, un autre que « si le chat entre dans la bourde, les souris haïront la chandelle », un troisième qu'« en mouche qui pique, en chat qui réplique, il ne faut pas avoir confiance ». La *Sottie des sots qui corrigent le Magnificat* a pour acteurs Maistre Aliborum et le sot Dando. Au premier, qui prétend être en train de corriger le *Magnificat*, Dando rétorque qu'il corrige « et chien et chat ». Dans la *Sottie du gaudisseur et du sot* (vers 1450), le gaudisseur, homme qui aime les bons mots et le rire, raconte, sur un mode triomphal, un prétendu voyage à Lyon, sa ville de naissance, et énumère avec gourmandise les viandes délicates qui lui auraient été offertes à cette occasion ; le sot l'interrompt et continue à sa place en donnant une liste parodique des animaux néfastes conviés à la fête : « pourceaux, chèvres, loups et mâtins, chats, chattes, souris, rats, ratins y venaient de toutes parts[5] ».

À la fin du Moyen Âge, les devinettes, populaires par leur inspiration, deviennent un genre littéraire à la mode. Définitions dialoguées, selon Tzvetan Todorov, elles sont les lointaines héritières de l'énigme dont elles n'ont plus le caractère sérieux et rejoignent dans les recueils du XVᵉ siècle les questions comiques. Sur les six cents devinettes recensées en France par Bruno Roy, le chat, avec dix apparitions, et le chien, avec quatorze, distancent nettement les autres animaux – cheval, coq, âne, porc, loup, poule, bœuf, etc. –, les questions relatives au chat concernant essentiellement ses rapports avec chiens et souris. Certaines devinettes s'inspirent de proverbes, comme la question : « Qui est-ce qui oncques ne fut ne jamais ne sera ? – C'est le nid d'une souris dans l'oreille d'un chat. » D'autres jouent sur des chiffres énigmatiques : « Vingt chats, vingts rats : combien ont-ils de queues ? Réponse : ils ont seulement deux queues. » D'autres soulignent encore les travers du chat, notamment la gourmandise :

> « *Demande : Quel est meilleur achat pour carême, un mauvais hareng, ou une bonne pomme ?*
> *Réponse : Le chat ne mange pas de pomme*[6]. »

Ce genre « populaire » suscita parmi l'aristocratie de la fin du Moyen Âge un tel engouement que Bruno Roy a pu avancer l'idée que les nobles utilisaient les devinettes comme antidote à leur propre code sexuel, celui d'une érotique courtoise désincarnée où l'amant était tenu de languir d'amour. C'est en vertu du même processus dialectique que, selon lui, la sottie, dans le domaine théâtral, ou le fabliau, dans celui de la narration, avaient eu les honneurs de la littérature[7]. Dans ces genres transitionnels, qui puisent largement dans l'univers du « vilain », dans ses proverbes et dans son bestiaire, le chat occupe naturellement une place éminente. Mais si le chat est bien animal du vilain, il n'est nullement question entre eux de rapports affectifs, bien au contraire. Il est vrai que la littérature française du Moyen Âge n'exploite guère les relations affectives entre l'homme et l'animal[8].

Le fou, le chat et le jeu

Animal propre au registre du rire ou de l'obscène, le chat sied aussi au personnage du fou : au XVe siècle, celui du roi était ainsi vêtu de peaux de chats[9] et les chats sont significativement nombreux dans *La Nef des fous* de Sébastien Brant. *Li Contes des hiraus* du trouvère Baudoin de Condé (XIIIe siècle) évoque trois ménestrels gagnant leur vie, l'un en faisant l'homme ivre, l'autre le chat, le dernier le sot[10].

Le fou occupe une place importante dans l'iconographie profane de la fin du Moyen Âge, et le chat semble être un de ses attributs privilégiés. La plus ancienne trace de cette association apparaît dans une sculpture conservée au musée de Douai, qui représente trois fous penchés sur un livre posé sur le dos d'un singe, l'un portant un chat, l'autre une chouette (XIIIe siècle). Sur un manuscrit des *Vœux du paon* de Jacques de Longuyon (vers 1350), un chat roux, assis, regarde avec attention un fou qui joue de la viole[11]. Un superbe livre d'heures à l'usage de Paris, décoré au tournant des XVe et XVIe siècles, comporte un fou qui tient dans ses bras un chat et montre du doigt un livre ouvert comme pour tenter de faire lire l'animal[12]. De même, un fou tient un chat embrassé dans la

marge inférieure d'un folio consacré à la Déploration du
Christ[13]. Seul le fou peut en effet choyer parodiquement le
chat à moins qu'au contraire il ne lui tire la queue[14]. Les
premières cartes à jouer, vers le XVe siècle, fixent cette association : dans certains tarots, le mat, ou fou, est accompagné d'un
chat[15]. Le jeu du « gnau » suédois lui emprunte même son nom.
Au XVIIIe siècle, un fabricant de cartes marseillais fait figurer
sur le repli des enveloppes de ses jeux : « cartes fines faites par
Marc-Antoine Malet… à l'enseigne d'un rat au milieu de deux
chats au plus fin qui l'aura[16] ».

Le chat irrespectueux

La toilette du chat semble dotée au Moyen Âge d'une grande
vertu comique. Dès le tournant du XIIe et du XIIIe siècle, les
bestiaires anglo-saxons montrent des chats occupés à lécher
leur derrière ou leurs parties génitales, y compris dans des
scènes graves telles que la Dénomination des animaux[17]. Les
marges des Bibles et des missels contiennent d'autres exemples
de chats affectant la même pose irrévérencieuse[18]. Ce motif
figure du reste dans l'album de dessins et de croquis de l'archi-
tecte Villard de Honnecourt ainsi que dans le *Pepysian sketch-
book*[19], recueil de modèles réalisé en Angleterre à la fin du
XIVe siècle, ce qui suggère qu'il s'agissait d'un lieu commun
iconographique. Cette posture du chat était par ailleurs dotée,
on le verra, de vertus augurales.
À la fin du Moyen Âge, l'aspect scatologique du thème
se renforce. Dans un manuscrit, un chat se lèche le derrière
sur un soufflet en face d'un fou qui joue de la cornemuse, ces
deux instruments à vent rendant l'allusion limpide[20]. Un autre
représente un chat en train de se lécher le derrière dans une
brouette poussée par un singe[21]. Deux miséricordes du
XVe siècle, l'une dans l'église de Bletterans (Jura), l'autre
conservée au musée de Cluny, attestent la présence du motif
dans la huchérie, les sculpteurs sur bois reprenant certains des
thèmes utilisés dans les marges des manuscrits gothiques[22].
Du lien entre chat et comique scatologique cette devinette
témoigne aussi :

> « *Demande : quelle bête voit-on porter sa queue entre les deux yeux ?*
> *Réponse : C'est un chat quand il lèche son derrière*[23]. »

Plus rare, la représentation d'un chat en train de déféquer s'inscrit dans la même perspective : on en trouve un exemple sur le tailloir d'un chapiteau de la façade extérieure du palais épiscopal de Tarragone, en Espagne. Un personnage appelé Desgoutté affirme dans une sottie à trois personnages que « figues de chat, étron de chien/ sont assez bien d'une figure[24] ». Un poème sur la signification de l'A B C, évoque pour la lettre T le chat qui crotte dans l'âtre[25].

Les principaux motifs comiques médiévaux, dit Ernst Robert Curtius, sont l'humour « culinaire », la nudité involontaire et le fait de parler en faisant des vents, qu'on pourrait ranger sous la catégorie plus large du comique scatologique[26]. Le rire médiéval naîtrait aussi de l'évocation de réalités telles que les organes sexuels et les matières fécales[27]. Outre la toilette, certaines attitudes du chat aisément observables peuvent avoir favorisé son intégration dans le bestiaire du rire. Les encyclopédistes du XIIIᵉ siècle notaient son goût pour le jeu et l'exaspération de son comportement sexuel. Seul ou accompagné de la souris, le chat est, on l'a dit, support de métaphores sexuelles.

Le mot *chat* lui-même vient à la bouche quand le langage cherche à évacuer le sens ou à résoudre par une pirouette une question ou un problème. « J'envoie ma langue au chat », s'écrie un des fous embarqués sur la nef de Sébastien Brant[28]. Il est fort utile dans les jeux de mots, son monosyllabisme aidant : dans une sottie d'André de la Vigne (vers 1507), la sotte folle fait allusion au légat Georges d'Amboise en jouant sur la proximité phonétique entre légat et le gat, c'est-à-dire le chat[29]. La noble héroïne du *Dit du prunier*, qui demande à son régisseur Gautier s'il a un enfant, obtient une réponse si ambiguë qu'elle lui réplique : « Tel langage/ je n'entends pas, seigneur Gautier ! / Je ne comprends plus, par saint Léger, / Pas de minon si on ne dit chat[30]. » En d'autres termes, la dame demande ainsi à Gautier d'appeler un chat un chat. L'expression positive « entendre chat sans dire minon[31] », c'est-à-dire comprendre à demi-mot, s'applique de préférence à des sous-entendus licencieux et apparaît chez Nicolas de Cholières (1585).

Que le chat ait été doté d'une force comique qui lui valut de devenir le compagnon du sot, du fou et du diseur de fatras, n'a rien pour surprendre. Il est peut-être au fond une figure de l'excès et de la transgression sous toutes leurs formes : sexe, nourriture et langage. Seul le fou peut transgresser les règles implicites de la société médiévale en en faisant son compagnon.

Au terme de la folie, l'homme devient chat. Un *exemplum* raconte la punition d'un avocat qui, poussant l'orgueil jusqu'à n'accepter qu'avec peine de parler à autrui, finit par affirmer qu'il est un chat et par se glisser comme un animal sous les bancs[32] : ainsi Dieu punit la folie de l'homme en le réduisant à se comporter en animal et en lui faisant perdre la conscience du rôle de miroir que l'animal peut précisément jouer pour lui.

17

Le chat devin

Les superstitions liées au chat n'ont guère laissé de trace avant la fin du Moyen Âge, à une exception près, un recueil médical du XIIIᵉ ou XIVᵉ siècle. Ce manuscrit du *Traité des urines* d'Isaac le Juif[1] présente dans ses marges une série de dessins astrologiques donnant le sens de tel ou tel « accident » pour chacun des signes du zodiaque. Ces « accidents » sont soit des dispositions morales ou physiques (hésitation, démangeaison des pieds ou des mains, tristesse ou joie soudaines, mouvement des yeux, tintements d'oreille ou éternuement), soit des faits extérieurs (extinction subite d'une chandelle, terreur des visions nocturnes, vêtement brûlé, taché de sang ou rongé par une souris, craquement du mur, tremblement de terre…). Les cris des animaux sont aussi à interpréter : celui du chat signifie ainsi successivement, du Bélier aux Poissons, « tu auras mal au pied », « vision agréable », « joie dans la douleur », « nouvelle agréable », « tu trouveras de l'argent », « mort d'un ami », « conflit », « tu te cacheras sous la protection des hommes », « accomplissement dans la providence », « argent », « refroidissement », « peur du feu ». Le fait que le chat veille sur la fenêtre signifie pour sa part « ascension », « fatigue profonde », « joie rapide », « accroissement », « maladie chez les serviteurs », « gras et gros », « banquet », « faux témoignage dans un procès », « accomplissement et conflit », « aveu d'un péché », « tu prendras ou tu auras du bon temps », « tu perdras quelque chose ». Ces prédictions révèlent un monde où tout est signe.

Agostino Nifo, savant italien né en 1473 ou 1475, auteur notamment de commentaires d'Aristote et d'Averroès, affirme lui aussi que les événements imprévus et apparemment fortuits sont porteurs d'augure. Un *calodaemon*, ou bon génie, fournit en effet des présages à l'individu qu'il protège, en utilisant pour ce faire la force des astres et, notamment, de la lune dont les mouvements à travers les douze maisons du ciel exercent par ailleurs une influence sur les événements. La présence d'un chat ou d'une bête sur la fenêtre signifie, pour les signes allant du Bélier aux Poissons, « admettre quelque chose », « acheter un esclave », « apprendre de mauvaises nouvelles », « fin d'un combat », « faux témoignage », « maladie », « peur des voleurs », « joie et allégresse », « ni bien ni mal », « hâte », « rencontre d'un religieux ou guérison impossible d'un malade », « bonne nouvelle ou péril évité »[2]. Les prédictions de Nifo s'inscrivent à l'évidence dans la même tradition que celles portées en marge du *Traité des urines*, mais il est difficile de dire si de telles croyances étaient partagées ou si elles restaient confinées à des cercles savants.

Ce sont, en revanche, des superstitions manifestement populaires qui apparaissent à la fin du XVe siècle dans *Les Évangiles des quenouilles*. Un auteur anonyme y a consigné les propos tenus à la veillée, en Flandre ou en Picardie, par des femmes d'expérience dont les préoccupations quotidiennes se reflètent dans les recettes, croyances et superstitions qu'elles échangent. Le chat fait inévitablement partie du bestiaire de ces évangiles particuliers. On retrouve ici la toilette du chat, censée permettre des pronostics météorologiques fiables : « Quand vous voyez un chat assis sur une fenêtre au soleil qui lèche son derrière et porte au-dessus de son oreille la patte qu'il lève, il ne vous faut pas douter qu'il pleuvra dans la journée. » Mehault Caillotte, une des commères, appuie cet « évangile » en disant qu'elle n'ose faire sa lessive, déjà portée au cuvier, parce que son chat ne cesse de lécher son derrière[3].

Ambroise Paré, l'illustre médecin du XVIe siècle, affirme aussi que les animaux, mammifères, poissons et oiseaux, renseignent les hommes sur le changement de temps et que, lorsque le chat passe sa patte sur son cou comme s'il se peignait, c'est signe infaillible de pluie[4]. Cette croyance connaîtra une longue postérité. Des superstitions françaises[5] et germaniques[6] dotent en effet le chat de vertus augurales supérieures à celles des autres animaux en matière de temps.

Le folklore occidental accorde aussi au chat la faculté de présager des événements de la vie privée. Outre des aventures amoureuses, le chat annonce souvent des visites. Dans les pays germaniques, on peut supposer, d'après sa manière de faire sa toilette, si celles-ci seront agréables ou désagréables, la qualité des hôtes ou leur sexe, et de quelle direction ils viendront[7] ; en Provence, il permet de savoir si les visiteurs viendront à pied ou à cheval[8]. Le folklore américain attribue aussi aux attitudes du chat un sens prémonitoire en matière de temps, de visites ou de mariage[9].

Le chat était aussi regardé comme un mauvais présage, comme il ressort d'un passage du *De causis mirabilium* de Nicole Oresme (vers 1322-1382). Pour ce théologien, philosophe et savant, chacun interprète les événements fortuits en fonction de ses désirs ou de ses peurs. L'homme craintif, voyant un loup dans les champs ou un chat dans sa chambre, pense ainsi que c'est quelque mauvaise chose ou le diable parce que son imagination l'y porte ; l'homme dévot, au contraire, y voit un ange[10]. Oresme s'écarte ainsi de toute superstition ; il n'en choisit pas moins des exemples crédibles, puisant aux croyances les plus communes, notamment celle qui associe l'apparition soudaine d'un chat à une manifestation néfaste ou démoniaque.

Dans la seconde moitié du XVIe siècle, Ulysse Aldrovandi évoque les superstitions attachées au chat, comme si elles appartenaient au passé :

> « *Les anciens croyaient que le chat qui entraient selon la coutume par un trou de la porte chez quelqu'un était un phantasme ou un mauvais démon. Bien plus, ils attachaient à la rencontre de ce quadrupède une sorte de crainte*[11]. »

Faut-il cependant croire qu'elles n'avaient plus cours ? Oresme excepté, les croyances relatives au chat qui porte malheur n'ont guère laissé de traces, même si le Moyen Âge connaît les chats-fantômes ou vampires. Il est cependant probable qu'elles ont bel et bien existé et qu'elles avaient encore de beaux restes au XVIe siècle. Ronsard en fait une démonstration éclatante dans un de ses poèmes :

> « *Homme ne vyt qui tant haysse au monde*
> *Les chats que moy d'une hayne profonde ;*
> *Je hay leurs yeux, leur front et leur regard,*
> *Et les voyant je m'enfuy d'autre part,*
> *Tremblant de nerfs, de veines et de membres*
> *Et jamais chat n'entre dedans ma chambre…* »

Plus que la haine des chats qu'il clame, il montre la terreur superstitieuse qu'ils pouvaient inspirer. À en croire le poète, sa rencontre avec un chat n'est que le troisième d'une série de présages néfastes ; mais il n'est pas le moindre, car le chat a plus que tout autre animal domestique l'« esprit prophétique ». Cette rencontre semble pourtant banale : réveillé un matin par les miaulements d'un chat qui s'était introduit dans sa chambre « cherchant le mol d'un plumeux oreiller », Ronsard appelle ses serviteurs qui tentent de le rassurer sur cette inopportune présence :

> *« L'un disoit que bon signe c'estoit*
> *Quand un chat blanc son maistre reflatoit,*
> *L'autre disoit que le chat solitaire*
> *Estoit la fin d'une longue misère. »*

Mais le poète n'est pas dupe :

> *« Et lors fronçant les plis de mon sourci,*
> *La larme à l'œil je leur respons ainsi :*
> *Le chat devin miaulant signifie*
> *Une fascheuse et longue maladie,*
> *Et que longtemps je gard'ray la maison*
> *Comme le chat qui en toute saison*
> *De son seigneur le logis n'abandonne*[12]. *»*

S'il y a peut-être une part d'autodérision dans ces vers, Ronsard n'y montre pas moins que le chat, tout en faisant partie du quotidien, pouvait constituer un signe favorable ou défavorable, tout signe étant ambivalent comme le signalait Nicole Oresme.

Les prédictions astrologiques du *Traité des urines* semblent avoir la même fonction que les croyances qui apparaissent dans *Les Évangiles des quenouilles*, chez Ronsard ou dans le folklore : un fait fortuit (chat à sa toilette, sur la fenêtre, cri) devient signe. Les événements annoncés offrent également des analogies. L'ajout de considérations astrologico-zodiacales dans les textes les plus anciens témoigne d'un traitement savant de superstitions populaires dont le folklore a gardé trace : on y observe une diversification, voire une dispersion des faits annoncés, ceux-ci étant plus homogènes dans les croyances populaires proprement dites (visite inopinée, bonheur amoureux, maladie).

18

Le chat et la mort

Le cistercien Césaire de Heisterbach (1180-vers 1240) a laissé des ouvrages théologiques et historiques mais surtout des écrits visant à transmettre un enseignement spirituel et doctrinal. Dans les *Huit Livres des miracles* et le *Dialogue des miracles*, il consigne les faits miraculeux survenus dans son ordre comme s'ils s'étaient réellement déroulés, en signalant scrupuleusement les acteurs, les temps et les lieux. La mort de Lodowicus, un simple moine de son monastère, fut, dit-il, l'occasion d'un miracle, deux ans avant qu'il ne prenne la plume. Tandis que Lodowicus agonisait au milieu de la nuit, à l'insu du couvent endormi, un moine vit en songe une colombe blanche sur le toit de la cellule où gisait le mourant. Un chat noir l'attaquait et la contraignit à voler vers l'église où elle trouva refuge sur la croix. Au même moment, un autre frère rêva d'un lion. Pour Césaire, ces rêves sont destinés à prévenir les moines de la mort de leur compagnon dont le diable guette l'âme. Il conclut en espérant que le moine échappera aux pièges du démon qui, comme le lion et le chat rapaces, attaque les âmes des simples à l'agonie[1].

Sans doute ce récit obéit-il au processus de moralisation par lequel les prédicateurs assimilent le comportement du chat à celui du démon, même si le chat malfaisant attaque ici non pas une souris[2], mais une colombe, animal éminemment chrétien. Mais la présence du chat s'explique peut-être aussi par la situation particulière que décrit Césaire, une agonie, c'est-à-dire le moment intense et dramatique où l'âme est l'enjeu d'une lutte au terme de laquelle elle gagne le paradis ou est entraînée vers les abîmes infernaux. De cette affinité particulière entre le chat et la mort, notre cistercien donne un autre exemple : un mauvais prêtre, âpre au gain, se rendait au chevet d'un homme riche pour l'assister dans ses derniers moments quand quelqu'un vint lui annoncer qu'une veuve était à l'agonie et le réclamait. Un diacre, qui assistait à la scène, intervint en faveur de la pauvre femme et, bravant la colère du prêtre, obtint la permission de se rendre auprès d'elle. Courant aussitôt à la masure, il aperçut dès le seuil la Vierge, entourée d'un chœur, venue soulager la femme. Marie le fit entrer et le diacre reçut au milieu de cette apothéose la confession de la mourante. Quand il revint ensuite au palais du riche, tout plein du miracle auquel il venait d'assister, il aperçut des chats noirs qui entouraient son lit et l'entendit crier : «Enlevez ces chats, enlevez-les, aidez un malheureux», puis vit un Éthiopien plonger un crochet dans sa gorge et en arracher l'âme palpitante[3].

Cette histoire, qui connut un certain succès[4], est sans doute liée au développement du culte marial. Entre 1218 et 1228, les *Miracles de Notre-Dame* de Gautier de Coincy en donnent une version en français, qui amplifie la description des chats de l'enfer :

> « *"Ôtez, Ôtez, fait-il, ces chats !*
> *Ils vont m'arracher les yeux."*
> *Il crie comme un enragé.*
> *Il a une telle peur qu'il manque perdre la raison.*
> *Chacun dit : "Je crois qu'il rêve.*
> *C'est la maladie qui le presse."*
> *Il a une telle peur qu'il est tout en sueur.*
> *Le clerc, qui voit ce miracle,*
> *Se signe souvent et s'émerveille*
> *De ce que nul ne le voit en dehors de lui.*
> *Il en voit bien cinq cents ou mille*
> *Autour du lit de l'usurier*
> *Plus noirs qu'un sac de charbonnier*
> *Ils sont velus et grands comme des mâtins.*
> *De l'étrangler, ils sont très désireux.*
> *Ils ont de grandes griffes et des dents acérées[5].* »

Chez Gautier, comme chez Césaire, il faut être élu pour voir la présence démoniaque, qui est invisible pour le commun des mortels. Mais Gautier de Coincy innove en démultipliant les chats, en insistant sur leur noirceur et leur monstruosité et en en faisant les principaux acteurs de la scène. Il ne s'agit plus d'une simple comparaison moralisante : les diables sont désormais des chats.

Cette croyance aux chats de l'enfer n'est pas seulement attestée chez les clercs : une femme cathare rapporta vers 1320 que l'inquisiteur de Carcassonne, Gaufrid, avait été trouvé mort et qu'il y avait sur son lit deux chats noirs qui étaient des mauvais esprits[6]. On la retrouve dans les croyances populaires des XIXe et XXe siècles : en Creuse, par exemple, le diable prenait quelquefois la forme d'un gros chat noir et se plaçait à la tête du lit pour guetter au sortir du corps l'âme d'un pécheur mourant[7]. Plus étonnante encore, cette histoire recueillie par Charles Breauquier dans le folklore de la Franche-Comté qui rappelle de façon frappante celle de Césaire de Heisterbach et de Gautier de Coincy :

> « *Une vieille femme qu'on disait avoir conclu un pacte avec le démon était à l'article de la mort. Sur son lit avait sauté un gros chat noir qui ne la quittait pas des yeux. La vieille de temps en temps murmurait doucement : "Ot va çu chat (Ôtez voir ce chat)!" On le chassait, mais il était à peine dehors, la porte fermée, qu'on le voyait de nouveau sur le lit[8].* »

Dans certains cas, le chat n'est plus l'acteur diabolique de l'agonie mais, comme le disait Ronsard, le devin miaulant qui l'annonce et la pressent. Au XVIe siècle, le grand savant Jérôme Cardan raconte qu'à la mort de son père, son chat favori se dressa, posant ses deux pattes sur la boiserie du lit, pour regarder son maître dans les affres de l'agonie puis qu'il poussa un grand miaulement et disparut sans qu'on le revit jamais[9].

À cette histoire, tirée de sa propre expérience, Cardan ajoute une anecdote qu'on lui a rapportée. Un boucher éleva un petit chaton galeux, contre la volonté de sa femme qui le trouvait repoussant. Le chaton dormait entre le mari et la femme et, parfois, plantait ses griffes dans les seins de l'épouse, les rentrant sitôt qu'elle protestait. Un jour cependant, au lieu de faire comme à l'accoutumée, il tourna ses pattes de manière à les présenter du côté du poil pour toucher la peau de l'épouse. Celle-ci, surprise de ce comportement inhabituel, s'exclama que ce chat devait avoir une âme humaine : il donnait du reste d'autres signes de grande intelligence et descendait toujours l'échelle pour aller à la rencontre de son maître. Peu de temps après, la femme tomba malade et mourut. Le chat, malgré les recherches, ne reparut plus. Pour Cardan, il y a un lien entre la mort de la maîtresse, le comportement, puis la disparition de l'animal. Mais comment expliquer le phénomène ? Le savant avance plusieurs hypothèses, soit qu'il existe chez les animaux comme chez les hommes des individus dotés de qualités particulières, soit que le hasard ait fait mourir des bêtes familières immédiatement après la mort de leur maître, soit enfin que les animaux tiennent du ciel une parcelle de jugement divin. Les récits de Cardan révèlent en tout cas que l'on attribuait communément au chat la prescience de la mort. De telles croyances sont attestées dans le folklore récent : en Hainaut, c'est signe de mort lorsqu'un chat quitte sans raison la maison d'un malade ou, dans l'Eure, lorsqu'un chat habitué à dormir sur le lit de son maître cesse d'y coucher[10]. Il existait des croyances similaires hors de l'Occident : en Éthiopie, où les chats, loin d'avoir mauvaise réputation étaient très appréciés, on dit que le chat n'approche jamais d'un malade dont l'état ira empirant[11].

Les récits qui mettent en scène des chats diaboliques guettant l'âme au moment de sa plus grande fragilité, l'agonie, relèvent sans doute de la moralisation, si présente dans la littérature médiévale. Ils apparaissent aussi à une époque où, nous le verrons, la diabolisation du chat est en marche. Mais l'imaginaire associe également le chat à la mort, comme s'il avait une connaissance particulière des forces naturelles qui commandent l'univers et le temps. Il doit probablement ce caractère augural autant à la véhémence de l'instinct qu'il conserve tout en partageant la vie des hommes qu'à son aspect nocturne et mélancolique, qui en font une porte ouverte sur l'au-delà.

19

Chats magiques, chats monstrueux

Nombreux sont les signes de la banalité du chat au Moyen Âge. Le conte du chat de l'ermite joue ainsi sur le contraste entre un fait anodin et commun – avoir un chat familier – et ses conséquences morales et religieuses. Les énumérations ou les locutions qui, par métonymie, expriment l'universalité incluent souvent un chat : la teinture merveilleuse de saint Ciaran, on l'a vu, teignait tout, chien, chat et arbres. Le jongleur Gautier le Leu, décrivant l'égalité des hommes devant la Mort, fait dire à celle-ci : « De tout être de mère née, j'abaisse le caquet et n'accorderai jamais plus de rachat au comte qu'au chat[1]. »

Cette banalité est sans doute à l'origine de l'association entre chat et pauvreté qui se serait construite inconsciemment dans la sensibilité collective du haut Moyen Âge[2]. L'absence de valeur vénale du chat est en effet un lieu commun. Au moment de la mort, dit un miracle, chacun répond pour soi et nul avocat ne vaut plus que la queue d'un chat[3]. Dans l'*Heptaméron* de Marguerite d'Angoulême, une veuve espagnole trouve une parade astucieuse pour tempérer la générosité testamentaire de son défunt mari, lequel avait ordonné de faire distribuer aux pauvres le prix de vente d'un cheval, d'une valeur de 100 ducats. Elle confie secrètement le cheval, ainsi qu'un chat, à un serviteur de confiance, lui recommandant de vendre les deux animaux ensemble, le cheval pour 1 ducat, le chat pour 99 : les pauvres auront donc seulement 1 ducat[4].

Par une inversion symbolique, cet animal vil peut apporter la fortune. Ainsi, dans l'histoire irlandaise des trois clercs, le chat, emporté comme animal de compagnie, subvient à leurs besoins en leur rapportant des saumons. Mais si les pèlerins, confiants en Dieu, refusent cette richesse terrestre inattendue, dans le registre profane, le maître d'un chat accepte volontiers les biens matériels que son compagnon lui procure. Albert de Stade († 1265) en

donne un exemple, en évoquant une légende relative à la fondation de Venise. Les habitants d'Aquilée, fuyant devant Attila, se
réfugièrent dans une île qu'ils appelèrent « Venise » à partir des
mots *venalitas* (vénalité) ou *venatio* (chasse) :

> *« Deux citoyens habitaient là depuis la fondation, l'un riche,*
> *l'autre pauvre. Le riche partit faire du commerce et demanda de*
> *la marchandise à son associé. "Je n'ai, répondit le pauvre, que*
> *deux chats." Le riche les prit avec lui et arriva par hasard sur*
> *une terre où les souris avaient presque tout dévasté. Il vendit les*
> *chats contre une grande somme d'argent et rapporta à son*
> *associé de nombreux biens en échange[5]. »*

Le chat de Richard Whittington, qui devint lord-maire de
Londres au XIVe siècle, lui aurait apporté la fortune de la
même manière[6].

Le fait est qu'il fallait bien des chats pour combattre les
rongeurs lors de longues traversées. Au XVe siècle, les *Cos-
tumes de la mar* prévoyaient que le propriétaire d'un vaisseau
ne devait compensation en cas de destruction de sa marchandise par les rats que s'il avait omis d'embarquer des chats,
même si ceux-ci mouraient en cours de route[7]. D'après les
Statuts du roi d'Écosse Alexandre II, le propriétaire d'un vaisseau naufragé pouvait réclamer le navire et sa cargaison pendant un an et un jour, si on avait trouvé à bord un homme, un
chien ou un chat vivant, mais en cas contraire, le vaisseau était
aussitôt mis en vente[8].

Le Chat botté est, quant à lui, l'agent volontaire de la fortune de son maître. Ce conte apparaît en 1550, dans la première édition des *Tredici piacevoli notti*, mais il est sans doute
antérieur : le chat de Straparola est un de ces chats syriens
introduits vers la fin du Moyen Âge en Europe.

Dans le folklore des XIXe et XXe siècles, le chat, surtout noir,
est souvent lié à l'argent[9]. Dans de vieilles légendes irlandaises,
les chats sont les gardiens de trésors interdits. L'une raconte
l'histoire de Maildune et de ses compagnons qui découvrirent
sur une île un palais habité par un petit chat et abritant un trésor
de torques et de joyaux auquel Maildune interdit de toucher.
Mais son frère de lait déroba un des torques ; le chat le suivit et
bientôt le voleur fut réduit en cendres. Maildune dut remettre le
collier en place et prodiguer au chat des paroles d'apaisement,

avant de pouvoir jeter à la mer les cendres de son frère[10]. Peut-
être y a-t-il trace de cette association entre chat et argent dans le
nom donné à une monnaie d'or rhénane à la fin du XVe siècle,
« la maille au chat[11] ». Chat et usurier sont également rapprochés
dans l'encyclopédie moralisée de Pierre Bersuire, dans un traité
sur l'art militaire rédigé par Nicolas Upton ainsi que dans les
Miracles de Notre-Dame de Gautier de Coincy[12].

En contrepoint de ces chats magiques, le Moyen Âge en
connaît d'autres qui sortent aussi de l'ordinaire. Dans les îles
Britanniques, des chats monstrueux sont très tôt intégrés à la
mythologie. Ainsi, saint Abban fut-il mis au défi de débarrasser
le pays de Mumonie, peuplé d'anciens idolâtres, d'une bête
monstreuse, un chat grand comme un veau, à la tête de feu, au
souffle embrasé, à la queue de flamme, aux dents immenses et
aux griffes très longues, qui s'attaquait aux hommes comme aux
troupeaux, résistant à tous les assauts, ceux des soldats et des
molosses, parce qu'il était revêtu d'« une pierre dure comme de
l'acier ». Mais, à la vue du saint, ce monstre terrible « vint à lui,
s'inclinant à ses pieds, comme un chat domestique se réjouissant à l'arrivée de son maître[13] ».

Saint Brendan rencontra sur le rivage d'une île montagneuse
des monstres plus étonnants encore, des souris semblables à des
chats, qui se nourrissaient de chair humaine[14]. Ici, non seulement la barrière des espèces tombe, mais des animaux ennemis
se confondent en une nouvelle espèce anthropophage. La vie de
Brendan met en scène un autre chat paradoxal. Sur une petite île
aux rivages poissonneux, le saint et ses compagnons trouvèrent
un vieil homme qui leur conseilla de fuir au plus vite ces lieux
où était établi un grand chat de mer, semblable à un jeune bœuf
ou à un cheval de trois ans, qui avait grandi en se nourrissant du
poisson de la mer[15]. Les moines rembarquèrent aussitôt mais
ne purent éviter le monstre qui nagea vers eux : « Plus grand
qu'un chaudron d'airain était chacun de ses yeux ; il avait des
défenses de sanglier, une crinière sur la tête et il avait la gueule
d'un léopard avec la force d'un lion et la voracité d'un chien. »
Ils ne durent leur salut qu'à l'arrivée d'une baleine, les deux
monstres délaissant les moines pour s'entretuer. Qu'a cependant du chat cet animal synthétique dont le goût pour le poisson
paraît être le trait le plus félin[16] ?

Le chat de mer de Brendan ressemble fort au monstre qu'af-
fronta le roi Arthur. Ce chat mythique, appelé parfois « Cha-

palu » ou « Cath paluc » en gallois, est mentionné dans une série de textes des XIIe et XIIIe siècles[17]. L'issue du combat sanglant qui opposa le chat et le roi varie selon les versions : le chat tue Arthur ou le roi disparaît à jamais après avoir remporté la victoire. *Le Roman de Merlin* raconte la naissance du monstre. Un jour, un pêcheur prit dans ses filets

> « *un petit chaton plus noir que mûre, après avoir refusé à Dieu le premier poisson qu'il avait promis de lui donner en offrande. En le voyant, le pêcheur se dit qu'il en aurait bien besoin dans sa maison pour ôter les rats et les souris… Et il l'éleva si bien qu'il étrangla sa femme et ses enfants puis s'enfuit dans une montagne qui est au-delà du lac que je vous ai dit*[18] ».

On a pu supposer que le « Cath paluc » renvoyait à une époque antérieure à la domestication du chat et y chercher une preuve de l'origine celtique du mot « chat »[19]. Pour d'autres, ces légendes de monstres félins auraient été inspirées par les chats sauvages qui, nombreux et redoutables, hantaient les îles Britanniques. Le chat sauvage enchanté qui vit dans une caverne et affronte un champion est en effet un thème commun en Irlande. Le chat Irusan de Knowth aurait saisi le poète Senchan dans sa gueule et se serait enfui avec lui jusqu'à ce que saint Ciaran vienne le secourir. Luchtigern, « le seigneur des souris », dont la tanière se trouvait à Dunmore, fut défait par une femme champion de Leinster ; enfin, seul Cuculain put résister aux assauts des trois chats monstrueux de Croghan, sans parvenir toutefois à les tuer[20].

Les chats monstrueux sont amphibies : le chat de Brendan a grandi sur une île, se nourrissant de poissons jusqu'à devenir un monstre marin ; en sens inverse, l'adversaire d'Arthur sort de l'eau sous la forme d'un chaton pêché qui devient ensuite un monstre terrestre. Ils sont aussi insatiables. Ainsi, ce chat à la faim inextinguible que l'on trouve dans un opuscule rare, *Beware the Cat*, du XVIe siècle : il raconte qu'en 1550 un certain Patrick Apore tua avec quelques compagnons les habitants de deux fermes isolées pour s'emparer de leur bétail. Alors qu'il s'apprêtait à manger un des moutons volés, il vit surgir un chat qui lui demanda un peu de viande. L'animal engloutit le morceau qu'on lui donna, en redemanda encore et encore, jusqu'à ce qu'il ait avalé le mouton tout entier. Son insatiabilité était telle qu'Apore et sa bande soupçonnèrent ce chat d'être le diable : il dévora en effet une vache puis tout le bétail dérobé, menaçant pour finir de les manger. Apore le tua alors, mais d'innombrables chats surgirent aussitôt le poussant à s'enfuir. Rentré chez lui, il s'assit à table et raconta l'histoire à sa femme. Mais un jeune chat qu'elle avait recueilli et qui se trouvait là lui demanda : « As-tu tué Grimalkin ? » Puis il se jeta sur lui et l'étrangla[21].

Chats magiques et chats monstrueux sont deux versants de l'imaginaire du chat. Les premiers s'ancrent dans le quotidien ; ils sont de précieux auxiliaires parce qu'ils chassent les souris, le conte parvenant à dépouiller cette chasse de sa dimension négative. Les chats monstrueux, insatiables et dangereux, ne mangent pas, quant à eux, de rongeurs. Mais ils ne sont pas sans rapport avec l'image que le Moyen Âge forge du chat, avide et incontrôlable. Imaginaire et morale profane ou sacrée se rejoignent en fin de compte dans une commune méfiance à l'égard de cet animal emblématique du conflit entre nature et « nourriture », antithèse du chien apprivoisé qui symbolise au contraire leur rapprochement[22]. Les deux principales facettes de l'imaginaire du chat, féminité et sexualité, révèlent également une créature plus instinctive que les autres, agissant sous l'empire de son désir immédiat, bref irréductible. Cette image dérangeante s'accorde avec la situation paradoxale d'un animal que l'homme a dû introduire dans sa maison pour tirer parti de sa sauvagerie, en s'interdisant de le « nourrir » et de l'éduquer, et en lui refusant, en principe, le statut de compagnon.

Quatrième partie

Le chat diabolique

> « *Lucifer peut apparaître à ses adeptes et ses adorateurs sous la forme d'un chat noir ou d'un crapaud et exiger d'eux des baisers l'un abominable (…), l'autre horrifique.* »
>
> Guillaume d'Auvergne,
> *Traité de la foi et des lois.*

20

Saints et moines
sous les assauts des chats

De tous temps le démon a tenté de prendre les saints dans ses pièges, jouant de la séduction ou de la peur. Très tôt les récits hagiographiques ont narré ces combats où le malin assaille l'homme de Dieu sous de multiples formes, humaines ou animales. Pourtant le chat figure rarement dans les hordes de démons animaux qui malmènent les saints dans les vies du haut Moyen Âge. C'est surtout à partir du XIIᵉ siècle, qu'il arrive au démon de préférer certaines espèces comme le chat ou le singe, même s'il reste foncièrement protéiforme. L'élection de formes animales plus précises semble s'accompagner d'une individualisation du diable : aux troupes démoniaques succède un démon animal unique, souvent un chat aux XIIᵉ et XIIIᵉ siècles.

Une ménagerie de démons

Les saints irlandais étaient entourés de chats familiers ou monstrueux, mais il leur arrivait d'en rencontrer de proprement démoniaques. Un jour, au cours de sa longue pérégrination maritime, Brendan (484-577) aperçut un démon hideux assis sur la voile, qu'il était le seul à voir. Le démon lui déclara qu'il était en quête de sa punition dans les grandes enceintes de la mer sombre et accepta de lui montrer l'enfer que nul n'avait vu sans périr. Le récit continue par une longue et impressionnante description du lieu infernal, dépeint, entre autres, comme une prison emplie de feu, de bruits, d'obscurité, habitée par des démons innombrables et protéiformes et des animaux appartenant à une faune bigarrée – vers, monstres, dragons, lions,

tigres, scorpions, faucons, vautours, mouches, « ... chats grif-
fant, braques déchirant, chiens chassant, démons hurlant[1] ».

En Italie, saint Jean (mort en 982), premier abbé du monastère de Saint-Jean-l'Évangéliste à Parme, avait l'habitude de
passer la nuit à prier dans l'oratoire de saint Colomban. Le
diable, jaloux de son salut, s'ingéniait à le tourmenter par
toutes sortes d'artifices, mais le saint demeurait impassible et
chassait ces sortilèges en faisant le signe de la croix :

> « *Tandis qu'il se répandait en prières au Seigneur, le diable se
> jouait souvent de lui, dansant sous l'aspect d'une très belle
> femme, ou parfois même éteignant sa lanterne; après cela,
> comme il le rapportait en personne aux frères, il entendait des
> rugissements de lions, des grognements d'ours, des hennisse-
> ments de chevaux, des rugissements d'onagres, des cris de
> porcs, des aboiements de chiens, des miaulements de chats, des
> sifflements de serpents destinés à détourner l'homme de Dieu de
> sa prière[2]. »*

Si ces chats démoniaques se font seulement entendre, ceux
qui sont mentionnés dans la vie du bienheureux Berthold, abbé
de Garsten de 1111 à 1142, sont bien visibles. Cependant,
comme dans les vies de Brendan et de Jean, ils apparaissent en
troupe, ou ménagerie, d'animaux différents ou d'une même
espèce et « pullulent » littéralement. Les moines et leur abbé
Berthold, hébergés dans une maison hantée, dormaient dans la
salle où se trouvait la cheminée, tandis que les chevaliers qui les
accompagnaient reposaient sur une terrasse. Là, les démons les
assaillirent, s'en prenant particulièrement à l'un d'entre eux,
Ournich, qui avait péché :

> « *Voici que des chats de diverses couleurs et tailles remplirent la
> terrasse en sorte qu'on ne pouvait espérer résister. Attaquant un
> des chevaliers nommé Ournich, homme assez moqueur et arro-
> gant qui avait oublié de se signer après le repas, ils le tirèrent de
> l'endroit où il était vers un autre sans qu'il puisse dire un mot ou
> faire un geste : ce n'est que lorsqu'il forma une croix dans son
> palais avec sa langue, comme il avait entendu dire qu'il fallait
> faire en cas d'illusion diabolique de ce genre, qu'ils le lâchèrent,
> à moitié mort de peur et inondé de sueur[3]. »*

Premières apparitions du chat démon

À la fin du XIIe siècle, un chat diabolique, mais cette fois individualisé, surgit dans un épisode de la vie de saint Barthélemy de Farnen. Cet ermite de Northumbrie combattait régulièrement le démon, qui pouvait prendre l'apparence de toutes sortes d'animaux – souris, lion ou taureau –, mais qui préférait visiblement celle du singe ou du chat. Le rédacteur de la vie du saint ne s'en étonne guère : jouant sur le sens du mot « captor », il trouve normal que « celui qui avait voulu usurper la divinité » prît la forme d'un « chasseur de souris »[4]. Isidore de Séville notait, on s'en souvient, que le peuple appelait le chat, *cattus*, à partir du mot *captura*. La vie de saint Barthélemy réinterprète cette étymologie dans un sens péjoratif, de même que les prédicateurs de son temps comparaient volontiers le diable au chat parce que tous deux étaient des êtres « captieux ».

Si la bienheureuse Agnès de Bohême voit apparaître le diable sous l'apparence d'un homme noir, un « Éthiopien », et sous celle de chiens et de chats, le chat diabolique reste cependant rare dans les récits hagiographiques du XIIIe siècle[5]. Le plus inattendu est sans doute le petit chat qui, sans qu'on le voit vraiment, est au centre d'un épisode relatif aux miracles accomplis par les reliques de saint Dunstan et de saint Elphège. Le premier récit qui en a été fait, celui d'Osbernus, fut écrit sous l'épiscopat de Lanfranc de Cantorbéry ou peu après (avant 1093). Il relate longuement la possession d'un jeune moine nommé Egelword, qui semait la terreur par ses crises de folie et aussi parce qu'il avait reçu du diable le don de deviner et de révéler les péchés que les autres moines se refusaient à confesser. L'évêque Lanfranc soumettait en vain le malheureux à divers traitements, n'obtenant que des rémissions suivies de spectaculaires rechutes. Son état devint critique lorsqu'on lui présenta, après l'avoir ligoté sur un lit, les reliques de Dunstan et d'Elphège : l'esprit malin prit alors une forme visible et palpable, courant dans son ventre à la manière d'un petit chien[6].

Or il existe une seconde version de ces miracles (vers 1109) où le petit chien devient un petit chat. Dans ce texte qui est probablement l'œuvre d'Eadmer, ami et biographe d'Anselme qui succéda à Lanfranc à la tête de l'archevêché de Cantorbéry

(1093-1109), la crise d'Egelword devant les reliques de Dunstan et d'Elphège est l'occasion d'un jeu de mots qui ne figure
pas dans le récit d'Osbernus :

> « *On voyait le démon qui le possédait passer en courant çà et là*
> *dans son ventre si bien qu'on pouvait penser qu'il cherchait à*
> *fuir tantôt par la face, tantôt par le bas du corps. À ceux qui*
> *l'entouraient, tendant la main vers la course de l'Ennemi, et qui*
> *disaient en français qu'il courait à la manière d'un petit chat* (in
> modum parvuli catti)*, il répondait en souriant dans la même*
> *langue alors qu'il ne la connaissait pas du tout, en se servant du*
> *diminutif en rapport : "Pas comme un petit chat* (catulus)*, comme*
> *un petit chien* (catellus) [7]*." »*

Ainsi le démon intervient par la bouche d'Egelword sur le ton
de la plaisanterie pour se réclamer ici du chien et non du chat.

Les visions des moines cisterciens et de quelques autres

Les saints ne sont pas seuls à subir les attaques des démons.
De simples moines, à en croire le cistercien Césaire de Heisterbach, étaient aussi en butte à leurs menées tout au long de leur
vie quotidienne. Ainsi qu'il le rapporte dans son *Dialogue des
miracles*, dialogue édifiant entre un moine et un novice, certains
moines élus avaient, comme les saints, le privilège de voir ces
démons qui demeuraient cachés aux autres, et plusieurs de ces
visions concernent des chats démoniaques.

Un moine de l'abbaye d'Himmerod, située en Rhénanie non
loin de Heisterbach, aperçut à plusieurs reprises un chat assis
sur la tête d'un convers et lui fermant les yeux de ses pattes.
Le convers, qui avait la fâcheuse habitude de dormir dans le
chœur, fut alerté et put chasser ce « démon de la somnolence [8] »
tentateur, grâce à un stratagème de son invention : il équipa sa
stalle d'un système de plan incliné qui devait inévitablement le
faire tomber s'il lui arrivait de s'endormir. Le chat est ici la
personnification – ou plus exactement l'« animalisation » d'un
vice, la paresse, auquel il est d'ailleurs symboliquement lié.
Mais Césaire ne vise sans doute pas seulement à fournir un

récit symbolique, car les miracles qu'il relate ont le caractère authentique des exemples qui émaillent les sermons : il donne les lieux des faits et précise souvent les noms des protagonistes, qu'il s'agisse des justes capables de déjouer les illusions du démon ou des moines tentés auxquels ils les signalent.

Un autre moine du même monastère, Christian, faisait partie de ces justes : un jour, tandis que les frères se préparaient au travail et que certains en profitaient pour s'amuser un peu,

> « *ce bienheureux vit des chats couverts de vilaines marques de brûlure (c'étaient bien plutôt des démons ayant pris leur forme) cajoler les moines par les mouvements de leurs queues et les caresser en signe de familiarité, pressant leurs corps contre eux en de continuelles allées et venues. Mais les chats n'osaient même pas regarder les moines qui gardaient leur gravité*[9] ».

Cette vision, qui illustre le vice de vanité, est, de même que la précédente, présentée comme authentique par Césaire, qui déclare la tenir de l'abbé Hermann et du moine Walter. La scène évoquée pourrait au fond décrire un moment de la vie quotidienne dans un monastère, des chats familiers venant se frotter aux jambes de moines disposés à leur faire bon accueil. Mais des éléments inquiétants lui donnent la dimension d'une vision, d'un « fantasme » : les chats ont le pelage maculé par d'affreuses brûlures ; très affectueux avec les frères qui s'amusent, ils évitent les moines sérieux. On songe ici aux prédicateurs qui attribuaient un caractère infamant aux marques de feu sur le pelage du chat et à l'usage moralisant du thème du « chat brûlé », quoique Césaire semble moins chercher à « moraliser » qu'à dénoncer l'horreur du démon sous les apparences de réalités anodines.

Comme le moine en prévient encore le novice, l'ange déchu peut prendre des formes radieuses ou l'apparence moins glorieuse du porc, du chien, de l'ours, du chat ou de tout autre animal[10]. Avant de revêtir l'habit monacal, une recluse aurait aperçu pour sa part des « démons en forme de singes et de chats assis sur les épaules et dans les capuchons des moines pécheurs de Porceto déambulant dans l'oratoire[11] ».

Au XIVe siècle, un frère prêcheur, Jean Gobi, évoque à son tour des démons qui s'incarnent en chats et en singes. Saint Paul, écrit-il dans son *Échelle du ciel (Scala coeli)*, vit devant une église un jeune homme lascif et paré, portant sur ses épaules le diable, en forme de singe et de chat, qui couvrait de crachats son visage et son corps[12]. Le vice qu'il dénonce, la lascivité, explique la présence de deux animaux ayant l'un et l'autre une forte connotation sexuelle. On retrouve ici l'idée que le saint a le privilège de voir ce qui est caché, notamment les turpitudes, mais Jean Gobi dramatise plus encore que Césaire la vision, peut-être parce que des représentations démoniaques plus précises et plus spectaculaires circulaient à son époque, comme on le verra.

La dimension à la fois sexuelle et démoniaque du chat est encore plus évidente dans un passage du *Commentaire sur le deuxième livre des Sentences* d'Albert le Grand. Le théologien y affirme qu'un sodomite lui a rapporté avoir vu, pendant qu'il se livrait à son vice, une infinité de chats apparaître autour de lui en miaulant, lécher la semence perdue et l'emporter[13].

L'horrible chat de saint Dominique et de saint Louis d'Anjou

Dans la légende de saint Dominique, l'apparition d'un effroyable chat diabolique est liée à la conversion de neuf dames hérétiques dans la ville de Fanjeaux, en 1206-1207. Cet épisode est connu par un témoignage oculaire, des vies du saint et des *exempla*[14]. Sa source est la courte déposition d'une certaine Bérengère, recueillie en pays cathare au cours de l'été 1233, lors de l'enquête préalable à la canonisation de Dominique ordonnée par Grégoire IX. Bérengère décrit le démon à l'aide d'une série de comparaisons :

> « *Bérengère, sous serment, dit avoir vu de ses yeux et entendu de ses oreilles quand le bienheureux Dominique enjoignit aux neuf dames qu'il avait converties de regarder le démon qui les avait possédées sous l'aspect d'un chat dont les yeux étaient comme ceux d'un bœuf, et même comme la flamme d'un feu ; il tirait une langue d'un demi-pied semblable à une flamme, avait une queue de près d'un demi-bras et était grand comme un chien ; sur son*

ordre, il partit par le trou de la corde de la cloche et s'évanouit à leur yeux[15]. »

Ignoré par Jourdain de Saxe en 1233, ce récit fut repris par d'autres rédacteurs de la vie de saint Dominique, Constantin d'Orvieto en 1246-1247, puis Humbert de Romans vers 1256. Constantin d'Orvieto amplifie le témoignage de Bérengère. Il décrit en effet un chat « très horrible », avec de gros yeux flamboyants, une langue longue et large, sanguinolente, tirée jusqu'au nombril, une queue courte et relevée vers le haut qui lui permet de montrer de tous côtés la honte de son derrière, dont émane une puanteur insupportable[16]. Les quatre éléments du récit de Bérengère (yeux, langue, queue et taille) restent reconnaissables, mais l'insistance mise à décrire le corps du chat provoque le malaise : la langue de feu d'un demi-pied devient sanguinolente et longue jusqu'au nombril, la queue longue d'une demi-branchée raccourcit de manière à exhiber l'anus, et ce corps monstrueux, par son odeur intolérable, se sent tout autant qu'il s'exhibe.

Les divergences entre les deux formes du récit qui nous ont été conservées – témoignage oral, à caractère « populaire », et vies de saint, élaborées et « savantes » – ont suscité l'intérêt des historiens[17]. Bérengère évoque le monstre à l'aide de comparaisons empruntées à la réalité qui l'entoure (bœuf, chien, unités de mesures courantes) tandis que Constantin semble chercher à provoquer la répulsion et l'effroi. Mais il existe une autre différence entre les deux relations : le diable que décrit Bérengère apparaît « sous la forme d'un chat », alors que l'hagiographe en fait un chat démoniaque (« ils virent un chat »), c'est-à-dire non plus une forme relative mais une forme absolue.

On retrouve dans la légende de saint Louis d'Anjou un épisode qui rappelle non seulement le traditionnel combat de l'homme de Dieu et du démon mais aussi le chat monstrueux qu'évoquait saint Dominique. Lors de la captivité de Louis à Barcelone, ses deux frères virent un chat très noir, grand comme un chien, assaillir le saint pendant qu'il priait[18].

Au tournant des XIIe et XIIIe siècles, la prolifération démoniaque des plus anciens récits hagiographiques fait place à un chat-diable singulier et unique, qui n'est plus une forme animale parmi d'autres mais l'incarnation privilégiée de la figure diabolique décrite de façon de plus en plus stéréotypée : de couleur noire, ce chat est de taille exceptionnelle et parfois pourvu de caractères sexuels marqués. Ce nouveau chat diabolique s'inspire visiblement du chat monstrueux qu'on accuse à la même époque les hérétiques d'adorer.

21

L'idole des hérétiques

Dans le cloître de la cathédrale Notre-Dame du Puy, une frise de la fin du XIIe siècle représente un étrange démon avec une tête de chat, un corps d'homme, une queue que mord un chien. À la même époque, une miniature de la Bible de Winchester montre Mathathias qui tranche la tête des adorateurs d'un démon mi-homme mi-chat. Sans doute les artistes anonymes à qui l'on doit ces hybrides ont-ils été inspirés par les rumeurs qui accusaient alors les hérétiques d'adorer le diable sous la forme d'un grand chat.

Un chat idolâtré apparaît également dans deux Bibles « moralisées » du XIIIe siècle, qui tissent en images des correspondances entre des épisodes de l'Ancien Testament et des événements contemporains. La Bible de Vienne rapproche ainsi deux médaillons, l'un qui illustre l'épisode où les femmes étrangères entraînent Salomon à l'idolâtrie (Juges, III, 11), l'autre qui figure un groupe d'hommes présentant un chat à un clerc, et les commente de cette légende : « Que Salomon fut trompé par les femmes, renia Dieu et adora les idoles signifie le mauvais écolier que le diable prend au piège et trompe ; il renie son créateur, devient homme du diable et Dieu se courrouce contre lui[1]. »

La clé de ces représentations nous est livrée par la Bible d'Oxford qui assimile les Juifs cherchant un chef pour retourner en Égypte aux hérétiques qui « retournent à l'Égypte » à l'instigation du diable, répudient leur foi et blasphèment le Christ. Les hérétiques sont représentés par un homme étroitement embrassé par un démon, qui lui désigne une idole dorée placée sur une colonne au centre de la miniature. À droite, un autre homme se dirige vers l'idole, tournant le dos au livre que lui présente un prêtre, et tenant un chat qui regarde la statue[2].

Chat et idole assument ici une même fonction, et sont tous deux objets d'une vénération dévoyée.

Quand la « bestiole » devient chat

Mieux encore que ces quelques images, des récits et des chroniques confirment dans les années 1180-1260 que le chat idolâtré est associé à une série d'hérésies qu'il est difficile de distinguer. Des hérétiques dont les noms semblent parfois employés les uns pour les autres, Patarins ou Publicains, Cathares, « Lucifériens » et Vaudois, vont être, en effet, tour à tour accusés d'adorer en secret un chat[3].

Ce genre d'accusation n'avait rien de nouveau en soi. Depuis l'Antiquité, on imputait en effet à de nombreuses sectes chrétiennes ou hérétiques des crimes stéréotypés, leur reprochant de manger de la chair humaine, de se livrer à des orgies sexuelles ou d'adorer un animal. Les Cathares d'Orléans, ou Publicains, furent ainsi accusés, vers 1028, de s'assembler la nuit à la lueur de lanternes, de répéter le nom du démon jusqu'à ce qu'il descendît parmi eux sous la forme d'une « bestiole », puis de se livrer à la débauche[4]. Mais jamais le chat n'avait fait partie des animaux que les hérétiques étaient supposés adorer.

Dans les années 1180-1200, des accusations sont portées contre les Cathares, qui déforment peut-être certains aspects de leur doctrine comme le refus du commerce charnel et le respect de l'animal. C'est dans ce contexte que le chat devient brusquement un des avatars favoris du diable lorsqu'il apparaît en majesté à ses fidèles.

La première mention d'un tel chat-diable se trouve chez Gautier Map[5], qui, vers 1180, collecte dans son *Des futilités des courtisans* de nombreux récits et légendes. Il y évoque notamment l'hérésie des Publicains ou Patarins[6], dont les membres se cachent parmi les chrétiens depuis la Passion du Christ, mais qui, à ses dires, connaît un renouveau spectaculaire. Les aveux de certains repentis auraient permis de dévoiler les secrets de leurs rites :

« ... *Ceux qui sont revenus à la foi racontent que, vers la première veille de la nuit, portes et fenêtres closes, chaque*

> *famille s'asseoit en silence dans chacune de leur synagogue et attend : un chat noir d'une taille étonnante descend par une corde suspendue au milieu ; à sa vue, éteignant les lumières, ils ne chantent pas des hymnes, ne parlent pas distinctement mais ruminent les dents serrées ; ils s'approchent à tâtons de l'endroit où ils ont vu leur maître et, quand ils l'ont trouvé, chacun l'embrasse humblement suivant l'intensité de sa folle ferveur, les uns sur les pieds, beaucoup sous la queue, la plupart sur les parties génitales ; et comme si ce lieu de puanteur les avait autorisés à se gratter, chacun empoigne son voisin ou sa voisine et ils se mêlent aussi longtemps que chacun peut faire durer la plaisanterie[7]. »*

Vers 1200, le chat-diable semble bien connu : recensant les différentes étymologies possibles du mot « cathare », le théologien Alain Lille évoque le grec *catha* (flux) – les Cathares refusaient le mariage qui détourne du « flux de la luxure » –, le latin *casti* (chastes), car les Cathares se déclaraient chastes et purs, enfin *catus* (chat), « car, à ce qu'on dit, ils embrassent le derrière d'un chat sous l'apparence duquel, à ce qu'ils disent, Lucifer leur apparaît[8] ». Alain de Lille ne semble guère prêter foi à cette dernière assertion qu'il formule avec une grande prudence, mais il n'affirme pas clairement qu'il s'agit là d'une croyance populaire dont il y aurait tout lieu de se méfier[9].

Une abomination nouvelle en fait d'idolâtrie

Les mêmes rumeurs atteignent leur paroxysme dans les années 1230. Guillaume d'Auvergne s'en fait l'écho : son *Traité de la foi et des lois* retrace l'histoire des formes que l'idolâtrie a prises depuis les temps les plus reculés jusqu'à son temps où :

> *« ... Lucifer peut apparaître à ses adeptes et ses adorateurs sous la forme d'un chat noir ou d'un crapaud et exiger d'eux des baisers, l'un abominable à savoir sous la queue du chat, l'autre horrifique, à savoir sur la gueule du crapaud, en sorte que l'abomination et l'horreur mêmes de ces formes les détournent d'une si grande folie[10]. »*

Guillaume fait peut-être ici allusion aux événements qui se déroulaient alors dans le Saint Empire, où l'inquisiteur Conrad de Marbourg traquait avec persévérance une secte hérétique. À sa demande, Grégoire IX fit rédiger en 1233 la bulle *Vox in rama* donnant à l'archevêque de Mayence, à l'évêque d'Hildesheim et à Conrad lui-même, tous pouvoirs pour combattre cette « secte des perdus », cette « peste » nouvelle[11]. La bulle mentionne avec horreur l'apparition d'un chat diabolique et des pratiques sataniques dont elle souligne le caractère récent et « inouï » et qu'elle décrit en détail. À son entrée dans la secte, le novice voit d'abord apparaître un crapaud – parfois une oie ou un canard –, que certains baisent au derrière ou sur la bouche, puis un homme aux yeux très noirs, d'une étonnante pâleur et n'ayant que la chair sur les os. En l'embrassant, le novice sent un froid glacial le saisir et perd jusqu'au souvenir de la foi catholique. Le rituel se poursuit par un banquet à la fin duquel surgit un chat diabolique :

> « ... *Par une statue qui se trouve d'ordinaire dans ces écoles, descend un chat noir, de la taille d'un chien de taille moyenne, la queue retroussée, que le novice, le maître, puis chacun à son tour baise au derrière, du moins ceux qui sont dignes et parfaits ; les imparfaits, qui ne se jugent pas dignes, reçoivent la paix du maître ; alors chacun à sa place prononce certains charmes et se tient la tête inclinée vers le chat. "Épargne nous !", dit le maître ; son voisin répondant : "Qui a enseigné cela ?" et le troisième disant : "Le Maître suprême !", le quatrième dit : "Et nous devons obéir[12]." »*

Les lumières s'éteignent ensuite, déclenchant une orgie sexuelle. Lorsqu'elles se rallument, une nouvelle figure satanique surgit d'un angle obscur : un homme « à partir des reins étincelant et plus clair que le soleil... en dessous velu comme un chat, et dont la splendeur illumine tout le lieu ». Ce démon reçoit alors une partie du vêtement du novice, signe de sa soumission, puis s'évanouit après avoir confié le novice au maître. Dans ce rituel complexe, le chat apparaît donc à deux reprises : d'abord comme incarnation du démon sous une forme déjà codifiée (descente de l'animal monstrueux, baiser impudique parodiant l'hommage), ensuite comme élément de comparaison pour décrire la partie inférieure de Lucifer, mi-

ange de lumière, mi-bête. Certains aspects physiques du chat
sont mis en valeur, telle la queue retournée qui accentue l'horreur du baiser, détail que l'on retrouve vers 1246, soit une
décennie après la bulle, dans la légende de saint Dominique
rédigée par Constantin d'Orvieto.

Les événements de cette année 1233 ont également été relatés
dans la chronique du cistercien Aubri de Trois-Fontaines, inter-
polée par un moine anonyme du monastère de Huy près de
Liège. Bien informée, elle raconte que Conrad de Marbourg et
deux frères prêcheurs furent assassinés le 30 juillet et qu'une
enquête fut alors diligentée par l'archevêque de Mayence et
frère Bernard, dominicain et ancien Pénitencier du pape, à propos de la secte des Lucifériens et des meurtres. Les deux ecclésiastiques envoyèrent au pape leurs conclusions dans une lettre
qui est intégralement reproduite. Ils y condamnent les agisse-
ment du puissant inquisiteur, qui, sur la foi de faux témoins,
envoyait au bûcher des hommes d'une condition de plus en plus
élevée : des catholiques, assurent-ils, préférèrent périr brûler
et sauver leur âme plutôt que de mentir en avouant sous la
contrainte qu'ils étaient hérétiques, qu'ils avaient embrassé un
crapaud, un chat ou un homme pâle ; les plus faibles choisirent le
mensonge[13]. L'adoration du chat diabolique n'est plus ici mentionnée qu'en passant et se trouve rangée au nombre des crimes
dont l'influence de faux témoins – l'archevêque de Mayence,
Siegfried III, les soupçonna même d'avoir été subornés par les
hérétiques pour confondre de bons chrétiens – avait poussé
Conrad à exiger l'aveu.

La chronique de la ville de Trèves fait une relation circons-
tanciée de ces mêmes événements et critique également les agis-
sements de l'inquisiteur. Assisté d'hommes douteux et de frères
prêcheurs, il aurait lancé en 1231 dans tout le Saint Empire une
campagne de persécution des hérétiques, voulant se mêler de
tout, notamment de contrôler la vie et les mœurs des clercs, et
s'attaquant indifféremment aux puissants et aux humbles. Le
présumé hérétique, privé de tout moyen de défense, devait
avouer et livrer des complices ou bien mourir sur le bûcher. Des
hérétiques en auraient profité pour accuser des innocents. L'auteur de la chronique insiste sur le nombre des écoles hérétiques,
leur diffusion et leur variété. Parmi la dizaine de sectes qu'il
recense, lui aussi n'évoque qu'en passant des hérétiques qui
embrassaient un homme pâle ou même un chat[14].

Quelle était au juste la secte que poursuivait Conrad ? La bulle *Vox in rama* parle seulement d'une « peste » ; la chronique d'Aubri de Trois-Fontaines la nomme « secte pestiférée des lucifériens », dénomination proche de celle adoptée par Guillaume d'Auvergne évoquant « les adorateurs de Lucifer », mais aussi plus précisément « fille scélérate de l'hérésie des manichéens » : ces Lucifériens pourraient donc être des Cathares.

Les Vaudois : une accusation suspecte

En 1236, l'inquisiteur dominicain Étienne de Bourbon fut appelé à Clermont par l'évêque Hugues de la Tour pour juger des hérétiques arrêtés à Saint-Pourçain. Un chat diabolique resurgit dans la confession d'une femme « prise dans certains maléfices », peut-être une vaudoise, car les adeptes de cette secte étaient nombreux à l'époque dans la région. Elle avoua avoir assisté à des réunions secrètes qui se tenaient dans un souterrain : ceux qui y participaient, munis de torches, entouraient une grande coupe pleine d'eau, au milieu de laquelle était fichée une lance. Le maître adjurait Lucifer « par sa barbe » et un chat effrayant descendait alors par la lance, aspergeant les assistants d'eau en se servant de sa queue en guise de goupillon[15]. Étienne de Bourbon ne mentionne ni hommage au chat-diable ni baiser blasphématoire, mais introduit, en revanche, un nouveau motif, le simulacre de baptême.

Vers 1265, un franciscain allemand, David d'Augsbourg, évoque une autre rumeur, attribuant aux Pauvres de Lyon – c'est-à-dire les Vaudois – des assemblées nocturnes au cours desquelles ils embrassent des chats et des grenouilles et s'accouplent dans le noir. Mais, note-t-il, on dit la même chose à propos des Cathares et rien ne permet d'y ajouter foi à propos des Vaudois[16]. Bien informé sur leur doctrine, ce franciscain n'entend visiblement pas colporter des rumeurs : il confirme en tout cas que des sectes différentes furent successivement accusées de crimes identiques et que les clercs ne prenaient pas tous cette accusation pour argent comptant.

Comment un chat peut défendre la foi

C'est un chat martyr de la foi et non plus diabolique qu'évoque un évêque espagnol, Luc de Tuy, qui combattit, lui aussi, l'hérésie cathare dans la première moitié du XIIIe siècle. C'est sans doute au cours d'un des voyages qui le conduisirent d'Espagne en Italie qu'il apprit d'un certain frère Hélias l'histoire d'un « albigeois »[17] de Lodi, histoire qu'il jugea digne de consigner en raison de sa portée morale. Comme l'hérétique agonisait dans un hôpital, on tenta de le convaincre de recevoir l'Eucharistie. Mais il entra en fureur et blasphéma le saint sacrement :

> « Et voici qu'un chat très apprivoisé et domestique sauta soudain sur l'hérétique et commença à lacérer de ses dents et de ses griffes sa gorge et ses lèvres en sorte que l'hospitalier eut du mal à l'éloigner de lui. Tous ceux qui étaient là comprirent que le chat s'était miraculeusement jeté sur l'hérétique à cause de ses blasphèmes et lui dirent : "Reconnais, malheureux, le jugement de Dieu, accepte la vérité et ne blasphème plus le sacrement dans lequel il a placé notre salut. Vois que ce chat combat pour la vérité." Il répondit : "Ce chat a la rage et ne peut se tenir tranquille." Ils lui rétorquèrent : "Ce chat ne souffre d'aucun mal et si tu ne blasphèmes pas, il restera aussi tranquille que d'ordinaire." L'hérétique se tut et le chat, à son habitude, se tint coi. »

Quelques heures plus tard, un prêtre exhorta à nouveau le mourant à se confesser et à communier, mais celui-ci reprit ses blasphèmes et cracha sur le prêtre. Le chat sauta derechef sur l'hérétique et faillit le tuer : le prêtre, qui tentait d'écarter l'animal, se heurta à la foule qui voyait dans l'attaque du chat un châtiment divin et mérité. On finit cependant par enfermer le chat dans un coffre.

L'hérétique, toujours blasphémant, mourut peu après sans s'être repenti. Lorsqu'il fut enterré à l'extérieur de la ville, on libéra le chat qui partit aussitôt à sa recherche en miaulant : retournant à l'endroit où l'hérétique avait été couché, il parvint à suivre sa trace jusqu'à sa sépulture. Là, il se mit à fouir la terre de ses griffes et, en présence de nombreux témoins, s'acharna à cette tâche jusqu'à en mourir.

Luc de Tuy conclut son récit par une vigoureuse apostrophe aux chrétiens :

> *« Que fais-tu créature douée de raison ? Pourquoi es-tu pares-*
> *seuse, religion chrétienne ? Voici qu'une bête brute s'est efforcée*
> *jusqu'à la mort de venger les injures faites à la foi catholique,*
> *alors que le Christ n'est pas mort pour elle et qu'elle n'en espère*
> *aucune récompense dans la patrie des bienheureux, quand*
> *l'homme, fait à la semblance de Dieu, auquel Dieu soumet toutes*
> *choses, qui a été racheté au prix fort de Son sang et croit qu'il*
> *partagera avec les esprits angéliques la patrie céleste, peut*
> *entendre les injures qui blasphèment le nom de Dieu et la foi*
> *catholique et le supporter patiemment ? L'épouse du Christ, la*
> *Sainte Église, est honteusement dénudée et il n'est pas un de ses*
> *fils sur tant de milliers qui venge l'injure faite à sa mère ? C'est*
> *un chat qui dénonce la faiblesse des fils et condamne le manque*
> *de foi des nobles. Allez au chat, chrétiens paresseux et de peu de*
> *foi, et considérez les voies qu'il suit, comment jusqu'à sa mort il*
> *sert son Créateur, lui qui est familier et doux pour les fidèles mais*
> *dur et presque enragé contre l'hérétique auquel même mort il*
> *n'accorde point l'indulgence*[18]. »*

On ne peut guère imaginer meilleur contre-exemple du chat diabolique que l'animal héroïque, véritable défenseur de la foi, dont Luc de Tuy propose aux chrétiens de suivre la voie. Rien ne suggère pourtant dans ce récit que l'évêque ait connu la symbolique diabolique du chat, si liée à l'hérésie, et qu'il ait songé que l'inversion de cette symbolique donnait d'autant plus de force au miracle qu'il rapportait. Peut-être le thème du chat idolâtré par les hérétiques ne fut-il pas diffusé dans toute la chrétienté mais resta-t-il circonscrit à la France et à l'Allemagne.

Les faux aveux des Templiers

Le chat diabolique ressurgit à l'occasion de plusieurs procès menés contre les Templiers dans les années 1307-1311. On sait que Philippe le Bel s'attaqua à cet ordre religieux militaire fort riche pour confisquer ses biens. Les premiers Templiers furent arrêtés en France en 1307 et accusés d'hérésie et de crimes tels que l'idolâtrie et la sodomie, qu'ils avouèrent sous la torture. L'année suivante, le pape Clément V ordonnait aux princes chrétiens de les poursuivre dans tous les autres États. Lors des enquêtes épiscopales, on utilisa un même questionnaire pour les interroger : il fut enrichi par des questions concernant l'adoration d'un chat, preuve que ce motif suffisait à créer le soupçon d'hérésie. Ce questionnaire préétabli tendit à homogénéiser les aveux.

Les soixante-neuf Templiers d'Auvergne, à qui l'on demanda s'ils adoraient le chat qui leur apparaissait dans la congrégation et s'ils le faisaient en signe de mépris du Christ et de la foi, déclarèrent ne rien savoir ; seul le commandeur de Saint-Pourçain concéda en avoir parfois aperçu un dans la salle capitulaire et dans les environs[19]. À Nîmes, les Templiers commencèrent par rejeter unanimement les accusations qui leur étaient imputées, puis firent des aveux sous la torture. Bernard de Salgues, commandeur de Saint-Gilles, reconnut avoir assisté une nuit à Montpellier à un chapitre provincial au cours duquel des cérémonies impies avaient eu lieu. Une tête avait été exposée et, aussitôt, le diable était apparu sous la forme d'un chat ; la tête s'était mise à parler aux assistants et leur avait fait des promesses de prospérité. Des démons s'étaient aussi manifestés sous l'apparence de femmes dont les moines avaient joui. Plusieurs moines avouèrent le même genre de crimes : Frère Bertrand de Silva déclara par exemple avoir vu l'idole, les femmes et le diable sous la forme d'un chat répondre à toutes les questions qu'on lui posait, et l'avoir adoré avec les autres frères. Mais beaucoup de Templiers persistèrent à nier[20].

Au cours d'un autre interrogatoire, des Templiers, pour la plupart provençaux, confessèrent les mêmes fautes. Guillaume Collier, du diocèse de Vaison-la-Romaine, avoua qu'au moment où il était entré dans l'ordre, on lui avait montré une tête argentée à trois faces qui pouvait satisfaire tous les désirs et qu'un chat roux lui était apparu peu après. Pons d'Alond, du diocèse de Valence, déclara pour sa part avoir adoré un chat brun et lui avoir exprimé ses souhaits. Jourdain de Faucon, de Valréas, s'agenouilla devant un chat noir qui avait pris place à côté de la tête biface et le baisa au derrière. Olivier de Viray nia avoir adoré le chat, mais reconnut l'avoir baisé au derrière. La plupart des frères avouèrent avoir vu, adoré, supplié ou baisé au derrière un chat blanc, brun, roux ou noir, qui se trouvait le plus souvent

près de l'idole et tournait parfois autour d'elle. Nul ne savait
d'où venait ni où allait ce chat mystérieux qui, aux dires de la
majorité des frères, disparaissait sans laisser de trace après une
unique apparition. Quelques-uns lui attribuèrent explicitement
une origine diabolique ; Gautier de Nonagier se contenta d'avancer que « c'était sans doute quelque mauvaise chose », de même
que Bernard Chamel et Huguo Bellet[21].

Les procès menés contre les Templiers étaient avant tout politiques : on y trouve donc un certain nombre de calomnies pures
et simples. Mais les questions des enquêteurs, comme les réponses
des Templiers, montrent que l'image du chat diabolique était
un stéréotype qui faisait partie de l'imaginaire commun : même
pour ceux qui n'y croyaient pas, le chat avait quelque chose à
voir avec le diable ou avec des « mauvaises choses ».

Le déclin d'un mythe

Le mythe du chat diabolique semble toutefois décliner à partir de la fin du XIIIe siècle, en dépit de saisissantes réapparitions.

Ce déclin est perceptible chez Bernard Gui : ce dominicain
qui fut l'un des plus notables inquisiteurs du Midi commença
sa carrière vers 1307 dans le diocèse de Toulouse où il resta
jusqu'en 1324. Ses années de lutte contre l'hérésie lui four-
nirent une matière première de choix pour rédiger vers 1323
sa *Pratique de l'office de l'Inquisition* où il recense les principales doctrines hérétiques de son temps. À propos des Vaudois, il laisse entendre que ceux-ci n'auraient pas totalement
renoncé à leurs erreurs anciennes : des réunions secrètes
accompagnées d'orgies sexuelles, d'apparitions d'un chat
aspergeant les hérétiques de sa queue et de bien d'autres
crimes se tiendraient encore dans certains endroits[22]. Ce n'est
cependant pas à son expérience d'inquisiteur qu'il doit ces
informations mais à des ouvrages plus anciens, des « petites
sommes » reflétant des rumeurs sans doute déjà dépassées.
Parmi elles figure sans doute le traité de David d'Augsbourg
qui, on l'a vu, doutait du bien-fondé de ces accusations ; peut-
être aussi le recueil d'Étienne de Bourbon, seul à faire référence à l'aspersion sacrilège des hérétiques par un chat-diable.

Le thème réapparait de façon plus crue dans les pays de langue allemande au XIVe siècle où Frédéric d'Autriche et l'archevêque de Salzbourg poursuivaient alors une secte de Lucifériens, sans doute en fait des Vaudois[23]. Un manuscrit de Saint-Gall relate ainsi les erreurs des « Cathares de la haute vie », installés à Cologne, d'après la confession pittoresque d'un certain Lepzet. Pour exercer leurs rites, raconta-t-il, les hérétiques descendaient dans une grotte cachée sous un cellier : là, leur évêque dénudait ses fesses, où il fichait une cuillère d'argent, et les offraient à l'adoration et au baiser des fidèles. Puis, tous entouraient une colonne à laquelle était fixé un luminaire : un très grand chat arrivait alors, qui grimpait jusqu'au luminaire, s'y suspendait, retournait sa queue le long de son dos et recevait le baiser des adeptes ; il éteignait ensuite la lumière, déclenchant une orgie sexuelle où les hommes couchaient avec les hommes et les femmes avec les femmes[24]. On retrouve ici les rites blasphématoires dénoncés par Gautier Map et la bulle *Vox in rama* : apparition soudaine d'un chat près d'un élément vertical (statue, lance ou colonne), baiser au derrière puis orgie sexuelle caractérisée par des accouplements contre nature (entre parents ou entre personnes du même sexe).

Le chat fait encore une apparition inquiétante, mais peu spectaculaire, dans la série de procès qui se déroulèrent vers 1387 à Turin et à Pignerol, en Lombardie, contre des communautés vaudoises. Antoine Galosna révéla avoir participé à une douzaine de « synagogues » hérétiques au cours desquelles avaient eu lieu des orgies et des hommages au démon. Il dénonça des Vaudois, notamment un certain Martin qu'il avait vu au cours d'un dîner tenir dans ses bras un chat noir gros comme un agneau : mieux, il le nourrissait comme un convive et affirmait que c'était le meilleur ami qu'il avait au monde[25]. Si la déposition mentionne ce détail, c'est bien parce que tout suggère que ce chat est un suppôt de Satan et non quelque chat familier : son aspect – l'animal est noir et d'une taille supérieure à la normale – mais aussi le comportement extraordinaire de Martin envers lui. On songe ici également à la méfiance que professaient les clercs du Moyen Âge à l'égard de la trop grande familiarité de l'homme et de l'animal.

Si la naissance de l'image du chat diabolique est fortement liée à la lutte contre les hérésies, les défenseurs de l'orthodoxie religieuse n'accusaient pas pour autant systématiquement les hérétiques de pratiques idolâtres à son endroit, loin s'en faut[26]. Ainsi le *Directorium inquisitorum* du dominicain Nicolas Eymeric, inquisiteur au royaume d'Aragon, signale vers 1358 que les Vaudois se livrent à des orgies sexuelles mais ne mentionne pas le moindre chat[27].

Diabolisation du chat et manichéisme

La diabolisation du chat est en marche dès la seconde moitié du XIIe siècle. Dans la vie de Berthold de Garsten (1165), le chat apparaissait en effet comme une forme démoniaque individualisée, tandis que la vie de Barthélemy de Farnen à la fin de ce même siècle, affirmait l'affinité particulière du chat – mais aussi du singe – avec le démon. L'apparition, vers 1180, du thème du chat-idole surgissant en majesté aux hérétiques consacre cette diabolisation : désormais le chat n'est plus une parmi tant d'autres des formes que peut revêtir le démon, mais il devient l'incarnation solennelle du diable. La connotation sexuelle du chat, attestée de longue date, renforce la cohérence de l'image, puisque les hérétiques étaient souvent accusés de se livrer à la débauche et d'avoir des mœurs contre nature.

On peut se demander si les dominicains ne jouèrent pas un rôle dans la naissance et la diffusion de l'image du chat satanique. Plusieurs membres de cet ordre faisaient, on s'en souvient, partie de l'entourage de l'inquisiteur Conrad de Marbourg qui suscita la bulle *Vox in rama* et ses outrances. La même année, un chat diabolique apparut dans la légende de saint Dominique : le témoignage de Bérengère fut recueilli pendant l'été 1233, au cours de l'enquête ordonnée par Grégoire IX en vue de la canonisation du saint, deux à trois mois à peine après la rédaction de la bulle.

Le chien était par ailleurs l'emblème de l'ordre des prêcheurs. D'après Jourdain de Saxe, un des premiers hagiographes de saint Dominique, la mère du saint avait rêvé avant de le concevoir qu'elle porterait en son sein un petit chien qui naîtrait en tenant dans sa gueule une torche qui embraserait le monde. Ce petit chien était pour Jourdain le symbole du « prédicateur insigne qui réveillerait les âmes endormies et répandrait dans l'univers

le feu que le Seigneur Jésus était venu jeter sur terre[28] ». Au
XVe siècle, les auteurs du *Marteau des sorcières*, les dominicains
Institor et Sprenger, opposent encore le chat perfide au chien
symbole des prédicateurs, et rappellent que l'ordre des prêcheurs
fut annoncé à son fondateur sous le signe du chien aboyant
contre les hérétiques[29]. Pour les dominicains, le chat satanique
semble très tôt s'opposer au chien, gardien de la foi catholique.
Or, nous l'avons vu, chien et chat ne sont associés que beaucoup
plus tard dans l'imaginaire commun. C'est donc dans le contexte
de la lutte contre l'hérésie que paraît naître ce couple antagoniste
qui annonce un bouleversement du bestiaire mental médiéval,
lequel ne connaissait jusque-là que le couple chat-souris.

Comme l'a montré Jacques Le Goff, la pensée médiévale était
imprégnée d'un manichéisme latent, bien qu'elle ait combattu
les hérésies manichéennes[30]. L'Église professait ainsi l'unité de
la Création et, partant, l'utilité de chacune des créatures qu'elle
abritait, au contraire des Cathares qui distinguaient animaux de
Dieu et animaux du diable ; mais elle n'en avait pas moins une
vision profondément manichéenne du monde animal : dans son
« bestiaire mental », le chat, qui n'était ni bon à manger ni prêt à
travailler, qui, de plus, était souillé par la nature même de sa
proie, la souris, avait vocation à être diabolisé et était un symbole approprié pour représenter une doctrine qui le plaçait probablement, elle aussi, du côté du Mal.

22

Le chat des sorciers

La répression de la sorcellerie a touché de nombreux pays d'Europe entre le XIVᵉ et le XVIIᵉ siècle, mais de façon différente suivant les régions[1]. Sous le terme de « sorcellerie », les historiens placent notamment différentes superstitions et croyances, dont ils se sont efforcés de cerner l'origine, populaire ou savante. Parmi les croyances qui seraient populaires figurent le vol nocturne des sorcières et le maléfice (*maleficium*), acte par lequel le sorcier était censé nuire aux hommes, aux bêtes ou aux récoltes, toutes deux attestées dès le haut Moyen Âge. Les aspects diaboliques de la sorcellerie (pacte démoniaque et sabbat) seraient, en revanche, des superstitions savantes, nées dans l'imaginaire des juges de l'époque moderne qui auraient tenté de les imposer à ceux qu'ils poursuivaient[2]. On retrouve aussi la magie, cérémonielle[3] ou populaire, dans cet ensemble de croyances qui utilise un bestiaire étendu. Le chat en fait bien sûr partie, comme le reconnaît encore l'imaginaire contemporain.

Un nouvel avatar du chat-diable

Le Dauphiné aurait été avec le Lyonnais et la Savoie le point de départ de la lutte contre la sorcellerie. Un tribunal inquisitorial y avait été mis en place dans la seconde moitié du XIIIᵉ siècle, qui poursuivait les Vaudois établis dans les hautes vallées. À partir du XVᵉ siècle, il s'attaqua aux sorciers, appelés eux aussi « Vaudois » ou « Gazares »[4]. Aux dires d'une série de textes et de traités, le chat diabolique continue à se manifester à ces hérétiques d'un nouveau type. Certains s'inscrivent dans la lignée des *summulae*, ces petits traités qui, aux

XIIIe et XIVe siècles, exposaient les doctrines et les pratiques des hérétiques ; d'autres ont un caractère littéraire ; d'autres enfin se présentent comme des récits authentiques de témoins. Ces documents montrent aussi que, dès cette époque, le chat commence à tenir d'autres rôles dans les faits de sorcellerie : on le trouve comme ingrédient dans les poudres destinées au maléfice ; ailleurs, c'est un démon évoqué pour aider le sorcier à perpétrer des maléfices ou encore un des moyens de transport qu'il utilise.

Ces « sorciers vaudois » sont d'abord mentionnés par Martin le Franc. Cet important personnage, qui fut protonotaire apostolique et secrétaire de deux papes, rédigea vers 1440 le *Champion des dames*, un plaidoyer littéraire qu'il dédia à Philippe le Bon. Il y dénonce la misogynie du *Roman de la rose* de Jean de Meung et des *Lamentations de Matheolus* et oppose un « Champion des dames », défenseur des vertus féminines, à leur « Adversaire ». Cet Adversaire accuse des vieilles femmes de s'assembler la nuit pour rencontrer leurs diables familiers et donne une des premières descriptions du sabbat. L'une d'elle, déclare-t-il, aurait confessé s'être rendue dès l'âge de seize ans à la « sinagogue pute », à cheval sur un bâton : dix mille vieilles y adoraient « le diable sous forme de chat ou de bouc auquel elles baisaient franchement le cul en signe d'obéissance, reniant Dieu complètement[5] » ; certaines sorcières dansaient ou faisaient bonne chère, d'autres se faisaient enseigner par le diable l'art du maléfice. Dans ce sabbat, le diable jouait le rôle d'un prédicateur, tançant ou battant celles qui avaient des velléités de repentir, et promettant au contraire d'exaucer les désirs de qui se soumettait. « Ce diable en forme de chat, ajoute l'Adversaire, tournoyait au milieu de l'assemblée, écoutant comme un juge ou un avocat toutes les requêtes et chacun lui faisait honneur comme à Dieu. »

Le chat diabolique, qui ressemble à celui qu'adoraient les hérétiques au XIIIe siècle, occupe une grande place dans la description très précise que donne l'Adversaire de la société sabbatique. Face à lui, le Champion des dames affirme que le sabbat n'existe pas et se place sous l'autorité de saint Augustin pour déclarer qu'il est impossible qu'un être humain se déplace sur un bâton. Mais il ne nie pas pour autant qu'il y ait des sorcières dont le diable trouble les sens lorsqu'elles sont endormies, leur faisant croire qu'elles enfourchent un chat ou un chien pour se rendre à des assemblées nocturnes.

Martin le Franc visait probablement des sorciers de Savoie – lui-même fut prévôt de Lausanne et chanoine de Genève. À la même époque, en effet, un anonyme savoyard rédigea un court traité en latin concernant les « Gazares, autrement dit ceux qui chevauchent un balai ou un bâton », qui reprend contre ces sorciers hérétiques les accusations jadis portées contre les Cathares puis les Vaudois, mais qui ajoute des traits propres à la sorcellerie dans son acception traditionnelle[6]. Les Gazares, qui provoquent morts, infirmités et dévastations, se rendent au sabbat où le diable leur apparaît sous la forme d'un homme contrefait ou encore d'un animal, le plus souvent un chat noir. L'aspirant hérétique, s'il veut rester dans « la société », doit jurer par serment à respecter certains engagements : fidélité, prosélytisme, secret, promesse de tuer des enfants de moins de trois ans, réponse immédiate à toute convocation au sabbat ; il doit empêcher autant que possible tout mariage, venger la secte si elle est offensée, rendre hommage au diable par un baiser et lui promettre un de ses membres après sa mort. Le sabbat comporte un banquet où sont dévorés, entre autres, des enfants. Le diable éteint ensuite les lumières au cri de « Mestlet ! mestlet ! », qui déclenche une orgie sexuelle.

Les pratiques des Gazares semblent avoir été connues hors de Savoie : l'archichapelain de Frédéric de Palatinat, Mathias von Kemnat, rapporte en effet dans sa chronique en allemand (vers 1475) avoir vu de nombreux « Gazares » brûlés à Heidelberg. À ses dires, ceux-ci se rendaient à la « synagogue », où le diable leur apparaissait sous forme d'un chat noir, d'un bouc ou d'un homme, et se livraient à la débauche après que le diable eut prononcé les mots « Meselet, meselet »[7].

C'est également un sabbat qu'évoque vers 1460 un traité qui entend rapporter des faits tirés d'enquêtes et de procès relatifs à la « vauderie » ou « faicturerie » – une apostasie implantée dans le Lyonnais. On y apprend que les faicturiers, dont le nombre serait difficile à estimer, se rendent à des « conventions » nommées « Le Fait » ou « Le Martinet », au cours desquelles le diable se manifeste à eux sous la forme d'animaux immondes comme « bouc, renard, chien, bélier, loup, chat, blaireau, taureau et autres du même genre »[8].

Quelques années plus tôt, en 1452, une autre secte vaudoise avait été découverte, à Provins cette fois. Un clerc de la ville, Philippe Gaigneur, prit soin de relater l'affaire dans une sorte de procès-verbal afin d'aider la justice dans ses poursuites. Tout avait commencé quand une étrangère s'était présentée au petit Hôtel-Dieu de Provins. Mordue au visage par le chien de la gardienne au moment où elle entrait, elle menaça celle-ci de « mauvaise mort » et la frappa légèrement du bâton qu'elle tenait de la main gauche avant de s'enfuir. Comme la gardienne s'était aussitôt évanouie, son fils alerta le prévôt qui fit arrêter la femme, laquelle déclara que la malade mourrait si on ne la laissait pas partir. Mais le prévôt refusa de la libérer et la gardienne mourut. L'étrangère avoua appartenir à la secte des Vaudois et avoir commis de nombreux crimes, comme meurtres de petits enfants et profanations de sépultures et de cadavres. Selon elle, les « Vaudois » de France ou de Bourgogne étaient capables de ravager un pays : il leur suffisait pour cela d'en exprimer le souhait et de dessiner trois cercles sur le sol. Le diable surgissait alors et faisait placer un bâton au centre des cercles, demandant à ce qu'on le tournât de manière à élargir le trou. Un chat se manifestait bientôt, devant lequel le sorcier devait renier Dieu et la Vierge. Du trou surgissait ensuite la grêle dévastatrice souhaitée[9].

Le but recherché par ces Vaudois correspond au maléfice le plus couramment imputé aux sorcières dans le monde rural, la dévastation de contrées et de récoltes. Mais l'évocation à laquelle ils se livrent s'inspire aussi de la magie cérémonielle tout en rappelant les récits du XIIIe siècle, où un démon chat surgissait par l'intermédiaire d'un bâton fiché dans le sol ou de quelque objet vertical matérialisant le point de passage d'un univers à un autre.

Les « aveux » des sorciers

Les poursuites menées contre les sorciers ont aussi laissé des traces dans les archives judiciaires. Dans les « aveux » des sorciers ou les dépositions des témoins à charge, le chat intervient à des moments divers – il sert, par exemple, volontiers d'enve-

loppe au démon –, mais l'importance qui lui est donnée semble
varier suivant les régions.

En Dauphiné, très tôt terre d'inquisition et de répression des
sorciers, le chat est rarement mentionné dans les procès-verbaux.
Dans les interrogatoires, le démon prend parfois la forme d'un
chat pour séduire le sorcier, mais il préfère en général se manifester à lui sous une forme humaine. Un certain Thomas Bègue
rencontre ainsi le démon d'abord sous l'apparence d'un chat,
puis sous celle d'un vieil homme noir[10]. Marguerite, femme
d'Antoine Coyffier, évoque un diable nommé « Griffart », qui
lui apparaissait sous la forme d'un coq noir puis celle d'un chat
noir, enfin celle d'un homme roux âgé de trente ou quarante ans,
vêtu d'un capuchon noir et d'une courte tunique grise[11].
D'autres sorciers avouent avoir adoré un chat noir lors du sabbat,
quoique le diable s'y montre plus souvent sous l'aspect d'un
monstre couronné, aux yeux luisants et vêtu d'un habit noir.

La plupart des sorciers dauphinois sont de pauvres gens.
Parmi eux, on trouve cependant un magicien dénommé Jean,
poursuivi pour avoir recouru à une magie savante. Ce médecin,
juif converti originaire de Saint-Nicolas-de-Bari, avoua avoir
quatre démons à son service : Bara, qui avait l'aspect d'un
homme d'armes à face de pendu et parfois celui d'une belle
jeune fille, découvrait des trésors cachés et faisait céder les
femmes à ses avances ; Belsebut, sous la forme d'une chèvre,
provoquait l'amour et le vengeait de ses ennemis ; Aleha, qui
prenait l'apparence d'un chat, et Acheran, qui avait celle d'un
porc, l'accompagnaient en voyage et l'avisaient des périls[12].

En Provence, à Figanières, un dénommé Monnet Sinhon
avoue en 1439 avoir évoqué le démon Barrabas, qui lui était
apparu très souvent sous la forme de chat noir, et lui inspira la
recette d'un breuvage qui permit à une certaine Catherine
David de devenir la seule héritière de son père[13]. Dans le
Gard, à Boucoiran, Martiale Espaze révèle avoir été séduite
par un démon appelé Robin qui lui était apparu sous l'aspect
d'un chat puis d'un homme[14].

En Lorraine, le démon tentateur se fait chat, chien, bouc,
chèvre, lièvre ou veau…[15]. Ces apparences ne sont, cependant,
que de grossières contrefaçons, et le diable se devine le plus
souvent sous l'apparence anodine d'un animal commun :
chien, ses pattes sont en forme de mains qui donnent des souf-
flets ; chat, il est invisible et perceptible seulement au toucher !

Il est assez rare que le diable prenne la forme d'un animal au cours du sabbat : deux sorciers avouent toutefois avoir vu le diable y apparaître déguisé en chat, mais plus nombreux sont ceux qui l'y ont aperçu sous la forme d'un bouc, d'un chien, d'un loup ou d'un taureau.

Quand le démon exerce ses maléfices, il privilégie, en revanche, la forme féline. À Reillon, une chatte qui avait égratigné un cheval jusqu'au sang échappa mystérieusement à une battue à coup de fourche, signe, selon le déposant, « que c'était un mauvais esprit en guise de ladite chatte ». À Étival, un gros chat noir tenta d'étrangler un prévenu et de le tirer hors de son lit, ce qui, traduisit le juge, excédait la puissance d'un félin naturel et désignait clairement l'intervention du démon. C'est encore sous la forme d'un chat que le diable attaqua des enfants au berceau dans la région de Saint-Dié ou un adulte à Moyen-Moûtier. Toujours en Lorraine, le démon revêtait pour recevoir le tribut de ses fidèles les aspects les plus variés – bouc, cheval, taureau, chien, chat, voire tonneau vomissant des flammes et fumée –, tout en préférant celui d'un animal domestique – chat ou chien noirs – pour son commerce journalier avec la sorcière. De même, en Alsace, le diable fréquentait habituellement la sorcière sous l'apparence d'un chat, mais lui apparaissait aussi déguisé en araignée, hibou, papillon, renard et rat[16].

En Auvergne, Madeleine des Aymards, demeurant à Riom, fut accusée de sorcellerie en 1606 alors qu'elle avait treize ou quatorze ans. Elle raconta avoir été envoyée en bas âge chez son oncle paternel, où elle fit la rencontre du démon sous la forme d'un homme habillé de drap noir et fin à qui elle se donna charnellement après qu'il lui eut promis la richesse. Quinze jours plus tard, un soir, un chat noir entra dans sa chambre, la prit par les pieds et chercha à la faire tomber. Ses cris ayant alerté ses parents, l'animal s'évanouit[17].

Dans les îles Britanniques, le démon prend presque toujours la forme d'un petit animal – chat ou furet – jusqu'en 1645. En Irlande, à Kilkenny, lady Alice Kyteler fut jugée par des autorités ecclésiastiques et séculières en 1324. On l'accusait, entre autres, d'avoir un démon privé, qui lui apparaissait sous la forme d'un chat ou d'un chien noir et poilu, parfois aussi d'un homme noir. Ce démon, nommé Robin ou Fils d'Art, la connaissait charnellement, et, bien qu'il se présentât comme le plus pauvre de l'enfer, lui conférait la richesse[18]. En Essex, en 1566, Elizabeth Fraunces avoua avoir rencontré le diable sous l'aspect d'un chat blanc et tacheté[19]. À partir de la seconde moitié du XVIe siècle, des sorciers anglais furent accusés d'avoir des démons familiers (*familiars*) qui leur rendaient différents services et les aidaient lorsqu'ils devaient « maléficier » quelqu'un, prenant usuellement la forme de chiens ou de chats, mais aussi de rats, de crapauds, de guêpes ou même de papillons[20].

Démons transporteurs, banquets sabbatiques et tintamarre diabolique

Dans les dépositions des sorciers, le chat intervient dans bien d'autres circonstances encore, signe qu'il appartenait, comme de nombreux autres animaux, à un imaginaire démoniaque diffus et commun aux juges et à ceux qu'ils poursuivaient.

Afin qu'ils puissent se rendre aux grands sabbats extraordinaires qui se tiennent en des lieux secrets et inaccessibles, comme le sommet de montagnes élevées, le diable offre aux sorciers des montures variées : à côté des traditionnels bâtons et balais enduits d'un onguent particulier, on trouve dans cet emploi des démons qui prennent la forme de toutes sortes d'animaux – porcs, ânes, moutons, taureaux, chiens, loups, surtout boucs et chevaux –, et, plus exceptionnellement, celle de chats.

Ces montures ne sont pas toujours les mêmes suivant les régions. Le *Champion des dames* mentionnait, dès 1440, des chats transporteurs en Savoie et les hérétiques « Gazares » y chevauchaient « des balais, des fourches, des chats, des boucs ou d'autres choses »[21]. En Lorraine, les sorcières ne recouraient jamais à un chat pour se déplacer, alors qu'en Alsace elles utilisaient des chats et même parfois des voitures tirées par des chats, des chiens ou des porcs. Anne-Marie de Münster avoua que le diable menait ses affidés au sabbat soit à pied, soit en les enlevant dans les airs, soit encore dans une voiture traînée par quatre chats noirs[22]. En 1507, dans un sermon prononcé à Tübingen devant le bûcher d'une sorcière, Martin Plantsch affirma que les sorciers se transportaient sur des bâtons et des chats[23]. En Frioul, les *benandanti* – ou antisorciers – livraient bataille aux sorciers, leurs adversaires maléfiques, montés comme eux sur des lièvres et des chats[24].

Dans leurs témoignages, les accusés déclarent souvent qu'un festin accompagne le sabbat mais émettent des avis contradictoires sur sa qualité : en Lorraine, des sorciers révélèrent qu'on y servait des viandes écœurantes qui provenaient parfois d'animaux dont la consommation était prohibée : bouc, chèvre, corbeau, grenouille, crapaud ainsi que chien et chat[25].

En Lorraine encore, les sorcières qui souhaitaient être exemptées de sabbat devaient verser au démon une redevance qui consistait presque toujours en une poule. Une sorcière de Reillon déclara cependant avoir été soumise à un système de redevances variables : un agneau les deux premières années, la troisième un chat, la quatrième un poulet[26]. Le sorcier lié au démon était en outre censé recevoir une marque diabolique. En 1588, une marque blanche en forme de patte de chat fut ainsi découverte sur l'épaule de Marie Martine de Neufville-le-Roi, en Picardie, ce qui servit à prouver sa culpabilité[27].

Mais le chat est surtout mentionné dans les dépositions pour des affaires de « tintamarre diabolique ». Les sorcières passaient en effet pour provoquer, avec l'aide de Satan, des manifestations bruyantes, qui ressemblaient souvent à des cris d'animaux et, notamment, aux batailles que se livrent les chats. Le rapprochement entre le tintamarre diabolique et les « tapages nocturnes » dont les chats sont coutumiers pouvait être à charge ou à décharge. Des prévenus tentaient parfois de donner une explication rationnelle aux vacarmes suspects que des voisins disaient avoir entendus chez eux, en les attribuant à la présence d'animaux familiers : vaches, loirs, chiens et chats. En Lorraine, une femme de Rozières, à qui on demandait si elle ne se battait pas ordinairement la nuit avec son maître sur le toit de sa maison, répondit avec énergie que c'étaient des chats qui se battaient et non elle. Une habitante de Custines, rendue responsable d'une aubade de chats diaboliques dans son grenier, rétorqua qu'il s'agissait de chattes allant « aux raux » (aux chats mâles). Une sorcière de Pajaille, accusée de même et qui fit la même réponse, se heurta à une cinglante réplique de ses juges :

> « *Nous lui avons remontré... que ce n'étaient point des chats,*
> *mais plutôt le diable son maître qui la venait interpeller d'aller*
> *au sabbat, joint que, la même nuit, il fit une grosse nuée et*
> *tempête*[28]. »

L'assimilation entre les cris des chats et des bruits démoniaques est aussi évoquée par Jean Bodin, qui rapporte que, lors de l'exécution d'une sorcière en Moravie, en 1565, il se mit à tonner autour de sa maison « tant on ouit de bruit et de clameurs de chiens et de chats[29] ». En revanche, le dominicain Jean Nider, un démonologue de la fin du Moyen Âge, la traite par le mépris. Il relate en effet qu'au cours de la réforme d'un monastère de bénédictines situé à Nuremberg, un démon se manifesta la nuit par des bruits insolites. Mais il fallait selon lui porter ces bruits, qu'amplifièrent les délires de femmes, au compte de loirs ou de chats[30]. Une sottie donne une version satirique de ce tintamarre, en montrant des chats à l'agressivité surnaturelle et doués de parole. Un fou y prétend avoir vu, alors qu'il était couché dans l'avoine :

> « *... un grand tas de marcoux (matous)*
> *Qui me disaient : "Follet, tu dors ?*
> *Que fais tu là ? Dis, où es tu ?"*
> *Et ils disaient en leur langage*
> *Qu'ils m'arracheraient le visage,*
> *Les oreilles et les deux bras.*
> *J'aurais voulu être à Arras ;*
> *Ma foi, j'avais une belle frousse.*
> *Le feu saint Antoine les brûle*[31] ! »

Chat et magie

De tous temps, des savants-magiciens ont usé de rituels complexes pour soumettre à leur volonté les puissances démoniaques et en obtenir des biens matériels ou des pouvoirs. Mais ils ne sont pas les seuls à se livrer à ce genre de pratiques : elles sont aussi imputées à des femmes, et, à partir de la fin du Moyen Âge, aux sorciers et sorcières. Pour obtenir des résultats, magiciens et sorciers utilisent largement le règne animal qui leur fournit des victimes sacrificielles et des ingrédients. Les chats sont souvent mis à contribution dans leurs sortilèges, mais il est parfois difficile de savoir si c'est parce qu'ils ont des propriétés particulières – une affinité avec le démon par exemple – ou parce qu'ils sont des matières premières faciles à trouver.

En l'an 1234, rapporte une chronique allemande, plusieurs clercs de Maastricht, qui voulaient voir leurs désirs exaucés, sollicitèrent un maître de Tolède, ville dont les nécromanciens étaient réputés. Ce dernier les plaça à l'intérieur d'un cercle tracé sur le sol, posa à l'extérieur un siège orné de fleurs, puis commença l'évocation en écorchant un chat et en coupant deux colombes par le milieu. Il appela ainsi trois démons et le grand prince Épanamon, les priant d'accepter ce petit dîner et d'aider les clercs. Les trois démons dévorèrent le chat, et Épanamon les colombes.

À en croire les *Lamentations de Matheolus* (vers 1274), cette violente diatribe misogyne que nous avons déjà citée, les femmes sont plus occupées d'augures que du service de Dieu ; elles habillent les crapauds, forment des figures de cire qu'elles tournent sur les braises pour que brûle le cœur de leur amant et mettent « au feu le chat *Panthagrison*, en priant Pylate, Belgibut et Néron ». Un siècle plus tard, la version française de ce texte, due à Jean Le Fèvre, est plus précise encore : les femmes mettent dans le poêle le « vieux chat à l'habit gris », l'attachent étroitement sous une latte et lui font chauffer les pieds au feu[32]. Pour le narrateur, le chat de la maison semble plus victime de la folie des femmes qu'élément agissant de leur sorcellerie mais le choix du chat et son association aux femmes n'est certainement pas neutre.

Une affaire de magie, dont la victime fut encore un chat, fit grand bruit en 1323. Les *Grandes Chroniques de France* rapportent qu'un abbé de Cîteaux recourut à un sorcier afin de retrouver une importante somme d'argent qu'on lui avait volée. Ce dernier fit enterrer un chat noir à un carrefour, en plaçant de la viande et du pain détrempé d'huile sainte et d'eau bénite dans la boîte, qu'il prit soin d'aérer par deux longs tuyaux montant jusqu'à la surface. Mais les miaulements du chat alertèrent des chiens de bergers et l'enquête qui fut conduite mena au sorcier ainsi qu'à plusieurs religieux commanditaires de la diablerie.

Devant l'official de l'archevêque de Sens et l'inquisiteur, les accusés avouèrent qu'ils avaient l'intention de déterrer et écorcher l'animal au bout de trois jours. Sa peau devait servir à confectionner des courroies qu'ils auraient nouées ensemble de manière à former un cercle. Un homme placé à l'intérieur du cercle, le derrière farci de la viande dont le chat avait été nourri, aurait évoqué le diable Berich qui aurait eu tôt fait d'identifier les coupables du vol. Le sorcier et Jean Prévôt, l'homme qui avait servi d'intermédiaire à l'abbé pour le trouver, furent condamnés à être brûlés, et ce dernier alla au supplice avec le chat attaché à son cou[33]. Dans ce rituel très élaboré, il est probable que le chat noir avait été choisi en raison de son affinité avec les puissances démoniaques.

L'affaire eut un grand retentissement à en juger par la place qu'elle occupe dans les chroniques du temps[34]. Une *Chronique parisienne anonyme* (1316-1339) y ajoute d'autres détails : le chat, après avoir été baptisé et avoir reçu un nom, aurait été placé dans une « huche » avec des hosties consacrées qu'il devait manger au cours des neuf jours de sa réclusion[35]. Le rituel parodie ici les sacrements catholiques, comme le faisaient les hérétiques. En 1510, en Angleterre, au cours d'un procès mené dans le diocèse d'York, un des accusés nia avoir baptisé un coq, un chaton ou un autre animal, ce qui revient à dire que de telles pratiques étaient réputées efficaces dans certains sortilèges[36].

Le poète Cecco d'Ascoli, qui fut brûlé en 1327 à Florence, fait aussi du chat une victime sacrificielle et affirme que les esprits malins de la religion zoroastrienne connaissent le secret de la matière et les mettent à la disposition de qui les appelle contre un tribut de sang humain et de chats morts[37].

Dans quelques cas, le recours au chat semble tenir à la nature de l'avantage demandé. Sans doute en raison de l'acuité de sa vue, il est ainsi réputé rendre invisible. Le *Livre des secrets*, consigné dans un manuscrit occitan du milieu du XVe siècle, prétend qu'on peut disparaître à la vue en portant une pierre appelée aliotropia enchâssée dans de l'or, avec de l'héliotrope et un parchemin dont les caractères ont été tracés à l'aide de sang de chat et de coq noirs[38]. Des croyances similaires ont perduré dans le folklore plus récent. En Irlande, à l'époque moderne, un rituel magique appelé *taghairm* consistait à offrir au démon des chats noirs que l'on mettait tout vifs à rôtir après les avoir embrochés. Attiré par les miaulements des malheureuses bêtes, le diable surgissait sous la forme d'un grand chat qui exauçait les souhaits de ceux qui l'avaient ainsi convoqué ou leur accordait l'invisibilité[39]. En Wallonie, pour devenir invisible, il faut faire cuire un chat jusqu'à ce que sa chair se détache des os, puis se placer devant un miroir en mettant dans sa bouche chacun de ses os, un par un, jusqu'à ce que le reflet disparaisse, signe que l'on a trouvé l'« os du chat », ou os magique[40]. Des pratiques semblables sont attestées en Vendée, en Bretagne et en Normandie[41].

Est-ce parce qu'il est un animal malfaisant que le guérisseur ou le sorcier qui utilise positivement son pouvoir recourent au chat pour transférer des sorts ? Deux exemples d'un tel transfert sont connus aux XVIe et XVIIe siècles. Une guérisseuse d'Amance, en Lorraine, se servit ainsi d'un chat pour soigner un pourceau malade[42]. Marguerite Périer, nièce de Blaise Pascal, relate une histoire similaire dont son oncle fut le héros dans son jeune âge. Comme il était atteint d'un état de langueur mortelle, la rumeur attribua sa maladie à une femme réputée sorcière que son père, quoique sceptique, fit appeler et menaça. Il fut fort étonné de la voir reconnaître qu'elle avait jeté un sort à l'enfant pour se venger d'un tort qu'on lui avait fait, et se proposer de réparer sa faute en sacrifiant quelqu'un pour transporter le sort. Étienne Pascal se récria, croyant qu'elle suggérait un sacrifice humain, mais la sorcière ne voulait qu'une bête. Il offrit donc un cheval à la sorcière, qui déclara inutile de faire de si grands frais et affirma qu'un chat lui suffirait. Elle jeta le chat par une fenêtre, d'où il tomba mort quoique la hauteur ne fut que de six pieds, en réclama un autre puis fit cueillir des herbes de trois sortes différentes par un enfant de moins de sept ans, dont elle fit un cataplasme qu'elle posa sur le jeune Blaise, lequel, après être passé pour mort pendant quelques heures, revint à la vie et se remit peu à peu[43]. Le chat ne paraît choisi ici que parce qu'il est peu coûteux et le transfert repose sans doute moins sur un principe de magie sympathique – traitement du mal par le mal – que sur l'idée qu'il existe une relation de continuité entre les êtres ou les choses.

Dans la pharmacopée magique, comme dans la médecine médiévale, le chat est aussi une matière première. Nicole Oresme (1322-1382) signale que les magiciens ont coutume de se servir de certaines aides, comme l'*hippomanes* ou la membrane qui entoure les chatons nouveau-nés[44]. Les Gazares, ces hérétiques sorciers que nous avons déjà mentionnés, rendaient la terre stérile grâce à une poudre dont la recette rappelle celles des onguents médiévaux : la peau d'un chat, emplie de céréales et de raisins, était placée durant trois jours dans une source vive puis desséchée et réduite en une poudre que l'on dispersait au sommet d'une montagne. C'est en échange de ce sacrifice que le diable consumait les fruits de la terre[45]. Plus tard, en Lorraine, on reprocha à une devineresse, Claudette Clauchepied, d'avoir tué le chat d'un voisin et emporté sa tête, sans doute parce qu'on redoutait qu'elle n'en fît une utilisation magique[46].

Que le chat fasse partie de la pharmacopée du diable, c'est ce que confirme la littérature narrative, sur un mode dramatique ou au contraire parodique. Le clerc bigame du *Matheolus* donne dans son pamphlet le récit d'une aventure galante : une femme, prétend-il, lui fit goûter de ses poudres vénéneuses et, l'ayant mis nu, le chatouilla d'une patte de taupe et de chat[47]. Au XVIe siècle, Agrippa d'Aubigné montre Catherine de Médicis occupée à ses sortilèges, brûlant des plantes (cyprès, mandragore, rue, hellébore) et des animaux maléfiques (tête de chat roux, peau de céraste, fiel de chat-huant, langue de corbeau, sang de chauve-souris)[48]. Dans une pièce du théâtre espagnol, *La Célestine*, la maison de l'héroïne, mère maquerelle et un peu sorcière, est un laboratoire où elle fabrique des produits de beauté à base de minéraux, de végétaux et de graisses d'animaux hétéroclites – vaches, ours, chameaux, couleuvres, lapins, baleines, chats, hérissons et daims. Mais la Célestine dispose aussi d'un véritable attirail de magicienne : dans sa chambre aux onguents, elle range des yeux de louve et un papier écrit avec le sang d'une chauve-souris dans la peau d'un chat noir[49].

La barbe ou les poils de chat sont un ingrédient courant de la magie blanche : ils entraient à la fin du Moyen Âge dans la composition de philtres d'amour, et le chat servait d'auxiliaire à celle qui voulait s'assurer la fidélité de son époux[50]. Il suffit aux sorcières alsaciennes de faire manger à des amants un morceau de chat immolé à Satan pour que l'affection la plus vive se change aussitôt en mépris[51]. Si l'on retrouve ici l'association du chat, de la femme et de la sexualité, il peut aussi porter chance : en Lorraine, Barbe La Grosse Gorge, devineresse de Jarville, avoua avoir mêlé de la graine de fougère à de la barbe de chat pour rendre un joueur toujours chanceux et déclara tenir cette recette d'un Égyptien[52].

Le chat occupe en fin de compte une place plus limitée qu'on ne pouvait l'attendre dans la sorcellerie diabolique. Les aveux des sorciers de l'âge classique recourent peu, et sous une forme extrêmement simplifiée, au motif du chat-diable hérité du Moyen Âge. Les rares enquêtes d'envergure menées sur les archives le confirment : dans les mille cinq cent procès pour fait de sorcellerie qu'a étudiés Alfred Soman dans le ressort du parlement de Paris, le loup et le crapaud apparaissent bien plus souvent que le chat, aussi rare que le coq[53]. Et il n'y a pas trace de chat dans les suppliques adressées depuis différents pays d'Europe à la Pénitencerie apostolique pour des cas de sorcellerie diabolique (1439-1553)[54].

Le chat apparaît de façon tout aussi marginale quand les sorciers évoquent différents aspects du culte satanique, maléfices, transport, sabbat, tintamarres, etc. Pourtant la façon dont il est mentionné dans les aveux suggère que sorciers et juges partagent le même imaginaire et continuent d'attacher au chat l'image diabolique qui était la sienne depuis le XIIIe siècle, celle-ci semblant toutefois avoir été plus marquée dans les contrées germaniques.

23

La sorcière métamorphosée en chat

La croyance en une « sorcière nocturne », qui vole la nuit et commet des homicides, est attestée en Occident dès l'époque romaine. Plusieurs poètes latins, Ovide, Tibulle, Pétrone et Stace, ont évoqué des sorcières métamorphosées en rapaces nocturnes, ces « striges », qui poussaient des cris stridents du haut des toits et s'élançaient sur les nourrissons dont elles déchiraient les entrailles pleines de lait[1]. Les peuples germaniques du haut Moyen Âge connaissaient un mythe similaire, celui des stries cannibales, qui croyaient chevaucher la nuit et pouvoir passer à travers les portes closes, tandis que leurs corps reposaient tranquillement auprès de leurs maris[2]. Au XIIIe siècle, certains auteurs commencent à évoquer des striges changées en chat. Ce thème, qui se distingue de celui du chat-diable par ses conditions d'apparition et par la méfiance qu'il inspira d'emblée aux autorités religieuses, semble à bien des égards apparenté au mythe de la sorcière nocturne. Il entrera dans l'imaginaire de la sorcellerie de la fin du Moyen Âge et de l'époque moderne.

Les premiers chats vampires

C'est peut-être une trace du mythe antique de la strige que l'on retrouve dans un épisode hagiographique situé dans le sud de la France. La vallée d'Arles-sur-Tech, raconte la légende des saints Abdon et Sennen, était la proie de bêtes sauvages, notamment de chats et de singes féroces qui, sans crainte des humains, entraient dans les maisons pour y enlever les enfants au berceau, les suffoquer et les dévorer. L'histoire veut que l'abbé Arnulphe en soit venu à bout grâce aux reliques des deux saints qu'il alla chercher à Rome[3].

Mais la première allusion indiscutable aux sorcières métamorphosées en chats date du début du XIIIe siècle. Gervais de Tilbury consacre un chapitre de ses *Loisirs impériaux* (1210) aux « fantasmes nocturnes » et aux opinions des clercs à leur propos, la plus commune consistant, selon lui, à nier leur réalité à l'exemple de saint Augustin pour qui ils ne sont que des images vues en songe[4]. Pourtant, Gervais semble admettre les aveux de femmes de sa connaissance, qui lui ont affirmé que, pendant le sommeil de leurs maris, elles attaquaient les enfants et, en troupe, parcouraient le monde à tire d'ailes. Certaines, ajoute-t-il, aperçues et blessées la nuit sous forme de chats, portaient au matin sur leur corps des blessures et des traces de coups[5].

Vers le milieu du XIIIe siècle, Étienne de Bourbon déclare à son tour avoir entendu parlé de femmes striges qui, en Bretagne, auraient bu le sang de deux enfants[6]. En 1427, Bernardin de Sienne rapporte, sans y croire, que des sorcières prétendaient devenir chattes en s'oignant d'un onguent tiré d'herbes cueillies à la Saint-Jean et à l'Ascension[7]. De cette croyance témoigne aussi les déclarations d'une certaine Constance Mascini de Viterbe, consigné lors du procès en canonisation de sainte Rose (1457) :

> « *Comme... réveillée au cours de la nuit, elle remarquait un fantasme sur son enfant qui dormait avec elle dans son lit et, par peur de ce fantasme qui avait la forme d'un chat, était incapable de parler ; comme il paraissait serrer très étroitement l'enfant à la gorge, après qu'elle eut invoqué l'aide et le secours de la glorieuse vierge Rose, le fantasme s'enfuit et n'apparut plus*[8]. »

Le témoignage de Constance Mascini est spontané de même que les aveux des striges connues de Gervais de Tilbury : à la différence de la figure du chat-diable, indissociable de la répression de l'hérésie, la métamorphose de la strige en chat semble donc s'ancrer dans la culture populaire. Si la figure syncrétique de la strige, cette femme malfaisante qui, métamorphosée en oiseau ou en chat, « vampirise » des enfants, apparaît au XIIIe siècle, c'est sans doute parce que les clercs

commencent alors à faire circuler des croyances jusque-là pas-
sées sous silence : c'est le cas de «clercs de cour» comme
Gautier Map et Gervais de Tilbury, mais aussi des franciscains
et dominicains qui puisent dans la tradition orale des récits
destinés à illustrer leurs sermons[9]. Mais il faut attendre le
XVe siècle et le début de la répression de la sorcellerie pour
que des théologiens commencent à évoquer ce mythe auquel
ils ne croient pas.

Des théologiens incrédules

Dès le XVe siècle, des théologiens italiens, qui sont souvent
aussi inquisiteurs, consacrent des traités aux striges ou sorcières. Que le diable se manifeste à ces dernières sous la
forme d'un chat n'a pour eux rien d'étonnant sur le plan théo-
rique : le diable est par nature trompeur et ses formes innombrables. En revanche, la métamorphose de la sorcière en chat
ou «ailouranthropie» ne leur inspire que méfiance et incrédu-
lité, la plupart suivant en cela la traduction augustinienne qui
niait la possibilité de la transformation de l'homme en l'animal. La pression populaire les amène cependant à interroger,
expliquer et nier la métamorphose, croyance fort commune et
indissociable du maléfice lorsqu'il s'exerce à l'encontre de
jeunes enfants.

À Vérone, vers 1460, le dominicain Jourdain de Bergame
rédigea une *Question des striges* à l'instigation d'un prédicateur
qui l'avait consulté sur ce point de doctrine délicat. Les *strigae*
ou *strigones*, écrit-il, sont des hommes ou des femmes qui vont
la nuit dans les maisons, parcourent de grandes distances et
fascinent les enfants ; mais peuvent-ils, comme le peuple le croit
communément, se transformer en chats, voire en un autre animal ? Même si les anciens, voire des auteurs plus récents, ont
pensé que l'âme pouvait passer du corps humain à celui d'un
animal, ce genre de métamorphose n'est pas possible, comme de
nombreuses autorités religieuses, saint Augustin en tête, l'ont
montré. Il s'agit là d'illusions que le démon suscite de plusieurs
façons, notamment en composant à partir d'air et de vapeurs
agglomérés en nuée une figure qu'il anime et à laquelle il peut

donner la forme d'un chat, d'un singe ou d'un cheval. « C'est de
cette manière, affirme Jourdain, que le démon prend la plupart
du temps la forme d'un chat, déambule par les toits, pénètre dans
les maisons et les chambres, fascine et tue les enfants. » Le
démon peut encore élaborer cette image à partir de l'humeur de
l'œil d'un individu qui croit alors être métamorphosé. Enfin, il
peut profiter du sommeil de la strige pour lui fixer si solidement
dans l'esprit des visions qu'une fois éveillée elle jurerait jusqu'à
la mort qu'elles sont réelles[10].

La même année, l'opinion d'un autre dominicain, Girolamo
Visconti, provincial de haute Lombardie, fut également sollici-
tée sur le même sujet. Persuadé comme Jourdain que la métamorphose est illusoire, il pense que c'est le démon qui se
métamorphose puis transporte les coups sur la sorcière à laquelle
il a fait croire qu'elle s'était transformée. Il évoque à ce propos
un fait divers mettant en scène une sorcière, un père, et son
enfant :

> « ... *quand on dit que celles qui entrent dans les maisons en
> forme de chat sont parfois blessées, etc., je dis qu'elle voit par
> une illusion diabolique le démon entrer dans la maison sous une
> certaine forme et faire tout ce qu'il fait, tout en étant fermement
> persuadée que c'est elle-même, transformée en chat, qui agit et
> est frappée par le père de l'enfant, mais en réalité le démon la
> frappe dans son lit*[11]. »

Peut-être s'agit-il de celui qu'avait observé vers 1420 le
médecin du duc de Bavière Albrecht III, Johannes Hartlieb.
Dans son traité sur les arts interdits, celui-ci relate en effet une
affaire qui se déroula à Rome sous le pontificat de Martin V.
Un chat s'était introduit dans une maison bourgeoise et avait
mordu un enfant dans son berceau. Le père, alerté, l'avait
frappé d'un couteau alors qu'il s'enfuyait par la fenêtre. Le
lendemain, il dit à une voisine qui se rendait à la messe qu'elle
avait mauvaise mine, mais celle-ci lui répondit curieusement :
« Si tu avais pitié de ma mauvaise mine, tu ne m'aurais pas fait
cela[12]. » Quatre jours plus tard, la femme portait à la tête des
traces de coups qui rappelèrent au père et le chat et les étranges
paroles de la femme qu'il fit arrêter. Or la sorcière, loin de se
repentir, déclara devant le tribunal regretter de ne pas avoir
emporté l'onguent qui lui aurait permis de s'enfuir. Hartlieb,

et d'autres avec lui, auraient souhaité constater l'action de l'onguent, mais un docteur s'opposa à l'expérimentation et la femme fut brûlée.

Au XVe siècle encore, d'autres Italiens constatent ces mêmes croyances et les réfutent. En 1468, Ambrogio de Vignati, un juriste qui enseigna à Padoue, Bologne et Turin, dresse un tableau complet des méfaits des sorcières qui déclarent se transformer en chat, et auxquelles le diable se manifeste sous forme de chien ou d'autres animaux[13]. Cinq ans plus tard, le franciscain Pacifico de Novare assimile à un péché mortel le fait de croire que les femmes se changent en chat et les hommes en loup, que, dans la nuit du jeudi, elles chevauchent en troupe montées sur un bâton enduit d'onguent ou sur certains animaux, qu'elles entrent dans les maisons, tuent et mangent les enfants. C'est en effet, selon lui, le démon qui ouvre les portes aux striges et interpose entre elles et ceux qui les voient une nuée en forme de chat ou de loup. Comme Girolamo Visconti, il croit que le transfert des coups reçus par l'animal au corps de la sorcière, opéré par la volonté du démon, ne sert qu'à rendre l'illusion la plus complète possible[14].

Un mystérieux « fait authentique »

La position des auteurs du *Marteau des sorcières* (1486-1487), deux dominicains qui furent inquisiteurs en pays rhénan, est bien différente de celle des théologiens italiens. Fascinés par la sorcellerie diabolique et associant la sorcière à l'idée d'une sexualité omniprésente que seule le feu peut purifier, Jacob Sprenger et Henri Institor situent dans le diocèse de Strasbourg un « fait authentique » assez semblable à ceux rapportés par Girolamo Visconti et Johannes Hartlieb :

> *« Un ouvrier était un jour en train de couper du bois pour faire du feu. Un chat, et pas un petit, apparut pour l'ennuyer en se mettant devant lui ; il le chassa mais voilà qu'un autre plus gros arriva pour se joindre au premier et l'importuner davantage. De nouveau, il voulut les chasser, mais ils étaient trois à revenir et à tenter de lui sauter au visage, cependant qu'ils lui mordaient*

> *aussi les jambes. Effrayé et, disait-il ensuite, plus inquiet que*
> *jamais, il fit le signe de la croix et, laissant son travail, il fonça*
> *sur les chats qui avaient grimpé sur le tas de bois, et cherchaient*
> *de nouveau à l'attaquer en lui sautant à la figure ou à la gorge ;*
> *avec difficulté, il réussit à les chasser en frappant l'un à la tête,*
> *l'autre aux jambes, le troisième sur le dos* [15]. »

Une heure plus tard, l'ouvrier fut arrêté, sans en comprendre la raison. Il finit par apprendre qu'on lui reprochait d'avoir blessé trois des dames les plus considérées de la ville. Il se souvint alors des chats qui l'avaient assailli et qu'il avait frappés. Les juges, constatant que les dames portaient des traces de coups, le libérèrent en lui faisant promettre le silence, mais « on ne put cacher la chose aux défenseurs de la foi qui avaient été présents ».

L'affaire fut entourée de mystère : les autorités, juges et inquisiteurs, gardèrent le silence, les sorcières restèrent impunies et le nom même de la ville qui fut le théâtre de ces événements fut tu par « charité et honnêteté ». Institor s'interrogea longuement sur la métamorphose et le transfert des marques de la forme animale à la forme humaine recouvrée. Les chats étaient-ils des démons – les traces ayant été faites après coup sur les corps des matrones en vertu d'un pacte – ou plutôt des sorciers, comme il le présumait ? Mais les différentes méthodes utilisées par le démon pour susciter une telle illusion intéressent au fond assez peu l'inquisiteur qui met l'accent sur la participation active de la sorcière au méfait et donne à la présence des chats une portée symbolique en opposant ces animaux perfides au chien fidèle qui représente l'ordre auquel il appartient. Cette symbolique latente était, on l'a vu, en germe chez les dominicains du XIIIe siècle, lorsqu'ils faisaient du chat l'idole des hérétiques.

Les enfants fascinés de Ferrare

Dans la première moitié du XVIe siècle, de nombreux démonologues sont encore italiens et hommes d'églises. Certains se contentent d'évoquer brièvement les problèmes théoriques posés par la transformation des sorcières en chat et en loup,

croyance si commune en Occident que le théologien dominicain Silvestro Prierias (1456 ?-1523) juge inutile de s'y attar-
der[16]. Pour Paolo Grillandi, théologien et juriste napolitain, les
sorcières ne sont que les instruments du démon qui s'incarne
en chat pour les assister à leur insu, éteignant les lumières,
ouvrant les portes des maisons, les introduisant dans les
chambres closes et leur intimant ordre de tuer les enfants[17].
Dans sa *Somme* démonologique, Bartolomeo Fumo (1549)
réfute à son tour la réalité de la métamorphose et l'explique
par le « prestige » ou illusion diabolique[18].

Quelques années plus tôt, en 1523, un autre dominicain,
Bartolomeo Spina, avait en revanche longuement évoqué la
métamorphose de la sorcière en chat, frappé par les nombreuses
plaintes relatives à des « fascinations » d'enfants qu'il avait
reçues lorsqu'il était inquisiteur à Ferrare. Les témoignages
qu'il consigna alors montrent la sorcellerie au quotidien, dénon-
cée comme telle par des parents confrontés à la mort inexplicable d'un de leurs enfants, ce qui n'implique pas que les
sorcières désignées au juge ou à l'inquisiteur aient été du reste
poursuivies.

Selon Spina, l'imagination humaine est un ensemble fini de
« fantasmes » conservés dans un organe corporel déterminé. Le
démon est capable, à son gré, de les modifier, de les agencer,
de les scinder ou les perturber, sans pouvoir toutefois en créer
de nouveaux. Il ne lui paraît donc guère étonnant que les sorcières croient prendre la forme d'un animal commun et pensent
se métamorphoser en chattes, comme elles sont nombreuses à
le dire[19]. Par une autre de leurs ruses, les démons peuvent en
outre interposer un corps de chat façonné à partir d'air entre
l'œil et ce qu'il regarde : c'est alors le félin illusoire, et non la
sorcière, qui est visible.

La métamorphose, note Spina, permet aux sorcières de vam-
piriser les enfants. Cette vampirisation parfois imaginaire – les
striges croient en effet boire le sang des enfants comme elles se
persuadent faussement qu'elles sont transformées – peut être
aussi bien réelle, car les sorcières infligent aux enfants, à l'aide
de leurs ongles ou d'aiguilles, des blessures minuscules en des
lieux vitaux, les vidant ainsi peu à peu de leur sang.

De nombreuses personnes, assure encore Spina, ont été
témoins de faits semblables à Ferrare et ailleurs. Ainsi, Antoine
Leo et sa femme, qui jurèrent devant lui avoir été réveillés par

les cris de leur enfant et avoir vu deux grands chats qui s'étaient mystérieusement introduits dans leur chambre bien close. Quoique violemment frappés, ceux-ci parvinrent à fuir par la fenêtre. Il était trop tard pour l'enfant, qui, déjà exsangue, mourut peu de jours après. Deux ans plus tard, une petite fille qui venait de naître s'éteignit de la même manière, après avoir été attaquée par deux grands chats qui prirent la fuite. Les parents racontèrent qu'ils avaient souvent entendu la nuit les cris de chats attaquant d'autres enfants et évoquèrent un onguent qui pouvait guérir les enfants s'ils n'étaient pas trop atteints. En dépit de leurs connaissances en matière de fascination, il leur fallut curieusement un « annonciateur » pour prendre conscience du maléfice dont avait été victime leur fille : avant de périr brûlée, une sorcière leur déclara que les chats étaient en réalité deux sorcières, leur faisant comprendre par signes de qui il s'agissait, mais refusant d'énoncer le nom de la coupable[20].

La même année, un artisan de Ferrare, Philippe, révéla sous serment judiciaire qu'une femme lui avait demandé de ne pas empêcher les chats de s'approcher de son enfant pendant trois mois, prétendant ainsi le soigner d'une maladie. À peine la sorcière partie, un grand chat inconnu s'approcha de l'enfant d'un pas rapide. Effrayés, les parents enfreignirent les prescriptions de la vieille et chassèrent le chat que Philippe frappa si violemment qu'il tomba par la fenêtre et se brisa les os. Comme la femme qui leur avait fait cette curieuse recommandation demeura alitée plusieurs jours, le père finit par reconnaître en elle le chat qui avait « maléficié » son fils. De fait, les marques retrouvées sur la vieille correspondaient aux endroits où le chat avait reçu des coups.

La métamorphose et le sabbat

Après 1550, la croyance dans la métamorphose des sorcières ne suscite plus les mêmes réactions parmi les démonologues. Ceux-ci, désormais surtout des hommes de loi, ne s'intéressent plus guère aux questions théoriques que pose la métamorphose et délaissent les autorités traditionnelles de l'Église en la matière pour s'appuyer sur des traités plus contemporains et sur la jurisprudence. À l'époque de la grande chasse aux sorcières, la chrétienté est, à leurs yeux, une forteresse assiégée par les forces démoniaques et le sabbat est au centre de leurs débats : la métamorphose de la sorcière en chatte, thème autonome et authentiquement populaire, occupe donc chez eux une place marginale, suscitant leur méfiance ou étant tant bien que mal intégré à la description de la société sabbatique. On a souvent noté l'uniformité de leurs vues en matière de sorcellerie quelle que soit leur nation d'origine : les métamorphoses qu'ils rapportent semblent donc souvent convenues et stéréotypées.

Dans la *Démonomanie des sorciers*, la métamorphose n'est plus un maléfice individuel visant des enfants mais une manifestation démoniaque collective qui rappelle le sabbat. Le juriste et philosophe Jean Bodin y rapporte l'histoire des sorciers de Vernon, qui, vers 1566,

> « *s'assemblaient ordinairement en un château vieil et ancien en guise de nombre infini de chats. Il se trouva quatre ou cinq hommes qui résolurent d'y demeurer la nuit, où ils se trouvèrent assaillis de la multitude de chats : et l'un des hommes y fut tué, les autres bien marqués, et néanmoins blessèrent plusieurs chats qui se trouvèrent après mués en femmes, et bien blessées*[21] ».

Cette histoire parut si incroyable, ajoute Bodin, que les poursuites furent abandonnées. Mais les faits rapportés dans le *Marteau des sorcières* lui semblent toutefois confirmer l'inconcevable, car les démonologues rhénans, opérant dans un pays de tout temps infestée de sorciers, ont à ses yeux une expérience incontestable en matière de sorcellerie.

À en croire Nicolas Rémy, juge dans le duché de Lorraine, de nombreux démons métamorphosés en chats accompagnaient les sorcières qui se livraient à des maléfices nocturnes ; sous cette forme, ils pouvaient en effet aisément marcher sur les toits et passer par des trous étroits. Ces chats démoniaques ne se distinguaient des animaux familiers que par leur agressivité. Si Rémy ne peut nier que les sorcières passaient elles-mêmes pour se transformer en chat, puisqu'il rapporte maints aveux de telles transformations, il juge absurde d'y ajouter foi, tout en reconnaissant qu'« il faut qu'il y ait quelque chose pour que tant de personnes défendent obstinément cette opinion »[22]. De même, le jésuite espagnol Martin del Rio admet que les démons puissent fréquenter les sorcières sous forme de chats ou de chiens, mais récuse la métamorphose des sorcières, et n'hésite pas à affirmer que celles évoquées par Rémy ont menti[23].

Vers 1600, Henri Boguet, juge dans le comté de Bourgogne (Franche-Comté), nie tout aussi formellement la métamorphose des « matrones » ou « lamies » qui passent pour sucer le sang des petits enfants non baptisés et prétendent pénétrer de nuit dans les maisons en se faisant chats, souris, belettes ou sauterelles. Plusieurs témoins lui ont cependant rapporté des récits dignes de foi : un nommé Charcot fut assailli une nuit par une multitude de chats qui disparurent lorsqu'il fit un signe de croix ; un cavalier, qui avait tiré avec son escopette sur des chats perchés dans un arbre, ramassa un trousseau de clefs et entra peu après dans une auberge où la maîtresse de maison et les clefs de la cave avaient disparu : l'aubergiste reconnut pour sien le trousseau trouvé ; quant à sa femme, elle revint blessée à la hanche droite et dut confesser qu'elle rentrait du sabbat où elle avait couru changée en chat[24].

Pierre de Lancre, conseiller au parlement de Bordeaux, désigné par Henri IV pour enquêter sur la sorcellerie en Labourd, associe plus encore la métamorphose au sabbat, mais elle reste toujours le fruit d'une illusion diabolique. D'après les témoignages qu'il a recueillis, la sorcière sous la forme d'un chat ravit les enfants afin de les entraîner au sabbat, se déguise ainsi pour y paraître ou pour effrayer ceux qu'elle rencontre au retour. Une nommée Dojartzabal, âgée de quinze ou seize ans, accusa une femme d'être venue la chercher métamorphosée en chat. Comme on lui opposait que la sorcière présumée était au moment des faits chargée de fers et surveillée jour et nuit, elle rétorqua que le diable avait le pouvoir de tirer provisoirement les sorcières de prison pour les faire venir au sabbat ou pour qu'elles y mènent ceux qu'elles avaient ensorcelés[25].

Une croyance largement répandue

Alors que la plupart des démonologues de la seconde moitié du XVIe siècle la liaient au sabbat, l'accusation d'ailouranthropie apparaît sous sa forme traditionnelle, associée à la fascination ou meurtres d'enfant, dans de nombreux procès menés à l'époque de la grande chasse aux sorcières, dans les années 1580-1620. Les témoignages recueillis montrent que cette croyance existait aussi bien en France qu'en Italie et dans les pays germaniques où elle fut d'abord signalée, mais elle semble avoir été plus rare en Angleterre.

La métamorphose de la sorcière jouissait d'un large crédit en Lorraine où les dépositions des témoins abondent en faits merveilleux : selon les uns, des chats pénètrent dans des maisons et disparaissent inexplicablement ; selon d'autres, on retrouve trace sur le corps de vieilles femmes des coups portés sur un chat ; selon d'autres enfin, des chats mystérieux s'attaquent à des nouveau-nés, de jeunes mères ou des parturientes ; ils laissent des traces de griffes sur un berceau, ensanglantent le visage d'une mère, tuent des nourrissons ou s'installent sur leur visage afin de leur faire perdre la vue, sautent sur une femme enceinte qui perd son enfant. Une femme assure par exemple avoir senti à son réveil un chat qui la serrait à la gorge. Les prévenues elles-mêmes avouent avoir commis des méfaits sous une forme animale et accusent parfois le diable d'être l'auteur de leur métamorphose : à Ramonchamp, une inculpée déclare s'être introduite dans une métairie par une fenêtre et avoir « laissé du poil » en repartant par le même chemin ; deux autres reconnaissent avoir fait de même pour aller étrangler leurs ennemis. Un sorcier de Raon raconte qu'il se transformait en chat sur les instances du « maling esprit » qui voulait qu'il effrayât ainsi les enfants[26].

La croyance est également présente en Alsace, où les sorcières aimaient prendre la forme d'un chat noir et courir sur les toits, cherchant à pénétrer chez leurs voisins par les lucarnes et les cheminées, à les terrifier par des miaulements sinistres, à les assaillir dans leurs lits et à étrangler les animaux domestiques[27]. On trouve aussi des allusions à l'ailouranthropie à Marseille, où le prêtre Louis Gaufridy fut accusé vers 1610 d'avoir séduit Madeleine de Demandolx, une jeune ursuline. Au cours de son procès, de nombreux témoins à charge déclarèrent avoir vu un chat mystérieux, sans doute un sorcier (un « masqu »), se présenter aux heures du dîner et du souper dans le réfectoire des prêtres des Accoules qu'il fréquentait[28]. En Auvergne, Adrienne d'Heur, une femme de soixante ans, au comportement irrégulier et qui comptait des sorciers parmi sa parentèle, fut jugée en 1646 : elle avoua s'être introduite dans les maisons la nuit, toutes portes closes, y avoir fait grand vacarme et avoir menacé des gens notamment sous la forme d'un chat[29].

La croyance en la métamorphose est bien attestée en Frioul, tant chez les sorciers que chez leurs adversaires, les *benandanti*, qui étaient persuadés que l'esprit et le corps pouvaient se séparer. Margarita de San Rocco, condamnée au bûcher à Lucques en 1571, affirma avoir opéré une telle séparation pour se rendre au sabbat : à l'en croire, si son esprit ne rentrait pas au chant du coq, avant le lever du jour, il gardait la forme d'une chatte et son corps demeurait mort. En 1583, un bouvier qui se prétendait *benandante* déclara avoir vu une sorcière préparer un feu pour faire brûler « une pauvre petite créature à peine née ». Il l'interpella et la sorcière laissa aussitôt l'enfant, se transforma en chatte et s'enfuit. Au début du XVIIᵉ siècle, quand *benandanti* et sorciers finiront par être confondus, Maria Ponzana se déclarera *benandante* tout en avouant avoir participé à un sabbat traditionnel. Elle accusera en outre une certaine Aloysia de sucer le sang des humains, et surtout des enfants sous la forme d'une chatte blanche et reconnaîtra l'avoir accompagnée dans ses méfaits, après s'être elle-même changée en chatte noire[30].

Du chat et du hibou

La métamorphose de la sorcière en chat a marqué le folklore. En Allemagne, on ne doit pas laisser un enfant seul avec un chat pour lui éviter d'être ensorcelé ou, plus rationnellement, de souffrir de problèmes respiratoires[31]. En Alsace, on croit à Wissenbourg et à Saverne que le *Letzel* suce le sang des dormeurs en prenant parfois la forme d'un chat et, dans la région de Soulzmatt, que le *Dogala* étouffe les hommes sous la même forme[32]. En Sicile, la *stria*, sorte de chat monstrueux à longue queue, s'attaque aux nouveau-nés jusqu'au quarante-neuvième jour qui suit leur naissance[33]. En Wallonie, la *macrale* s'introduit dans les chambres à coucher où elle se roule en boule sur la poitrine des nourrissons pour les étouffer[34]. En France, les sorcières adoptent avec prédilection la forme d'un chat noir et, depuis le XVᵉ siècle, on raconte que les chats, surtout âgés, étranglent leur maître[35].

La métamorphose de sorciers en toutes sortes d'animaux plus ou moins interchangeables n'est pas une croyance propre à l'Occident. Dans les années 1956-1962, les sorcières de Rhodésie prétendaient encore, comme leurs homologues occidentales, voler nues la nuit sous forme de hyènes, de fourmiliers ou de hibous et se livrer au cannibalisme[36]. En Afrique du Nord, les djinns passent pour prendre l'apparence de chats. Sans doute ces métamorphoses reflètent-elles l'idée que la nature est un *continuum* et qu'il existe des passages entre les catégories que l'esprit humain a distinguées en elle. On retrouvait de même au Moyen Âge une vision du monde caractérisée par son unité et une incomplète dissociation de l'homme et de son milieu[37].

Pourquoi, cependant, cette évidente prédilection qu'ont les sorcières européennes pour la forme féline ? Il est vrai que le chat, « animal du passage » qui s'introduit aisément en tous lieux, faisait une sorcière vraisemblable, mais ce n'est sans doute pas la seule raison de son élection. Au début du siècle, l'historien Maurice Foucault voyait dans le meurtre de jeunes enfants par des sorcières-chattes une déformation des homicides par imprudence que condamnaient déjà les pénitentiels médiévaux, les enfants qui couchaient dans le lit de leurs parents courant le risque d'être étouffés[38]. Aujourd'hui encore, on dit souvent que les chats sont un danger pour les nouveau-nés, sans qu'on sache au fond si le danger est fondé ou imaginaire.

Il existe aussi peut-être un lien entre la chouette et le chat, entre la strige et la sorcière, le mythe de la strige antique, rapace dévoreur de nourrissons, rappelant d'assez près la sorcière médiévale qui s'attaque aux mêmes victimes innocentes. Dans ses toutes premières occurrences, rappelons-le, le mot *cattae* désignait non des chattes mais des oiseaux de nuit[39]. Les langues romanes rapprochent d'ailleurs chat et oiseau : en picard, le hibou porte le nom de *co-cawan* (chat-hibou), dans l'Yonne, celui de *chat-roanne*, en Savoie celui de *çafarou*. En ancien français, le *cat-cornu* est une sorte de hibou, de même que le *testa da gatto* (tête de chat) en génois. Dans l'aire germanique, *Katzeneule* et, en Frioul, *catuss*, témoignent du même rapprochement[40]. En latin médiéval, le nom composé *muriceps* renvoie au chat et parfois aussi au rapace nocturne, puisque l'un et l'autre sont des chasseurs de souris et de mulots. Dès le XVIᵉ siècle, le zoologue Ulysse Aldrovandi le notait : « Il y a de nombreux animaux qui sont dénommés à partir de *chat* : ainsi l'oiseau "hibou", parce qu'il rappelle la tête des chats, est appelé oiseau-*chat* »[41].

Ces rapprochements linguistiques sont certainement à mettre en relation avec les similitudes de mode de vie et de comportements des chats et des rapaces, actifs la nuit, chassant les mêmes proies et poussant des cris lugubres[42].

Leur apparence même, tête dressée, yeux larges, fixes et saillants, présente une certaine parenté. Certaines représentations les confondent même : une chouette à tête de chat suggère dans la marge d'un manuscrit qu'il n'y a pas de réelle solution de continuité entre les deux espèces[43]. On a par ailleurs noté que les enfants dessinent spontanément les chats et les rapaces nocturnes de face, alors qu'ils figurent les autres animaux de profil[44]. Les deux animaux ont enfin le même goût pour le lait. Suivant une croyance populaire, les hibous dérobent le lait des chèvres en les tétant, ainsi que le suggèrent le mot latin *caprimulgus* et une série de dérivés romans[45].

Il n'est pas absurde de penser que ces similitudes aient favorisé le passage de la strige à la sorcière, du hibou au chat, glissement qui est acquis au XIIᵉ siècle.

Les morts d'enfants attribuées aux chats et aux rapaces évoquent le vampirisme : on dit que les sorcières étouffent les enfants, les « dessèchent », les « maléficient », ou sucent leur sang. Certains auteurs, comme Nicolas Oresme au XIVᵉ siècle, parlent de « fascination », c'est-à-dire d'ensorcellement par la force du regard, action malfaisante qui s'exerce d'autant plus aisément que la victime est un enfant sans défense[46]. Parmi les êtres dotés d'un tel pouvoir figurent le basilic, animal mythique et monstrueux dont l'aspect peut tuer un homme, ainsi que la *vetula*, vieille femme et sorcière qui s'attaque aux nouveau-nés.

Le « regard mortel » repose sur une solide tradition et se retrouve sur tous les continents. Au Moyen Âge, on croyait que le sang menstruel renfermait un poison contre lequel les femmes étaient mithridatisées. Les vieilles femmes et les vierges, supposées retenir ce sang toxique, en acquéraient un pouvoir mortel transmis par le regard[47]. Ce même pouvoir maléfique de fascination a pu être prêté au chat en raison de son affinité avec la femme, de son regard particulier et de sa ressemblance avec les strigidés, même si cela est plus suggéré qu'affirmé au Moyen Âge. Un des miracles de sainte Colombe de Rieti (1467-1501) évoque cependant l'effet produit par le regard « glauque » du chat : trouvant une chatte morte, un enfant aperçut les yeux ouverts de la bête et fut pris d'une crise de stupeur dont seule la sainte vint à bout[48].

Cinquième partie

Le chat à l'époque moderne

24

Le chat miroir de l'homme

À bien des égards, l'histoire du chat est sans solution de continuité du Moyen Âge à l'époque moderne. À la Renaissance, il persiste ainsi à être accusé de tous les vices, et il suffit de lire Rabelais et La Fontaine pour constater cette stabilité. Les chats et chattes fourrées de Rabelais incarnent les gens de justice et leurs femmes : Pantagruel découvre leur bréviaire, *Le Chat fourré des Procureurs*, à Paris, dans la bibliothèque de Saint-Victor[1]. Mais on les voit à l'œuvre surtout dans le *Cinquième Livre*[2], qui raconte les navigations de Pantagruel et de Panurge. Passant par un lieu-dit Le Guichet, ils sont faits prisonniers par Grippeminault[3], « archiduc des Chatz fourrez », dont Rabelais fait cette description impressionnante :

> « *Les Chats fourrez sont bestes moult horribles et espouventables : ils mengent des petits enfans et paissent sur des pierres de marbre... Ils ont le poil hors de la peau non hors sortant, mais au dedans caché, et portent pour leur simbolle et devise tous et chacun d'eux une gibbecière ouverte... Ont aussi les griphes tant longues, fortes et asserées, que rien ne leur eschappe, depuis qu'une fois l'ont mise entre leurs serres*[4]. »

Contrairement à Grippeminault, Raminagrobis, malgré son nom, n'est pas chez Rabelais un chat mais un « vieux poète français » auprès duquel Panurge prend conseil à propos de son mariage dans le *Tiers Livre*[5].

Selon Tabarin, l'un des auteurs de farces les plus célèbres du début du XVIIᵉ siècle, le chat est l'animal le plus ingrat qui soit ; cauteleux, à la recherche de son seul intérêt, il « n'a d'autre soin dans un logis que de mal faire ; s'il croyait obliger son maistre de prendre les rats et les souris au piège, il ne le ferait jamais : il n'y est porté que de sa propre inclination, qui le rend antagoniste de ceste insecte ». Pire, un chat de Rome aurait tué son maître alors qu'il s'était assoupi en le caressant[6].

Chez La Fontaine, le chat a la même image d'animal scélérat dans la dizaine de fables où on le rencontre – ce qui n'a rien d'étonnant car le fabuliste puisait largement à l'héritage antique et médiéval : Bertrand et Raton, respectivement singe et chat, sont deux nuisibles, le dernier étant « moins attentif aux souris qu'au fromage » ; un autre chat, nommé aussi Raton, est élevé près d'un moineau mais il découvre que ces oiseaux ont un goût exquis en croquant un moineau importun du voisinage et dévore alors son ami à plume (« Le chat et les deux moineaux ») ; le « chat grippe-fromage » du « Chat et du rat » fait le dévot et l'hypocrite pour convaincre un rat de le sortir du filet qui le retient prisonnier. Le chat reste chez le fabuliste indissociable de la souris et du rat : le plus célèbre de ces chats avides de rongeurs est sans doute Rodilard, « L'Alexandre des chats, l'Attila, le fléau des rats » (« Le chat et un vieux rat »). Le couple, il est vrai, devait continuer à plaire, puisque le duc de Bourgogne passa commande au poète d'une fable intitulée « Le chat et la souris »[7].

Si la mauvaise réputation du chat est un héritage médiéval, l'hypocrisie devient à l'époque moderne son principal défaut. Dès le XIIIe siècle, le chat était comparé aux prélats corrompus. Il devient aux XVIe et XVIIe siècles le symbole même de l'hypocrite et du profiteur et les écrivains inventent de nouveaux mots pour le dire. Ronsard compare les ministres « pleins de douceurs et de mignoterie / Poussant le peuple en ardante furie » à des *mitouins* (de mitou, chat) ; Remy Belleau (1528-1577) blâme un « mitouin [qui] contrefait le patelin » et invente le verbe *mitouiner* qui signifie séduire par des propos hypocrites. *Les Muses incognues*, recueil de poésies satiriques édité à Rouen en 1604, emploie le féminin et blâment les « méchantes mitouines », coquettes hypocrites qui prêtent une oreille complaisante aux propos d'un flatteur. Jean de Barraud, traducteur des *Epistres dorées* d'Antonio de Guevarra en 1584, désigne les usuriers comme des « mitous assis en leurs contoirs ». « Il y a des chats, écrit La Rochefoucaud, toujours au guet, malicieux et infidèles, et qui font patte de velours ; il y a des vipères dont la langue est venimeuse, et dont le reste est utile[8]. » L'image du chat hypocrite appartient désormais au registre de la satire, quand le

Moyen Âge y cherchait davantage un exemple salutaire, mais elle ne perd rien de son pouvoir d'évocation et de sa virulence.

Comme au Moyen Âge, le chat est toujours associé à la gourmandise et à l'intempérance. L'ogre du *Souterrain de cristal*, un conte de la Renaissance, est plus gourmand « que l'ours de miel, le chat de petite friture, la chèvre de sel… [9] ». Dans *L'Avare*, Maître Jacques reproche à Harpagon d'avoir assigné le chat d'un de ses voisins qui avait mangé un reste de gigot de mouton (acte III, scène 1). Il y a d'ailleurs souvent un chat sur les tableaux qui, aux XVIe et XVIIe siècles, représentent des scènes de ripailles, de désordres et d'excès, voire des scènes de ménage. Sans doute n'est-ce pas un hasard si, aux XIXe et XXe siècles, des chats figurent aussi dans des publicités pour des marques d'alcool : en 1895, une élégante aux jupes relevées et portant sur ses genoux un chat blanc au cou orné de ruban et grelots vante ainsi les mérites du Quinquina Dubonnet ; une sorte de Pierrot accompagné d'un chat noir fait quant à lui la réclame pour les liqueurs Bardinet.

Le chat reste également associé à la sexualité et à la féminité. Guillaume Haudent reprend la fable de la chatte métamorphosée en femme dans ses apologues[10]. Noël du Fail (1520-1591), évoquant la différence entre un temps mythique et pur, où tout le monde dormait dans le même lit, et son époque où chacun doit avoir lit distinct, fait dire à un certain Baudet : « Maudict soit le chat, s'il trouve le pot descouvert, qui n'y met la patte[11]. » Ailleurs, il montre un homme s'endormant en faisant sa prière et dont le chat taquine les « triquedondaines »[12]. Béroalde de Verville qui, on l'a vu, mettait en scène une jeune fille craignant de se changer en bête parce qu'il lui poussait un « minon » entre les jambes fait à la question « quel est le sujet le plus imparfait ? », la réponse suivante : « – Ce sont les chats, ils crient et chousent [copulent] ensemble ; aussi n'y a-t-il animal si farouche qui ne s'arreste quand on le fourche[13]. »

La symbolique sexuelle du chat apparaît encore dans le proverbe *laisser aller le chat au fromage* désignant la femme qui, de fil en aiguille, laisse un homme-chat parvenir à ses fins. On le retrouve sur une gravure du XVIIe siècle qui montre un homme soulevant les jupes d'une dame et porte la légende suivante : « Tirant les vers du nez, / il gagne le pais bas, / ainsy s'en vat le chat / doucement au fromage. » Dans *La Sylvanire* d'Honoré d'Urfé, le berger Adraste fait le portrait d'Amour en le comparant à des animaux et recourt à l'image du chat et de la souris pour décrire son infortune d'amant trompé :

> « … *bref amour ressemble à la souris*
> *Qu'un chat poursuit,*
> *Et qui s'enfuit*
> *Deçà, delà ;*
> *Enfin voilà*
> *Qu'elle rencontre un trou,*
> *Monsieur le chat trompé*
> *En peut chercher une autre à son soupé*[14]. »

Charles Perrault ajoute de son côté à la fable du chat pendu et des rats cette morale : « Le chat est chat, la coquette est coquette[15]. » Dans *Le Dépit amoureux* de Molière, Mascarille condamne « les filles maudites qui veulent en tâter, puis font les chattemites » (acte I, scène 1), tandis que M. de Pourceaugnac hésite à « acheter chat en poche » en épousant Julie (acte II, scène 6). Dans *Le Distrait* de Regnard (1655-1709), Lisette en a autant envers les hommes perfides et s'écrie :

> « *Aimera-t-on toujours ces petits vilains-là ?*
> *Maudit soit le premier qui nous ensorcela !*
> *Mais à bon chat bon rat ; et ce n'est pas merveille,*
> *Si les femmes souvent leur rendent la pareille* »
> *(acte 1, scène 8).*

Si un lien fort entre le chat et le monde satanique survit dans le folklore[16], ce lien est un peu délaissé par la littérature moderne peut-être parce que les élites prenaient avec distance des croyances plus répandues dans le monde paysan. Le sabbat des chats n'est ainsi dans la littérature qu'une métaphore du vacarme que font les matous en chaleur. Aux dires de Paradis de Moncrif, le premier historien des chats, on avait cependant fait croire à Fontenelle lorsqu'il était enfant qu'il ne restait pas un chat dans les villes la veille de la Saint-Jean, parce qu'ils se rendaient tous au sabbat.

Dans les contes, les chats n'inspirent du reste pas la peur comme le font les loups : ils sont au contraire souvent des auxiliaires positifs, voire des humains métamorphosés par un sort. Dans le savoureux *Conte des contes* qu'il écrivit en dialecte napolitain, Giambattista Basile (1575-1632) évoque même son chat, l'animal du conteur, « le chat de monsieur Basile qui tantôt pleure et tantôt rit[17] ». *Le Chat botté* est certainement le plus célèbre de ces récits. Très connu en Europe et au-delà, ce conte, dont la première version serait due à Straparola vers 1550, figure notamment dans les *Histoires ou contes du temps passé* que Charles Perrault publia en 1697 et dont le frontispice porte le titre *Contes de ma mère l'Oye*[18]. Il forme aussi la trame de *Cagliuso,* qui met en scène un jeune homme napolitain qui hérite d'une chatte dont l'habileté le rend gentilhomme. Mais si le maître chat de Perrault finit grand seigneur et ne chasse plus les souris que pour se divertir, la chatte de Basile éprouve la reconnaissance de son maître en feignant d'être morte et, déçue, le couvre d'injures avant de partir sur ces mots : « Dieu te garde des riches appauvris comme des pauvres enrichis[19]. » Dans *Les Trois Héritiers chanceux* de Nicolas de Troyes, trois frères reçoivent en partage un coq, une faucille et un chat : celui-ci, sans avoir l'étoffe d'un Chat botté, enrichit son maître, parti pour une terre lointaine, en s'attaquant aux rats et souris qui dévastent la contrée[20]. Dans *Les Trois Fées,* un chat tigré qui dormait dans la cheminée vient au secours du héros, Cuosemo, en lui miaulant que sa bien-aimée est séquestrée dans une barrique[21]. Au XIXe siècle, un conte intitulée *La Petite Chatte blanche* circulait en Languedoc et en Dauphiné, qui mettait en scène une chatte sauvant une fillette opprimée par sa marâtre et ses deux sœurs[22]. Le théâtre de Guignol n'oubliera pas non plus d'adjoindre à Guignol un petit chat secourable.

25

Les chats de peu

Louis-Sébastien Mercier fut le premier à tenter, dans son célèbre *Tableau de Paris*, une estimation de la population parisienne dans laquelle il inclut même les animaux familiers, trop bien nourris à son gré :

> « *Au milieu de ce salmis de l'espèce humaine, on peut bien compter deux cent mille chiens et presque autant de chats, sans les oiseaux, les singes, les perroquets, etc. Tout cela vit de pain ou de biscuit*[1]. »

Si certains d'entre eux accèdent à une position de favori pourtant enviable, les chats modernes ne sont dans l'ensemble guère mieux lotis que leurs homologues médiévaux et demeurent essentiellement perçus comme des chasseurs de rats. Au début du Grand Siècle, Tabarin consacre une de ses fantaisies à la façon d'empêcher les rats d'entrer au logis sans trouver rien de mieux qu'un bon chat[2]. À l'autre extrémité du siècle, le *Dictionnaire universel* d'Antoine Furetière (1690) donne cette définition lapidaire du chat : « Petit animal domestique qui miaule et qui est ennemi des souris. »

Le chat continue aussi à être utilisé comme matière première : l'*Encyclopédie* consacre un article spécial au chat en tant que « matière médicale », mais doute des vertus attribuées à ses différentes parties par la plupart des auteurs[3]. Elle évoque également l'usage commun de la fourrure de chat pour faire des manchons – sans préciser si cet usage concerne l'espèce sauvage ou domestique, ce qui laisse à penser que cette dernière était largement mise à contribution. Certains artisans se servaient aussi de graisse de chat : c'est pourquoi les chiffonniers ramassaient les cadavres de chats qu'ils revendaient à l'équarrisseur[4].

À l'occasion, les chats servaient à divertir. En 1547, lors d'une procession à Bruxelles, un des chars présentés à Charles Quint portait un « orgue à chats » : les bêtes étaient enfermées à l'intérieur d'une caisse dont seules leurs queues sortaient ; lorsqu'on les tirait habilement, les bêtes produisaient une musique bien entonnée[5]. Plusieurs gravures du XVIIe siècle représentent des montreurs de chats musiciens, portant sur les épaules et sur la tête des animaux dressés.

Le besoin que l'on a du chat ratier ne désarme pas pour autant l'hostilité que certains lui vouent. Louis-Sébastien Mercier ne cache pas la sienne lorsqu'il évoque le fléau que constituent les rats :

> « La quantité de rats qui sont dans Paris, (je ne parle pas de ceux qui logent dans les cervelles) surpasse l'imagination. Cachés pendant l'hiver le long des quais dans des piles de bois, ils descendent en été au bord de la rivière : là ils sont d'une grosseur démesurée. Des peuplades entières vivent dans ces souterrains et y forment des excavations remarquables ; ils entrent dans les caves quand la rivière hausse, et y rongent tout ce qu'ils trouvent. Aussi dans ces quartiers voisins de l'eau faut-il une armée de chats pour combattre cette armée de rats. Ceux-ci sont d'une telle stature qu'ils ne tremblent plus devant le plus fier raminagrobis, et le combat se livre à forces presque égales... En vain un grand homme se promène dans les rues avec une longue perche garnie de rats morts que le poison a gonflés ; le remède est pire que le mal. L'arsenic ou la mort-aux-rats indiscrètement répandus dans des caves presque banales occasionnent trop d'accidents pour qu'on n'en revienne pas à l'animal hypocrite dont Moncrif fut l'historiographe. Aussi tandis que le bas des maisons est habité par une espèce rongeante, les toits regorgent de chats et de chattes, qui par leurs miaulements interrompent votre sommeil. Quelquefois dans le jour, au milieu de leurs ébats amoureux, ils tombent dans les cours, et vous recevez sur le dos un matou vaincu que son fort et heureux rival a précipité d'une gouttière[6]. »

Buffon consacre au chat un article dont l'introduction est de la même veine :

> « Le chat est un domestique infidèle que l'on ne garde que par nécessité, pour l'opposer à un autre ennemi domestique encore plus incommode et qu'on ne peut chasser : car nous ne comptons

pas les gens qui, ayant du goût pour toutes les bêtes, n'élèvent des chats que pour s'en amuser ; l'un est l'usage, l'autre l'abus ; et quoique ces animaux, surtout quand ils sont jeunes, aient de la gentillesse, ils ont en même temps une malice innée, un caractère faux, un naturel pervers que l'âge augmente encore et que l'éducation ne fait que masquer. De voleurs déterminés ils deviennent seulement, lorsqu'ils sont bien élevés, souples et flatteurs comme les fripons ; ils ont la même adresse, la même subtilité, le même goût pour faire le mal[7]. »

Pour le naturaliste, le chat est clairement l'antitype du chien profondément sincère et attaché à l'homme. Le chien seul mérite en effet l'amitié que l'homme doit refuser au chat, confiné à la chasse aux rats. L'antipathie violente de Buffon donne à son article une dimension polémique, et elle inaugure l'opposition toujours actuelle des cynophiles et des ailourophiles.

Si l'on admet que les attitudes de Mercier et de Buffon à l'égard du chat sont extrêmes, peut-on cerner les sentiments qu'il inspirait le plus communément à l'époque moderne ? Les témoignages en livrent une gamme variée, de l'hostilité à l'affection forcenée, en passant par l'indifférence et la circonspection. L'*Encyclopédie* de Diderot et d'Alembert se montre prudente et mesurée, pour des raisons médicales :

« Les chats sont fort caressants lorsqu'on les a bien apprivoisés ; cependant on les soupçonne toujours de tenir de la férocité naturelle à leur espèce : ce qu'il y aurait de plus à craindre, lorsqu'on vit trop familièrement avec des chats, serait l'haleine de ces animaux, s'il était vrai comme l'a dit Matthiole, que leur haleine pût causer la phtisie à ceux qui la respireraient... Quoi qu'il en soit, il est bon d'en avertir les gens qui aiment les chats au point de les baiser, et de leur permettre de frotter leur museau contre leur visage[8]. »

Les comportements violents envers les animaux n'avaient à l'époque moderne rien d'exceptionnel et étaient parfois l'occasion de menées collectives. La prière passionnée du Tasse, grand poète de la Renaissance italienne et amateur de chats, évoque pour nous ces chats maltraités : « Ô Chats ! lumières de mon étude ! Ô chats aimés ! Dieu vous garde de la bastonnade[9] ! » Des actes dont la cruauté à l'égard de l'animal paraîtrait aujourd'hui insupportable à la sensibilité générale étaient même considérés comme un spectacle réjouissant. En 1584, le protectorat accordé à la ville de Cambrai par Catherine de Médicis fut fêté par un feu de joie : trois chats placés dans une petite cage d'osier y furent rôtis, au « grand plaisir des regardants », déclare un chroniqueur, moine du Saint-Sépulcre de Cambrai[10]. On dispose d'autres exemples de réjouissances du même genre dans l'Angleterre du XVIIe siècle : au Nouvel An 1638, un homme mit un chat à rôtir à la broche dans le chœur de la cathédrale d'Ely en présence d'une foule nombreuse et bruyante. Quelques années plus tard, des hommes de troupe du Parlement poursuivirent des chats avec des chiens de chasse à l'intérieur de la cathédrale de Lichfield. Sous le règne de Charles II, on brûle au cours de processions des effigies du pape qui avaient été remplies de chats vivants afin d'accroître l'effet dramatique[11]. Enfin, tirer sur un chat suspendu dans un panier était un sport populaire lors des foires campagnardes[12]. En Italie, des pratiques non moins cruelles sont également attestées : à Bologne, on pratiquait le jeu de la chatte qui consistait à enfermer dans une cage un homme et une chatte qu'il devait tuer avec les dents sans se servir de ses mains[13].

Sur le caractère festif de la cruauté envers les chats à Paris, nous disposons d'un témoignage éloquent. Nicolas Contat, un ouvrier typographe, a en effet rapporté dans ses mémoires un fait divers survenu dans un atelier vers 1730. Des apprentis, excédés d'être mal nourris, exploités et de surcroît privés du peu de sommeil qui leur était alloué par le raffut des chats du voisinage, élaborèrent un plan pour priver aussi leurs maîtres de ce précieux sommeil. L'un d'eux, pourvu de talents d'imitateur, ajouta sa voix à celle des chats, faisant tant de tapage plusieurs nuits de suite que les maîtres demandèrent aux apprentis « d'écarter ces animaux malfaisants ». La maîtresse, raconte Contat, était « passionnée par les chats ainsi que plusieurs maîtres imprimeurs ; l'un d'entre eux en avait vingt-cinq qu'il avait fait tirer en portrait et qu'il nourrissait de rôti et de volaille », ce qui suggère que le goût pour les chats se portait sur des chats européens. Apprentis et ouvriers, qui haïssaient les chats parce que leurs maîtres les aimaient, organisèrent une chasse aux chats collective et débridée sous prétexte d'obéir à leurs patrons. La première victime fut La Grise, la chatte de la patronne que celle-ci leur avait demandé de ne pas effaroucher et qu'ils auraient dû *a fortiori* épargner. Ils s'en prirent ensuite aux chats des alentours, qui furent raflés, puis soumis à une parodie de procès, incluant confession et pendaison solennelle des coupables. Quand les maîtres vinrent interrompre la fête, l'homme s'offusqua de l'interruption intempestive du travail provoquée par le massacre, tandis que sa femme, bouleversée par la violence de l'exécution, donnait une portée symbolique à l'agression en disant : « Ces mauvais ne peuvent tuer les maîtres, ils ont tué ma chatte, elle ne se trouve point. J'ai appelé partout La Grise, ils l'auront pendue[14]. » Comme l'a montré Robert Darnton, ce texte très riche n'illustre pas seulement les relations de travail à l'époque moderne : il évoque peut-être aussi la symbolique du chat, associé à la sorcellerie, au satanisme, à la sexualité, ainsi que certains aspects de la culture populaire, comme les cérémonies calendaires et leur cortège de violences infligées aux animaux[15].

Parmi les cérémonies calendaires qui rythmaient l'année, celles qui appartiennent au cycle du Carnaval ou du carême donnaient lieu à diverses réjouissances au cours desquelles l'ordre social était inversé et les débordements organisés. C'est alors que des bandes de jeunes gens formaient des « charivaris » pour tourner en dérision maris trompés, veuves remariées ou autres personnes aux comportements non « conformes ». Les chats étaient parfois torturés lors de ces processions menées à grand bruit, leurs miaulements ajoutant aux réjouissances[16]. En Flandre occidentale, à Ypres, le mercredi de la deuxième semaine de carême était appelé *Kattenwoensdag*, ou mercredi des chats : dès le haut Moyen Âge, on jetait alors des chats depuis le beffroi de l'hôtel de ville et la coutume aurait duré jusqu'en 1817[17].

Des chats étaient également sacrifiés ou mis à mal au cours des festivités marquant d'autres cycles, notamment celui de la Saint-Jean. Des relations ethnographiques confirment ces pratiques en France : à Semur, des chats étaient rôtis lors du dimanche des Brandons ; à Aix, d'autres jetés en l'air le jour de la Fête-Dieu[18]. C'est à Metz que le sacrifice de chats est le mieux et le plus anciennement attesté ; dès le Moyen Âge, on y aurait brûlé treize chats la veille de la Saint-Jean, coutume à laquelle la légende propose l'explication suivante : une épidémie aurait ravagé le pays en 1344 à cause du maléfice d'un gros chat qu'un chevalier aurait fini par mettre en fuite. Selon une autre version, saint Clément, apôtre du Pays messin, aurait débarrassé la contrée d'un chat-diable par son épée et ses exorcismes à l'époque mérovingienne[19]. Cette coutume ne prit fin à Metz qu'en 1773, sur la demande de Mme d'Armentières, épouse du gouverneur des Trois-Évêchés.

On signale la même à Paris, aux XVIe et XVIIe siècles. En 1573, on donna cent sols à un certain Lucas Pommereux, commissaire des quais de la ville, pour avoir fourni des chats pour les feux de la Saint-Jean pendant trois années consécutives ; en 1593, un libelle déclara que les ecclésiastiques qui avaient assisté à la prétendue conversion d'Henri IV méritaient d'être attachés comme fagots sur l'arbre de la Saint-Jean, le prince lui-même devant être attaché dans le panier aux chats[20]. De cette tradition témoigne aussi le *Journal* de Héroard qui nous apprend qu'en 1604, le petit Louis XIII âgé de quatre ans obtint la grâce des chats qu'on allait mettre au bûcher de la Saint-Jean[21]. Dans bien des cas, le sacrifice de chats à la Saint-Jean semble cependant avoir été plus sporadique que régulier : il est attesté à Gap en 1655 ainsi que dans les Vosges[22].

Les chats n'étaient pas les seules victimes de ces pratiques, mais ils étaient sans doute les plus indiquées en raison de leur présence en nombre dans les villes et de leur faible coût. Paradis de Moncrif attribua le sacrifice qui avait lieu à Metz à la croyance populaire aux chats sorciers. En 1758, le bénédictin dom Jean François rédigea une *Dissertation sur l'ancien usage des feux de la Saint-Jean et d'y brûler les chats à Metz* où il déplorait la coutume mais réfutait l'origine que lui prêtait Moncrif, n'y voyant que la recherche d'un divertissement populaire[23]. On a beaucoup glosé sur ces chats brûlés, pour certains parce qu'ils étaient ennemis du soleil, pour d'autres parce qu'ils se substituèrent aux victimes humaines que sacrifiaient les druides dans la religion gauloise. Le folkloriste Arnold Van Gennep remarque que ces sacrifices, qui semblent plutôt un phénomène urbain, sont généralement attestés au XVIe siècle, ce qui pourrait suggérer que les chats personnifiaient les sorcières[24].

Une autre coutume consistait à emmurer des chats dans les fondations ou les murs des maisons. Une vingtaine de momies de chats ont ainsi été retrouvées à l'occasion de démolition ou de reconstruction d'édifices, surtout en Grande-Bretagne[25]. Quelques-uns de ces chats ont pu être accidentellement emmurés, mais la plupart ont été enfermés intentionnellement soit en vue d'un rite de fondation, soit en tant que porte-bonheur destinés à protéger la maison contre les rongeurs : plusieurs momies ont en effet fait l'objet de mises en scène où le chat était placé avec une souris dans sa gueule, dans ses pattes ou près de lui.

Plusieurs légendes relatives à la construction d'un pont mentionnent par ailleurs le sacrifice d'un chat comme victime propitiatoire : dans celles-ci, la construction est opérée par le diable, qui, en échange de son aide, réclame l'âme de la première personne qui franchira le pont. Mais celui-ci est dupé et ne récolte que l'âme d'un matou qu'on a lâché à dessein sur l'ouvrage[26].

Mais les pratiques festives, rituelles et collectives, ne disent cependant rien de la façon dont les hommes et les femmes de l'époque moderne en usaient en privé avec leurs chats. Même si les mémoires de Contat épinglent le goût des maîtres imprimeurs parisiens pour les chats, il est peu probable que ce goût ait été le propre de certaines couches sociales. L'aisance favorisait sans doute des comportements qui « défonctionnalisaient » l'animal pour en faire un objet affectif à part entière, mais la relation familière à l'animal se réduit-elle à le faire vivre dans un certain luxe ? La présence des chats dans les maisons, comme le déplore Louis-Sébastien Mercier, était recherchée. La castration, qui vise à sédentariser le chat, est du reste bien attestée à l'époque moderne. Paradis de Moncrif attribue cette tâche aux chaudronniers, tandis que Massin évoque coupeurs de chats et tondeurs de chiens. C'était aussi une des spécialités des marchands de peaux du Cantal, qui, selon lui, avaient toujours dans la poche un couteau à châtrer les chats[27].

Mais ces marchands étaient aussi connus pour s'emparer des chats qu'ils revendaient à des gargottes populaires, comme celle portant enseigne *A l'azart de la fourchaite*, dans laquelle le client avait droit de piquer un unique morceau dans un immense chaudron, morceau qui pouvait être une tête de mouton ou une patte de chat[28].

26

Vers une nouvelle sensibilité ?

Si le statut des chats ne connaît pas de transformation radicale à l'époque moderne, la sensibilité à leur égard semble toutefois évoluer. L'apparition d'un couple chat-chien, à la fin du Moyen Âge, laissait sans doute présager un tel changement, mais les signes se multiplient à la Renaissance. Ainsi le chat devient un sujet pour l'artiste comme l'illustrent les dessins de Pisanello et de Léonard de Vinci. Les relations de l'homme et du chat se transforment également, sortant de l'anonymat et perdant leur caractère marginal. Au Moyen Âge, à peine savait-on qu'un obscur moine de Carinthie ou un ermite de l'époque de Grégoire le Grand avaient eu un chat ; les chats n'avaient guère non plus de maîtres illustres : on sait seulement par des comptes que la reine de France Isabeau de Bavière (1385-1422) comptait une chatte parmi ses nombreux favoris et qu'en 1416 elle fit donner huit sous à des enfants qui lui avaient apporté un chaton[1].

L'attachement que l'on a pour un chat s'affirme plus volontiers à partir des XVIe et XVIIe siècles, ainsi qu'en témoigne un conte tiré des *Sérées* (1584) de Guillaume Bouchet. Un gentilhomme voulait tuer un chat qui chassait dans ses clapiers des lapereaux qu'il ramenait à son maître, un ermite. Séduit par sa bonne mine, ses démonstrations d'amitié et l'affection que lui vouait son maître, il se contenta pourtant de lui couper les oreilles. Le « mitou » écourté commença à dépérir, incapable de supporter d'être privé de son activité, mais l'ermite eut l'idée de lui confectionner un petit capuchon qui lui permit de repartir à la chasse de plus belle. « Un jour, raconte le gentilhomme, visitant ma garenne, voyant mon mitou ainsi acoustré, faisant si bien la chatte mite, je n'eus le courage de le chasser, et encore moins de le tuer, prenant si grand plaisir de le voir que je ne me pouvois tenir de rire de sa contenance ; si bien que souvent j'allois en ma garenne pour voir mon dommage et pour voir ce mittoüart qui emportoit mes lapereaux tous en vie à son maistre[2]. »

L'éloge que consacre Du Bellay aux vertus et aux grâces d'un petit chat romain, Belaud, marque plus encore ce changement et scelle l'entrée du chat en poésie. Ronsard, face à lui, illustre la conception traditionnelle du chat et puise dans l'imagerie médiévale de quoi nourrir sa violente aversion. Mais les amateurs de chats sont désormais plus nombreux à prendre la parole dans le monde littéraire ou politique.

Montaigne en était, qui déclare dans l'*Apologie de Raimond Sebond* : « Quand je me joüe à ma chatte, qui sçait si elle passe son temps de moy plus que je ne fay d'elle ? Nous nous entretenons de singeries réciproques. Si j'ay mon heure de commencer ou de refuser, aussi a elle la sienne[3] ». Marie de Gournay (1565-1645), son amie et éditrice, elle-même femme de lettres, possédait plusieurs chattes. Tallemant des Réaux rapporte que Richelieu se repentit de s'être moqué de son talent littéraire en lui accordant une pension et en en ajoutant une autre pour sa chatte Piaillon et la portée de chatons qu'elle avait eue[4]. Il est vrai que le cardinal entretenait lui-même une ménagerie de chats aux noms et aux attributs variés : Félimare, au pelage jaune, Gazette, calme et discrète, Lucifer, un chat noir, Lodoïska, chatte polonaise, Pyrame et Thisbé, deux chats très doux et inséparables, Soumise, Serpolet et Rubis[5].

L'académicien Voiture montre à l'égard des chats un goût plus modéré, remerciant par une lettre pleine d'esprit une abbesse qui lui avait offert un petit chat :

> « … C'est, sans mentir, le plus beau et le plus agreable qui fut jamais : les plus beaux chats d'Espagne ne sont que des chats brûlez au prix de luy ; et Raminagrobis mesme (vous sçavez bien, madame, que Raminagrobis est prince des chats) ne sçauroit avoir meilleure mine, et ne sentiroit pas mieux son bien. J'y trouve seulement à dire, qu'il est de très-difficile garde, et que pour un chat nourry en religion, il est fort mal disposé à garder la closture. Il ne voit point de fenestre ouverte, qu'il ne s'y veüille jetter ; il auroit desja vingt fois sauté les murailles si on l'avoit laissé faire, et il n'y a point de chat séculier qui soit plus libertin ni plus volontaire que luy. J'espere pourtant que je l'arresteray par le bon traittement que je luy fais ; je ne le nourris que de fromages et de biscuits. Peut-estre, madame, qu'il n'estoit pas si bien traitté chez-vous, car je pense que les dames ne laissent pas

> aller les chats aux fromages, et que l'austerité du convent ne
> permet pas que l'on leur fasse si bonne chère. Il commence desja
> à s'apprivoiser ; il me pensa hier emporter une main en se joüant.
> C'est, sans mentir, la plus jolie beste du monde ; il n'y a personne
> en mon logis qui ne porte de ses marques. Mais quelque aymable
> qu'il soit de sa personne, ce sera tousjours en vostre considera-
> tion que j'en feray cas, et je l'aymeray tant, pour l'amour de
> vous, que j'espere que je feray changer le proverbe, et que l'on
> dira d'oresnavant, qui m'ayme, ayme mon chat…[6]. »

En sens inverse, c'est son amour pour les chats qui fit passer
à la postérité le nom d'une harpiste célèbre : Mlle Dupuy, en
effet, prit soin, en 1671, de rédiger un testament pour assurer
l'avenir de ses deux chats. Elle y exigeait qu'on leur donnât
trente sous par mois de « pain, de bouillon et de potage à la
chair ». Lorsque la demoiselle mourut, le testament fut attaqué
par les héritiers et le retentissement de l'« affaire » montre que
beaucoup jugèrent le legs incroyable ou, à tout le moins, ridicule. *Le Mercure galant* en 1678, puis le *Dictionnaire historique et critique* de Pierre Bayle, en particulier la première
édition, parue en 1697 à Amsterdam, s'en firent successivement l'écho[7]. Seul Paradis de Moncrif trouva trente ans plus
tard l'attitude de la musicienne naturelle car elle devait, selon
lui, l'excellence de son talent à son chat, qui marquait plus
d'intérêt et d'attendrissement lorsqu'elle gagnait en précision
et en harmonie. Mlle Dupuy, aux dires de Paradis de Moncrif,
ne s'était pas contenté de faire à son chat une pension mais
lui avait laissé une habitation en ville ainsi qu'une autre à la
campagne[8].

Paradis de Moncrif cite bien d'autres amis des chats parmi les
hommes et surtout les femmes de la meilleure société : Fontenelle, qui avait eu un chat alors qu'il était enfant et surmonta
grâce à lui ses préjugés ; Mme de la Sablière, amie de La Fontaine, qui résolut de se défaire de sa passion des chiens en les
remplaçant par des chats noirs et fut définitivement séduite par
ces animaux auxquels elle pensait ne pouvoir s'attacher ;
Colbert, dont le cabinet de travail était rempli de chat ; Mme de
Lesdiguières, dont la chatte Ménine eut droit à un sonnet et
à un tombeau orné d'une épitaphe[9] ; la duchesse du Maine,
qui composa elle-même l'épitaphe de son chat Marlamain ;
Mme Deshoulières, fort attachée à sa Grisette, ou la marquise de

Montglat, heureuse propriétaire de Tata. Il ajoute à cette liste un cas de passion anonyme, celle d'une dame qui ne daigna descendre dans une auberge de Passy que lorsqu'on lui eut assuré qu'il y avait un chat dans la place : l'absence de chat lui causait en effet des vapeurs insupportables.

Les amis des chats était nombreux à la cour sous le règne de Louis XV : le roi lui-même avait pour favori un gros angora blanc qui dormait sur un coussin de damas rouge et avait ses entrées dans son cabinet ; la reine Marie Leszcinska s'était également attachée à un chat ; Brillant, chatte de la maréchale de Luxembourg, était servie dans un plat d'argent et reçut parfois pour son dîner des pièces de la chasse royale[10]. Parmi les chats illustres, citons, pour finir, ceux de Mme Helvétius, surnommée Minette : celle-ci ne cultivait pas que son salon et, d'après les *Mémoires* de la baronne d'Oberkirch, vivait entourée d'une vingtaine d'angoras nourris de blancs de volaille ou de perdrix[11].

En Angleterre, le statut du chat s'améliora également au début du XVIIe siècle. À la différence du chien et du cheval qui étaient dès le Moyen Âge des espèces privilégiées, les chats auraient rarement été des objets d'affection avant le début de l'époque des Stuart[12]. Le troisième marquis de Southampton partagea son emprisonnement avec son chat et se fit représenter avec lui. Vers 1630, on découpa des chatières même dans les plus belles pièces de la maison d'un grand marchand de Leeds. Daniel Defoe, l'auteur des *Aventures de Robinson Crusoé*, remarqua que, sous le règne de Charles II, la plupart des familles londoniennes avaient des chats, parfois même cinq ou six. Comme en France, certains voulurent conserver le souvenir de leurs chats, dont les noms sont passés à la postérité : ainsi Walter Stonehouse, recteur de Darfield, fit enterrer sa chatte Délia dans son jardin et composa pour elle une épitaphe en vers latins. L'historien William Stokeley célébra quant à lui l'intelligence de Tit.

En Italie, Domenico Balestrieri demanda aux principaux poètes de son temps de composer des vers à la mémoire de son chat lorsque celui mourut en 1738 – ils furent soixante-dix, surtout italiens et français, à répondre à l'appel[13]. L'abbé Galiani, économiste italien, se plaignait à son amie Mme d'Épinay de l'ennui de sa vie à Naples. Seuls deux chats auxquels ils tenaient fort parvenaient à l'en distraire : « L'un s'étant égaré hier par la faute de mes gens, je suis entré en fureur ; j'ai congédié tout mon monde. Heureusement il a été retrouvé ce matin sans quoi je me serais pendu de désespoir. » Galiani étudiait d'ailleurs très sérieusement le langage de son couple de chats, les empêchant de communiquer avec les chats du dehors pour ne pas perturber ses observations[14].

Cette promotion des chats se traduit en peinture par l'apparition d'une symbolique nouvelle et positive, mais qui ne semble guère avoir dépassé les cercles artistiques. À Liège, au XVIIIe siècle, le peintre Joseph Dreppe représente un beau chat blanc dans une allégorie de la promptitude ornant le Tribunal des XXII – la cour de justice fondée au XIVe siècle pour poursuivre les abus des officiers de l'évêque était en effet réputée pour sa célérité[15]. Le chat avait déjà la même symbolique dans une fresque peinte par Nogari (1536-1601) dans l'ancienne salle des gardes suisses au Vatican[16]. C'est par ailleurs en tant que symbole de la liberté que le chat apparaît dans l'*Iconologie* de Gravelot et Cochin en 1791[17]. L'époque révolutionnaire semble avoir, à la suite de Paradis de Moncrif, exalté dans le chat l'animal libre et indépendant. On retrouve ainsi un chat blanc dans des allégories d'inspiration antiquisante représentant la Liberté ou la Constitution.

L'amélioration du statut des chats est aussi liée, de façon plus générale, à un nouveau courant de pensée qui condamne la cruauté envers les animaux. Une eau-forte de William Hogarth intitulée *La Première Étape de la cruauté* (1751) montre des garnements torturant chiens et chats. Un conte édifiant du pédagogue Arnaud Berquin (1747-1791), fondateur du journal *L'Ami des enfants*, témoigne de cette nouvelle sensibilité, quoique le chat y ait un rôle ingrat : une petite fille appelée Louise rencontra en plein hiver un garçonnet porteur d'une cage remplie d'oiseaux qu'il secouait sans égard. Comme Louise s'enquérait de ce qu'il voulait faire des oiseaux, il déclara qu'il cherchait à les vendre, faute de quoi il en régalerait son chat. La fillette les acheta avec l'assentiment de son père et obtint une chambre pour ses protégés. Mais bientôt une foule de petits paysans se pressa à sa porte et Louise dut acheter tous les oiseaux qui lui étaient présentés pour les soustraire aux griffes des chats[18]. C'est cette nouvelle sensibilité qui valut aux chats brûlés à Metz la protection de Mme d'Armentières.

Certaines qualités des chats ont pu également jouer en leur faveur, par exemple leur propreté qui pouvait plaire à un moment où les normes d'hygiène devenaient plus exigeantes[19]. Du Bellay notait déjà que « Belaud la gentille bête, / … avoit bien cette honnêteté / de cacher dessous la cendre / ce qu'il étoit contraint de rendre. » Paradis de Moncrif souligna à son tour que la propreté du chat le rendait supérieur aux autres animaux et vanta la pudeur et le savoir-vivre de ses protégés. Au siècle suivant des marques de savons ou d'eaux de toilette ne manqueront pas d'exploiter cette association du chat et de la propreté[20], et bien des peintres placeront un chat dans des scènes représentant des femmes à leur toilette.

27

Le succès des races exotiques

L'amélioration du statut du chat est sans doute également liée à l'apparition de nouvelles races en Europe. À la fin du Moyen Âge, seuls étaient connus les chats d'Espagne, appréciés depuis plusieurs siècles déjà, et les chats syriens, introduits en Italie probablement dès le XVe siècle, mais découverts seulement un à deux siècles plus tard en France et en Angleterre[1]. Ces derniers, qui bénéficiaient d'une meilleure réputation que leurs congénères autochtones, ont pu contribuer à généraliser l'idée que les chats pouvaient être aussi bons compagnons qu'excellents ratiers.

Si les chats syriens ont pu créer un goût nouveau, ce dernier s'est traduit dans les catégories sociales les plus élevées par la recherche de spécimens exotiques dotés de qualités esthétiques et comportementales particulières. Ainsi les chats syriens étaient encore des chasseurs, à l'inverse de ceux introduits au XVIIe siècle, exclusivement destinés à l'agrément. Deux hommes, un Italien et un Français, ont volontairement importé en Europe des chats raffinés, au poil long et soyeux. Le premier, Pietro della Valle, naquit à Rome en 1586 dans une famille noble. Après s'être essayé à la poésie et à l'éloquence, il entra au service du pape puis, en 1614, prit la mer à Venise à la suite d'une déception amoureuse. Son périple dura jusqu'en 1626 et le conduisit en Égypte, en Terre sainte, en Syrie – il y épousa une chrétienne, Maani Gioërida –, en Perse – où il séjourna plusieurs années et servit de médiateur entre le shah et les communautés chrétiennes – puis jusqu'aux Indes. Au cours de ses voyages, il entretint une correspondance avec Mario Schipano, professeur de médecine à Naples, qui fut éditée à Rome à partir de 1650 et bientôt traduite en français, en anglais, en allemand, et en hollandais[2].

Dans une lettre envoyée d'Ispahan le 20 juin 1620, il dit son amour pour sa patrie et son « désir de l'enrichir de tout ce qui dans les autres pays peut se trouver de bon ou de beau ». Ce préambule solennel sert à annoncer la découverte d'une race remarquable de chats :

> « … ayant vu ici une très belle race de chats qui sont originaires de la province du Khorassan, d'une autre grâce et d'une autre qualité que les syriens que nous avons pourtant en grande estime, lesquels, à côté de ceux du Khorassan, ne sont rien, il m'est venu l'envie d'en apporter la race à Rome. De taille et de forme, ce sont des chats ordinaires : leur beauté consiste en leur couleur et dans leur poil. Ils sont de couleur grise, sans rayures ni taches, mais unie sur tout le corps ; il y a cependant des endroits plus clairs ou plus foncés : sont plus foncés le dos et la tête et plus clairs le poitrail et le ventre qui arrive parfois à être presque blanc… De plus, le poil est léger, très fin, brillant et doux comme de la soie ; et si long que, encore qu'il ne soit pas tout à fait frisé, néanmoins en certains endroits il forme des boucles surtout à la gorge, au poitrail et aux pattes. En somme, les chats du Khorassan sont aux autres chats comme ceux que nous appelons les barbets sont aux autres chiens. Ce qu'ils ont de plus beau est la queue : elle est assez longue, et emplie de poils si longs qu'il s'éploient en largeur d'une bonne demie paume, faisant l'effet de celle des écureuils : au point que, comme les écureuils, ils la replient sur leur dos, avec la pointe en haut faisant panache, ce qui est fort gracieux. Ils sont en outre très domestiques, si bien que la dame Maani ne peut s'empêcher d'en prendre parfois un dans son lit et jusque dans les draps. J'ai mis ensemble quatre couples de mâles et de femelles afin d'en produire et d'en amener à Rome de bonne race ; et j'ai l'intention de les emmener en voyage dans des cages à la façon dont les Portugais en ont conduit certains jusqu'en Inde. Mon beau-père, qui est de belle humeur, voyant que je les estime, s'en occupe avec un grand zèle : chaque matin, il les fait bien manger en sa présence ; il prend parfois plaisir à leur préparer lui-même leur part et à les faire sauter pour l'attraper ; il les caresse, les appelle par leur nom, Ambàr, Caplàn, Farfanicchio, Ninfa et autres, chacun avec le sien ; ils le connaissent, l'entourent en miaulant, lui sautent dessus, ce qui est un grand plaisir ; j'ai seulement peur qu'il ne me les gâte en leur donnant trop de viande[3]. »

Manifestement enthousiasmé par sa découverte et sûr de son succès, Pietro della Valle envisageait de transporter sa colonie en Inde, dernière étape de son périple avant son retour à Rome, mais l'on ignore le sort des protégés de l'« illustre voyageur », comme le nommèrent ses nombreux traducteurs. Probablement réussit-il à rentrer avec quelques spécimens.

On sait mieux les tribulations des chats importés par Nicolas Claude Fabri de Peiresc, issu d'une noble et riche famille provençale et conseiller au parlement d'Aix. Contemporain de Pietro della Valle, ce « Prince de l'érudition » (1580-1637) fut astronome, philologue, amateur d'antiques, de pierres et de monnaies, de manuscrits et de livres, de plantes et d'animaux, qu'ils rassemblaient dans son domaine de Belgentier. Dans une lettre adressée à Borelly le 31 janvier 1631, il déclara avoir institués gardiens de sa bibliothèque non pas des chats européens – il ne les appréciait guère –, mais des chats d'Ancyre ou d'Angoury (Ankara) qu'il avait fait venir d'Asie. Il se flattait auprès de son correspondant d'avoir répandu ces beaux chats en Provence et à Paris et lui en promettait les plus beaux spécimens[4]. En 1633, il reçut deux angoras et en envoya un à un certain M. Aycard, regrettant de ne pouvoir l'accompagner de la femelle, tombée à la mer au cours du voyage. Signe de la rareté de ces chats et de la convoitise qu'ils inspiraient, lorsqu'on lui eut dérobé son chat damasquin qu'il n'avait pas réussi à croiser avec ses chattes provençales, Peiresc n'hésita pas à redemander son présent à Aycard qui, entre-temps, avait reçu un deuxième spécimen.

En 1633 toujours, Peiresc mena une enquête sur une autre race de chats, sans doute des persans comme ceux de Pietro della Valle. Le père Théophile, son émissaire en Orient, avait vu en effet à Damas un homme porteur d'un couple de chats tout blancs, au poil long comme des barbets, qui venaient « du pays du Mongol » et étaient destinés au « Grand Seigneur de Constantinople ». Vivement intéressé, Peiresc douta d'abord de l'existence de ces chats, pensant que le père Théophile avait confondu chats et onces ; puis il s'avisa que l'importance du personnage auquel ils étaient destinés suggérait bel et bien une espèce hors du commun[5]. Peu après, un marchand marseillais lui affirma avoir aperçu une fois un de ces chats blancs à la queue en panache, plus belle que celle d'un barbet[6].

La volumineuse correspondance de Peiresc montre qu'il fit élever des chats de toutes sortes, tentant de les apparier, de les faire prospérer et de les croiser. Ces chats exotiques étaient de fort précieux présents. En 1631, Peiresc déclara à Borelly avoir reçu souvent demandes et compliments à propos de ses angoras.

Les sollicitations dont il était l'objet pour en distribuer la race au loin, à Rome et à Paris, étaient si pressantes qu'il entourait ses dons d'un luxe de précautions, par souci de ne pas froisser ceux qu'ils ne pouvaient satisfaire. En 1637, il donna des instructions en ce sens à M. d'Arène, qu'il avait chargé de porter des plantes, des lettres, des livres et des petits chats pour le cardinal de Bagny, en Italie : les chats ne devaient pas lui être présentés en public mais en cachette, si besoin était de nuit, afin d'éviter les jalousies[7].

Sans doute Peiresc exagérait-il parfois à dessein le prix de ses chats pour augmenter leur valeur d'échange. En 1632, il conseilla ainsi au prieur de Romoules, son obligé, de séduire les propriétaires de vases antiques qu'il souhaitait acquérir de la façon suivante :

> « *Plus je pense à la négociation du sieur Gault pour ces vases, plus je me confirme à l'opinion que si vous trouviez moyen de luy faire voir les petits chats chez vous sur l'occasion de vous aller remercier de quelques bouteilles d'eau nasse ou bien de lui mener voir ceux de M. d'Auberry, il est si curieux qu'il pourrait bien en prendre envie, principalement d'avoir comme cela masle et femelle, qui luy pourroient faire espérer de proffiter de la race, auquel cas vous seriez bien tost maistre de ces vases, pour si peu d'argent que vous voudriez... Si pour avoir le vase de Vivot, il ne falloit que luy promettre de ces petits chats, faites-le hardiment, car il y aura moyen de s'en acquitter, sans diminuer pour cela le paiement du vase pourvu qu'il se veuille contenter d'une douzaine d'écus ou peu davantage. Seulement pour mieux faire valoir la marchandise, il faudroit le prier de ne point se vanter de ceste promesse, à cause des autres personnages des plus éminentes conditions qui m'en font demander, comme si vous dispendiez de l'ordre en donner ailleurs pour l'amour de lui et du sieur Gault[8].* »

Ces nouvelles espèces de chats se répandirent sans doute assez lentement. Dans son *Histoire naturelle des quadrupèdes* (1657), le naturaliste hollandais Jan Jonston distingue chats domestiques – parmi lesquels il place les chats d'Espagne – et exotiques, en ne citant que les chats syriens.

Paradis de Moncrif paraît avoir été le premier à appeler « chats de Perse » les chats ramenés par Pietro della Valle. Ces chats persans, à son goût les plus beaux de tous les chats domestiques, auraient, selon lui, été jalousement gardés en Italie pendant près d'un siècle, jusqu'à ce que le poète Ménard ramenât de Rome une chatte, «peluche blanche et noire» dont il immortalisa la mort par un sonnet[9].

Curieusement, les sources orientales ne parlent pas de ces «persans» que les témoignages occidentaux s'accordent à attribuer à la Perse, ce qui n'exclut pas qu'ils y aient eu des admirateurs fervents : on sait, en effet, que les chats furent pendant longtemps plus appréciés en terre d'Islam qu'en Occident et qu'on trouvait des chats de compagnie auprès des souverains, des dignitaires ou encore dans les harems de l'Orient, bien avant que l'Occident ait élevé le chat domestique à ce statut[10]. Jâhiz a longuement parlé du chat dès le IXᵉ siècle dans son *Livre des animaux*. Il le défendit contre les zoroastriens et les mazdéens qui voyaient en lui un animal diabolique, et dénonça ceux qui mangeaient du chat ainsi que les marchands qui faisaient passer pour de parfaits animaux de compagnie des chats errants assommés et enfermés dans des jarres. Lui-même vantait la propreté, l'agilité, la vigilance et l'utilité du chat. On lui doit une description savoureuse des soins attentifs dont les femmes des harems entouraient leurs favoris, qu'elles paraient de colliers et de boucles d'oreilles, qu'elles teignaient au henné, baisaient sur le museau et acceptaient dans leur lit[11]. Au XIVᵉ siècle, le grand naturaliste égyptien Ad-Damîri consacre à son tour au chat un long et élogieux article[12]. Plusieurs anecdotes traditionnelles font état de l'affection du prophète Mahomet pour les chats qui passaient pour être des animaux purs, contrairement aux chiens[13].

Des légendes arabes sur le chat se répandent en Europe au XVIIIᵉ siècle : Moncrif rapporte, après Montesquieu, le récit de la naissance du chat, né du soufflet que donna Noé au lion, et prétend tenir d'un membre de la suite de l'ambassadeur de la Sublime Porte une autre légende diluvienne : comme les animaux s'ennuyaient dans l'arche, certains entreprirent de séduire les individus d'autres espèces. C'est ainsi que le chat naquit des amours du singe et de la lionne[14].

L'attitude des musulmans à l'égard des chats surprend du reste les Européens et traduit l'écart qui sépare les deux cultures. Le flamand Cornelis de Bruin s'étonne que les chiens passent aux yeux des Turcs pour des animaux impurs :

« *Au contraire le chat, dont les bonnes qualitez, s'il en a quelqu'une, ne sont point à comparer à celles du chien, qui est la plus
fidèle de toutes les bêtes, passe chez eux pour un animal pur.
Aussi font-ils beaucoup de bien à ces animaux, qui ont l'honneur
d'être leurs domestiques, au lieu que les pauvres chiens sont
obligez de demeurer dans la rue. Ils les flattent et les caressent, et
ils les mettent en parade sur leurs boutiques, principalement
quand ils sont beaux, comme c'est la coutume à Venise et en
quelques autres lieux*[15]. »

Le botaniste français Joseph Pitton de Tournefort, envoyé
au Levant par ordre du roi Louis XIV, fit la même remarque
peu après :

« *La charité des mahométans s'étend aux animaux... Ils croyent
qu'elle est agréable à Dieu... On aura de la peine à croire qu'il y
ait des fondations établies par des testamens en bonne forme,
pour nourrir un certain nombre de chiens et de chats pendant
certains jours de la semaine... Les Turcs avec toute leur charité
haïssent les pauvres chiens et ne les souffrent pas dans les
maisons... Au contraire ils aiment beaucoup les chats, soit à
cause de leur propreté naturelle, soit parce que ces animaux
sympathisent avec eux par leur gravité au lieu que les chiens sont
folâtres, étourdis, remuans. D'ailleurs les Turcs croyent par je ne
sçay quelle tradition que Mahomet aimoit si fort son chat,
qu'étant un jour consulté sur quelque point de religion, il aima
mieux couper le parement de sa manche sur lequel cet animal
reposoit, que de l'éveiller en se levant... Cependant les chats du
Levant ne sont pas plus beaux que les nôtres, et ces beaux chats
gris couleur d'ardoise y sont fort rares ; on les y porte de l'isle de
Malte où la race en est commune*[16]. »

Une dernière race de chats, celle des chartreux, semble avoir
été connue dès l'époque moderne. On ne sait cependant rien sur
la façon dont ces chats gris au poil laineux ont été introduits en
Occident. La première mention explicite de ces chats serait due
à Jacques Savary des Bruslons qui les évoque dans son *Dictionnaire universel de commerce* : «Chartreux. Le vulgaire nomme
ainsi une sorte de chats qui a le poil tirant sur le bleu. C'est une
fourrure dont les pelletiers font négoce. » À l'article «Chat »,
Savary rappelle que les chartreux sont appelés ainsi du fait des
religieux du même nom qui les premiers en avaient eu la race[17].
Les traducteurs du *Système de la nature* (1735) du naturaliste

suédois Linné ont traduit le latin *Catus caeruleus*, c'est-à-dire chat bleu, par « chat des chartreux ». Mirzoza, favorite du sultan Mangogul dans *Les Bijoux indiscrets* de Diderot, est fort attachée à un serin et à une « chartreuse »[18]. Selon Buffon, les chats persans ramenés par Pietro della Valle, les angoras et les chartreux « ne font qu'une même race dont la beauté vient de l'influence particulière du climat de Syrie[19] ». D'autres ont proposé d'identifier les chartreux aux chats syriens que le zoologue Aldrovandi décrivait au XVIᵉ siècle comme des chats rayés[20] : les chartreux, en effet, naissent rayés et le restent jusqu'à un an. Les nombreuses allusions à des chats rayés au XVIᵉ siècle, puis en Angleterre au XVIIᵉ siècle, rendent toutefois cette hypothèse peu probable.

28

Le chat en littérature :
une consécration ultime ?

Entre le XVIIᵉ et le XIXᵉ siècle, les chats et l'attitude que l'homme a envers eux deviennent un thème littéraire. En écho au poème du XIIIᵉ siècle où une femme attaquait en justice le meurtrier de son chat, la satire de l'époque moderne s'empare de l'engouement nouveau pour le chat, en l'exagérant et en le parodiant. Lorsque Jean Vauquelin de La Fresnaye (1536-1606) compare l'amitié à deux petits chats, dont il décrit longuement les jeux et les embrassements attendrissants, c'est pour mieux détruire ce tableau idyllique en jetant entre eux une friandise qui transforme les caresses en combat. Dans ses *Regrets facétieux*, Thomassin (1632) nous livre la harangue d'une certaine Dame Fleur, qui pleure la mort de son chat Mitoüart et déclare avoir eu moins de peine à la mort de son mari. Dame Fleur décrit les mille passe-temps que lui offrait son chat, exalte ses vertus et sa modération : bon chasseur, il gardait les dépenses sans toucher aux provisions, mais était aussi le compagnon qui lui chauffait les pieds en hiver. Tous le chérissaient et aucun chat, fût-ce ceux d'Italie, d'Espagne ou de Syrie, ne pouvait lui être comparé[1]. C'est encore sur le mode de la parodie qu'Isaac de Benserade (1613-1691) écrit un sonnet dans lequel Moricaut, chat de Mme Deshoulières qui l'avait fait castrer, se plaint de ses plaisirs perdus[2].

L'amour moqué des chats inspire aussi les peintres : le thème de la *Bouillie du chat* donne lieu à un tableau de l'école de Vincenzo Campi (1536-1591) où des paysans nourrissent un chat emmailloté. Une légende explicite accompagne une gravure qui représente une scène similaire : « Est-il quelque mélancolie / qui vaille celle de ce fou / qui veut donner de la bouillie / à ce ridicule matou. / Mais je trouve encore plus sotte / l'extravagance de Margot / qui l'embéguine et l'emmaillote / plus étroitement qu'un fagot. » Une gravure inspirée de Boucher montre également un chat emmailloté tenu avec tendresse par deux femmes. Une autre emprunte à Watteau, le thème du chat malade qu'un médecin examine sous l'œil inquiet de sa maîtresse.

Les amateurs de chats eux-mêmes adopteront longtemps un ton moqueur pour vanter les mérites de leur animal. Il est vrai que la « littérature féline » se place d'emblée sous le signe de la polémique entre gens d'esprit : *Les Chats* de Paradis de Moncrif, premier ouvrage consacré exclusivement à l'apologie de ces animaux, parut d'abord anonymement et valut à son auteur des moqueries acérées. Vanter les mérites de son chat ou pleurer sa mort semble avoir été une véritable mode dans les milieux proches de Paradis de Moncrif, qui a rassemblé lui-même bon nombre d'exemples de ce genre de productions de circonstances : ainsi de Mme Deshoulières un poème sur la mort d'un des amants de sa chatte Grisette, une tragédie dont les héros sont des chats, une correspondance entre Grisette et Tata, chat de Mme de Montglat, puis entre Grisette et Cochon, chien du maréchal de Vivonne auquel elle finit par accorder son cœur.

Les ouvrages pratiques qui s'intéressent aux chiens, aux chats ou autres bêtes, se situent aussi durablement dans un registre parodique et plaisant, tout en traduisant à leur façon la faveur dans laquelle sont désormais tenus les animaux domestiques. Les auteurs qui s'essaient à ce genre littéraire cherchent peut-être ainsi à prévenir, par la légèreté de leur ton, les attaques de leurs détracteurs. Le *Traité complet sur l'éducation physique et morale des chats suivi de l'art de guérir les maladies de cet animal domestique* paraît en 1828 dans la « Petite Bibliothèque utile et amusante ». L'auteur, Alexandre Martin, se cache avec humour sous le pseudonyme de « Catherine Bernard, portière », et observe que le commerce des chats « devient de jour en jour plus reconnu à Paris » où ces animaux commencent à jouir des égards qu'on a pour eux au Levant. Tenant compte de cette situation nouvelle, son traité se propose de donner des conseils de tout ordre : choix d'un chat ou d'une chatte, nourriture, éducation, castration, opération de la queue, maladie et même empaillage de l'« objet aimé »[3]. La même année est publié le *Traité raisonné sur l'éducation du chat domestique :* écrit sous le pseudonyme de Raton, il se présente sous la forme d'un recueil de lettres adressées à la supérieure du couvent des Visitandines.

La multiplication des ouvrages consacrés au chat est, au XIXᵉ siècle, la marque de sa consécration définitive comme animal de compagnie. L'ouvrage de Champfleury, *Les Chats*, est sans doute le jalon le plus éminent de cette production : paru en 1869, il est réédité deux fois au cours de la même année, les quatrième et cinquième éditions paraissant l'année suivante. Le chef de file de l'école réaliste note dans sa préface une nouvelle facette de l'image du chat, celle qui l'associe désormais à l'écrivain et à l'« intellectuel » : « De l'atelier des alchimistes, le chat a passé chez les écrivains ; il fait partie de leur modeste intérieur, et il offre ceci de particulier avec les gens de lettres, qu'il a presque autant de détracteurs que si, lui-même, chat, écrivait[4]. » Parmi ces chats muses, Champfleury cite le chat de Victor Hugo, qui trônait rue Royale sous un dais rouge, la chatte de Sainte-Beuve qu'aucune servante n'osait déranger, les chats de Théophile Gautier qui partageaient avec des rats blancs l'affection de leur maître et rajoute à sa liste d'hommes de lettres Mérimée et Viollet-le-Duc. Baudelaire, à ses dires, entretenait avec les chats une passion dévorante et presque maladive. Plus sectateur qu'ami des chats, il était irrésistiblement attiré par tous ceux qu'il rencontrait et leur prodiguait des marques de tendresse excessives : cela lui valut d'être accusé d'actes de cruauté, accusation que Champfleury juge infondée. L'amour des chats que cultive le milieu littéraire – les natures contemplatives dit Champfleury – est parodié par les journalistes, ces natures actives, qui y voient une forme de snobisme et une recherche étudiée d'originalité[5].

Le XIXᵉ siècle marque aussi l'avènement de monuments littéraires dont les chats sont les protagonistes et les narrateurs. *Le Chat Murr,* paru entre 1820 et 1822, entremêle les mémoires d'un chat savant, Murr, et le récit des aventures du maître de chapelle Johannes Kreisler. Dans son avant-propos, signé « Murr, homme de lettres très renommé », l'auteur se montre tout autant homme que chat :

> « *C'est avec une tranquille assurance, apanage du génie véritable, que je livre au monde ma biographie, afin qu'il apprenne comment on s'élève au rang de grand chat ; afin qu'il embrasse toute l'étendue de ma perfection, qu'il m'aime, m'apprécie,*

m'honore, m'admire et m'adule un peu. S'il se trouvait quelqu'un qui eût l'audace de mettre en doute la valeur indiscutable de ce livre extraordinaire, il fera bien de se souvenir qu'il a à faire à un chat doué d'esprit, de jugement et de griffes solides[6]. »

L'ouvrage resta inachevé en raison de la disparition d'Hoffmann, qui mourut quelques mois à peine après Murr, son favori dans la réalité, dont il annonça le décès à ses amis au moyen d'un faire-part ironique et attendri.

Les Peines de cœur d'une chatte anglaise appartiennent au cycle des *Scènes de la vie privée et publique des animaux*, livre collectif et illustré conçu par l'éditeur Hetzel avec le dessinateur Grandville en 1840. Là encore, les animaux ont la parole : Balzac, dès 1841, la donne à Miss Beauty du Catshire, une chatte blanche qui raconte son éducation puritaine et ses amours et égratigne les mœurs anglaises.

Les amateurs de chat prennent alors le dessus et occupent définitivement le terrain littéraire. La mode touche aussi la musique et le spectacle : Scarlatti compose *La Fugue du chat* en voyant sa chatte Pulcinella se promener sur son clavier, et Rossini un *Duetto buffo di due gatti* en 1835. Quelque trente ans plus tard, en 1862, ce sera *La Chatte merveilleuse*, un opéra-comique de Corali et Duveyrier, puis, en 1875, *La Chatte blanche*, une féerie de Jonas et Fossey. En 1881, Rodolphe Salis ouvre avec Émile Goudeau le cabaret du *Chat noir* sur le boulevard Rochechouart puis rue de Laval, d'abord rendez-vous d'artistes puis théâtre à la mode ; le premier numéro du journal du même nom sort en 1882 : il aborde sous l'angle de la caricature et de la satire l'art, la littérature, le sport, le théâtre et les modes. Son frontispice, dessiné par Henri Pille, s'orne de la tête du matou hérissé qui gardait le *Moulin de la Galette*. De nombreux peintres et dessinateurs représentent alors des chats, de Toulouse-Lautrec à Steinlein, dont la signature a la silhouette d'un chat. L'utilisation satirique du chat n'est cependant pas nouvelle : elle rappelle son association traditionnelle au fou, au sot et à un ordre social inversé.

Le chat noir et menaçant, le compagnon de la sorcière resurgit aussi et s'affiche : sa diablerie détournée devient provocation revendiquée. De façon plus générale, les défauts ou les aspects naguère les plus défavorables au chat consolident désormais son succès : « Les natures délicates, note Champfleury, comprennent le chat. Il a pour lui les femmes ; en grande estime le tiennent les poètes et les artistes, mus par un système nerveux d'une extrême délicatesse, et seules les natures grossières méconnaissent la nature distinguée de l'animal[7]. » Et de citer Chateaubriand qui affirmait : « J'aime dans le chat ce caractère indépendant et presque ingrat qui le fait ne s'attacher à personne, cette indifférence avec laquelle il passe des salons à ses gouttières natales ; on le caresse, il fait le gros dos ; mais c'est un plaisir physique qu'il éprouve et non, comme le chien, une niaise satisfaction d'aimer et d'être fidèle à son maître, qui l'en remercie à coups de pied. Le chat vit seul, il n'a nul besoin de société, il n'obéit que quand il veut, fait l'endormi pour mieux voir et griffe tout ce qu'il peut griffer. Buffon a maltraité le chat : je travaille à sa réhabilitation, et j'espère en faire un animal convenablement honnête, à la mode du temps[8]. »

Pour l'histoire de l'animal, le XIXe siècle joue ainsi un rôle décisif. Consacrant les changements de sensibilité que l'on a évoqués, des structures se mettent alors en place afin de protéger les bêtes contre la cruauté humaine. Ulcéré à la vue des mauvais traitements infligés à un cheval, le Dr Dumont de Monteux crée, en 1845, la Société protectrice des animaux avec quelques amis médecins. En mai 1850, le général Jacques-Philippe Delmas de Grammont propose à la Chambre un texte de loi réprimant la cruauté envers les animaux : la loi qui porte son nom, promulguée le 2 juillet 1850, punit d'une amende de cinq à quinze francs et de un à cinq jours de prison ceux qui auront exercé publiquement et abusivement de mauvais traitements envers les animaux domestiques. L'histoire du chat est, pour sa part, marquée à la même époque par un paradoxe : la gloire littéraire et artistique n'a pas seulement réhabilité le chat satanique et mal aimé, elle a transformé en vertus les vices attribués de longue date au chat. Favori de l'artiste, de l'homme de lettres, de l'intellectuel, le chat est désormais associé à l'anticonformisme sans avoir rien perdu ni de sa banalité ni de sa modestie. Il devient aux yeux de ses admirateurs incarnation de l'affirmation de soi. L'image et la symbolique médiévales du chat ne disparaissent donc pas, elles changent de valeur.

Il en va de même pour le statut du chat. À une époque qui reconnaît des « droits » aux bêtes, l'animal de compagnie est davantage apprécié que l'animal dont la fonction est purement utilitaire. Le « chômage doré » qui le caractérise[9] n'est plus, comme au Moyen Âge, réprouvé car contraire au dessein de Dieu ou de la nature, mais constitue une marque de distinction, d'élection. Semblable au Chat botté, le chat occidental a pour fonction première l'agrément de l'homme et ne chasse plus désormais les souris que pour se divertir.

NOTES

Avant-propos

1. J.-P. Digard, *L'Homme et les animaux domestiques*, Paris, 1990, p. 120.
2. Il semble toutefois que le *rattus rattus* devienne vraiment courant en Europe vers les XIᵉ-XIIᵉ siècles et l'on date de là son expansion occidentale (*cf.* F. Audoin-Rouzeau, « Point sur les rats », *Anthropozoologica*, 1, p. 11-12).
3. A.-J. Gourevitch, *Les Catégories de la culture médiévale*, Paris, 1983, p. 6.

Première partie – Le chat dans l'Antiquité

1 – Des origines controversées

1. C.-J. Temminck, *Monographies de mammologie*, Paris, 1827, I, p. 76.
2. S. Bökönyi, *History of Domesticated Animals* (*Central Eastern Europe*), Londres, Budapest, 1974, p. 309.
3. R.I. Pocock, *Catalogue of the Genus Felis*, 1951, p. 5.
4. F.E. Zeuner, *A History of Domesticated Animals*, 1963, p. 388.
5. A. Gautier, « La faune d'un puits de l'abbaye de Saint-Avit-Sénieur », *Archéologie médiévale*, 1972, II, p. 362.
6. *Cf.* R. Delort, *Les animaux ont une histoire*, Paris, 1984, p. 322.
7. Cette hypothèse, émise par M. Schauenberg, est fondée sur l'indice crânien du chat domestique, nettement supérieur à celui du *Felis silvestris* et à celui du chat ganté, ou *Felis libyca*, mais proche de celui du chat orné, chat sauvage vivant actuellement en Iran, en Afghanistan et au Pakistan. Ce chat se laisse approcher très facilement, contrairement à son homologue européen.
8. S. J. M. Davis, « La faune », dans « Le néolithique précéramique de Chypre », *L'Anthropologie*, Paris, 1987, t. II, nᵒ 1, p. 307.
9. *Cf.* J. Clutton-Brock, « Carnivore remains from the excavation of the Jericho Tell », dans *The Domestication and Exploitation of Plants and Animals*, 1969, p. 343, qui dément qu'il s'agisse de l'espèce domestique.
10. La domestication du chien est attestée en Irak dès 14000 av. J.-C. ; celle du mouton, du porc, de la chèvre et du grand bétail se situe entre l'extrême fin du XIᵉ millénaire et le début du IXᵉ.

11. H.-F. Link, *Le Monde primitif et l'Antiquité*, Paris, 1837, II, p. 307.

12. A. Pictet, *Les Origines indo-européennes ou les aryas primitifs : essai de paléontologie historique*, Paris, 1859, I, p. 381.

13. F. Lenormant, *Sur l'histoire du chat dans l'Antiquité*, Paris, 1870, p. 1 *sq.* Au vu des chats des vases peints et des monnaies de Tarente, Lenormant corrigea son point de vue en 1881 en émettant l'hypothèse d'une expérience précoce et isolée d'introduction du chat provenant d'Égypte dans cette cité par l'intermédiaire du commerce étrusque et carthaginois (*La Grande-Grèce : paysages et histoire*, Paris, 1881, 3 vol., p. 97 *sq.*).

14. V. Hehn, *Kulturpflanzen und Hausthiere*, Berlin, 1887 (5ᵉ éd.), p. 380. V. Hehn fit œuvre de pionnier par cette étude historique de la faune et de la flore qui connut de nombreuses éditions. La sixième édition de cet ouvrage est enrichie de commentaires d'O. Schräder qui proposa d'assigner une origine germanique à *cattus* (*op. cit.*, Berlin, 1894 [6ᵉ éd.], p. 457).

15. Dr Placzek, « The weasel and the cat in ancien times », *Transaction of the Society of Biblical Archaeology*, 1885, t. IX, p. 155-166 (trad. de A. Lowy).

16. La présence du rat est attestée dans les régions de la mer Caspienne dès l'époque d'Alexandre le Grand, mais cet animal n'apparaît de manière irréfutable en Occident qu'au XIᵉ-XIIᵉ siècle.

17. O. Keller, *Die antike Tierwelt*, Berlin, 1909, p. 77-79.

2 – Un animal de moins en moins exotique

1. Hérodote, *Histoires*, II, 66-67, éd. P.-E. Legrand, Paris, 1972, p. 111.

2. Aristote, *Histoire des animaux*, V, 2, éd. P. Louis, Paris, 1968, vol. 2, p. 4 ; VI, 35, vol. 2, p. 129.

3. Ce mythe rappelle celui de Typhon : les dieux grecs, en lutte contre les géants dirigés par Typhon, se réfugièrent en Égypte sous la forme d'animaux. Selon Ovide, Diane se serait à cette occasion changée en chatte (*Les Métamorphoses*, V, 326-330, éd. G. Lafaye, Paris, 1928). Antoninus Liberalis (IIᵉ ou début du IIIᵉ siècle) mentionne aussi ce mythe et la transformation d'Artémis en chatte (*Les Métamorphoses*, XXVIII, éd. M. Papathomopoulos, Paris, 1968).

4. Diodore de Sicile, *Bibliothèque historique*, I, 83-87 ; II, 66-67, éd. C.H. Oldfather, Londres, Cambridge, 1968.

5. Polyen, *Stratagèmes*, VII, 9, éd. J. Melber, Leipzig, 1887, p. 320.

6. Plutarque, *Préceptes de mariage*, dans *Œuvres morales*, II, 44, éd. R. Klaerr, Paris, 1985, p. 162 ; *De l'amour fraternel*, dans *Œuvres morales*, VIII, 44, éd. J. Dumortier, Paris, p. 151 ; *Isis et Osiris*, dans *Œuvres morales*, V, 63, éd. C. Froidefond, Paris, 1988, p. 234. L'affinité du chat et de la souris est aussi mentionnée dans un fragment de Plutarque, conservé dans une scholie de l'*Odyssée* : « Les yeux des chats, dit-on, ainsi que les viscères de toutes les souris, décroissent avec le décours de la lune et augmentent pendant son accroissement. » (Plutarque, *Moralia*, fragment 101, éd. F.H. Sandbach, Leipzig, 1967, p. 65.)

7. Élien, *On the Caracteristics of Animals*, IV, 44 ; V, 7 et 30 ; VI, 27, éd. T.E. Page, 3 vol., 1958.

8. Cicéron, *Tusculanes*, V, XXVII, 78, trad. J. Humbert, texte établi par G. Fohlen, Paris, 1931.

9. Juvénal, *Satires*, 15, v. 1-8, éd. P. de Labriolle et F. Villeneuve, Paris, 1983.

10. Athénée de Naucrate, *Deipnosophistes*, VII, 300, éd. C. Burton Gulick, vol. 3, 1957, p. 845. Le poète Anaxandride vivait au IVe siècle avant J.-C.

11. Saint Justin, *Apologies*, I, 34, 1, éd. et trad. L. Pautigny, Paris, 1904.

12. Clément d'Alexandrie, *Le Pédagogue*, III, II, 4, 3, dans *Clemens Alexandrinus, Protrepticus und Paedagogus*, éd. O. Stählin, Leipzig, 1905, vol. 1, p. 238.

13. Arnobe, *Contre les gentils*, I, 28, éd. H.-L. Bonniec, 1982, p. 154.

14. *Homélies clémentines, Clementis Romani quae feruntur homiliae*, X, XVI, éd. A. Schwegler, Stuttgart, 1847, p. 238-239. Le même passage figure dans les *Reconnaissances*, autre ouvrage du *corpus* pseudo-clémentin, conservé par une traduction latine de Rufin d'Aquilée : les *Homélies* et les *Reconnaissances* présentent une grande ressemblance, étant toutes deux dérivées d'un état primitif disparu composé vers 220-230 en Syrie ou en Transjordanie (*cf. Homélies clémentines*, éd. A. Siouville, Paris, 1991, p. 8-10).

15. Zacharie le Scolastique, *Vie de Sévère, Patrologia orientalis*, Turnhout, 1980, t. II, fasc. 1, n° 6, p. 29.

16. Aristote, *Histoire des animaux*, IX, 6, éd. cit., 1969, vol. 3, p. 77 ; Pétrone, *Satyricon*, 46, éd. A. Ernout, Paris, 1922, p. 43.

17. Varron, *De re rustica*, III, 12, éd. J. Heurgon, Paris, 1978 ; Columelle, *De re rustica libri XIV*, 8, 3, 6 ; 8, 14, 9 ; 8, 15, 2, éd. E. S. Forster et E. H. Heffner, Cambridge, Londres, 3 vol., 1948-1955 ; Cassanius Bassus, *Geoponica sive Cassani Bassi scholastici De re rustica eclogae*, XIII, 6 ; XIV, 4, 6, 9 et 15 ; éd. H. Beckh, Leipzig, 1895, p. 390, 408-410, 416.

18. Palladius, *Opus agriculturae*, IV, 9, 4, éd. R. H. Rodgers, Leipzig, 1975, p. 117.

19. Sénèque, *Epistulae*, 121, 19, éd. F. Préhac et H. Noblot, Paris, 1964 ; Élien, *op. cit.*, V, 50.

20. *Anthologie grecque : première partie, anthologie palatine*, épigramme 204-206, éd. P. Waltz, Paris, 1938, t. IV, p. 143-144.

21. Callimaque, *Hymnes*, VI, v. 109-111, éd. N. Hopkinson, 1986 ; Philon d'Alexandrie, *Alexander vel de ratione quam habere etiam bruta animalia (De animalibus) e versione armeniaca*, éd. A. Terian, Paris, 1988, p. 109.

22. *Anthologia latina... Fasciculus 1. Libri Salmasiani aliorumque carmina*, éd. F. Buecheler et A. Riese, Leipzig, 1894, p. 181 et 375.

23. Artémidore, *Oneirocriticon libri* V, III, XI, éd. R. Pack, Leipzig, 1963, p. 209.

24. Plaute, *Comédies, Rudens*, v. 748 *sq.*, éd. A. Ernout, Paris, 1938, vol. 6 ; *Persa*, v. 751, éd. A. Ernout, Paris, 1937, vol. 5.

25. Ausone, *Opuscula*, épigramme 63, éd. R. Peiper, Leipzig, 1976, p. 341.

26. Timothée de Gaza, *Peri zoon*, trad., commentaire et notes de F. S. Bodenheimer et A. Rabinowitz, Paris, Leyde, s.d., cap. XXXVI, p. 39.

27. Aulu-Gelle, *Nuits attiques*, XX, VIII, 6, éd. R. Marache, Paris, 1967-1989. Il faut noter ici l'emploi du curieux *aelurus*, transposition du grec en latin, sans doute signe d'une préciosité purement littéraire et non d'un usage. Il en existe un seul autre exemple, à peu près à la même époque, chez Juvénal.

28. Démétrius, *De elocutione*, 158, éd. W. Rhys Roberts, Cambridge, 1902, p. 146. Le *Traité sur le style*, daté probablement du IVᵉ siècle, a été successivement attribué à Démétrius de Phalère, à Denys d'Halicarnasse, à un Démétrius, sophiste alexandrin de date incertaine, à Démétrius de Pergame, enfin à Démétrius Syrus cité par Cicéron.

29. *Damascii Vitae Isidori reliquiae*, éd. C. Zintzen, Hildesheim, 1967, 100, p. 142.

30. L. Sainéan, *La Création métaphorique en français et en roman : images tirées du monde des animaux domestiques : le chat*, Halle, 1905, p. 5-7. Outre les deux hypothèses de Hehn (origine populaire latine) et Schräder (origine germanique), Sainéan évoque celle de Stokes, qui fait dériver *cattus* du celtique, en rapport avec les noms d'ethnies gauloises *Catti* ou *Chatti*. Schräder proposa aussi une hypothèse mixte (origine germano-celtique).

31. Rufin d'Aquilée, *Recognitiones*, V, 20, éd. B. Rehm, Berlin, 1994, p. 176.

32. Polemius Silvius, *Laterculus, Monumenta Germaniae Historica, Auctores Antiquissimi*, t. IX, vol. 1, p. 543.

33. Martianus Capella, *De nuptiis Philologiae et Mercurii*, II, 170, éd. J. Willis, Leipzig, 1983, p. 51.

34. Évagrius le Scolastique, *Patrologie grecque*, LXXXVI, VI, col. 24.

35. Césaire de Naziance, *Dialogi, Patrologie grecque*, XXXVIII, col. 985.

3 – Le chat dans l'art antique

1. B. Detournay, J.-C. Poursat, F. Vandenabeele, *Fouilles exécutées à Mallia : le quartier Mu II*, Paris, 1980 (*Études crétoises*, XXVI), p. 120-123, nᵒ 172-174, et p. 131.

2. L. Godard, *Le Pouvoir de l'écrit : au pays des premières écritures*, Paris, 1990, p. 108, 109, 125.

3. A. Evans, *The Palace of Minos at Cnossos*, Londres, 1921-1930, 3 vol., vol. 3, p. 114 et vol. 1, p. 538, fig. 391.

4. E. Gjerstad, *The Swedish Cyprus Expedition*, vol. 4, part. 2 : *The Cyprogeometric, Cypro-archaic and Cypro-classical Periods*, Stockholm, 1948, p. 172-173.

5. F.H. Marshall, *Catalogue of the Finger Rings, Greek, Etruscan and Roman in the Departments of Antiquities*, British Museum, Londres, 1907, nᵒ 15, p. 4.

6. J. Leclant, « Les talismans égyptiens dans les nécropoles », *Archéologie vivante*, vol. 1, nᵒ 2, décembre 1968-février 1969, p. 94-113.

7. K. Parlasca, « Zwei ägyptische Bronzen aus dem Hêraion von Samos », *Mitteilungen des deutschen archäologischen Instituts, Athenische Abteilung*, 68, 1953, p. 127-136. Siegfried Morenz en a déduit que le chat avait été consacré à l'Héra de Samos, interprétation de la déesse Mout, assimilée à la déesse-chatte Bastet (*La Religion égyptienne : essai d'interprétation*, Paris, 1962, p. 313).

8. J.D. Beazley, *Attic red-figure Vase Painters*, Oxford, 1968, p. 866. *Cf.* aussi A. Ashmead, « Greek cats », *Expedition*, 1978, p. 41. Un motif compa-

rable, où les animaux, tenus en laisse, se font face et se menacent, apparaît sur la base d'une statue provenant de la muraille d'Athènes (510-500 avant J.-C., Musée national d'Athènes).

9. R. Engelmann, « Die Katzen im Altertum », *Jahrbuch des kaiserlich deutschen Archäologischen Instituts*, XIV, 1889, p. 139. Ces vases ont été découverts à Kameiros (Rhodes). Une hydrie athénienne du British Museum reprend le même motif : un chat vient manifestement de sauter sur le tabouret d'un élève et le regarde s'approcher.

10. H.B. Walters, *Catalogue of the Greek and Etruscan Vases in the British Museum*, vol. 4 : *Vases of the Latest Period*, Londres, 1896, n° F 126 et F. 308.

11. A.D. Trendall, A. Cambitoglou, *The Red-Figurer Vases in Apulia*. I. *Early and Middle Apulian*, Oxford, 1978, p. 136, n° 9, pl. 44, 3.

12. *Ibid.*, p. 170, n° 38.

13. P. Willeumier, « Vases inédits de Tarente », *Revue archéologique*, juillet-décembre 1936, p. 148 et fig. 2.

14. A.D. Trendall, *The Red-Figured Vases of Lucania, Campania and Sicily*, Oxford, 1967, n° 496, p. 430 et pl. 171, 3.

15. Michel P. Vlasto, *Taras Oikistes : a Contribution to Tarentine Numismatics (Numismatic Notes and Monographs)*, New York, 1922, p. 12-13.

16. H. Herzfelder, *Les Monnaies d'argent de Rhegion*, Paris, 1957, pl. 5, n°s 48 et 49. C'est après la chute de la tyrannie et l'instauration d'un régime démocratique à Rhegion, en 461, qu'un nouveau type de revers, la figure assise du fondateur mythique Iokastos, fut introduit. Sous le siège de Iokastos, divers attributs peuvent être placés, tel un chien, un chat ou un canard.

17. A. Testa, *Candelabri e thymiateria*, Rome, 1991, n°s 46, 47, 48, 50, 51, 52, 54, 56. Les plus anciens des huit *thymiateria* concernés remontent à 350 avant J.-C. Deux autres datent des alentours de 300 avant J.-C. Les plus récents sont des années 300-250. Antonella Testa voit dans ces animaux des félins, mais il paraît probable qu'il s'agit bien de chats, prédateurs naturels des oiseaux.

18. Plusieurs scarabées des VIe et Ve siècles avant J.-C. ont été exhumés dans le temple dit d'Apollon à Véies (J. Leclant et G. Clerc, *Inventaire bibliographique des Isiaca*, Paris, 1985, n° 746, p. 22).

19. R. Turcan, *Les Cultes orientaux dans le monde romain*, Paris, 1989, p. 95.

20. O. Elia, *Le pitture del tempio di Iside (Monumenti della pittura antica scoperti in Italia, sezione 3 : La pittura ellenistico-romana, Pompei, fasc. III-IV)*, 1941, fig. 18a-b et p. 28.

21. R. Meiggs, *Roman Ostia*, Oxford, 1960, p. 369.

22. F. Dunand, « Une "interpretatio romana" d'Isis : Isis, déesse des naissances », *Revue des études latines*, XL, 1962, p. 83-86.

23. F. Benoit, *Forma orbis Romani : carte archéologique de la Gaule romaine*, Paris, 1936, p. 178.

24. H. Rolland, communication du 28 janvier, *Bulletin de la Société nationale des antiquaires de France*, 1948, p. 35-36.

25. P. Jacobsthal, J. Neuffer, « *Gallia graeca*, recherches sur l'hellénisation de la Provence », dans *Préhistoire*, II, fasc. 1, 1933, p. 54 et fig. 59 (musée de Saint-Cyr-sur-Mer).

26. J. Leclant, G. Clerc, « Aegyptiaca et témoignages du culte isiaque en Saône-et-Loire », dans *Les Collections égyptiennes dans les musées de Saône-et-Loire*, Autun, Mâcon, 1989, p. 25.

27. S. Ratié, « Un *"chaouabti"* du général Potamsimto au musée d'Annecy », *B.I.F.A.O.*, XLI, 1962, p. 51. *Cf.* aussi Ch. Marteaux, M. Le Roux, *Boutae (Les Fins d'Annecy) : vicus gallo-romain de la cité de Vienne du I^e au Ve siècle*, Annecy, 1913, p. 142-143.

28. G. Grilhé, « Le chat dans la statuaire gallo-romaine », *Revue archéologique de l'Est et du Centre-Est*, IX, 1958, p. 128.

29. *Catalogue des plombs de l'Antiquité, du Moyen Âge et des Temps modernes conservés au département des médailles et antiques de la Bibliothèque nationale*, rééd. par M. Rostovtsew et M. Prou, Paris, 1900, p. 127 et figure 29.

30. L.-A. Calliat, « Une stèle de Montceau-les-Mines montrant un chat domestique », *Gallia*, XI, 1963, p. 85-89. Des chats auraient, selon lui, été importés d'Égypte pour lutter contre l'invasion des rats noirs asiatiques amenés par les Barbares aux IIIe et IVe siècles.

31. É. Espérandieu, *Recueil général des bas-reliefs de la Gaule romaine*, n°s 1193, 1783, 3500.

32. J. Leclant, G. Clerc, « Aegyptiaca et témoignages du culte isiaque en Saône-et-Loire », *op. cit.*, p. 35, n° 65.

33. G. Webster, *The British Celts and Their Gods under Rome*, Londres, 1986, pl. 6.

34. E. Espérandieu, *op. cit.*, n° 7811. *Cf.* aussi G. Grilhé (art. cit., p. 133) qui date ce relief des IIe-IIIe siècle.

35. H. Lavagne, « La mosaïque du chat d'Orange : histoire d'une image », *Colloque Histoire et historiographie, Caesarodunum*, 15 bis, Paris, 1980, p. 425 et 426. Les cinq exemples cités par H. Lavagne associent chat et oiseau : chat de la Maison du faune à Pompéi, mosaïques romaines de la via Ardeatina et de Tor Marancio (musée des Thermes et musée du Vatican), pavement du musée de Naples, à l'exception du chat de Volubilis.

36. J. Aymard, « À propos de la mosaïque au chat de *Volubilis* », *Latomus*, 20, 1961, p. 70-71.

37. C. Balmelle, « Quelques images de mosaïques à *xenia* hors de Tunisie », dans *Recherches franco-tunisiennes sur la mosaïque de l'Afrique antique. I : Xenia*, École française de Rome, 1990, p. 51-53 et fig. 50 et 52 ; S. Aurigemma, *Les Thermes de Dioclétien et le Musée national romain*, Rome, 1955, n° 375, p. 15 et pl. XCVIIb. Une mosaïque d'Ampurias (seconde moitié du Ier siècle avant J.-C.-seconde moitié du Ier siècle après J.-C.) montre aussi un chat attaquant une poule (musée archéologique de Barcelone).

38. K. Parlasca, « Hellenistiche und römische Mosaiken aus Ägypten », dans *La Mosaïque gréco-romaine II*, Paris, 1975, p. 365 et CLXXIV, 1-2.

39. Des textes littéraires s'apparentent du reste au genre des *xenia*. Ainsi le livre XIII des *Épigrammes* de Martial, ainsi que de nombreux poèmes de l'*Anthologie grecque*. Agathias le Scolastique, qui déplorait la mort de sa perdrix sous les griffes du chat perfide, relève de cette tradition littéraire. *Cf.* R. Hanoune, « Le dossier des *xenia* et la mosaïque », dans *Recherches franco-tunisiennes sur la mosaïque de l'Afrique antique. I : Xenia, op. cit.*, p. 7-8.

40. O. Keller, *Die antike Tierwelt*, Berlin, 1909, p. 80, fig. 26.

41. *Corpus inscriptionum latinarum*, IV, n° 2199 et 2200. Les deux *graffiti* sont presque identiques : FELICLA EGO F. (2199) et FELICLA EGO HIC FVTVI (2200) (j'ai foutu ici Felicula). Une quarantaine d'occurrences des deux graphies *felicula* et *felicla* sont recensées, en Italie surtout, mais aussi en Mésie, en Épire, en Dalmatie et en Rétie. Dans quelques cas, il s'agit explicitement d'esclaves ou d'affranchies.

4 – Les traces du chat en Europe

1. Des restes de chats ont été exhumés dans une dizaine de sites datés du Ier siècle avant J.-C, dans les îles Britanniques (Budbury, Bury Wood Camp, Danebury, Gussage All Saints), en Gaule (Argentomagus, dans l'Indre, Paris et Toulouse), en Bavière (Manching), aux Pays-Bas (Linderbeek), et en Méditerranée (Cassopé, en Grèce, et Cerro de los Castellones, en Andalousie). Le nombre des sites recensés est stable pour les deux premiers siècles de notre ère : quatre ont livré des ossements datés du Ier siècle, en Gaule (Aquae Siccae, en Haute-Garonne), en Grande-Bretagne (Exeter et Gussage All Saints) et en Espagne (Poyo del Cid) ; deux des cinq sites recensés pour le IIe siècle sont situés bien au-delà du *limes* qui marquait les frontières de l'Empire (Overbo en Suède et Tristum aux Pays-Bas).

Une quinzaine de sites sont datés de la période Ier-IIIe siècle. Parmi eux, Abusina-Eining, *castellum* fondé sous Domitien, est situé sur le Danube, non loin de Vallatum (Manching), où la présence de chats est attestée pendant la colonisation celte, donc avant l'arrivée des armées romaines. La ferme de Rijswijk, aux Pays-Bas, a aussi livré des restes de chats pour les années 150-200. Aux IVe et Ve siècles, le nombre de sites pertinents est similaire. Mentionnons le squelette presque complet d'un jeune chat, jeté sous un pavement de mosaïque de la villa de Latimer, en Grande-Bretagne, et les très nombreux fragments (296) découverts à Porchester Castle, représentant au moins quinze chats dans des fosses et des puits datés de 300-350, ce qui suggère la présence de chats familiers mais aussi de chats errants vivant dans et autour du fort. Sur le site rural de Barnsley Park, sont dénombrés six chats et dix-huit chiens au Ve siècle, quatre chats et soixante-quatre chiens entre le IIe et le Ve siècle. Les sites de la fin de l'Empire incluent l'ensemble des provinces soumises à Rome mais aussi des établissements indigènes, comme Eggolsheim ou Hildesheim-Bavenstedt, deux établissements germains situés hors du *limes* en Franconie et Basse-Saxe. À Tac, en Hongrie, les fouilles d'une villa romaine ont livré quarante-neuf fragments appartenant à quatorze chats, nombre exceptionnellement élevé. Quelques sites sont datés du tournant de l'Antiquité et du Moyen Âge : Sopron-Scarbantia (Hongrie), Bath (IVe-VIe siècle), Biebrich, Lorenzberg (V[e]-VIe siècle) et Dominsel (VIe siècle) auxquels s'ajoute peut-être Vallhagar, au Danemark (IIe-VIe siècle).

2. R. Harcourt, dans G.J. Wainwright, *Gussage All Saints, an Iron Age Settlement in Dorset*, Londres, 1979, p. 154.

3. A. Grant, « Animal husbandry », dans B. Cunliffe, *Danebury. An Iron Age Hillfort in Hampshire*, Londres, 1984, p. 496 et 525.

4. O. Keller, *Die antike Tierwelt*, Berlin, 1909.

5. F. Kutsch, « Frühfränkische Grab aus Biebrich », *Germania*, 5, 1921, p. 32.

6. F. Scheurer, A. Lablotier, *Fouilles du cimetière barbare de Bourgogne*, Paris, 1914, p. 8.

7. Il existe peut-être un parallèle à faire entre le chat, importé dans des sites particuliers, villes et postes militaires, et se répandant à partir d'un nombre limité d'individus, et le raton laveur, introduit en Picardie durant la Seconde Guerre mondiale et qui, à partir de quelques spécimens échappés, y a considérablement proliféré (J.-H. Yvinec, *Archéozoologie du site de Villers-le-Sec*, mémoire de diplôme de l'EHESS, 1986, p. 45).

Deuxième partie – Les multiples usages du chat au Moyen Âge

5 – Un animal banal dès le début du Moyen Âge

1. *Vita sancti Samsonis auctore anonymo subaequali, Acta sanctorum*, 28 juillet, p. 578.

2. *Lives of the Saints from the Book of Lismore*, éd. W. Stokes, Oxford, 1890, p. VIII. Le *Book of Lismore* a été compilé dans la seconde moitié du XVe siècle à partir d'un manuscrit perdu, le *Livre de Monasterboice*. Il contient aussi la vie de Ciaran de Clonmacnois (p. 267). Un autre légendier irlandais, le *Livre de Leinster* donne la même histoire, à quelques variantes près (*cf.* H. Gaidoz, « Les trois clercs et le chat : légende chrétienne de l'Irlande », *Mélusine*, IV, n° 1, janvier 1888, col. 6-11).

3. Vie de saint Abbann, *Vitae sanctorum Hiberniae*, éd. C. Plummer, Oxford, 1910, t. I, p. 19. La vie de saint Brendan montre, en sens inverse, un chat familier devenant monstrueux (H.-J. Falsett, *Irische Heilige und Tiere im mittelalterlischen lateinischen Legenden*, Bonn, 1960, p. 58).

4. Dans *Vitae sanctorum Hiberniae, op. cit.*, t. II, p. 200.

5. L. Bieler, *The Irish Penitentials*, Dublin, 1963, p. 130, canon 18. La *superpositio*, que L. Bieler traduit par « jeûne spécial », serait une aggravation du jeûne. Le sens précis de ce mot est sujet à controverses : d'après une glose, il s'agirait d'un prolongement de trois heures au-delà du terme fixé pour le jeûne, mais le sens le plus couramment admis est celui d'un jeûne complet s'étendant sur deux jours et une nuit.

6. H.J. Schmitz, *Die Bussbücher und die Bussdisciplin der Kirche*, Mayence, 1883-1898, I, p. 585, canon 4.

7. Reginon de Prüm, *Libri duo de synodalibus causis et disciplinis ecclesiasticis*, II, cap. CCCLXXI, Patrologie latine, CXXXII.

8. Il s'agit d'un ensemble de six textes qui seraient dus à un groupe d'ecclésiastiques et de laïcs dont un concile aurait sanctionné les travaux.

9. J.T. Mac Neil, H.M. Gamer, *Medieval Handbooks of Penance*, 1990, p. 120, canon 18.

10. H.J. Schmitz, *op. cit.*, p. 531, canon 7. Une prescription similaire apparaît dans l'*Excarpsus Cummeani*, pénitentiel du continent du VIIIe siècle, *Le Livre des serments d'Autun*, daté des VIIIe-IXe siècles et le *Corrector* de Burchard de Worms, un des derniers *libri poenitentiales* au sens strict (vers 1008-1012). Le pénitentiel de Bigot (700-725), rédigé sur le continent mais inspiré d'un original insulaire, cite la position de Théodore mais donne aussi la peine de cinq jours au pain et à l'eau, aggravée d'un jeûne, prescrite par les *Canones hibernenses* (*cf.* L. Bieler, *op. cit.*, p. 216, canons 7 et 8).

11. L. Bieler, *op. cit.*, canons 4 et 21, p. 260-261.

12. Né en 1179, formé à Oddi, un des principaux centres intellectuels de l'Islande médiévale, Snorri fut un homme politique, un « récitateur de la loi », et le protégé du prince norvégien Skuli. Il fut exécuté en 1241 sur ordre du roi de Norvège Haakon, pour avoir bravé son interdiction de retourner en Islande.

13. *L'Edda : récits de mythologie nordique*, trad. et annoté par F.X. Dillmann, Paris, 1991, p. 84-86.

14. *Senchus Mor*, dans *Ancient Laws of Ireland*, trad. W. Neilson Hancock, Londres, 1865, vol. 1, p. 151 ; *Brehon Law Tracts*, dans *Ancient Laws of Ireland*, 1901, vol. 5, p. 251.

15. *Capitula selecta ex antiqua canonum collectione facta in Hibernia* dans *Spicilegium sive collectio veterum aliquot scriptorum qui in Galliae bibliothecis delituerant*, éd. L. d'Achery, Paris, 1723, I, p. 505. Ces canons ont été édités à partir d'un manuscrit de Corbie (fin VIIIᵉ siècle).

16. Le *breyr* est un baron, le *taeog*, le vilain. Il existait deux sortes de pence : le pence légal et le pence court, qui valait seulement 2/3 du premier. Il est peu probable que ces différences de prix s'expliquent par la coexistence de chats de races différentes, plus ou moins appréciées.

17. Ces « marques de feu » évoquent sans doute l'habitude qu'ont les chats de se coucher près du feu. Le bon chat doit en effet mener une chasse active aux souris et non rester à se chauffer auprès du feu.

18. Cette disposition exprime peut-être aussi une crainte superstitieuse des miaulements nocturnes et lugubres des chats.

19. A. Owen, *Ancient Laws and Institutes of Wales*, Londres, 1841, p. 136, 215, 275, 283, 355, 362, 381, 385.

20. *Forum Conche : fuero de Cuenca...*, éd. G.H. Allen, dans *University Studies*, publ. by University of Cincinnati, *séries* II, vol. 6, nᵒ 1, janvier-février 1910, cap. XXXIV, 9, p. 89.

21. *Les Fueros d'Alcaraz et d'Alarcón*, éd. J. Roudil, Paris, 1968, p. 478. Le meurtre d'un chat était également passible de compensation à Alcázar (un sou), Iznatoraf, Baeza, Béjar et Téruel (12 deniers) et surtout Zorita où la somme à verser était beaucoup plus élevée (2 sous) (*ibid.*, p. 50 et 478).

22. *Les Fueros de Aragon*, éd. G. Tilandez, Lund, 1937, p. 187.

6 – Un rival de Dieu ?

1. Nous traduisons la version anglaise la plus répandue, celle de Robin Flower (*The Irish Tradition*, Oxford, 1947, p. 24-25). Pour le texte original en vieil irlandais, *cf.* le *Celt Corpus of Electronic Texts* de l'université de Cork (www.ucc.ie/celt/) et le site de la Western Michigan University (www. wmich.edu/english/tchg/lit/pms/pangur.ban.html).

2. Saint Aldhelm, *Aldhelmi aenigmata*, éd. F. Glorie, Turnhout, 1968, p. 467. Ce nom, c'est évidemment *musio* ou *murilegus* que l'on trouve dès le VIᵉ siècle chez Isidore de Séville pour désigner couramment le chat.

3. Jean Diacre, *Vita sancti Gregorii, Patrologie latine*, LXXV, col. 49-51. La vie de Jean Diacre a été traduite en français en 1214 par frère Angier (P. Meyer, « La vie de saint Grégoire le Grand traduite du latin par frère Angier, religieux de Sainte-Frideswide », *Romania*, XII, 1883, p. 145-208). Une traduction du XIVᵉ siècle a été publiée par Anatole de Montaiglon, « La vie de saint Grégoire le Grand », *Romania*, VII, 1879, p. 530-531.

4. Odon de Cluny, *Collationum libri III, Patrologie latine*, CXXXIII, III, col. 595A ; Giraud de Cambrie, *De principis instructione liber*, éd. G.F. Warner, dans *Giraldi Cambrenis opera*, Kraus reprint, 1964-1966 (*Rerum britannicarum medii aevi scriptores*, 21), vol. 8, p. 121-122.

5. *Les Fabulistes latins depuis le siècle d'Auguste jusqu'à la fin du Moyen Âge*, éd. L. Hervieux, Paris, 1893-1899, vol. 4, CIII, p. 304.

6. Jacques de Voragine, *La Légende dorée*, éd. T. de Wyzema, Paris, 1935, p. 171-172 et p. 290.

7. Ermold le Noir, *Carmina*, éd. E. Dümmler, *Monumenta Germaniae Historica, Poetae latini Caroli aevi*, II, 1884, v. 69 et *sq.*, p. 87-88.

8. Goscelin de Saint-Berthin, *Liber confortatorius*, dans *Analecta monastica*, éd. C.H. Talbot (*Studia anselmiana philosophica*, 37), Rome, 1955, p. 80.

9. *Cartulaires des abbayes d'Anians et de Gellone*, éd. E. Meynial, Montpellier, 1900, p. 261.

10. *Ancrene riwle*. Le succès de ce traité spirituel est attesté par plusieurs recensions, en latin, en vieil anglais et en français, et par le nombre des manuscrits conservés. Richard Poore († 1237), successivement évêque de Chichester, Salisbury et Durham, l'aurait adressé à ses sœurs qui étaient moniales à Tarrant. *Cf. The French Text of the Ancrene Riwle*, éd. J.A. Herbert, Londres, 1944, p. 307. Pour la recension anglaise, *cf. The English Text of the Ancrene Riwle: Ancrene Wisse*, éd. J.R.R. Tolkien, Londres, 1962, p. 213.

11. Salimbene de Adam, *Chronica, Monumenta Germaniae Historica, Scriptores*, XXXII, p. 146.

12. R. Delort, « Les animaux en Occident du Xe au XVIe siècle », dans *Le Monde animal et ses représentations au Moyen Âge*, Toulouse, 1985, p. 39. Il se fonde notamment sur le fait que Jean Diacre recourt au féminin *catta* dans sa vie de Grégoire et que la chatte est présentée comme cohabitant avec le moine, presque comme une concubine. Notons cependant que le féminin sert souvent en latin médiéval à désigner l'espèce et non le genre, comme c'est encore le cas dans plusieurs langues modernes (notamment en allemand). Il n'en reste pas moins que l'association du chat et de la sexualité hante l'imaginaire médiéval sans que l'on puisse affirmer qu'elle est en l'occurrence au premier plan.

13. Petrus Horn, *Vita magistri Gerardi Magni*, éd. W.J. Kuhler, *Nederlandsch Archief voor Kerkgeschiedenis, nova series*, 6, 1909, p. 352.

7 – Le protecteur, le familier et le vagabond

1. *Le Mesnagier de Paris*, éd. G. Brereton, J.-M. Ferrier, Paris, 1994, II, 3, I. 264-269, p. 448-449.

2. Pierre de Crescens, *De agricultura, omnibusque plantarum et animalium generibus libri XII*, Bâle, 1538, livre IX, cap. XXXVI, p. 522.

3. *Formulae Merowingici et Karolini aevi, Monumenta Germaniae Historica, Leges*, éd. K. Zeumer, 1963, t. VI, lettre 41, p. 424.

4. *Ruodlieb*, éd. B. Gordon et Jr. Ford, Leyde, 1966, VI, v. 46-48.

5. Otto Morena, *Historia Friderici I*, éd. F. Güterbock, *Monumenta Germaniae Historica, Scriptores, nova series*, VII, 1930, p. 43.

6. *The Domesday of St Paul's of the Year M.CC.XXII*, Westminster, 1858 (Camden society, original series, 69), p. 132.

7. *Le Ditté des choses qui faillent en ménage et en mariage*, dans *Nouveau Recueil de contes, dits et fabliaux*, éd. A. Jubinal, Paris, 1842, t. II, p. 163.

8. Raymond de Capoue, *Legenda beatae Catharinae Senensis, Acta sanctorum*, avril, t. III, p. 862.

9. *Complainte du nouveau marié*, dans *Recueil de poésies françaises des XVᵉ et XVIᵉ siècles*, éd. A. de Montaiglon, 13 vol., Paris, 1855-1878 (Bibliothèque elzévirienne, 16), vol. 1, p. 220.

10. *Le Mystère de la Résurrection*, éd. P. Servet, Genève, 1993, 2 vol. (TLF, 435), 282.

11. *Opusculum fabularum. Die Fabelsammlung der Berliner Handschrift Theol. lat. fol. 143*, éd. C. Meckelnborg et B. Schneider, Leyde, 1999 (Mittellateinische Studien und Texte, XXVI), p. 153.

12. *Tacuinum sanitatis*, BNF, ms n.a.l. 1673, fol. 89 v°. Dans un autre exemplaire de ce traité, composé au XIᵉ siècle par le médecin de Bagdad Albucasis, le chat est placé au milieu de la chambre (Vienne, ms. 2396, fol. 35).

13. Boccace, *Décaméron*, éd. C. Bec, Paris, 1994, 9ᵉ journée, 6ᵉ nouvelle, p. 732 *sq*.

14. Thomas de Cantimpré, *Liber de natura rerum, editio princeps*, 1973, 4, 76, p. 151 ; Vincent de Beauvais, *Speculum naturale*, Gräz, 1964, XIX, col. 1433.

15. P. Sébillot, *Folklore de la France : la Faune*, Paris, 1984, p. 106. L'essorillement paraît avoir été courant au XIXᵉ siècle encore : Alexandre Landrin affirme qu'on coupait les oreilles des chats au ras de la tête pour les empêcher de sortir, car ils craignaient désormais la pluie et le chatouillement des herbes. Ce procédé avait pour but de limiter le territoire de chasse à un lieu clos, tout en interdisant au chat la chasse extérieure, celle des oiseaux (*Le Chat*, Paris, 1894, p. 51).

16. *Les Évangiles des quenouilles*, éd. P. Jannet, Paris, 1855, 2ᵉ journée, chap. XXIV, p. 43 ; cinquième journée, chapitre 9, p. 77.

17. Franco Sacchetti, *Le novelle*, éd. O. Gigli, Florence, 1860-1861, I, nouvelle CLXXXIII, p. 200 ; Chaucer, *Le Conte du meunier*, dans *Les Contes de Cantorbéry. Première partie*, trad. française par J. de Caluwé-Dor, Gand, 1977, v. 3441-3442, p. 97.

18. Lettre de rémission du 17 août 1400, AN, JJ 155, pièce 268.

19. AD Côte-d'Or, B 9856 (rouleau), châtellenie de Saint-Sorlin et Lagnieu, et B 9767 (rouleau), châtellenie de Saint-Rambert. Ces archives bourguignonnes ont été exploitées par Corinne Beck que nous remercions ici pour son aide précieuse.

20. A. Lombard-Jourdan, *Aux origines de Paris : la génèse de la rive droite jusqu'en 1233*, Paris, 1985, p. 104 et n. 751 ; *Chartae argentinenses (662-1280)*, éd. W. Wiegand, Strasbourg, 1898, p. 14.

21. AM d'Arras, BB7, fol. 78 v°. Pour d'autres exemples *cf.* J.-P. Leguay, *La Rue au Moyen Âge*, Rennes, 1984, p. 110.

22. Eadmer, *Liber de sancti Anselmi similitudinibus, Patrologie latine*, CLIX, col. 609a.

23. Thomas de Cantimpré, *Liber de natura rerum, op. cit.*, p. 151. Curieusement, la littérature médiévale, ne livre pas de mots propres pour les différents sons que produit le chat. Thomas désigne par exemple le ronronnement comme une sorte de chant. On peut citer toutefois le mot *catellare* donné dans le sens de miauler, par Évrard de Béthune, mais il s'agit à l'évidence d'une occurrence isolée et non d'un mot d'usage.

24. Chrétien de Troyes, *Le Conte du Graal*, éd. F. Lecoy, Paris, 1972-1975, I, v. 4376-4377.

25. *La Fontaine de toutes sciences du philosophe Sydrach*, éd. A. Vérard, chap. 813.

26. *Ci-nous dit*, éd. G. Blangez, Paris, 1979-1986, I, p. 177.

27. *Mystères inédits du XVᵉ siècle*, éd. A. Jubinal, Paris, 1837, I, p. 149 et 153. Une bande dessinée contemporaine, *Léonard*, a pour héros un inventeur de génie doté d'un disciple et d'un chat précisément dénommé Raoul.

28. Franco Sacchetti, *op. cit.*, I, nouvelle CXXX, p. 308.

29. Jacques de la Marche, *Sermones dominicales*, éd. R. Lioi, Falconara, 1978, I, sermon 12, p. 229.

30. *Les Lamentations de Matheolus*, éd. A.-G. Van Hamel, Paris, 1892-1895, I, IV, v. 4830-4831, p. 293.

31. Gautier le Leu, *La Veuve*, dans *Fabliaux*, éd. R. Brusegan, Paris, 1994, v. 395 et 549-550.

32. J. Cardan, *De rerum varietate*, Avignon, 1558, p. 708.

33. A. Boutemy, «Deux pièces inédites du manuscrit 749 de Douai», *Latomus*, 1938, vol. 2, p. 129, vv. 29-32.

8 – Vendre la peau du chat…

1. *Salomon et Marcolphe*, éd. W. Benary, Heidelberg, 1914, p. 6. Le contexte, où apparaissent plusieurs proverbes relatifs au chat domestique, ne laisse guère de doute sur l'espèce désignée par Marcolphe.

2. Barthélémy l'Anglais, éd. G.B. Pontanus, Francfort, 1609, XVIII, LXXIV. Thomas de Cantimpré, *Liber de natura rerum, editio princeps*, Berlin, New York, 1973, I, p. 151 ; Salimbene de Adam, *Monumenta Germaniae Historica, scriptores*, XXXII, p. 191.

3. Rutebeuf, *Dit d'hypocrisie*, dans *Œuvres complètes*, éd. E. Faral et J. Bastin, Paris, 1959-1960, t. I, VIII, v. 172-173, p. 293 ; *Recueil général des jeux-partis français*, éd. A. Langfors, Paris, 1926 *(S.A.T.F.)*, I, v. 49-50 et 53-54, p. 337 et v. 15-16, p. 70 ; *Joufroi de Poitiers*, éd. P.B. Fay et J.L. Grigsby, Paris, 1972, v. 1676.

4. Moïse Maïmonide, *Tractatus… de regimine sanitatis ad Soldanum regem*, Augsbourg, 1518, tractatus V ; Hildegarde de Bingen, *Liber subtilitatum*, ms Ashburnham 1323 de la Biblioteca medicea Laurenziana, fol. 90. Remercions ici Laurence Moulinier qui nous a communiqué le texte de ce manuscrit.

5. Cet exemple recensé dans le recueil intitulé *Compilatio singularis* a été transcrit par Gérard Blangez et nous a été communiqué par Jacques Berlioz. Barthélémy l'Anglais signale la même pratique dans son encyclopédie (*loc. cit.*). Rappelons que les *exempla* sont de brefs récits insérés dans les sermons pour inspirer une leçon salutaire.

6. *Les Lamentations de Matheolus, op. cit.*, I, II, v. 1339-1940, p. 131.

7. Jacques de Vitry (vers 1160-1213), *The «Exempla» or Illustrative Story from the «Sermones vulgares» of Jacques de Vitry*, éd. Th. F. Crane, Londres, 1890, 33, p. 8 ; C.H. Haskins, «The University of Paris in the Sermons of the XIIIᵗʰ C.», *American Historical Review*, X (1904-1905), p. 25.

8. *Règlements sur les Arts et métiers de Paris rédigés au XIIIᵉ siècle et connus sous le nom du Livre des Métiers d'Étienne Boileau*, éd. G.B. Depping, Paris, 1837, p. 325.

9. N.S.B. Gras, *The Early English Customs System*, Cambridge, Harvard, 1918, p. 162.

10. *Cartulaire de l'abbaye de Saint Vaast d'Arras*, éd. chan. Van Drival, Arras, 1875, p. 169 et 173.

11. *Liber instrumentorum memorialium*, éd. A. Germain, Montpellier, 1884, n° CCXLV, p. 408 et 438.

12. *Cartulaire normand de Philippe Auguste... et Philippe le Hardi*, éd. L. Delisle, Caen, 1852, p. 271.

13. E. Smirke, « Ancient Ordinances of the Gild Merchant of the Town of Southampton », *Archaeological Journal*, XVI, 1859, p. 345 et 350 ; *Les Fueros d'Alcaraz et d'Alarcón*, éd. J. Roudil, Paris, 1968, I, p. 570 ; O. Pardi, « Gli statuti della coletta del comune di Orvieto. Lo statuto di 1334 », *Bollettino della regia deputazione di storia patria per l'Umbria*, XI, 1905, p. 270.

14. R. Delort, *Le Commerce des fourrures en Occident à la fin du Moyen Âge*, Rome, 1978, p. 299 et 328-333.

15. *Chronicon monasterii Abbendonensis*, éd. J. Stevenson, Londres, 1858, p. 300, *Rerum Britannicarum medii aevi scriptores*.

16. Yves de Chartres, *Patrologie latine*, CLXII, col. 207-208.

17. *Vetus disciplina monastica seu collectio auctorum ordinis s. Benedicti*, Paris, 1726, I, 5. La coutume de Hirshau, élaborée par l'abbé Guillaume et inspirée de la précédente, adopta la même règle et décida que le costume du moine devait comprendre deux pelisses, un chapeau de peaux de mouton ou de chat et cinq paires d'avant-pieds de chausses (*Patrologie latine*, CL, cap. XXXVII, col. 1095-1096).

18. Florent de Worcester, *Chronicon ab initio mundi usque ad 1117 cui accesserunt continuationes duo*, éd. B. Thorpe, Londres, 1848-1849, p. 663.

19. *Registrum Roberti Winchelsey cantuariensis archiepiscopi*, éd. R. Graham, Oxford, 1956 (The Canterbury York Society series, vol. II), p. 861.

20. Guillaume de Malmesbury, *De gestis pontificum Anglorum, Patrologie latine*, CLXXIX, col. 1591. Guillaume de Malmesbury a laissé une version plus développée de l'anecdote dans sa *Vita sancti Wlstani, Patrologie latine*, CLXXIX, col. 1757.

21. *Sexti Amarcii Galli Piosistrati sermonum libri IV*, éd. M. Manitius, Leipzig, 1888, p. 85, v. 197-199. Est employée ici la forme rare *musio* qui ne désigne, comme *murilegus*, que le chat domestique. Dans le contexte, c'est bien le chat domestique qui fait un couple plaisant avec la souris.

22. Saint Bernard, *Apologia ad Guillelmum abbatem*, dans *Opera*, Rome, 1963, vol. III, 10, 19, p. 101.

23. Pierre le Vénérable, *Consuetudines Cluniacenses Petri venerabili, Patrologie latine*, CLXXXIX, col. 1030.

24. V. Gay, *Glossaire archéologique du Moyen Âge et de la Renaissance*, Paris, 1887, I, p. 345.

25. Selon Buffon, ces chats sont dotés d'un poil très doux et lustré qu'ils doivent à l'influence du climat d'Espagne. Tous les ouvrages consacrés au chat au XIXe siècle et au début du XXe siècle mentionnent les chats d'Espagne comme l'une des cinq ou six variétés courantes de chats européens, et l'une des plus prisées avec chartreux et angoras. Ils sont décrits comme des chats au poil court et brillant, roux taché de blanc, noir, voire d'orange, les femelles pouvant avoir ces trois couleurs. Ce sont des chats d'agrément, au caractère doux et affectueux. Aujourd'hui, cette appellation banale semble tombée en

désuétude, les fédérations félines ignorant cette race, sans doute désormais rattachée aux « chats européens ».

26. Conrad Gesner, *Historia animalium. De quadrupedibus*, Zurich, 1551, section B. Il indique aussi que les pelletiers allemands, jugeant ignoble d'écorcher des chats domestiques, n'utilisaient que des peaux de chats sauvages, ce qui revient à dire que c'était l'usage ailleurs.

27. E.M. Veale, *The English fur Trade in the Latter Middle Ages*, Oxford, 1966, p. 5.

28. *Guillaume d'Angleterre*, éd. W. Foerster, Genève, 1977, v. 2011-2015.

29. En 1397, sont achetés des chats blancs, 3 sous, 3 deniers la pièce ; en 1468, est mentionnée une robe doublée de chats noirs ; en 1474, une robe de nuit de velours noir fourrée de chats, une robe d'écarlate fourrée d'écureuil et à bords de chats noirs ainsi que seize peaux de chats noirs. V. Gay, *op. cit.*

30. *Li Romans de Carité et Miserere du reclus de Molliens, poèmes de la fin du XIIᵉ siècle*, éd. A.G. Van Hamel, Paris, 1885, p. 123, v. 6-7.

31. A. Boucherie, « Sermons écrits en dialecte poitevin », dans *Le Dialecte poitevin au XIIIᵉ siècle*, Paris, 1873, p. 67.

32. *Statuti della città di Roma del secolo XIV*, éd. C. Re, I, 1883, CXXXVII, p. 162. La garnache, pièce de vêtement mal connue, est une sorte de long sarrau mis au-dessus du surcot.

33. B. Noddle, « Animal bones », dans *Excavations in Medieval Southampton 1953-1969*, Leicester University Press, 1974, p. 333.

34. P. Méniel, M.-R. Arbogast, *Les Restes de mammifères de la cour Napoléon du Louvre*, 1988, p. 12 et 69-70.

35. F. Audoin-Rouzeau, « Le site de la rue de Lutèce : un cœur urbain saisi dans sa longue durée », Rapport préliminaire, 1987, p. 21-22. *Cf.* aussi F. Audoin-Rouzeau, « Les Animaux, les "Cris de Paris", et leurs vestiges osseux », *Anthropozoologica*, 10, p. 16-17.

9 – Un mets délicat ?

1. *Chronicum salernitanum, Monumenta Germaniae Historica, Scriptores,* III, par. 115, p. 513. La chronique de Salerne a été rédigée par un moine de Saint-Benoît de Salerne vers 978. Les faits racontés sont donc antérieurs d'un siècle, mais la mention des chats *(cathus)* dans la ville de Salerne, en Bénévent, n'en reste pas moins un témoignage précieux de leur présence en nombre au haut Moyen Âge.

2. *Chronicon Casinense, Patrologie latine*, CLXXIII, col. 779.

3. *Ibid.*, col. 921.

4. *Breviarium Historiae Pisanae*, éd. L.A. Muratori, *Rerum italicarum scriptores*, VI, 1725, col. 190.

5. Boncompagnus de Bologne, *Liber de obsidione Anconae*, éd. L.A. Muratori, *Rerum italicarum scriptores*, VI, 1725, col. 936.

6. Andrea Dandolo, *Chronicum Venetum*, éd. L.A. Muratori, *Rerum italicarum scriptores*, XII, 1727, col. 458 ; Jean de Victring (*Liber certarum historiarum, Monumenta Germaniae Historica, Scriptores*, p. 239, 243, 283) évoque les famines des années 1277 et 1279 en Carinthie, Styrie et Austrie au cours desquelles on dévora chevaux, chats et même cadavres humains ; Henri

de Herford fait le récit de la famine affreuse qui succéda en Hongrie aux raids tartares et qui porta les vivants à dévorer les cadavres, outre les chiens et les chats (*Liber de rebus memorabilioribus*, éd. A. Potthast, Göttingen, 1855, p. 189).

7. Otton de Freising, *Chronica sive historia de duabus civitatibus, Monumenta Germaniae Historica, Scriptores*, p. 263. Les Petchenègues et les Falones sont des peuplades turques.

8. Hildegarde de Bingen, Florence, ms. Ashburnham 1323, fol. 90.

9. Giovanni Michele Savonarola, *Libro della natura e virtu delle cose che nutriscono*, Venise, 1576, p. 145.

10. *Le Livre des métiers de Bruges et ses dérivés : quatre anciens manuels de conversation*, éd. J. Gessler, Bruges, 1931, p. 12. Le succès de ce livre est attesté par l'existence de dérivés anglais, français et néerlandais, qui reprennent la même prescription, notamment les *Dialogues in French and English*, imprimés en 1483 par William Caxton et le *Vocabulair romain et flameng*, imprimé avant 1501 à Anvers par Roland Van den Dorpe.

11. *Cf.* J. Dupèbe, « La diététique et l'alimentation des pauvres selon Sylvius », dans *Pratiques et discours alimentaires à la Renaissance*, Actes du colloque de Tours, mars 1979, Paris, 1982, p. 51.

12. Franco Sacchetti, *Le novelle*, éd. O. Gigli, Florence, 1860-1861, II, nouvelle CLXXXVII, p. 130.

13. J. Strupp, *Anchorae famis, sitis, valetudinisque mortalium adumbratio…*, Francfort, 1582, cellula III, p. 106.

14. Conrad Gesner, *Historia animalium. De quadrupedibus*, Zurich, 1551, section E, p. 348.

15. Ulysse Aldrovandi, *De quadrupedibus*, Bologne, 1637, p. 580.

16. Ruperto de Nola, cité par D. Fournier, « Sylvestre le chat ? Aliments et perception du "sauvage" en Basse-Andalousie », *Techniques et cultures*, 27, janvier-juin 1996, p. 16-17. L'article de Dominique Fournier est consacré à la consommation contemporaine de ragoûts de chat, par goût, dans une zone marécageuse de Basse-Andalousie, la Marisma.

17. *Historia de los animales mas recebidos en el uso de medecina… dirigida al illustrissimo señor don Bernardo de Sandoval y Roxas…*, Madrid, 1613, p. 158.

18. Jean de La Bruyère, cité par G. Fumagalli, « Popolarità dei gatti », *L'Illustrazione italiana*, 17, 1890, col. 27-28.

19. C. Olive, « L'alimentation carnée au XIVe siècle », « La "Tue-chat" et les viandes au XVIe siècle », dans *Se nourrir à Besançon au Moyen Âge : à la table d'un vigneron de Battant*, Exposition, 10 mars-10 juin 1990, Besançon, 1990, p. 71-80.

20. Étude non publiée de J.-H. Yvinec qui a bien voulu nous la communiquer.

21. G. Fumagalli, *art. cit. Cf.* aussi A. Nardi Cibele, *Zoologia popolare veneta*, Bologne, 1968, p. 77.

22. C. Seignolle, *Le Folklore du Languedoc*, Paris, 1977, p. 73.

23. E. Leach, « Aspects anthropologiques de la langue : injures et catégories d'animaux », dans *L'Unité de l'homme et autres essais*, Paris, 1980, p. 263-297.

10 – Le chat qui guérit

1. Celse, *De medicina*, dans *Auli Cornelii Celsi quae supersunt*, éd. F. Marx, Leipzig, 1915, II, chap. XXXIII, p. 98.

2. Pline, *Histoire naturelle*, éd. A. Ernout, Paris, 1962, livre XXVIII, 165, 190, 228-229, 245, 254.

3. *Sexti Placiti Liber medicinae ex animalibus* dans *Antonii Musae de herba vettonica liber...*, éd. E. Howald, H.E. Sigerist, Berlin, 1927 (*Corpus medicorum latinorum*, IV), chap. XVIII, p. 277. Le titre du chapitre donne le masculin *(De catto)*, tandis que le féminin *catta* est utilisé dans le corps des recettes. Il semble que le féminin désigne l'espèce et non l'individu sexué, comme c'est le cas dans certaines langues vernaculaires, par exemple en allemand. Cet opuscule se situe dans le courant médical inspiré par le médecin grec Xénocrate d'Aphrodise, auteur d'une compilation intitulée *De l'utilité des animaux*. Intégré au *Corpus* du Pseudo-Apulée, l'ouvrage de Sextus a connu un certain succès : il fut traduit en vieil anglais et résumé par Constantin l'Africain (vers 1015-1087).

4. *Cassii Felicis De medicina*, éd. V. Rose, Leipzig, 1879, p. 12-13.

5. Alexandre de Tralles, *Practica Alexandri yatros...*, Venise, 1522, cap. IV, fol. 1. L'ouvrage d'Alexandre a fait l'objet d'une adaptation latine peut-être du vivant même de l'auteur, grand voyageur, qui enseigna du reste un temps la médecine à Rome. Ses œuvres ont été copiées tout au long du Moyen Âge. La recette simplifiée apparaît aussi dans les *Dynamidia pseudo-galéniques*, réceptaire anonyme étudiant les propriétés des substances médicamenteuses, daté probablement de la seconde moitié du VIᵉ siècle.

6. « Ein anecdotum latinum », éd. J. Piechotta, *Jahresbericht des König. kathol. Gymnasiums zu Leobschütz über das Schuljahr 1886-1887*, Leobschütz, 1887, p. XI.

7. *Tractatus de aegritudinum curatione*, éd. S. Renzi, *Collectio salernitana*, II, 1853, p. 383. La savine est une plante de la famille des *coniferae*. Suivant la classification du *Régime de santé* de l'école de Salerne, la goutte reçoit différents noms suivant les membres auxquels elle s'attaque : « paralysie » lorsqu'elle porte sur le côté droit, « podagre » quand elle attaque les pieds, « rhumatisme » pour les articulations et « sciatique » pour le nerf du même nom.

8. *Liber physico-medicus Kiranidum Kirani...*, Augsbourg, 1638, p. 76-77. Le *Kiranides*, ou *Kirani Kiranides*, qui tirerait son nom du roi de Perse Kiranus, se compose de quatre livres, dont le second est consacré aux animaux, le troisième aux oiseaux, le quatrième aux poissons. Il en explore, suivant l'ordre alphabétique, les propriétés naturelles et magiques. La version latine introduit la section consacrée au chat par les mots « *elurus id est gatta* », conservant trace du mot grec.

9. Ms reg. lat. 773, fol. 42 vᵒ.

10. Gilbert l'Anglais, *Compendium medicinae*, Lyon, 1510, livre II, fol. 80 vᵒ, 83 vᵒ, 84, 112, 115 vᵒ, 315, 318 rᵒ et vᵒ, 319 vᵒ. La recette de l'« onguent spécial pour l'arthrite froide » est reprise fidèlement dans la *Chirurgia* de Théodoric de Cervia. Fils d'un chirurgien appartenant à l'école de Bologne, Théodoric entra dans l'ordre des prêcheurs, puis devint évêque de Bitonto (1262) puis de Cervia (1266) tout en continuant à exercer la médecine et la chirurgie à Bologne. Devenu chapelain et pénitencier du pape,

il aurait fini par accepter d'écrire cette œuvre vers 1265-1275, à contrecœur car il ne se résignait pas à dévoiler tous ses secrets.

11. Petrus Hispanus, *Obras medicas de Pedro Hispano*, éd. M.H. Rocha Pereira, Université de Coïmbre, 1973 (*Acta universitatis Conimbrigensis*), cap. XLVIII, 42, p. 287, 15, p. 281, 117, p. 299 ; 74, p. 291, n° 55, p. 289.

12. *L'Antidotaire Nicolas. Deux traductions françaises de l'« Antidota-rium Nicolai »*, éd. P. Dorveaux, Paris, 1896, p. 41.

13. Vincent de Beauvais, *Speculum naturale*, Graz, 1964 (fac. sim. de l'édition de 1624), p. 1401.

14. Albert le Grand, *De animalibus libri XXVI*, éd. H. Stadler, vol. 16, livre XXII, cap. I.

15. La version du *Kiranides* contenue dans le manuscrit reg. lat. 773 recommande d'oindre les narines de fiel de chat noir mêlé à de l'huile de sureau *(oleum sambucinum)* contre la paralysie faciale ; Albert prescrit justement contre ce type de douleur un sternutatoire à base de fiel de chat noir et de « zambach » : il faut peut-être rapprocher le latin *sambucus* (sureau) de ce zambach. Il peut s'agir aussi du *zanbaq* qui, chez Maïmonide, désigne le lys blanc ou le jasmin.

16. Comme l'écrit Galien, « prendre autant de benoîte, primevère, rue, feuilles de laurier et de lierre terrestre que l'on veut, coupés en petits morceaux avec de la graisse d'oie et de chat noir ; ajouter 5 onces de poudre de poivre noir et d'euphorbe ; placer le tout en même temps dans la panse d'un chat après en avoir retiré les viscères et l'avoir écorché. Prendre le ventre et le placer sur un feu doux. Oindre de la liqueur qui s'en écoule le lieu paralysé deux à trois fois la semaine : on sera étonné de l'effet de cet onguent dans la cause froide : appelé "onguent de chat", il vaut spécialement pour cette maladie, de même que l'onguent d'oie vaut pour la goutte froide. »

17. Jean de Gaddesden, *Joannis anglici praxis medica Rosa anglica dicta...*, Augsbourg, 1595, p. 93, 112, 306, 551-552.

18. Albert le Grand, *op. cit.*, vol. 16, livre XXIII, tract. 1, cap. XXI.

19. *Livre du roi Dancus*, éd. H. Martin-Dairvault, Paris, 1883, p. 20.

20. Les auteurs de ce traité seraient l'arabe Moamin et le savant persan Ghatrif, fauconnier des califes omeyyades. Théodore d'Antioche, médecin, astrologue et philosophe à la cour de Frédéric II, assura sa traduction en latin, Daniel Deloc de Crémone, sa traduction française à la demande de Henri de Sardaigne, fils naturel de l'empereur. La version franco-italienne (XIVe siècle) recourt au très rare *murilege*, calqué sur le latin *murilegus* ; Moamin et Ghatrif, *Traités de fauconnerie et des chiens de chasse, éditio princeps* de la version franco-italienne par H. Tjerneld, Stockholm, Paris, 1945 (*Studia romanica Holmiensia*, 1). Guillaume Tardif, *Livre de l'art de faulconnerie et des chiens de chasse*, éd. E. Jullien, Paris, 1882, cap. XVIII.

21. Un réceptaire du XIVe siècle en français prescrit pour la goutte un mélange à base de graisse de chat mâle (L. Wiese, *Recettes médicales en français*, dans *Mélanges A. Jeanroy*, Paris, 1928, p. 668). La graisse de chat entre également dans la préparation du *popelion* ou *populeon*, remède populaire attesté à la fin du XIIIe ou au début du XIVe siècle, et doté d'un nom fantaisiste d'apparence savante (P. Meyer, *Bulletin de la société des anciens textes français*, 1906, p. 80).

22. G. Tilander, « Français saïn de chat », *Romania*, 58 (1932), p. 423. La plus ancienne occurrence du proverbe est recensée par Joseph Morawski dans un recueil du XIIIe siècle (*Proverbes français antérieurs au XVe siècle*, Paris, 1925, n° 1395).

23. Massin, *Les Cris de la ville*, Paris, 1985, p. 102.

24. Moïse Maïmonide, *Tractatus... de regimine sanitatis ad Soldanum regem*, Augsbourg, 1518, tractatus quintus.

25. Hildegarde de Bingen, *Physica, Patrologie latine*, CXCVII, lib. VII, cap. XXVI ; manuscrit Ashburnam 1323 de la Biblioteca medicea Laurenziana, retrouvé par Laurence Moulinier (fol. 90).

26. A. Kircher, *De venenis liber physico-medicus*, Graz, 1739, I, p. 20.

27. L. Thorndike, *A History of Magic and Experimental Science*, New York, 1934, vol. 3, p. 526-27, 533, 540.

28. Antonio Guainieri, *Opus praeclarum ad praxim non mediocriter necessarium*, Lyon, 1525, fol. CCXLIII v°. Guainieri est l'auteur de plusieurs ouvrages médicaux, dont certains dédiés à de hauts personnages, comme le duc de Milan, Filippo Maria Visconti ou le médecin du duc de Savoie (*cf.* L. Thorndike, *op. cit.*, 1934, IV, p. 215 *sq.*). Pietro Andrea Mattioli, dit Matthiole, célèbre médecin et botaniste de la première moitié du XVIᵉ siècle, reprendra fidèlement ces prescriptions.

29. Montaigne, *Œuvres complètes*, éd. A. Thibaudet et M. Rat, Paris, 1962, I, XXI, p. 102-103.

30. L. Pommeray, *L'Officialité archidiaconale de Paris aux XVᵉ-XVIᵉ siècles*, Paris, 1933, n° 125, p. 588.

31. J. Bodin, *Démonomanie des sorciers*, Paris, 1581, p. 326.

32. *Pauli Aeginetae opus de re medica...*, Paris, 1532, V, cap. XI, p. 7.

33. Jean de Gaddesden, *op. cit.*, p. 420.

34. Cristoforo de Honestis, BNF, ms latin 6910, fol. 91.

35. Gilbert l'Anglais, *op. cit.*, fol. CXIII. Cette description évoque par certains aspects le *delirium tremens*, dont les symptômes sont, entre autres, agitation, état confusionnel, hallucinations, apparition d'animaux (zoopsie), trouble du sommeil...

36. Antonio Guainieri, *op. cit.*, fol. XVI, r° et v°.

37. Matthiole, *Commentariolus de egritudinibus capitis*, dans *Practica magistri Antonii Guainieri*, Lyon, 1525, VI, 1, fol. XVI r° et v°.

38. Ambroise Paré, *Œuvres complètes*, éd. J. Malgaigne, Paris, 1840-1841, III, p. 333-334.

11 – Le savoir médiéval sur le chat

1. J. Fontaine, « Isidore de Séville et la mutation de l'encyclopédisme antique », *La Pensée encyclopédique au Moyen Âge*, Neuchâtel, 1966, p. 43.

2. Isidore de Séville, *Etymologiarum sive Originum, libri XX*, XII, 2, *Patrologie latine*, LXXXII, col. 440. Isidore confond les mots *catus* ou *cattus* désignant le chat et l'adjectif *catus* qui signifie « rusé ». La dernière phrase de l'article s'inspire, du reste, d'un commentaire de *L'Énéide* où Servius, à la fin du IVᵉ siècle, glose cet adjectif. Ce passage sera repris tout au long du Moyen Âge, à commencer par le *De universo* de Raban Maur.

3. Sedulius Scottus : « *Catus, cati*, l'animal qui est appelé aussi *murilegus* » (*In Donati artem majorem*, éd. B. Löfstedt, Turnhout, 1977 [*Corpus christianorum continuatio medievalis*, XLB], p. 148).

4. Aelfricus : « *Muriceps vel musio, murilegus, catt* » (*Dictionarium saxonico-latino-anglicum... acc. Aelfrici abbatis grammatica latino-saxonica...*), éd. W. Somner, Oxford, 1659, s.v.

5. *Summarium Heinrici*, éd. R. Hildebrandt, Berlin, New York, 1974, III, XI, p. 150. Le mot rare *pilax*, qui signifie sans doute le « poilu », est particulièrement attesté dans la culture hiberno-saxonne du haut Moyen Âge. *Kazza* est une forme germanique. *Cattus* est de façon erronée considéré comme un mot grec.

6. La *nepeta cataria*, appelée « herbe aux chats », est une plante commune, qui pousse le long des haies en Europe et en Asie. Haute de 6 à 10 cm, elle produit des fleurs blanches et est dotée d'une saveur âcre et amère.

7. Urso de Calabre, *Glosulae*, dans *Die medizinich-Naturphilosophischen Aphorismen und kommentare des magister urso salernitanu's*, Berlin, 1936, éd. R. Creutz, *Quellen und studien zur Geschichte des Naturwissenschaften und der Medizin*, V, 1936, *glosula* 23, p. 48.

8. Petrus Hispanus, *Obras medicas de Pedro Hispano*, éd. M.H. Rocha Pereira, Université de Coïmbre, 1973 *(Acta universitatis Conimbrigensis)*, cap. XLV, 4, p. 262-263.

9. Alexandre d'Aphrodise, *Problemata*, Venise, 1505, I, 66.

10. Adélard de Bath, *Quaestiones naturales*, éd. M. Müller (*Beiträge zur Geschichte der Philosophie des Mittelalters*, XXXI, 2), 1934, 12.

11. *The Prose salenitam Questions*, éd. B. Lawn, Londres, 1979, p. 284.

12. Alexandre Neckam, *De laudibus divinae sapientiae*, éd. Th. Wright, Londres, 1863, dist. 9, v. 183-190.

13. Jean Gerson, *Tractatus de oculo*, dans *Opera omnia*, vol. 3, éd. L. E. Dupin, Anvers, 1709, p. 483.

14. D'Arbois de Jubainville, *Cours de littérature celtique, t. IV. Les Mabinogion*, Paris, 1889, p. 112. Les *Mabinogion*, source précieuse pour la légende arthurienne, consignent des récits qui remonteraient au XIe siècle.

15. C.-J. Guyonvarc'h, « La Mort tragique des enfants de Tuireann », *Ogam*, XVI, fasc. 1-3, 1964, p. 233.

16. Hildegarde de Bingen, ms Ashburnam 1323 de la Biblioteca medicea Laurenziana. Laurence Moulinier a restitué ce manuscrit comme l'état le plus complet de la *Physique* de Hildegarde.

17. *De bestiis, Patrologie latine*, CLXXVII, col. 93 et 153. Longtemps attribué à Hugues de Saint-Victor, le *De bestiis* est une œuvre composite du XIIe siècle. Les deux derniers livres, où est évoqué le chat, seraient anonymes ; tous les noms du chat y sont énumérés (*muriceps, murilegus* et même *muscio* une variante de *musio*), alors qu'Isidore ne connaissait que *catus* et *musio*.

18. Barthélémy l'Anglais, *De proprietatibus rerum*, éd. G. B. Pontanus, Francfort, 1609, XVIII, cap. LXXIV.

19. Thomas de Cantimpré, *Liber de natura rerum*, éd. H. Boese, Berlin/ New York, 1973, livre III, chap. XLIV (de *feles*) et LXXVI (de *musione vel murilego*).

20. Albert le Grand, *De animalibus libri XXVI*, éd. H. Stadler, 2 vol., Munster, 1916-1921 (*Beiträge fur Geschichte der Philosophie des Mittelalters*, XV-XVI), livre XXII, 103 (*feles*), 41 (*cattus*). Le *feles* d'Albert le Grand est « une bête de petite taille, habitant dans des grottes, pleine de malice et de ruse, qui jette ses excréments hors de sa tanière et les couvre de terre pour éviter que l'odeur ne fasse découvrir son habitation. Attaquant les bêtes qui passent à sa portée en rampant de façon pesante et habile, elle se jette sur elles, les tue et les dévore quand elle les voit placées comme il faut ». Il est difficile de reconnaître le passage de l'*Histoire naturelle* auquel Albert le Grand fait ici allusion. Peut-être s'agit-il de celui où Pline décrit les chats embusqués pour attraper souris et oiseaux et enfouissant leurs excréments (X, 202).

21. Il emprunte à Avicenne l'effet de la morsure de chat et le traitement à appliquer, à Ali ibn Ridwan, l'utilisation de la chair de chat pour guérir certaines douleurs, à Esculape le remède traditionnel contre la chute des cheveux.

22. Vincent de Beauvais, *Speculum naturale*, Graz, 1964 (reprise de l'éd. de Douai, 1624), XIX, cap. xcii.

23. Albert le Grand, *op. cit.*, livre I, 50.

24. Il utilise sans doute à cet égard une source arabe car le chat, à la différence du chien, n'est pas un animal impur pour les musulmans.

25. Pline, *Historia naturalis*, XI, 151, et XXXVII, 69.

26. Un manuscrit du xive siècle, conservé à Lilienfeld, illustre peut-être ce récit en forme de fable : on y voit un chat regardant son reflet dans l'eau (*Concordantia caritatis*, Stiftsbibliothek, 151, fol. 149 v.).

Troisième partie – Le chat moralisé

12 – Les péchés capitaux

1. *Cf.* J. Bichon, *L'Animal dans la littérature française aux xiie et xiiie siècles*, Lille, 1976, p. 25.

2. Chrétien de Troyes, *Le Conte du Graal*, éd. F. Lecoy, Paris, 1972-1975 (*Classiques français du Moyen Âge*), I, p. 144, v. 4600-4603 ; *Le Chevalier au lion*, éd. M. Roques, Paris, 1964 (*Classiques français du Moyen Âge*), v. 292-303, p. 10.

3. Guillaume le Clerc, *Fergus*, éd. E. Martin, Halle, 1872, p. 77, v. 19.

4. Eudes de Chériton, né vers 1185 dans une famille normande établie dans le Kent, fit des études à Paris, voyagea, notamment en Espagne, mais passa aussi une grande partie de sa vie dans le domaine familial de Cheriton Manor. Il a laissé une œuvre considérable, dont un *Livre des paraboles*, rassemblant petites histoires édifiantes (*exempla*) et fables. Chacune des fables est accompagnée d'une moralité et destinée à un type de pécheur.

5. L. Hervieux, *Les Fabulistes latins depuis le siècle d'Auguste jusqu'à la fin du Moyen Âge*, Paris, 1893-1899, vol. 4, XXXIX, p. 212-213. La fable est reprise par Jean de Scheppey (*Les Fabulistes latins, op. cit.*, t. IV, lviii, p. 441) et se trouve aussi dans un des manuscrits du *Romulus* latin, collection de fables en prose (*op. cit.*, XXXI, p. 277).

6. *Roman de Renart. Branche XIV*, éd. M. Roques, Paris, 1960, v. 1-198. Pour un dossier complet sur Tibert et, plus généralement le chat médiéval, *cf.* J. Dufournet, *Le Roman de Renart. Branche XI : les vêpres de Tibert le chat*, Paris, 1989.

7. *Les Contes moralisés de Nicole Bozon frère mineur*, éd. L. Toulmin-Smith et P. Meyer, Paris, 1889, p. 185.

8. Les recueils médiévaux de fables en français sont appelés *isopets*, du nom du plus illustre des fabulistes, Ésope.

9. *Fables françaises du Moyen Âge*, éd. bilingue de J.-M. Boivin et L. Harf-Lancner, Paris, 1996, p. 128-129.

10. L. Hervieux, *op. cit.*, vol. 4, XV, p. 188-189. Les chanoines avaient au Moyen Âge une déplorable réputation.

11. Raymond de Béziers a notamment traduit en latin un apologue tiré du recueil *Kalilah et Dimnah* où un chat ermite s'empare d'un lièvre et d'un oiseau venus lui demander une médiation (L. Hervieux, *op. cit.*, vol. 5, p. 585-586).

12. G. Cames, *Allégories et symboles dans l'Hortus deliciarum*, Leyde, 1971, p. 62 et *passim*.

13. Il est attesté chez Jean d'Arras vers 1392, dans les *Faictz et dictz* de Jean Molinet (1475), dans les œuvres de Guillaume Coquillart (1478) ainsi que dans les *Proverbes en rimes* (vers 1470). *Cf.* J.W. Hassel, *Middle French Proverbs, sentences and proverbial Phrases*, Toronto, 1982 (*Subsidia mediae valia*, 12), C95, p. 67.

14. *Récits d'un ménestrel de Reims au XIIIᵉ siècle*, éd. N. de Wailly, Paris, 1876, p. 63, nº 119. Pour les occurrences en moyen français, *cf.* J. W. Hassell, *op. cit.*, C88. L'expression apparaît aussi à la fin du Moyen Âge dans deux sorties du *Recueil Trepperel*: la *Sottie à cinq personnages des coppiers et lardeurs...* (avant 1468) et la *Sottie des sots qui corrigent le magnificat* (avant 1488). *Cf. Recueil Trepperel*, éd. E. Droz, Paris, 1935, VIII, p. 161, et IX, p. 192, 193.

15. Lazare Sainéan donne à cette expression le sens de « en tristesse de cœur » et en cite des formes dialectales, comme « escaragno-cat », « erchigne-chat » qui signifient « querelleur » (*La Création métaphorique en français et en roman : images tirées du monde des animaux domestiques : le chat*, Halle, 1905, p. 44).

16. *Salomon et Marcolphe*, éd. W. Benary, Heidelberg, 1914, p. 12 ; Egbert de Liège, *Fecunda ratis*, éd. E. Voigt, Halle, 1889, v. 7, p. 4.

17. Serlon de Wilton, *Poèmes latins*, éd. J. Öberg, Stockholm, 1965, p. 149. Le proverbe est représenté continûment du Xᵉ au XVᵉ siècle en latin (*cf.* H. Walther, *Proverbia sententiaeque latinitatis medii aevi*, Göttingen, Zürich, 1963-1969, nº 341, 3841, 15749, 15750, 17366, 27537, 27643, 27646, 5453a, et en français (*cf.* J. Morawski, *Proverbes français antérieurs au XVᵉ siècle*, Paris, 1925, nº 264, 370, 1063).

18. Bernardin de Sienne, *Le prediche volgari*, éd. P. Bargellini, Milan, Rome, 1936, p. 158.

19. *Li bestiaires d'amours di Maistre Richart de Fornival e li response du bestiaire*, éd. C. Segre, Milan, Naples, 1957, p. 123.

20. Barcelone, fin du XVᵉ siècle, ms de l'Athénée barcelonais 1, fol. 231 vº.

21. *La Prédication de Ranulphe de la Houblonnière. Sermons aux clercs et aux simples gens à Paris au XIIIᵉ siècle*, éd. N. Bériou, Paris, 1987, vol. 2, sermon 17, p. 214, 293 et *sq.*

22. *Salomon et Marcolphe*, *op. cit.*, p. 6.

23. *L'Évangile des femmes*, dans A. Jubinal, *Jongleurs et trouvères*, Paris, 1835, p. 27. Une expression semblable se trouve dans une complainte anonyme du XIIIᵉ siècle : « Et moi je les cherchais aussi bien que quatre chats après du lard » (*Complainte des jacobins et des cordeliers*, dans *Œuvres complètes de Rutebeuf, trouvère du XIIIᵉ siècle*, Paris, 1874-1875, I, p. 463).

24. Robert de Reims, dans *Anthologie poétique française*, éd. A. Mary, Paris, 1967, II, p. 6. Eustache Deschamps emploie la même comparaison vers 1385 (*Œuvres complètes*, éd. A.-H.-E. Queux de Saint Hilaire et G. Raynaud, Paris, 1878-1903, t. IV, p. 122, v. 9). Mais il recourt aussi à la comparaison au masculin (*ibid.*, t. IX, p. 119, v. 3580). On trouve également dans un des poèmes lyriques anonymes publiés par Alfred Jeanroy : « J'ai esté plus friant

qu'un chaz » (*Les Origines de la poésie lyrique en France au Moyen Âge*, Paris, 1904, XXVIII, v. 21).

25. *Anonimo dei Proverbia super natura feminarum*, dans *Poeti del Duecento*, éd. G. Contini Ricciardi, Milan, Naples, 1960, v. 45-46, traduction Gérard Vittori.

26. *Recueil général et complet des fabliaux*, éd. A. de Montaiglon, Paris, 1872-1883, I, XVII, p. 189.

27. *Sottie des rapporteurs* (vers 1480), dans *Recueil Trepperel*, *op. cit.*, p. 65.

28. H. Walther, *op. cit.*, n° 25755.

29. *La Nef des fous*, adapt. fr. M. Horst, Strasbourg, 1988, p. 94-95. Paru en 1494, l'ouvrage de Sébastien Brant, *Das Narrenschiff*, connut un grand succès et fut bientôt plagié, adapté, traduit en latin et en diverses langues, édité à de multiples reprises tout au long du XVIᵉ siècle.

30. L. Hervieux, *op. cit.*, IV, XXI, p. 194. Eudes utilise une nouvelle fois la fable avec une morale similaire (*ibid.*, p. 305).

31. Jacques de Vitry, *The « Exempla » or Illustrative Story from the « Sermones vulgares » of Jacques de Vitry*, éd. Th.F. Crane, Londres, 1890, 11, p. 4. Dans le récit d'Étienne de Bourbon, il y a non plus un mais de nombreux fromages, non plus un chat mais des chats. Quant à l'acteur principal, le sot, qui commet l'imprudence de recourir à un remède pire que le mal, il devient une femme qui « achète » les chats (A. Lecoy de la Marche, *Anecdotes historiques, légendes et apologues tirés du recueil inédit d'Étienne de Bourbon, dominicain du XIIᵉ siècle*, Paris, 1877, p. 420).

32. *Les Lamentations de Matheolus*, éd. A.-G. Van Hamel, Paris, 1892-1895, I, III. v. 2638-2643, p. 181.

33. *Novellino, suivi de Contes du temps jadis*, trad. G. Genot et P. Larivaille, Paris, 1988, n° 92, p. 211.

34. Chrétien de Troyes, *Le Chevalier au lion*, *op. cit.*, v. 590-597.

35. H. Walther, *op. cit.*, n° 19056.

36. Bérenger de Landorre, *Liber moralitatum elegantissimus magnarum rerum naturalium lumen anime dictus…*, Augsbourg, 1479, titre 75 G.

37. Vienne, Nationalbibliothek, codex Vindobonensis 2608 (XVᵉ siècle), fol. 21 vᵒ.

38. Giovanni Cadamosto, *Circa le nature de l'herbe, de cibi e de veneni, de pietre de parole*, Vienne, Nationalbibliothek, codex Vindobonensis 5264, fol. 102.

39. Vienne, Kunsthistoriches Museum.

40. Egbert de Liège, *Fecunda ratis, op. cit.*, v. 336. Pour des variantes de ce proverbe en latin, *cf.* H. Walther, *op. cit.*, n° 2490, 2491, 2495, 2500a, 2504,15752a, 15752b, 21516, 30647.

41. *Proverbes en rimes : Text and Illustration of the Fifteenth Century*, éd. G. Frank et D. Miner, Baltimore, 1937, XCV, p. 61.

42. Heures à l'usage de Paris, BNF, ms lat. 1393, fin XVᵉ-début XVIᵉ siècle, fol. 21. Missel à l'usage d'Amiens, La Haye, Meermanno-Westreenianum Museum, ms 78 D 40, fol. 44.

43. Jacques de la Marche, *Sermones dominicales*, éd. R. Lioi, Falconara, 1978, I, p. 88.

44. Geoffroy de Vinsauf, *Poetria nova*, éd. E. Faral, 1924, v. 2028-2029. H. Walther recense d'autres occurrences latines de l'expression (*op. cit.*, n° 15471, 15483, 15484).

45. *Tacuinum sanitatis*, BNF, ms lat. 1673, fol. 89 vᵒ.

46. H. Walther, *op. cit.*, n° 22120.

47. *Sextii Amarcii galli Piosistrati sermonum libri IV*, éd. M. Manitius, Leipzig, 1893, IV, 4, v. 458-460, p. 94. H. Walther donne des variantes de ce proverbe latin (*op. cit.*, n° 2494, 28310).

48. « Le jeûne force le chat à bien soriser » : H. Walther, *op. cit.*, n° 2918.

49. « Le chat qui a plusieurs petits prend de tous côtés les souris » : *ibid.*, n° 2497 et 8910.

50. Metellus, *Quirinalia*, éd. P. C. Jacobsen, Leyde, Cologne, 1965 (Mittela teinische Studien und Texte, Bd I), v. 33-36, p. 213. Pour les variantes latines de ce proverbe, *cf.* H. Walther, *op. cit.*, n° 11384, 24698.

51. Pierre Alphonse, *Disciplina clericalis*, éd. A. Hilka et W. Söderhjelm, 1911, XXVII. *La Disciplina clericalis* fut adaptée en français dès le début du XIIIᵉ siècle sous le titre *Chastoiement d'un père à son fils* (*cf. Fabliaux et contes des poètes fiançais des XIIᵉ, XIIIᵉ, XIVᵉ et XVᵉ siècles*, éd. É. Barbazan, D.-M. Méon, Genève, 1976, II, XXV, p. 166-167). L'histoire de Maimon est reprise au XIIIᵉ siècle par Jacques de Vitry et au siècle suivant dans un autre recueil d'*exempla*, la *Scala coeli*, rédigée vers 1323-1330 par le dominicain Jean Gobi.

52. L. Hervieux, *op. cit.*, IV, LXIV, p. 236, et LVI, p. 287.

53. Jacques de Vitry, *op. cit.*, CCIX, p. 87 ; CCLIII, p. 106-107. Dans la *Tabula exemplorum* (fin XIIIᵉ siècle), recueil dérivé d'Étienne de Bourbon, les marques de feu sur le pelage du chat sont assimilées aux péchés variés des prêtres et des clercs corrompus.

54. *Les Lamentations de Matheolus*, *op. cit.*, I, II, v. 1939-1940, p. 131 (v. 3071-3077 pour la traduction française de Jean Le Fèvre).

55. Chaucer, *Les Contes de Cantorbéry*, trad. fr. par J. de Caluwé-Dor, Louvain, Gand, 1977-1986, *Prologue du conte de la femme de Bath*, vol. 2, v. 348-361, p. 145.

56. H. Walther, *op. cit.*, n° 1617a.

57. *Liber de Sancti Anselmi similitudinibus, Patrologie latine*, CLIX, col. 609a.

58. R. H. Blaser, *Ulrich Böner, un fabuliste latin du XIVᵉ siècle*, Mulhouse, 1949, p. 156.

59. A. Jubinal, *Jongleurs et trouvères*, *op. cit.*, p. 153.

60. É. Picot, « Fragments inédits de Mystères de la Passion », *Romania*, XIX, 1890, p. 272, v. 399-400.

61. Rabelais, *Cinquième Livre*, dans *Œuvres complètes*, éd. P. Jourda, Paris, 1962, t. II, XI, p. 316. *Cf.* aussi les chapitres XIV, XV, et XVI.

62. *Gesta conlationis Carthaginiensis*, éd. S. Lancel, Turnhout, 1974 (*Corpus christianorum, series latina*, CXLIXA), I, 133, 123, p. 113.

63. *La Chanson de la croisade contre les Albigeois…*, éd. P. Meyer, Paris, 1875-1879, I, v. 1185. Paul Meyer signale, par ailleurs, un Giraud Cat en 1204.

64. Signalons en Angleterre Johannes Catus, mentionné par Orderic Vital en 1079, et Turoldus le Cat signalé par le rôle de la chancellerie en 1196. *Les Actes du Saint-Office de Bologne* évoquent par ailleurs, en 1299, un certain Bolognitto de Gatto ainsi qu'un Bulgaro de Gattariis.

65. M.-H. Carrez, « Les noms d'animaux dans les noms et personnes de la région dijonnaise du XIIIᵉ au XVᵉ siècle », dans *Actes et mémoires du premier congrès mondial de toponymie et d'anthroponymie*, Paris, 1938, p. 116 et *sq.*

66. Les sceaux nous apprennent qu'un veneur du comte d'Artois s'appelait, en 1302, Alexandre Le Chat, un chanoine de Saint-Pierre-de-Soissons Johannes Catus (Jean Le Cat) au XIVᵉ siècle. À Lille, un Gilles Le Cat était ferronnier en 1460 ; un Jorart Le Cat, échevin de la seigneurie de Breucq, à

Lille également, un Colart Le Chat, tailleur de la comtesse d'Artois vers
1300. G. Demay, *Inventaire des sceaux de l'Artois et de la Picardie…*, Paris,
1875-1877, n° 2104 et 1250 et *Inventaire des sceaux de la Flandre*, Paris,
1873, n° 4813, 2870 et 2168.

67. W.H. Stevenson, « Early scholastic colloquies », dans *Médieval and
Modern Studies*, XV, Oxford, 1929, p. 27 et *sq.*

68. Nous remercions Corinne Beck qui a trouvé les textes suivants dans la
série B des Archives départementales de la Côte-d'Or, sous les n°ˢ 9850,
7163, 8937, 9256, 7191, 7192, 7221, 8306, 9790.

69. Cité dans J. Pineaux, « La métaphore animale dans quelques pamphlets du xvie siècle », *Le Pamphlet en France au xvie siècle* », Paris, 1983,
p. 41.

70. D. Jacquart, *Bibliothèque de l'École des chartes*, Paris, 1986, p. 400.

71. L. Sainéan, *op. cit.*, p. 64-65.

72. Gautier de Dargies, *Chansons et descorts*, éd. G. Huet, Paris, 1912,
p. 60, v. 61.

73. Sébastien Brant, *op. cit.*, p. 312.

74. L. Sainéan, *op. cit.*, p. 62-64.

13 – Du chat et des souris

1. *Recueil général et complet des fabliaux*, éd. A. de Montaiglon, Paris
1877-1883, III, p. 152, v. 160.

2. *Gesta romanorum*, éd. H. Oersterley, n° 261, p. 665. Ce recueil
d'*exempla* aurait été utilisé par Nicole Bozon vers 1320-1350. La référence
à l'*Hexaméron* est erronée, mais la doctrine est proche de la pensée de saint
Basile pour qui les animaux, privés de raison mais dotés de particularités,
voire de sentiments et de dispositions morales, ont été l'objet de la part du
Créateur d'une prévoyance et d'une sollicitude également réparties.

3. J.G. Th. Grässe, *Die beiden ältesten lateinischen Fabelbücher des
Mittelalters des Bischofs Cyrillus Speculum sapientiae und des Nicolaus
Pergamenus Dialogus creaturarum*, Tübingen, 1880 (*Bibliothek des literari-
schen Vereins in Stuttgart*, 148), IV, 1, p. 105-106.

4. Amédée de Bouvier, *Libellus peregrinacionis terre sancte*. Communication de Philippe Barbat, qui a édité ce texte (thèse de l'École des chartes,
1996).

5. Ce folio splendide porte un immense monogramme (XPI) à l'ornemen-
tation complexe correspondant aux premières lettres d'un verset de l'Évangile selon saint Matthieu : parmi les volutes, figurent, outre chats et souris,
une loutre tenant un saumon et deux mouches. Diverses interprétations
symboliques ont été données pour expliquer la présence de ces animaux.
Pour Carl Nordenfalk, ceux-ci n'auraient qu'une vocation décorative et
seraient peut-être inspirés par un cycle iconographique à présent disparu,
celui du *Physiologus* (« Katz und Maus und andere Tiere im Book of Kells »,
dans H. Roth, *Zum Problem der Deutung frühmittelalterlicher Bildinhalte*,
Sigmaringen, 1986, p. 211-219).

6. Les bestiaires s'inscrivent dans la tradition du *Physiologus* (iie siècle),
un traité grec sur la signification allégorique, religieuse et morale, des
animaux mentionnés dans la Bible. Traduit en latin dès les ive-ve siècles, il

est connu en différentes versions – les plus longues comportent quarante-huit ou quarante-neuf chapitres –, qui ignorent le chat. Par enrichissements textuels successifs, notamment l'ajout de chapitres provenant d'Isidore de Séville, le *Physiologus* va donner peu à peu naissance aux *Bestiaires médiévaux*, illustrés ou non, dont la plupart intègrent un chapitre consacré au chat.

7. X. Muratova, « Adam donne leur nom aux animaux », *Studi medievali*, XVIII, 2, 1977, p. 374.

8. Un psautier à l'usage de Tournai fonctionne un peu sur le principe de la bande dessinée, présentant successivement le chat en train de poursuivre une souris, l'ayant attrapé puis la tenant dans sa gueule (Chartres, Bibliothèque municipale, ms 549, XIVᵉ siècle, fol. 116 vᵒ [détruit pendant la Première Guerre mondiale]).

9. Psautier de Yolande de Soissons, usage d'Amiens, fin du XIIIᵉ siècle, New York, Pierpont Morgan library, ms 729, fol. 262.

10. Fin XVᵉ-début XVIᵉ siècle, Paris, BNF, ms lat. 1393, fol. 136 et 27.

11. Cette fresque a été rapprochée de la *Katomyomachie* du poète byzantin Théodore Prodrome, une tragi-comédie narrant l'histoire de la guerre des souris et des chats, ces derniers étant finalement écrasés par leurs ennemies ; d'autres critiques l'ont liée au contraire aux drôleries des marges ou à un cycle ésopique disparu. C'est la seule fresque de ce genre conservée, mais d'autres ont peut-être existé : dans une nouvelle de Boccace, le peintre Bruno peint dans la demeure du médecin Simone une bataille de chats et de rats qui lui semble la plus belle chose du monde (*Décaméron*, éd. C. Bec, Paris, 1994, 8ᵉ journée, 9ᵉ nouvelle, p. 675-676).

12. Oxford, Bodleian Library, ms Kennikott 1, fol. 443.

13. Hincmar de Reims, *De praedestinatione Dei et libero arbitrio posterior dissertatio adversus Gothescalcum et caeteros Praedestinatianos*, *Patrologie latine*, CXXV, cap. XII, col. 111 ; Godescalc d'Orbais, *Œuvres théologiques et grammaticales*, éd. D.C. Lambot, Louvain, 1945, p. 186.

14. Egbert de Liège, éd. E. Voigt, Halle, 1889, I, v. 709. Pour d'autres occurrences, *cf.* H. Walther, *Proverbia sententiaeque latinitatis medii aevi*, Göttingen, Zürich, 1963-1969, nᵒ 15738f et 26554.

15. Domnizo, *De vita Mathildis, Monumenta Germaniae Historica, Scriptores*, XII, 1856, I, v. 325 (début du XIIᵉ siècle). L'antinomie du chat et de la souris est une des figures de l'association impossible. Citons, parmi les proverbes latins des XIVᵉ et XVᵉ siècles : « Le moustique et le pou, deux coqs, le chat et la souris, deux Goths ne vivent jamais sans conflit », « L'oiseau évite les filets... le sanglier, le chasseur, la souris, le chat, le chaste, l'amour » (H. Walther, *op. cit.*, nᵒˢ 3990 et 26830 et nᵒˢ 2492 et 21862a). D'autres proverbes renvoient dos à dos les deux ennemis : ainsi « A mal chat, mal rat » (J. Morawski, *Proverbes français antérieurs au XVᵉ siècle*, Paris, 1925, nᵒˢ 73, 75 et, pour le moyen français, J.W. Hassell, *Middle French Proverbs, Sentences and proverbial Phrases*, Toronto, 1982 [*Subsidia mediaevalia*, 12], C82, p. 65).

16. *Le Roman de la rose*, éd. D. Poirion, Paris, 1974, v. 11068-11070.

17. Egbert de Liège, *Fecunda ratis, op. cit.*, I, 35. D'autres occurrences sont citées par H. Walther (*op. cit.*, nᵒˢ 1967, 2485, 4100, 4101, 5304, 6495, 6506, 6515, 6783, 8910, 10778a, 12472, 12476, 13737, 15745, 15746, 15753 et 15753a, 15774, 21377, 22928, 23476, 25677, 27583, 29928, 34367d).

18. *Richars li biaus*, éd. W. Foerster, Vienne, 1874, v. 3630, p. 100 ; *Sone de Nausay*, éd. M. Goldschmidt, Tübingen, 1899, v. 20030, p. 518. Joseph

Morawski donne un autre exemple du XIIIᵉ siècle, dans un recueil de proverbes de la bibliothèque Sainte-Geneviève (*op. cit.*, n° 1563). James W. Hassell cite deux occurrences du XIVᵉ siècle, dans *Perceforest* ainsi que chez Cuvelier (*op. cit.*, C93, p. 66).

19. H. Walther, *op. cit.*, nᵒˢ 4310 et 2486, 6726, 30343.
20. Théodulphe d'Orléans, *Carmina, Monumenta Germaniae Historica, Poetae latini medii aevi*, I, XXVIII, v. 441-442, p. 505.
21. J.W. Hassell, *op. cit.*, C89, p. 66.
22. *Ysengrinus*, éd. E. Voigt, Halle, 1884, 1, v. 36-64, p. 8.
23. BNF, ms lat. 15971, fol. 41. Compilateur connu pour avoir recueilli les sermons de Robert de Sorbon, Pierre de Limoges a laissé des *Distinctiones*, répertoire alphabétique de pensées et matériaux divers à l'usage des prédicateurs où le bestiaire a une grande place.
24. *Ci-nous dit*, éd. G. Blangez, Paris, 1979-1986, I, chap. CLXXVIII, p. 169.
25. *Summa de exemplis et rerum similitudinibus locupletissima... Fr. Joanne a S. Geminiano*, Venise, 1584, V, 39, p. 138-140.
26. *Dan Michel's Ayenbite of Inwyt or Remorse of Conscience in the Kentish Dialect, 1340 A.D.*, éd. R. Morris, Londres, 1866, p. 179.
27. *The Macro Plays: The Castle of Perseverance...*, éd. M. Eccles, Londres, New York, Toronto, 1969 (*Early english Text Society*, 262), v. 952-953, p. 31.
28. *La Chanson d'Aspremont*, éd. L. Brandin, Paris, 1923-1924, I, 40, v. 756-757. Appartenant au cycle de Charlemagne, cette chanson de geste a été composée avant 1190. Il existe de nombreuses variantes de cette formule proverbiale. Pour les proverbes en latin, essentiellement datés des XVᵉ et XVIᵉ siècles, *cf.* H. Walther, *op. cit.*, nᵒˢ 2483a, 2482, 2487, 2488, 5037, 9488, 15742, 15743, 15947.
29. *Le Roman de la rose, op. cit.*, v. 9969-9975. Jean de Meung emploie l'expression imagée et synthétique « science de surgeüre » où le mot surgeüre viendrait du mot *soris* (souris).
30. *Ibid.*, v. 14037-14050.
31. Chaucer, *Les Contes de Cantorbéry, op. cit.*, 2ᵉ partie, *Conte de l'intendant*, v. 175-182.
32. *Salomon et Marcolphe*, éd. W. Benary, Heidelberg, 1914, p. 30-31.
33. Godescalc d'Orbais, *op. cit.*, p. 186.
34. *Li Proverbe au vilain*, éd. A. Tobler, Leipzig, 1895, 262, p. 107.
35. Henri d'Andely, *Le Lai d'Aristote*, éd. M. Delbouille, Paris, 1951, v. 395-397, p. 81.
36. Ainsi « Jetant la lampe, le chat court après la souris » ou « On peut bien repousser la nature à la fourche, elle revient aussitôt » (H. Walther, *op. cit.*, n° 22604).
37. Eudes de Chériton utilise, par exemple, le conte pour admonester ceux qui, se tenant sages quand ils y sont forcés, se livrent à l'ébriété et aux vices de chair sitôt qu'ils en trouvent l'occasion (L. Hervieux, *op. cit.*, IV, LXXIX, p. 296).
38. Cette fable est connue de la version syriaque du célèbre recueil oriental de fables, le *Kalilah et Dimnah* (VIᵉ siècle), *cf.* P. Franklin Baum, « The fable of belling the cat », dans *Proverbia in fabula: Essays on the Relationship of the Proverbs and the Fable*, éd. P. Carnes, Berne, 1988, p. 37-46.
39. Walter l'Anglais, dans L. Hervieux, *op. cit.*, II, III, p. 368-369.
40. *Ibid.*, IV, LIV, p. 225.

41. *Les Contes moralisés de Nicole Bozon*, op. cit., p. 144-145. La moralité de Nicole Bozon est proche de celle d'Eudes : les souris ressemblent à ceux qui critiquent les souverains mais préfèrent vivre en paix que les affronter.

42. Eustache Deschamps, *Œuvres complètes*, éd. A.-H.-E. Gueux de Saint Hilaire et G. Raynaud, Paris, 1878-1903, t. V, p. 389, v. 13-14, et I, p. 151-152, v. 8, 16, 24, 28. L'ensemble des occurrences de ce proverbe en moyen français est recensé par J.W. Hassell qui cite *Le Songe du vieil pèlerin* de Philippe de Mézières ainsi que les œuvres de Georges Chastellain (*op. cit.*, C92, p. 66).

43. *Piers Plowman : The B version…*, éd. G. Kane et E.T. Donaldson, Londres, Berkeley, 1988, v. 178, p. 237.

44. L. Hervieux, *op. cit.*, IV, LVI, p. 227.

45. *Ibid.*, IV, XXXV, p. 209.

46. *Le Roman des sept sages*, éd. J. Misrahi, Paris, 1933, v. 211-216, p. 8-9. D'inspiration orientale, ce roman composé de plusieurs contes imbriqués connut une certaine célébrité en Occident : la première version, rédigée en français dès le XIIᵉ siècle, est perdue. Deux versions en octosyllabes datent du XIIIᵉ siècle.

47. H. Walther, *op. cit.*, nᵒ 23981.

48. Cornélius Agrippa, *De occulta philosophia*, Gênes, 1988, I, p. 46-47.

49. *Ut te geras ad mensam* (Londres, ms Harley 3362), dans *The Babees Book*, éd. F. J. Furnivall, Londres, 1868 (*Early english Text Society*, original series, 32), II, p. 28. Le même recueil offre une variante de cette prescription dans l'opuscule *Stans puer ad mensam* (« L'Enfant à table », *op. cit.*, p. 32). Des recommandations semblables apparaissent dans différents manuels en langue vernaculaire (J. Russell, *The Boke of Nurture ; The Boke of kervynge* [1413] ; *The Young Children's Book* [vers 1500, ms Ashmole 61], dans *op. cit.*, p. 182, 283 et 25).

50. W. Deonna, « La "boule aux rats" et le monde trompeur », *Revue archéologique*, 1958, t. I (janvier-juin), p. 51-75.

14 – Du chien et de quelques autres animaux

1. Peut-être due à un Franc de l'Orient latin dans la seconde moitié du XIIIᵉ siècle, cette encyclopédie a connu un très grand succès, à en juger par le nombre des manuscrits conservés des différentes versions françaises et par les traductions qui en furent faites (allemand, flamand, danois, catalan, italien…). *La Fontaine de toutes sciences du philosophe Sydrach*, éd. Antoine Vérard (entre 1495 et 1497), chap. 813.

2. Thomas de Cantimpré, *Bonum universale de apibus*, Douai, 1627, II, 4, p. 142.

3. *Polythecon*, éd. A. P. Orbán, Turnhout, 1990 (*Corpus christianorum, continuatio mediaevalis*, 93), XXVII, p. 105.

4. Eustache Deschamps, *Œuvres complètes*, éd. A.-H.-E. Gueux de Saint Hilaire et G. Raynaud, Paris, 1878-1903, t. V, ballade MVII, p. 266, v. 31-34.

5. *Proverbes en rimes*, éd. G. Frank et D. Miner, Baltimore, 1937, LIX, p. 52. Bien d'autres proverbes de la fin du Moyen Âge brodent sur cet antagonisme : « Le chat aime rarement prendre sa nourriture avec le chien »

(proverbe latin cité par H. Walther, *Proverbia sententiaeque latinitatis medii aevi*, Göttingen, Zürich, 1963-1969, n° 26305) ; « comme chien et chat » qui apparaît chez Philippe de Vigneulles au début du XVIe siècle ; « Amy comme chien et chat », « c'est belle bataille que de chiens et chats », « de chiens et chats la guerre est belle », « Qui vit comme chien et chat/Jamais n'a repos ne bien », qui datent des XVe et XVIe siècles (M. Le Roux de Lincy, *Le Livre des proverbes français*, Paris, 1859, I, p. 156-159).

6. Chats et chiens se tiennent au pied de la table dans un manuscrit brabançon de la fin du XIIe siècle (Paris, BNF, ms lat. 15675, fol. 8 v°) et dans une initiale enluminée du Missel du cardinal Cisneros (Madrid, Bibliotheca nacional, ms 130, fol. 1 v°).

7. Le plus ancien exemple figure dans le psautier de Bonmont (début du XIIIe siècle ; Besançon, bibliothèque municipale, ms 54, fol. 1). Le palais de la raison à Padoue (après 1420) utilise le même motif dans une fresque illustrant *Le Signe du Verseau*.

8. Il faut toutefois noter quelques exceptions au XIIIe siècle : un manuscrit des *Coutumes de Beauvaisis* de Philippe de Beaumanoir (BNF, ms français 18761, fol. 1) ainsi que deux bréviaires de la fin du siècle montrent l'un un chat mordant la queue d'un chien (Bréviaire à l'usage du Saint-Sépulcre de Cambrai, Cambrai, Bibliothèque municipale, ms 102, fol. 336 v°), l'autre les deux animaux affrontés (Baltimore, Walters Art Gallery, ms 109, fol. 122).

9. B. Roy, *Devinettes françaises du Moyen Âge*, Montréal, Paris, 1977 (*Cahiers d'études médiévales*, 3), n° 155.

10. H. Baude, *Dictz moraulx pour faire tapisserie : dessins du musée Condé et de la Bibliothèque nationale*, Ussel, 1988, p. 43. Le ms français 24461 de la BNF (fol. 53) et le ms 509 du musée Condé à Chantilly (fol. 13) illustrent ce dit avec quelques variantes.

11. Le chat figure notamment dans sept *Noces de Cana*, neuf représentations des *Pèlerins d'Emmaüs*, huit *Repas chez Simon* et seize *Cènes*.

12. Bartolommeo della Gatta, Paris, musée Marmotan (collection Wildenstein). Panneau sur bois provenant de Santa Constança de Linya, 2e quart du XVe siècle, Solsona, Museu diocesà.

13. C'est le cas dans la miniature attribuée à Bartolommeo della Gatta mais aussi dans une fresque de Ghirlandaio (1481) au couvent San Marco de Florence : un petit chat gris est assis non loin de Judas et regarde le spectateur. La scène ne comporte pas de chien.

14. Pour ces différentes interprétations, *cf.* E. Foucart-Walter, P. Rosenberg, *Le Chat et la Palette : le chat dans la peinture occidentale du XVe au XVIe siècle*, Paris, 1987, p. 50, et B. Vincent, *Les Noces de Cana de Véronèse : une œuvre et sa restauration*, Paris, 1992, p. 290.

15. Des images de cette croix sont accessibles sur Internet. *Cf.*, par exemple, le site suivant : http ://www.bluffton.edu/~sullivanm/muiredach/muiredach.html.

16. XIIIe siècle. BNF, ms lat. 7344, fol. 16 bis.

17. XIVe siècle. Valère Maxime. Bibliothèque de l'Arsenal, ms 5196, fol. 372.

18. Pontifical de Guillaume Durand. Bibliothèque Sainte-Geneviève, ms 143, fol. 76 ; Alphonse Spina, *La Forteresse de la foi*, Bruxelles, Bibliothèque royale, ms 9007, fol. 82.

19. Vers 1464. Bibliothèque vaticane, ms Chigi J VIII 279, fol. 5.

20. A. Grabar, « Un thème de l'iconographie chrétienne : l'oiseau dans la cage », *Cahiers archéologiques*, 16, 1966, p. 9-16, et O. Hjort, « L'oiseau

dans la cage : exemples médiévaux à Rome », *Cahiers archéologiques*, 18, 1968, p. 21-32.

21. Philadelphie, John G. Johnson collection. Le chardonneret, passant pour aimer les chardons, ferait allusion à la couronne d'épines et à la Passion du Christ (E. Foucart-Walter, P. Rosenberg, *op. cit.*, p. 45).

22. Milieu du XIVe siècle. BNF, ms fr. 25526, fol. 23 v°.

23. Maître du Pouvoir des femmes. Cf M. Wolff, *The illustrated Bartsch 23 : german and netherlandish Masters of the XV and XVIth Centuries*, New York, 1985, p. 201 et 264, ill. 5 (81) et 17 (107).

24. *Histoire de la conquête de la Toison d'or*, XVe siècle, miniatures attribuées à Philippe de Mazerolles, Paris, BNF, ms fr. 331, fol. 35 v° ; Missel enluminé par Pierre de Raimbaucourt à l'usage de Saint-Jean, Amiens, 1323, La Haye, Meermanno-Westreenianum Museum, ms 78 D, fol. 44.

25. Valère Maxime, traduction de Simon Hesdin et Nicolas de Gonesse, 1407, Bibliothèque de l'Arsenal, ms 5196, fol. 66 ; Heures à l'usage de Rouen, XVe siècle, BNF, ms lat. 1178, fol. 100 v° et 67 v°.

26. Heures en hollandais. Vers 1510, Cambridge, Fitzwilliam Museum, ms James 146, fol. 119 v° ; M. Wolff, *op. cit.*, p. 92.

27. Berlin, Staalichen Museen, ms 78 B3, fol. 106 ; Bruxelles, Bibliothèque royale, ms 10761, fol. 64.

28. Vienne, Nationalbibliothek, Codex Vindobonensis 2619, fol. 7.

29. Vers 1300. Oxford, Jésus Collège Library, ms D 40.

30. Jean Molinet, *Les Faictz et dictz de Jean Molinet*, éd. N. Dupire, Paris, 1936-1939, II, 594. M. Leroux de Lincy, *op. cit.*, I, p. 157.

31. L. Sainéan, *La Création métaphorique en français et en roman : images tirées du monde des animaux domestiques : le chat*, Halle, 1905, p. 42, 57 et 89. Les noms du chat servent à désigner de nombreux animaux (poissons, insectes, oiseaux et mammifères), mais sont particulièrement en faveur pour désigner les singes.

32. L. Réau, *Iconographie de l'art chrétien*, Paris, 1955-1959, I, p. 112 et 131.

33. *Bestiaires du Moyen Âge*, prés. par G. Bianciotto, Paris, 1980, p. 102.

34. E. R. Curtius, *La Littérature européenne et le Moyen âge latin*, Paris, 1986, II, p. 391-394.

35. Alexandre Neckam, *De naturis rerum libri II…*, éd. T. Wright, Londres, 1863 (*Rerum britannicarum medii aevi scriptores*, 34), livre II, chap. CXXIX.

36. T. Wright, *Histoire de la caricature et du grotesque dans la littérature et dans l'art*, Paris, 1867, p. 88, 89.

37. *Rosarius*. Paris, BNF, ms fr. 12483, miracle XLIII, livre 2, chap. XXIX, fol. 210 v°.

38. *Commentaires hiéroglyphiques ou image des choses*, Lyon, 1576, p. 256, 257.

15 – Le chat et la femme

1. H. Walther, *Proverbia sententiaeque latinitatis medii aevi*, Göttingen, Zürich, 1963-1969, n° 13024.

2. Londres, British Library, ms add. 24098, fol. 18 v°. Des scènes

similaires, pour les mois de janvier ou février, apparaissent dans d'autres luxueux calendriers flamands du XVIᵉ siècle, comme le *Livre d'heures de Hennessy* (Bruxelles, Bibliothèque royale, ms II. 158, fol. 1 v°) ou le *Bréviaire Mayer van den Bergh* enluminé à Gand ou Bruges.

3. Il y a cependant quelques exceptions tardives : des femmes caressent la tête d'un chat ou dorment avec lui sur des sculptures sur bois (Courtrai, Hôtel de ville, salle de la cheminée, semelle de poutre, XVIᵉ siècle ; miséricorde de St Mary and All Saints à Walley, 1435). Dans la St George's Chapel à Windsor, une dame assise, un faucon sur le poing, a à ses pieds son chat (entre 1477 et 1483).

4. Flandre, vers 1300, Paris, Collection Rothschild, fol. 156 v°.

5. Avant 1328. New York, Cloisters Museum, ms 54.1.2, fol. 51 ; Jacques de Longuyon, *Vœux du Paon*, nord de la France ou Flandres, vers 1350, New York, Pierpont Morgan Library, Collection Glazier, ms 24, fol. 66 ; *Heures à l'usage de Maastricht*, vers 1300, British Library, ms Stowe 17, fol. 34 ; Brunswick, Herzog Anton Ulrich-Museum, vers 1450.

6. Raimond de Capoue ou de Vineis, *Légende de sainte Catherine de Sienne*, Italie, xvᵉ siècle. Vienne, Nationalbibliothek, Codex Vindobonensis 470, fol. 15.

7. Londres, National Gallery.

8. San Vito al Tagliamento, église Santa Maria dei Battuti. Un chat est également placé à proximité de la corbeille à ouvrage de la Vierge dans la Sainte Famille de Giulio Romano (1499-1546) conservée à Naples au musée national de Capodimonte.

9. *Acta sanctorum*, 9 mars, p. 146b.

10. Rome, monastère de Tor' de Specchi, école d'Antoniazzo Romano, vers 1469.

11. L. Sainéan, *La Création métaphorique en français et en roman : images tirées du monde des animaux domestiques : le chat*, Halle, 1905, p. 35.

12. P. Sébillot, *Folklore de la France. La Faune*, Paris, 1984, p. 109.

13. Boccace, *Décaméron*, éd. C. Bec, Paris, 1994, 5ᵉ journée, 10ᵉ nouvelle, p. 480.

14. B. Roy, « La belle e(s)t la bête : aspect du bestiaire féminin au Moyen Âge », *Études françaises*, 10, 1974 p. 319.

15. *Anonimo dei Proverbia super natura feminarum*, dans *Poeti del Duecento*, éd. G. Contini Ricciardi, Milan, Naples, 1960, parte II, v. 149-156 et I, v. 313-316, traduction Gérard Vittori.

16. *La Mort larguece et le dit de chastie-musart*, poèmes du XIIIᵉ siècle, éd. A. Jubinal, Paris, 1875, v. 272-276, p. 20.

17. *Les Lamentations de Matheolus*, éd. A.-G. Van Hamel, Paris, 1892-1895, v. 2429-2430 (texte latin), v. 274-276, p. 167 (traduction de Jean Le Fèvre, XIVᵉ siècle).

18. *Anonimo dei Proverbia super natura feminarum*, *op. cit.*, II, v. 177-184.

19. *Nouveau Recueil complet des fabliaux*, éd. W. Noomen et N. Van der Boogaard, Assen, 1983-1986, t. II, v. 423-426, p. 148.

20. *Poésies complètes du troubadour Marcabru*, éd. J. M.-L. Dejeanne, Toulouse, 1909, XVIII, 30, p. 79-80. Marcabru, dont l'activité poétique se situe entre 1130 et 1148, fut un poète de premier plan, peut-être au service de Guillaume VIII de Poitiers puis d'Alphonse VII de Castille.

21. *Anonimo dei Proverbia super natura feminarum*, *op. cit.*, II, v. 101-104, traduction Gérard Vittori.

22. *Le Roman de la rose*, éd. D. Poirion, Paris, 1974, v. 9735-9742, p. 276, 277.

23. Rappelons que *mite* est le plus ancien terme d'affection connu en français pour désigner le chat (XIIIe siècle). « Faire la chatemite » apparaît vers 1584 : l'expression désigne le comportement affectueux d'un chat chez Guillaume du Bouchet (*Les Serées*, Lyon, 1618, p. 47 et 78). Elle est utilisée éloquemment dans *Le Moyen de parvenir*, de Béroalde de Verville (1556-1629 ?) pour désigner la jeune femme d'un vieux peintre qui « n'estoit point contente de ce que son mary ne tiroit pas si souvent au naturel qu'elle eust désiré : à quoy elle pourveut au moyen et aide d'un jeune peintre, en quoy elle se gouvernoit tant simplement, et faisant la chatemite, qu'il sembloit qu'elle n'y touchast pas » (éd. I. Zinguer, Nice, 1985, LXXIV, p. 159).

24. On la trouve chez Eustache Deschamps, vers 1385. *Cf.* J. W. Hassell, *Middle French Proverbs, sentences and proverbial Phrases*, Toronto, 1982 (*Subsidia mediaevalia*, 12), C102.

25. Philippe de Vigneulles, *Cent Nouvelles nouvelles*, v. 1456-1467. *Cf.* J.W. Hassell, *op. cit.*, C103.

26. Pour les différentes versions de cette fable, *cf.* A.-C.-M. Robert, *Fables inédites des XIIe, XIIIe et XIVe siècles*, Paris, 1825, p. 153. Il cite notamment les fabulistes Marie de France, Guillaume Tardif (1440-1492), traducteur du Pogge et de Laurent Valla et, au XVIe siècle, Guillaume Haudent.

27. Guilhem IX, *Poésie*, éd. N. Pasero, Modena, 1973, p. 128. Il existe deux versions de ce poème, toutes deux incomplètes, l'une privée des strophes I, II, IV, l'autre de la « tornada », ou strophe finale.

28. R. Lejeune, « L'extraordinaire insolence du troubadour Guillaume IX d'Aquitaine », *Mélanges offerts à Pierre Le Gentil : mélanges de langue et de littérature médiévales*, Paris, 1973, p. 485 et *sq.*

29. Le roux a une connotation aussi négative que le noir ; le diable médiéval apparaît souvent sous l'aspect d'un homme roux.

30. *Compilatio singularis exemplorum*, ms Upsala, Bibl. univ. C 253, fol. 139 v°. Je remercie Jacques Berlioz de m'avoir communiqué ce texte transcrit par Gérard Blangez.

31. *Li Proverbe au vilain*, éd. A. Tobler, Leipzig, 1895, p. 63.

32. Béroalde de Verville, *Le Moyen de parvenir*, *op. cit.*, p. 136. *Minon* désigne ailleurs dans cette œuvre le sexe féminin.

33. *Fabliaux*, textes trad. et présent. par R. Brusegan, Paris, 1994, p. 301, v. 198-201.

34. Chaucer, *Les Contes de Cantorbéry*, trad. fr. par J. de Caluwé-Dor, Louvain, Gand, 1977-1986, *Conte du meunier*, 1re partie, v. 3346-3347, p. 94.

35. *La Nef des fous*, adapt. fr. M. Horst, Strasbourg, 1988, p. 124.

36. *Les Évangiles des quenouilles*, éd. P. Jannet, Paris, 1855, appendice, 40e évangile, p. 124 ; appendice, 3e et 5e évangiles, p. 139 et 140.

37. E. Hoffmann-Krayer, *Handwörterbuch des deutschen Aberglaubens*, Berlin, Leipzig, 1927-1942, Bd IV, s.v. « Katze », 4.

38. Pour les versions françaises, *cf.* l'édition de J. A. Herbert, Londres, 1944 (EETS, 219), v. 27-32, p. 83, et celle de W. H. Trethewey, Londres, 1958, p. 202 ; pour l'édition latine, *cf.* l'édition C. d'Evelyn, 1944 (EETS, 16), p. 29, 30.

39. *Commentaires hiéroglyphiques ou image des choses*, Lyon, 1576, p. 258.

40. Ulrich of Lilienfeld, *Concordantiae caritatis*, Lilienfeld, Stiftsbiblio-thek, ms 51, fol. 149 v°.

41. Cette propriété du cerf est connue des bestiaires, notamment de celui de Pierre de Beauvais auquel nous empruntons sa version des premiers vers du Psaume 41 (G. Bianciotto, *Bestiaires du Moyen Âge*, Paris, 1980, p. 54).

42. Thomas de Cantimpré, *Liber de natura rerum*, Berlin, New York, 1973, cap. LXXVI, p. 152.

43. Un exemplaire est conservé au cabinet des estampes de la BNF. Le proverbe était jusqu'à une époque récente toujours en usage : en Brabant, les mères ont coutume de tancer leurs filles lorsqu'elle se regardent au miroir avec trop de complaisance et leur disent « Tu regardes le derrière du diable » ou bien « Quant tu te regardes dans le miroir, le diable est derrière toi » (*Cf.* R. H. Marijnissen, *Iheronimus Bosch*, Bruxelles, 1975 p. 80 et 153).

44. *Discours miraculeux, inouy et epouventable avenu a Envers… d'une jeune fille flamande…, Arch. hist. et litt. du nord de la France et du Midi de la Belgique*, III, 1841, p. 538.

45. É. Foucart-Walter, P. Rosenberg, *Le Chat et la Palette, op. cit.*, p. 9.

46. Urbino, Galleria nazionale delle Marche.

47. Londres, British Library, ms add. 29433, fol. 20.

48. Madrid, Museo Thyssen-Bornemisza.

49. *Officium B.M. Virginis*, Joannes Hamman de Landoia, 1er octobre 1497.

50. San Vito al Tagliamento, église Santa Maria dei Battuti ; Padoue, Scuola della Carità. Dario Varotari l'orna vers 1579 de fresques illustrant la vie de la Vierge. Dans le même cycle, un chat blanc et gris apparaît dans la *Mort de saint Joseph.*

51. R. A. Koch, *The Illustrated Bartsch 16 : Early german Masters*, New York, 1980, p. 154 ; Paris, musée du Louvre.

52. Philadelphie, John G. Johnson collection.

53. Prague, Nationalgalerie, vers 1440. Planche de tilleul recouverte de toile, provenant de l'église Saint-Vincent de Doudleby et peinte dans l'atelier local.

54. Nicoletto était actif dans la seconde moitié du XVe siècle et au début du XVIe siècle. *Cf.* M. J. Zucker, *The illustrated Bartsch 25 (commentary) : Early italian Masters*, New York, 1984, p. 157, 194 et 195.

55. Vers 1515. Philadelphia Museum of Art ; Vienne, Kunsthistorisches Museum ; Paris, musée du Louvre.

56. Naples, musée national de Capodimonte. Pour Jean Wirth, il s'agirait non d'une Sainte famille mais d'une Trinité de sainte Anne. Le chat ne serait donc pas ici lié à la Vierge mais à sa mère qu'une tradition populaire faisait un peu sorcière et qui est représentée dans la posture des mélancoliques (« Sainte Anne est une sorcière », *Bibliothèque d'humanisme et de Renaissance, travaux et documents*, 40, 3, 1978, p. 451). Cornélius Agrippa, on l'a vu, considère le chat comme un animal mélancolique. Un chat est par ailleurs assis à côté de l'artiste méditant dans une gravure de l'Apocalypse due à Jean Duvet (1485-vers 1461) ou près du peintre dans un burin d'Aeneas Vico (1520-1585). Il figure également dans une gravure anglaise représentant une allégorie de la mélancolie (Paris, BNF, cabinet des estampes).

57. Ainsi la *Nativité* du Meister des Wiener Shottenaltares (vers 1470-1480) à Cologne, celles de la cathédrale de Valence due à Fernando de Llanos (vers 1507), de Dario Varotari pour le cycle marial de la Scuola della Carità à Padoue, et de Scarsellino (vers 1551-1620), conservée à la Galleria Estense de Modène.

58. J. Wirth, *L'Image médiévale : naissance et développements (VIᵉ – XVᵉ siècle)*, Paris, 1989, p. 292-294.
59. J. Berchtold, *Des Rats et des Ratières*, Genève, 1992, p. 65, 66.
60. G. Fumagalli, « Popolarità dei gatti », *L'Illustrazione italiana*, 17, 1890, p. 25. *Cf.* aussi A. Nardi Cibele, *Zoologia popolare veneta*, Bologne, 1968, p. 77.
61. Jérôme Cardan, *De rerum varietate*, Avignon, 1558, p. 250.
62. G. Soderini, *Trattato degli animali domestici*, Bologne, 1907, p. 199.
63. M. Schapiro, « "Muscipula diaboli", the Symbolism of the Mérode Altarpiece », *Art bulletin*, 1945, p. 185 et *sq.*
64. Paris, BNF, ms français 6449, fol. 18 ; Turin, Musée civique, *Heures de Milan*, enluminées par Jan Van Eyck vers 1422, fol. 93 vᵒ ; Venise, Biblioteca Marciana, Bréviaire Grimani, Gand ou Bruges, vers 1510.

16 – L'animal du vilain et du fou

1. Le fabliau est « un conte en vers où, sur un ton trivial, sont narrées une ou plusieurs aventures plaisantes ou exemplaires, l'un et l'autre ou l'un ou l'autre. Son but est de fournir des conseils pour la vie courante et non de moraliser » (O. Jodogne, *Le Fabliau*, Turnhout, 1975, p. 23). Les fatrasies, comme les fatras qui leur ont succédé, sont des poèmes versifiés recherchant l'irrationalité par des procédés formels (P. Zumthor « Fatrasie et coq-à-l'âne », dans *Mélanges R. Guiette : Fin du Moyen Âge et Renaissance*, Anvers, 1961, p. 11, nᵒ 4). La sottie se développe à la fin du XVᵉ siècle : il s'agit d'une pièce dont les personnages sont des sots auxquels tout est permis, jeux de langage et de physionomie, absurdités, grossièretés… Les farces sont des pièces à l'intrigue sommaire où est moquée la bêtise humaine.
2. *Recueil général et complet des fabliaux*, éd. A. de Montaiglon, Paris, 1872-1883, I, p. 5 et 9.
3. P. Zumthor, E.G. Hessing, R. Vijlbrief, « Essai d'analyse des procédés fatrasiques », *Romania*, 84, 2, 1963, p. 149.
4. L. Porter, *La Fatrasie et le fatras : essai sur la poésie irrationnelle*, Genève/Paris, 1960, p. 142 ; 121-131 ; p. 149 et 150. La poitevine est une monnaie.
5. *Le Recueil Trepperel*, éd. E. Droz, Paris, 1935, IV, v. 217-219, p. 65, v. 313 et 319-320, p. 69 ; IX, v. 185-188, p. 200 ; I, v. 158-160, p. 13.
6. B. Roy, *Devinettes françaises du Moyen Âge*, Montréal, Paris, 1977, nᵒ 557, 221, 424.
7. *Ibid.*, p. 21, 22.
8. M. Zink, « Le monde animal et ses représentations dans la littérature française du Moyen Âge », dans *Le Monde animal et ses représentations au Moyen Âge*, Toulouse, 1985, p. 54.
9. R. Delort, « L'étrange destin des chats », *L'Histoire*, 57, 1983, p. 51, 52.
10. *Dits et contes de Baudouin de Condé et de son fils Jean de Condé*, éd. A. Scheler, Bruxelles, 1866-1867, I, XII, p. 153, v. 65.
11. New York, Pierpont Morgan Library, collection Glazier, ms 24, fol. 24.
12. BNF, ms latin 1393, fol. 31 vᵒ.
13. *Heures de Sybille de Clèves,* Munich Staasbibliothek, ms germ. 84, fol. 236 vᵒ (XVIᵉ siècle).

14. Bréviaire tourangeau, BNF, ms latin 1032, fol. 421 v° (xv° siècle). Une miséricorde de la collégiale Saint-Sulpice de Diest (fin xv° siècle) représente également un fou portant sur ses épaules un chat qu'il tient par la queue.

15. R. Merlin, *Origines des cartes à jouer,* Paris, 1869, pl. 20.

16. H.-R. d'Allemagne, *Les Cartes à jouer du xiv° au xx° siècle,* Paris, II, 1906, p. 356.

17. Citons le bestiaire Ashmole 1511, fol. 35 v° (vers 1210) de la Bodleian Library à Oxford et le ms Lal. Q.v.V.I (vers 1190-1200) de la bibliothèque Saltykov-Schedrin de Saint-Pétersbourg.

18. Ainsi une Bible arrageoise du dernier tiers du xiii° siècle (Paris, BNF, ms lat. 16260, fol. 29), un missel à l'usage de Rodez du xv° siècle (Lyon, Bibliothèque municipale, ms 5124, fol. 9). Dans une Bible allemande du xiv° siècle, un chat se léchant le derrière et montrant son sexe est placé au-dessus de saint Jean de Patmos écrivant sous la dictée de l'ange (Münich, Staatsbibliothek, ms 2772, fol. 150 v°).

19. Paris, BNF, ms français 19093, fol. 7 v° ; Cambridge, Magdalene College Library, fol. 11 v°.

20. BNF, ms latin 1393, fol. 138 (xv° s.).

21. Berlin, Staatlichen Museen, ms 78 B 3, fol. 106.

22. Les miséricordes sont des consoles placées sous les sièges relevables des stalles d'église. Celles-ci étaient sculptées par les huchiers, qui travaillaient le bois.

23. B. Roy, *op. cit.,* n° 482. Une autre devinette offre une variante dans la demande : « Quelle bête a la tête entre les jambes ? » (n° 106).

24. *Le Recueil Trepperel, op. cit.,* II, p. 21, v. 10-11.

25. *Nouveau Recueil de contes, dits et fabliaux,* éd. A. Jubinal, Paris, 1842, II, p. 285.

26. E. R. Curtius, *La Littérature européenne et le Moyen Âge latin,* Paris, 1986, II, p. 210-216.

27. P.-Y. Badel, *Introduction à la vie littéraire au Moyen Âge,* Paris, 1969, p. 207.

28. *La Nef des fous,* adapt. fr. M. Horst, Strasbourg, 1988, p. 236.

29. *Recueil général des soties,* éd. É. Picot, Paris, 1902-1912, II, p. 55.

30. *Le Dit du prunier : conte moral du Moyen Âge,* éd. P.-Y. Badel, Genève, 1985, v. 126-129, p. 45.

31. Nicolas de Cholières, *Les Matinées, Les Après-Disnées,* éd. E. Tricotel et D. Jouaust, Paris, 1879, p. 217 et 225.

32. Jean Gobi, *Scala coeli,* Strasbourg, 1483, « De advocato ». Jean Gerson (1363-1429) évoque les fous se prenant pour des coqs ou des chats dans son traité latin *Des erreurs concernant l'art magique (Œuvres complètes,* X, éd. P. Glorieux, Paris, 1973, p. 79).

17 – Le chat devin

1. Bibliothèque vaticane, Pal. lat. 1196, fol. 81 et 82 v.

2. Agostino Nifo, *De auguriis,* Marbourg, 1614, lib. I, tab. VII, p. 40, 41 et 45.

3. Les *Évangiles des quenouilles,* éd. P. Jannet, Paris, 1855, deuxième

journée, 22ᵉ chapitre, p. 42. Cette édition suit la première édition incunable de Colart Mansion (1475) avec des variantes, additions et corrections venant d'un manuscrit de la BNF. Un évangile additionnel contient une indication semblable : « Quand un chat se pourlèche de toutes parts et porte la patte qu'il lèche au-dessus de son oreille, il ne faut pas faire la lessive car c'est signe de pluie et mauvais temps. » (29ᵉ évangile, p. 121).

4. A. Paré, *Le Livre des animaux et de l'excellence de l'homme,* dans *Œuvres complètes,* éd. J. Malgaigne, Paris, 1840-1841, III, p. 738.

5. P. Sébillot, *Folklore de la France, La Faune,* Paris, 1984, p. 116. Les marins de Basse-Bretagne attribueraient en particulier au chat le pouvoir de présager le vent.

6. Le dictionnaire des superstitions germaniques d'E. Hoffman-Krayer recense de nombreuses croyances relatives au chat « météorologue » : suivant ses postures, il annonce pluie (s'il se lave, lèche son derrière, mange de l'herbe ou tord le cou), gel (s'il tourne sa queue vers le poêle), neige (s'il boit de l'eau ou éternue), tempête (lorsqu'il se lèche à rebrousse-poil, se gratte la queue ou se frotte contre le pied de la table ou du balai). Pour avoir beau temps, il faut bien nourrir le chat ; en revanche, le jeter à l'eau déclenche le mauvais temps (*Handwörterbuch des deutschen Aberglaubens,* s.v. « Katze », 2).

7. *Ibid.*, 1.

8. C. Seignolle, *Le Folklore de la Provence,* Paris, 1980, p. 321.

9. F.D. Bergen, *Animal and Plant Lore…,* Boston, New York, 1899, (*Memoires of the American Folklore Society,* VII), p. 26.

10. *Nicole Oresme and the Marvels of Nature. The De causis mirabilium,* éd. B. Hansen, Toronto, 1985 (*Studies and Texts,* 68), 1.192.

11. Ulysse Aldrovandi, *De quadrupedibus,* Bologne, 1637, p. 575.

12. Ronsard, *Œuvres complètes,* éd. G. Cohen, Paris, 1938, p. 334, 335.

18 – Le chat et la mort

1. Césaire de Heisterbach, *Dialogus miraculorum,* éd. J. Strange, Cologne, Bonn, Bruxelles, 1851, VI, 36, p. 388, 389. Cet ouvrage aurait été composé entre 1223 et 1237.

2. Dans un passage du *Château de persévérance* (vers 1400-1410), on a vu que le démon Bélial attendait la mort de l'homme pour l'emmener en enfer comme le chat fait de la souris.

3. Césaire de Heisterbach, *Die Fragmente der Libri VIII Miraculorum des Caesarius von Heisterbach,* éd. A. Meister, *Römische Quartalschrift für christliche Altertumskunde und für Kirchengeschichte,* 13, Suppl., Rome, 1901, III, 56. Le diable médiéval revêt des formes animales ou celle d'un homme noir, un « Éthiopien ».

4. Elle réapparaît notamment dans le *Speculum historiale* de Vincent de Beauvais, puis dans les *Erzählungen des Mittelalters,* édité par E. Klapper, et le *Majus speculum exemplorum* (vers 1480).

5. Gautier de Coincy, *Miracles de Notre-Dame,* éd. V. Koenig, Genève, Paris, 1961-1970 (Textes litt. français), II, v. 290-305, p. 169.

6. *Le Registre d'Inquisition de Jacques Fournier, évêque de Pamiers (1318-1325),* éd. J. Duvernoy, Toulouse, 1965, II, p. 69.

7. E. Rolland, *Faune populaire de la France,* Paris, 1881, p. 116.
8. C. Breauquier, *Faune et flore populaire de Franche-Comté,* t. I : *Faune,* Paris, 1910, p. 101, 102.
9. Jérôme Cardan, *De rerum varietate,* Avignon, 1558, p. 708.
10. P. Sébillot, *Folklore de la France, La Faune,* Paris, 1984, p. 117. De nombreuses références au thème du chat messager de mort sont données dans le dictionnaire d'E. Hoffmann-Krayer, *Handwörterbuch des deutschen Aberglaubens,* IV, 1931-1932, p. 1109, 1110.
11. Les chats ne sont pas jetés au précipice comme les autres animaux mais enterrés dans les jardins. À la différence des chiens, ils sont admis dans les églises ; certains vivent dans la partie interdite aux fidèles où se trouve l'autel. *Cf.* M. Griaule, « Mythes, croyances et coutumes du Bégamder (Abyssinie) », *Journal asiatique,* janvier-mars 1928, p. 29, 30.

19 – Chats magiques, chats monstrueux

1. *Le Jongleur Gautier le Leu : étude sur les fabliaux,* éd. C.H. Livingston, Cambridge (Mass.), 1951, v. 185-188, p. 216.
2. *Cf.* G. Ortalli, « Gli animali nella vita quotidiana dell'alto medioevo : termina di un rapporto », *L'uomo di fronte al mondo animale, Settimane di studio del centro italiano di studi sull'alto medioevo,* XXXI (7-13 avril 1983), 2 vol., Spolète, 1985, p. 1420.
3. *Rosarius,* Paris, BNF, ms fr 12483, miracle XIII, livre I, chap. xxxv, fol. 59 r°.
4. Marguerite d'Angoulême, *Heptaméron,* Paris, 1991, 55ᵉ nouvelle. Marguerite était sœur de François Iᵉʳ et épousa en secondes noces Henri d'Albret, roi de Navarre.
5. Albert de Stade, *Annales Stadensis, Monumenta Germaniae Historica, Scriptores,* XVI, 1859, p. 347, 348.
6. Whittington est un personnage historique, mais ce récit fantaisiste naquit environ un siècle après sa mort. Paul Sébillot évoque l'existence en France de plusieurs contes analogues dont l'un était populaire au xvie siècle (P. Sébillot, *Folklore de la France, La Faune,* Paris, p. 163).
7. *The Black Book of Admiralty,* éd. T. Twiss, Londres, 1871-1876 (*Rerum britannicarum medii aevi scriptores*), III, p. 98-100.
8. John Skene, *Regiam majestatem. Scotiae veteres leges et constitutiones,* Londres, 1613, cap. xxv. On sait que Colbert imposa des chats sur les navires mais il ne faisait sans doute que codifier une pratique existante et qui perdura : en 1855, le tribunal de commerce de Marseille décida qu'un capitaine qui avait embarqué un chat n'était pas tenu responsable des dommages causés par les rats aux marchandises. Adrien Loir signale qu'en 1930 les capitaines experts commis par le tribunal de commerce du Havre en cas de vidage de sac dus à des morsures de rats se faisaient amener les chats du bord et stipulaient leur présence dans leur rapport, l'assurance ne couvrant les dégâts qu'à cette condition (*Le Chat,* 2ᵉ éd. Paris, 1931, p. 62, 63).
9. Dans le Finistère, quand une personne s'enrichit du jour au lendemain, sans raison apparente, on dit qu'elle possède un chat noir ; à Lorient, « elle a trouvé le chat d'argent » se dit d'une personne qui a toujours de la chance. Ce chat est un chat noir qui, si on lui donne de l'argent, en rapporte le double

(E. Rolland, *Faune populaire de la France,* t. IV : *Les mammifères,* Paris, 1910, p. 117).

10. P.W. Joyce, *A Social History of Ancient Ireland,* New York, Bombay, 1903, vol. 2, p. 515. W.G. Wood-Martin signale aussi que dans le folklore irlandais les chats, sous des formes parfois monstrueuses, sont réputés se battre à propos de trésors cachés dont ils sont les gardiens (*Traces of the Elder Faiths of Ireland. Folklore Sketch. A Handbook of Prechristian Traditions,* New York, Bombay, 1902, vol. 2, p. 123).

11. C'est à cet usage monétaire qu'on doit sans doute le proverbe « Ung chat de trois mailles s'avise », signalé par Joseph Morawski dans un recueil manuscrit du XVᵉ siècle (*Proverbes français antérieurs au XVᵉ siècle,* nᵒ 2449).

12. Pierre Bersuire, *Reductorium morale,* Venise, 1575, p. 416 ; Nicolas Upton, *De militari officio,* éd. E. Bysshe, Londres, 1654, p. 168. Nicolas Upton, qui emprunte beaucoup aux encyclopédistes, s'intéresse au monde animal en raison de la signification symbolique des animaux portés sur les armes.

13. *Vitae sanctorum Hiberniae,* éd. C. Plummer, Oxford, 1910, t. I, p. 19.

14. *Ibid.,* p. 137.

15. *Ibid.,* p. 258.

16. Une suite de ce récit est signalée par Hans Joachim Falsett dans une autre version de la vie de Brendan : l'ermite y raconte que ce monstre était à l'origine un « gentil chat » (*catus amabilis*) qu'il avait avec lui et qui avait grandi en se nourrissant de poisson. Il semble donc que cette nourriture soit à l'origine de la mutation du chat en monstre aquatique (*Irische Heilige und Tiere im mittelalterlischen lateinischen Legenden,* Bonn, 1960, p. 58).

17. E. Freymond a recensé l'ensemble des documents relatifs à cette légende. *Cf.* « Artus'Kampf mit dem Katzenungetüm. Eine Episode der Vulgata des Livre d'Artus, die Sage und ihre Lokalisierung in Savoyen », *Beiträge zur romanische Philologie, Festgabe für Gustav Gröber,* Halle, 1899, p. 311, 396.

18. *Le Roman de Merlin,* éd. O. Sommer, Londres, 1894, p. 474. Le lieu du combat, *Mons Munitus* ou *Mons Munis,* près du lac du Bourget, fut appelé « Mont du Chat » à partir de 1232, et, dans des textes du XIVᵉ siècle, « Mont du Chat Artus ».

19. G. Paris, « Compte rendu de *Beiträge zur romanischen Philologie* », *Romania,* XXIX, 1900, p. 122.

20. P. W. Joyce, *A Social History of Ancient Ireland,* New York, Bombay, 1903, vol. 2, p. 461.

21. W. G. Wood-Martin, *Traces of the Elder Faiths of Ireland. Folklore Sketch. A Handbook of Prechristian Traditions, op. cit.,* p. 124, 125.

22. M. Zink, « Le monde animal et ses représentations dans la littérature française du Moyen Âge », dans *Le Monde animal et ses représentations au Moyen Âge,* Toulouse, 1985, p. 54.

Quatrième partie – Le chat diabolique

20 – Saints et moines sous les assauts des chats

1. *Lives of the Saints from the Book of Lismore,* éd. W. Stokes, Oxford, 1890, p. 254-255. Le *Livre de Lismore,* compilé au XVe siècle, concerne des vies des saints rédigées entre 1110 et 1200.

2. *De S. Joanne abbate Parmae in Italia commentarius praevius, Acta sanctorum,* 22 mai, p. 183. Cette vie a été rédigée vers 1030 par un moine de l'abbaye. Dans cette surprenante énumération, il est à l'évidence question de chats domestiques comme l'attestent le voisinage des aboiements de chien et surtout la mention du « miaulement », plus indiqué pour désigner le cri de chats domestiques. Nous trouvons du reste ici à notre connaissance la première et seule occurrence connue du verbe *maulare,* miauler. On rencontre peu après, au début du XIIIe siècle, le français « mialleïs » chez Gautier de Coincy, de façon tout aussi isolée. Curieusement, les textes médiévaux n'emploient pratiquement pas de termes spécifiques pour désigner le cri du chat.

3. *Vita B. Bertholdi abbatis Garstensis, Acta sanctorum,* 27 juillet, t. VI, p. 485. La vie de Berthold a été rédigée par un auteur anonyme en 1165.

4. *Vita sancti Bartholomaei eremitae Farnen, Acta sanctorum,* 24 juin, p. 836. Le rédacteur rapproche le diable *qui captor fieri voluit deitatis* du chat, *captor murium.*

5. *Vita B. Agnetis de Bohemia, Acta sanctorum,* 6 mars, p. 523.

6. W. Stubbs, *Memorials of Saint Dunstan Archibishop of Canterbury,* Londres, 1874 (*Rerum britannicarum medii aevi scriptores,* 63), p. 149.

7. *Ibid.,* p. 236-237. On ne peut dire quel est le terme français qu'employèrent les moines pour évoquer ce petit chat. On ne sait pas davantage quel mot Egelword utilisa pour leur répondre dans cette langue inconnue de lui, « chael » et « cheel », qui offrent la même consonance que les termes latins, étant en principe réservés au chiot. Le latin *catellus,* variante de *catulus,* désigne comme ce dernier mot le petit d'un animal en général, le plus souvent un petit chien. Le sens de « chaton » donné ici à *catulus* est, semble-t-il, unique en latin médiéval. Vincent de Beauvais relatera à son tour ce miracle dans son *Speculum historiale* en reprenant sa version d'Eadmer : « … Il courait comme un petit chat (*cattus parvulus*), cherchant à sortir tantôt vers la face tantôt vers le bas du corps » (*Speculum historiale,* Graz, 1964 [fac. sim. de l'éd. de 1624], XXV, 43).

8. Césaire de Heisterbach, *Dialogus miraculorum,* éd. J. Strange, Cologne, Bonn, Bruxelles, 1851, IV, 33, p. 203.

9. *Ibid.,* V, 6, p. 286.

10. *Ibid.,* V, 47, p. 332-333.

11. *Ibid.,* V, 50, p. 334.

12. Jean Gobi, *Scala coeli,* Strasbourg, 1483.

13. Albert le Grand, *Opera,* Lyon, 1651, *distinctio* VIII, art. V, p. 98.

14. J.-C. Schmitt a rassemblé les textes relatifs à cet épisode (« La parola addomesticata. San Domenico e le donne di Fanjeaux », *Quaderni storici,* t. XLI, 1979, p. 417 et *sq.*). Ajoutons que l'on trouve également ce récit dans le *Speculum historiale* de Vincent de Beauvais.

15. *Acta canonizationis sancti Dominici,* éd. R. Walz, dans *Monumenta Ordinis Fratrum Praedicatorum Historica,* XVI, fasc. II, 1935, p. 186.

16. Constantin d'Orvieto, *Legenda sancti Dominici,* éd. H. Scheeben, dans *Monumenta Ordinis Fratrum Praedicatorum Historica,* XVI, fasc. II, 1935, p. 320. Jean-Claude Schmitt a souligné le caractère insolite de cet épisode. Dans les récits hagiographiques, comme dans les miracles rapportés par Césaire, les démons apparaissent spontanément pour assaillir et tenter le saint ou lui sont révélés. Dominique, en revanche, tel un magicien, « évoque » le démon, le donne à voir puis le congédie pour mieux désigner l'Ennemi et assurer la conversion des neuf dames (« La parola addomesticata… », *op. cit.,* p. 423). Le récit de Constantin a inspiré ceux de Humbert de Romans, Étienne de Bourbon et Vincent de Beauvais.

17. L'abondance des comparaisons dans le témoignage de Bérengère révèle, selon J.-C. Schmitt, la difficulté qu'il y a à décrire un être monstrueux et lui confère un caractère populaire. Constantin d'Orvieto et ses épigones pourraient avoir transformé le récit initial afin de le rendre plus conforme à l'image savante du chat diabolique qui se développe, comme nous le verrons, à la même époque, image dont Bérengère pouvait le cas échéant avoir connaissance. Refusant cependant une distinction rigide entre culture populaire et culture savante, Jean-Claude Schmitt propose en dernière analyse de penser leur rapport en termes d'échanges circulaires (*ibid.,* p. 425 et 430-433).

18. *Processus canonizationis sancti Ludovici, Analecta franciscana,* 7, 1951, p. 13. Saint Louis de Toulouse, appelé aussi saint Louis d'Anjou, est né en 1274 : deuxième fils de Charles II d'Anjou, il fut envoyé comme otage avec ses deux frères à Barcelone en échange de la libération de son père. Évêque de Toulouse en 1296, il mourut à Brignoles le 19 août 1297.

21 – L'idole des hérétiques

1. Vienne, Codex Vindobonensis 2554, fol. 50 v°.
2. Oxford, Bodleian Library, ms Bodley 270B, fol. 77 v°.
3. Les Patarins étaient les membres d'une association chrétienne milanaise réformatrice au milieu du XIe siècle ; ils reçurent leur nom du quartier où ils se réunissaient. Le terme s'appliqua ensuite à des Cathares. Le mot Publicain viendrait du nom grec désignant les Pauliciens, secte dualiste née en Asie Mineure vers le VIIIe siècle, et aurait été appliqué aux Cathares de l'Orléanais au XIe siècle. Le terme « cathare », du grec *katharos,* « pur », a servi à nommer diverses sectes dualistes médiévales inspirées par la doctrine manichéenne, pour laquelle deux grands principes coexistent : celui du bien et celui de l'origine du monde spirituel, celui du mal, du monde de la matière. Les Vaudois sont les disciples d'un bourgeois lyonnais, Pierre Valdo, qui, à la fin du XIIe siècle, prôna la pauvreté et la prédication errante. Cette secte chrétienne s'implanta en Provence, en Dauphiné, dans les vallées alpines de France et du Piémont. Les hérétiques allemands que poursuivit l'inquisiteur Conrad de Marbourg au début du XIIIe siècle furent désignés comme des « Lucifériens ».
4. Paul, moine de Saint-Père de Chartres, *Vetus Aganon,* dans *Cartulaire de l'abbaye de Saint-Père de Chartres,* éd. B. Guérard, Paris, 1840, lib. VI, p. 112.

5. Natif du pays de Galles, en faveur auprès de Henri II, Gautier était un de ces « clercs de cour » auxquels J.-C. Schmitt fait jouer un rôle décisif dans la circulation des modèles culturels (*cf. Religione, folklore e società,* Rome, 1988, p. 24). Son ouvrage cherche à démontrer l'impossibilité d'être poète à la cour.

6. Il est difficile de savoir à quelle secte Gautier fait allusion. Sans doute s'agit-il de Cathares, car il affirme que les adeptes, qui se moquaient de l'Eucharistie et ne recevaient pas l'Évangile de saint Jean, habitaient en communauté et n'avaient pas d'enfants.

7. Gautier Map, *De nugis curialum,* éd. M. R. James, Oxford, 1914, I, 30, p. 57.

8. Alain de Lille, *De fide catholica contra haereticos sui temporis praesertim albigenses libri IV, Patrologie latine,* CCX, I, 63, col. 365-366.

9. C'est l'opinion de M.-H. Vicaire, *Histoire de saint Dominique,* Paris, 1982, I, p. 257 et n. 79. Cette étymologie, qui n'est reprise que dans un opuscule manuscrit du XIVe siècle dont I. J. von Döllinger a publié un extrait, ne semble guère avoir eu de succès (*Beiträge zur Sektengeschichte des Mittelalters,* Munich, 1890, II, p. 293).

10. Guillaume d'Auvergne, *Tractatus de fide et legibus,* dans *Opera omnia,* Orléans, 1674, XXVI, p. 83.

11. Le même texte fut adressé dans des bulles séparées aux évêques de la province de Mayence, à l'empereur Frédéric II et à son fils Henri afin de leur demander de poursuivre l'hérésie.

12. *Les Registres de Grégoire IX,* éd. L. Auvray, Paris, 1890, I, col. 780.

13. Aubri de Trois-Fontaines, *Chronica,* éd. P. Scheffer-Boichorst, 1874, *Monumenta Germaniae Historica, Scriptores,* XXIII, p. 931.

14. *Gesta Treverorum continuatio IVa,* éd. G. Waitz, *Monumenta Germaniae Historica, Scriptores,* XXIV, 1879, p. 401.

15. *Anecdotes historiques, légendes et apologues tirés du recueil inédit d'Étienne de Bourbon, dominicain du XIIIe siècle,* éd. A. Lecoy de La Marche, Paris, 1877, n. 367, p. 322-323. Étienne consigne dans le même recueil, entrepris vers 1250, l'épisode du chat de Fanjeaux et celui de Saint-Pourçain employant dans les deux cas la même expression *catus teterrimus.* Il s'est peut-être inspiré de la vie de saint Dominique rédigée par Constantin d'Orvieto ou a utilisé la même source que lui.

16. *Tractatus de haeresi Pauperum de Lugduno,* dans E. Martene et U. Durand, *Thesaurus novus anecdotarum,* Paris, 1717, V, col. 1781-1782.

17. Luc de Tuy emploie pour désigner cet hérétique italien le terme « albigeois » qui fut donné aux Cathares du sud-ouest de la France.

18. Luc de Tuy, *De altera vita fideique controversiis adversus Albigensium errores libri III,* éd. P. J. Mariana, 1612, III, cap. XIV.

19. R. Sève, A.-M. Chagny-Sève, *Le Procès des Templiers d'Auvergne. 1309-1311,* Paris, 1986, p. 55, 83, 107 et p. 143-144.

20. Dom C. Devic et dom J. Vaissete, *Histoire générale du Languedoc,* Toulouse, 1872-1904, IX, p. 303.

21. Cet interrogatoire, dont ne reste qu'un extrait encarté dans un registre des Archives vaticanes, est mal daté (1308 ou 1310). Les vingt-quatre frères interrogés viennent de lieux très variés mais surtout du sud-est de la France (H. Finke, *Papstthum und Untergang des Templerordens,* Münster, 1907, II, p. 342-363).

22. Bernard Gui, *Manuel de l'inquisiteur,* éd. G. Mollat, Paris, 1964, II, 4, p. 48-49.

23. N. Cohn, *Démonolâtrie et sorcellerie au Moyen Âge,* Paris, 1982, p. 55.

24. *Manichei cujusdam confessio,* dans I. J. von Döllinger, *Beiträge zur Sektengeschichte des Mittelalters, op. cit.,* II, p. 371.

25. «*Processus contra Valdenses in Lombardia superiori, anno 1387*», éd. G. Amati, *Archivio storico italiano,* t. II, *pars* I, 1865, p. 5.

26. Le chat est rare dans les nombreux traités courts sur l'hérésie édités par Edmond Martene et Ursin Durand (*Thesaurus novus anecdotarum,* Paris, 1717, vol. 5), J. Hansen (*Inquisition und Hexenprozess im Mittelalter,* Munich, Leipzig, 1900) et I.J. von Döllinger (*Beiträge zur Sektengeschichte des Mittelalters, op. cit.*) comme dans les manuels des inquisiteurs des XIIIᵉ et XIVᵉ siècles (*cf.* aussi A. Dondaine, «Le Manuel des inquisiteurs», *Archivum Fratrum Praedicatorum Historica,* XVII, 1947, p. 85-194).

27. Nicolas Eymeric, *Directorium inquisitorum... cum scholiis D. Francisci Pegnae,* Rome, 1578, p. 206.

28. *Cf.* M.-H. Vicaire, *Histoire de saint Dominique, op. cit.,* I, p. 76.

29. *Le Marteau des sorcières,* éd. A. Danet, Paris, 1973, p. 378.

30. J. Le Goff, *La Civilisation de l'Occident médiéval,* Paris, 1984, p. 184.

22 – Le chat des sorciers

1. A. Soman, «Les procès en sorcellerie au Parlement de Paris», *Annales ESC,* 4, 1977, p. 790.

2. C'est la position de N. Cohn (*Démonolâtrie et sorcellerie au Moyen Âge,* Paris, 1982) ou de J. Marx (*L'Inquisition en Dauphiné: étude sur le développement et la répression de l'hérésie du XVᵉ siècle au début du règne de François Iᵉʳ,* Paris, 1914 [*Bibliothèque de l'École des hautes études,* 206]). Selon R. Kieckhefer, la paysannerie était surtout préoccupée par le *maléfice,* jusqu'au début du XVIᵉ siècle, époque où elle commença à être pénétrée par les idées savantes des juges, comme le diabolisme (*European Witch Trials: their Foundations in Popular and Learned Cultur 1300-1500,* Berkeley, Los Angeles, 1976). Pour C. Ginzburg, le sabbat est en revanche une formation culturelle de compromis entre des éléments savants et folkloriques («Présomptions sur le sabbat», *Annales ESC,* 39, nᵒ 2, 1984, p. 341-354).

3. La magie cérémonielle est l'art pratiqué par les magiciens ou nécromanciens, qui tentent, par des rituels et des préparations complexes, de se soumettre les démons ou d'appeler les morts pour acquérir pouvoir, honneurs ou biens.

4. J. Marx, *op. cit.,* p. 31.

5. BNF, manuscrit français 12476, fol. 105 vᵒ. Un manuscrit sur papier orné de 179 miniatures donne une illustration remarquable de cette scène (Grenoble, manuscrit 875, fol. 346 vᵒ).

6. *Errores Gazariorum seu illorum qui scobam vel baculum equitare probantur,* éd. J. Hansen, *Quellen und Untersuchungen zur Geschichte des Hexenwahns und der Hexenverfolgung im Mittelalter,* Bonn, 1901, p. 119-120. Filippo Tamburini a édité plus récemment une autre version de ce texte à partir d'un manuscrit de la Bibliothèque vaticane. Le mot *Gazares* (ou *Ganzares* dans le manuscrit de la Vaticane) est une déformation de «cathares».

7. J. Hansen, *op. cit.,* p. 232.

8. *La Vauderye de Lyonois en brief,* éd. J. Hansen, *op. cit.,* p. 188-189.

9. F. Bourquelot, « Les vaudois du XV⁰ siècle », *Bibliothèque de l'École des chartes,* 1846, p. 89-93.

10. J. Marx, *L'Inquisition en Dauphiné : étude sur le développement et la répression de l'hérésie du XV⁰ siècle au début du règne de François I⁰ʳ, op. cit.,* p. 32.

11. *Ibid.,* p. 33-34

12. *Ibid.,* pièce justificative 11, p. 220.

13. R. Aubenas, *La Sorcière et l'Inquisiteur. Épisode de l'Inquisition en Provence (1439),* Aix-en-Provence, 1956, p. 56.

14. E. Bligny-Bondurand, *Bulletin historique et philologique,* Paris, 1907, p. 392-393.

15. É. Delcambre, *Le Concept de sorcellerie dans le duché de Lorraine aux XVI⁰-XVII⁰ siècles,* Nancy, 1948-1951, I, p. 40, 189, II, p. 47 et 177.

16. R. Reuss, *La Sorcellerie aux XVI⁰-XVII⁰ siècle, particulièrement en Alsace,* Paris, 1871, p. 24-25.

17. P.-F. Fournier, *Magie et sorcellerie. Essai historique accompagné de documents concernant la magie et la sorcellerie en Auvergne,* Moulin, 1979, p. 362 sq. Dans la vie du bienheureux Berthold de Garsten, des démons « chahuteurs » en forme de chats tiraient de la même manière un chevalier par les pieds.

18. T. Wright, *A Contemporary Narrative of the Proceedings against Dame Alice Kyteler,* Londres, 1843, p. 2-3.

19. A. Mac Farlane, *Witchcraft in Tudor and Stuart England,* Londres, 1970, p. 189.

20. K. Thomas, *Religion and the Decline of Magic : Studies in Popular Beliefs in XVI and XVIIth c. England,* Londres, 1971, p. 446 et 496. Ces *familiars* seraient le fruit de la vision qu'avaient les magistrats anglais de la sorcellerie.

21. J. Hansen, *op. cit.,* p. 232.

22. R. Reuss, *op. cit.,* p. 22. Dans la mythologie germanique, on dit que la déesse Freya se déplace dans un char tiré par des chats noirs : on peut se demander si l'attelage cher à la sorcière alsacienne a un rapport avec celui de la déesse nordique (*cf.* J. Hoops, *Reallexikon der germanischen Altertums-kunde,* s. v. « Katze »).

23. *Opusculum de sagis maleficis,* éd. H. C. Léa, dans *Material Toward a History of Witchcraft,* New York, Londres, 1957, I, p. 365.

24. Il s'agit d'une société d'antisorciers, formée d'enfants nés « coiffés » qui servaient entre vingt-huit et trente ans sous la conduite d'un capitaine et combattaient les sorciers lors de batailles nocturnes, l'enjeu de la lutte étant la fertilité de la terre. *Cf.* C. Ginzburg, *Les Batailles nocturnes : sorcellerie et rituels agraires en Frioul, XVI⁰-XVII⁰ siècle,* Paris, 1980, p. 21 et 103.

25. É. Delcambre, *op. cit.,* I, p. 212. Nicolas Rémy, juge lorrain et auteur d'une *Démonolâtrie* (1595) rapporte avoir appris de sorciers exécutés l'existence de telles pratiques alimentaires (*Demonolatriae libri III,* Lyon, 1595, cap. XVI, p. 131-132).

26. É. Delcambre, *op. cit.,* I, p. 145.

27. R. Mandrou, *Magistrats et sorciers en France au XVII⁰ siècle : un essai de psychologie historique,* Paris, 1968, p. 89.

28. É. Delcambre, *op. cit.,* II, p. 241-242.

29. J. Bodin, *Démonomanie des sorciers,* Paris, 1581, p. 278.

30. Jean Nider, *Formicarius,* Francfort, 1582, p. 709. Le *Formicarius* aurait été composé durant le concile de Bâle (1435-1437).

31. *Les Sotz nouveaux, farcez, couvez,* dans *Recueil général des soties,* éd. E. Picot, Paris, 1902-1912, II, p. 196.

32. Les *Lamentations de Matheolus,* éd. A.-G. Van Hamel, Paris, 1892-1895, v. 1442-1443, 1448-1451, p. 99-100. Pour la version française de Jean Le Fèvre, v. 1995-1996, 2004-2019.

33. *Les Grandes Chroniques de France,* éd. J. Viard, Paris, 1837 (*Société de l'histoire de France,* IX), p. 19 *sq.*

34. Citons, par exemple, la continuation de la *Chronique latine de Guillaume de Nangis* qui offre pratiquement le même récit (éd. H. Géraud, Paris, 1843 [*Société de l'histoire de France,* II], p. 47 *sq.*) et celle de Jean de Saint-Victor (*Chronique de Jean de Saint-Victor, continuation anonyme,* éd. Guigniaut et De Wailly, *Recueil des historiens des Gaules et de la France,* XXI, Paris, 1855).

35. *Chronique parisienne anonyme de 1316 à 1339, Mémoires de la société de l'histoire de France,* XI, Paris, 1885, p. 87.

36. J. Raine, « Proceedings connected with a remarkable charge of sorcery, brought against James Richardson and others in the diocese of York, a.d. 1510 », *Archaeological Journal,* XVI, 1859, p. 81.

37. Francesco degli Stabili, dit Cecco d'Ascoli, *L'Acerba,* éd. A. Crespi, Ascoli Piceno, 1927, v. 3548-3552.

38. C. Brunel, *Recettes médicales, alchimiques et astrologiques du xve siècle en langue vulgaire des Pyrénées,* Toulouse, 1956 (*Bibliothèque méridionale,* 1re série, tome XXX), p. 46. Le choix de la couleur noire renvoie à la connotation diabolique du chat.

39. L. Spence, *The Magic Art in Celtic Britain,* Londres, New York, 1945, p. 96-98. Les chats sacrifiés ne sont pas ici choisis au hasard, le démon évoqué étant lui-même un grand chat.

40. Boxus, *Raminagrobis dans le folklore wallon,* Bruxelles, s. d., p. 52-53.

41. P. Sébillot, *Folklore de la France. La Faune,* Paris, 1984, p. 137.

42. É. Delcambre, *op. cit.,* III, p. 85.

43. P.-F. Foumier, *op. cit.,* p. 387.

44. *Nicole Oresme and the Medieval Geometry of Qualities and Motions : a Treatise on the Uniformity and Difformity of Intensifies known as Tractatus de configurationibus qualitatum et motuum,* éd. M. Clagett-Madison, Milwaukee, Londres, 1968, p. 356.

45. J. Hansen, *op. cit.,* p. 119-120. La recette des Gazares rappelle plus précisément celle du *Tractatus de aegritudinum curatione,* élaboré à Salerne à la fin du XIIe siècle, ainsi que celle donnée par Théodoric de Cervi pour guérir la goutte.

46. É. Delcambre, *op. cit.,* III, p. 86.

47. *Les Lamentations de Matheolus, op. cit.,* v. 1466-1469 et 2061-2070, p. 101-102.

48. *Les Tragiques,* dans *Œuvres,* éd. H. Weber, Paris, 1969, « Misères », v. 925 *sq.,* p. 42-43.

49. Fernando de Rojas, *Celestine : a Critical Edition of the First French Translation (1527) of the Spanish Classic « La Celestina »,* éd. G. J. Brault, Détroit, 1963, p. 40 et 63. Il existe de très nombreuses versions de *La Celestina,* chef-d'œuvre de la comédie espagnole dont la première édition date de 1499. Elle fut diffusée également sous la forme d'une tragi-comédie

tout au long du XVIe siècle et fut rapidement traduite en diverses langues européennes.

50. *Les Évangiles des quenouilles,* éd. P. Jannet, appendice, 3e série, 3e et 5e évangile, p. 139-140.

51. R. Reuss, *op. cit.,* p. 71.

52. É. Delcambre, *op. cit.,* III, p. 199.

53. Communication d'Alfred Soman, que nous remercions.

54. F. Tamburini, « Suppliche per i casi di stregoneria diabolica nei registri della Penitenzieria e conflitti inquisitoriali (sec. XV-XVI) », *Critica storica,* 4, 1986, p. 605-659.

23 – La sorcière métamorphosée en chat

1. *Cf.* Ovide, *Les Fastes,* éd. R. Schilling, Paris, 1993, tome II, VI, v. 131-143 ; *Les Amours,* éd. H. Bornecque, Paris, 1989, VIII, v. 13-16 ; Stace, *La Thébaïde,* éd. R. Lesueur, Paris, 1990, III, 503 ; Pétrone, *Satiricon,* éd. A. Ernout, Paris, 1974, LXIII ; Tibulle, *Élégies,* éd. M. Ponchont, Paris, 1967, I, V, 52. Festus affirme que le mot *strigae* correspond au grec *syrnia* désignant des femmes malfaisantes appelées aussi *volaticae,* c'est-à-dire les « femmes ailées » (*Sexti Pompei de verborum significatu quae supersunt...,* éd. W. M. Lindsay, Leipzig, 1913, p. 414). Le vocabulaire zoologique témoigne aujourd'hui encore du lien entre les striges et les oiseaux nocturnes : le latin *strix* et son dérivé *striga* ont donné le terme scientifique employé pour désigner la famille des *strigidés,* celle des rapaces nocturnes tels que la chouette, la hulotte et l'effraie.

2. Elles sont évoquées par plusieurs auteurs médiévaux qui tentent de s'opposer à ce genre de croyances et de protéger les femmes accusées d'être des striges des exécutions sommaires. C'est le cas de Burchard de Worms au XIe siècle (*Decretorum libri XX, Patrologie latine,* CXL, X, cap. X et XXIX, et XIX, cap. V, XC et CLXX).

3. *Acta sanctorum,* 7 juillet, p. 139. Arnulphe était abbé du monastère Sainte Marie d'Arles-sur-Tech (Pyrénées-Orientales) dans la seconde moitié du Xe siècle.

4. La référence à saint Augustin renvoie, semble-t-il, au chapitre de *La Cité de Dieu* consacré à la métamorphose de l'homme en animal, réduite à une illusion diabolique (*La Cité de Dieu,* XVIII, 18).

5. Gervais de Tilbury, *Otia imperialia,* éd. F. Liebrecht, Hanovre, 1856, décembre 3, cap. XCIII. Gervais, un Anglais né vers 1150, était entré au service de l'empereur Othon IV qui l'avait nommé maréchal du royaume d'Arles et à qui il dédia son ouvrage. Il y collecte nombre de traditions folkloriques – les plus célèbres sont relatives à la légende arthurienne –, ainsi que des superstitions propres au royaume où il s'était fixé.

6. *Anecdotes historiques, légendes et apologues tirés du recueil inédit d'Etienne de Bourbon...,* éd. A. Lecoy de La Marche, Paris, 1877, n. 364, p. 319.

7. Cité par R. Delort, *Les animaux ont une histoire,* Paris, 1985, p. 339.

8. *Miracula sanctae Rosae virginis ex processu canonizationis, Acta sanctorum,* 4 septembre, p. 473.

9. J.-C. Schmitt, *Religione, folklore e società nell' Occidente médiévale,* Rome, 1988, p. 24.

10. J. Hansen, *Quellen und Untersuchungen zur Geschichte des Hexen-wahns und Hexenverfolgung im Mittelalter,* Bonn, 1901, p. 196-198.

11. *Lamiarum sive striarum opusculum (Opuscule sur les striges et les lamies),* dans J. Hansen, *op. cit.,* p. 204.

12. *Ibid.,* p. 131.

13. *Tractatus de haereticis,* dans J. Hansen, *op. cit.,* p. 216.

14. *Summula,* Milan, 1479, chap. IV, p. 24.

15. *Le Marteau des sorcières,* éd. A. Danet, p. 376. D'après cet éditeur, Henri Institor serait en fait le seul rédacteur de l'ouvrage.

16. *De strigimagarum daemonumque mirandis libri III,* Rome, 1575. Silvestro Mazzolini da Prierio, connu sous le nom de Silvestro Prierio ou Prierias, maître du Sacré Palais et professeur de théologie, fut chargé en 1518 par Léon X de diriger une commission d'enquête sur Luther, avec qui il eut une polémique. Son ouvrage sur les striges et les démons aurait été écrit en 1521.

17. Paolo Grillandi, *Tractatus de sortilegiis eorumque poenis,* dans *Mallei Maleficarum tractatus aliquot novi ac veteres,* t. II, pars 2, Lyon, 1620, p. 441. Ce traité a fait l'objet de multiples éditions, notamment à Lyon en 1536.

18. Bartolomeo Fumo, *Summa sive aurea armilla,* Anvers, 1570, s.v. « strygiae », p. 284. Fumo était dominicain, professeur de droit canon, de théologie, de philosophie, prédicateur, mais fut aussi inquisiteur à Plaisance et à Crema à partir de 1548.

19. Bartolomeo Spina, *Quaestio de strigibus,* Rome, 1576, p. 25-27 et p. 52-53.

20. Dans son enquête sur la sorcellerie dans le bocage normand à l'époque contemporaine, Jeanne Favret-Saada définit comme indispensable le personnage de l'« annonciateur » qui, face au malheur qui touche une famille, pose le diagnostic décisif de l'ensorcellement (*Les Mots, la mort, les sorts : la sorcellerie dans le Bocage,* Paris, 1977, p. 19). Elle note également qu'en temps ordinaire les sorciers sont évoqués à mots couverts et dans des phrases à double sens, « sans jamais prendre le risque d'y accoler un nom propre » (*ibid.,* p. 88). La similitude entre ses observations et le cas évoqué par Spina est frappante.

21. J. Bodin, *Démonomanie des sorciers,* Paris, 1581, p. 258. Jean Bodin, né à Angers en 1530, enseigna le droit à Angers puis Toulouse et mourut en 1596 de la peste. Célèbre pour son traité *De la république,* il écrivit sa *Démonomanie* en 1578 après le procès d'une sorcière. Elle connut au moins vingt éditions et traductions entre 1580 et 1620.

22. Nicolas Rémy, *Demonolatriae libri III,* Lyon, 1595, p. 153 et 232.

23. Martin del Rio, *Disquisitionum magicarum libri VI,* Lyon, 1608, p. 96. Cette somme, parue entre 1599 et 1601, fit l'objet d'un grand nombre d'éditions et de traductions. Cette croyance erronée, précise-t-il, est si répandue qu'elle a gagnée le Nouveau Monde – les habitants du Nicaragua étaient ainsi persuadés que les sorcières pouvaient se changer en chat, en porc ou en singe.

24. Henri Boguet, *Discours exécrable des sorciers,* Lyon, 1608, p. 3, 207-208, 225, 344 et 436.

25. *Tableau de l'inconstance des mauvais anges et des démons,* introd., crit. et notes par N.-J. Chaquin, Paris, 1982, p. 101-102, 123, 205-206, 146, 142.

26. É. Delcambre, *Le Concept de sorcellerie dans le duché de Lorraine aux XVIᵉ-XVIIᵉ siècles,* Nancy, 1948-1951, II, p. 220-221, 227-228.

27. R. Reuss, *La Sorcellerie aux XVIᵉ-XVIIᵉ siècles, particulièrement en Alsace,* Paris, 1871, p. 81.

28. J. Lorédan, *Un grand procès de sorcellerie au XVIIᵉ siècle. L'abbé Gaufridy et Madeleine de Demandolx (1600-1670) d'après des documents inédits,* Paris, 1912, p. 264-265. Le *masq* désigne en provençal la sorcière, le latin *masca* étant dans les textes médiévaux un équivalent de *stria*.

29. P.-F. Fournier, *Magie et sorcellerie. Essai historique accompagné de documents concernant la magie et la sorcellerie en Auvergne,* Moulin, 1979, p. 152-153.

30. C. Ginzburg, *Les Batailles nocturnes : sorcellerie et rituels agraires en Frioul, XVIᵉ-XVIIᵉ siècle,* Paris, 1980, p. 40, 104, 135.

31. E. Hoffman-Krayer, *Handwörterbuch des deutschen Aberglaubens,* s.v. « Katze ».

32. B. Hell, « Éléments du bestiaire populaire alsacien », *Revue des sciences sociales de la France de l'Est,* Strasbourg, 1983, p. 203-204.

33. R. Castelli, *Credenze e usi popolari siciliani,* Palerme, 1980, p. 16-17.

34. R. Boxus, *op. cit.,* p. 52 et 54 *sq.*

35. P. Sébillot, *Folklore de la France. La Faune,* Paris, 1984, p. 157 et 135 ; *Les Évangiles des quenouilles,* éd. P. Jannet, p. 143.

36. Cité par N. Cohn, *Démonolâtrie et sorcellerie au Moyen Âge,* Paris, 1982, p. 262.

37. A. J. Gourevitch, *Les Catégories de la culture médiévale,* Paris, 1983, p. 15 et 58.

38. M. Foucault, *Les Procès en sorcellerie dans l'ancienne France devant les juridictions séculières,* Paris, 1907, p. 153.

39. Martial, *Épigrammes,* éd. H.-J. Izaac, Paris, 1930-1933, XIII, 69, et *Baruch,* 6, 21.

40. L. Sainéan, *La Création métaphorique en français et en roman,* Halle, 1905, p. 41, 47, 96 *sq.* « Chat-huant » (ancien français « cahuan », « chahuan ») n'est pas, contrairement aux apparences, un composé élaboré à partir de *cattus* : il remonte au latin *cavannus* qui a donné « chaon », « caon », « coan » et, très vite, a subi d'importantes déformations par suite du rapprochement avec « chat », ce qui montre l'existence d'un lien imaginaire, entre le rapace nocturne et le félin.

41. Ulysse Aldrovandi, *De quadrupedibus,* Bologne, 1637, p. 572.

42. Lazare Sainéan voit dans la ressemblance de leurs cris la raison de l'expression « chette du bo » (chatte des bois) qui désigne en lorrain le hibou (*op. cit.,* p. 103). Le caractère marquant pour l'imagination humaine du cri de ces rapaces est suggéré par le fait qu'une grande partie des noms des strigiens ont une origine onomatopéique. On en trouvera une longue liste dans l'ouvrage de Sainéan (p. 97 *sq.*).

43. Oxford, Bodleian Library, ms Rawl B 214, fol. 199 (XVᵉ siècle).

44. Communication de François Poplin, anthropozoologue au Museum national d'histoire naturelle : qu'il en soit ici remercié.

45. L. Sainéan, *op. cit.,* p. 103.

46. *Nicole Oresme and the Medieval Geometry of Qualities and Motions : a Treatise on the Uniformity and Difformity of Intensites known as Tractatus de configurationibus qualitatum et motuum,* éd. M. Clagett-Madison, Milwaukee, Londres, 1968, p. 382.

47. C. Thomasset, *Commentaire du dialogue de Placides et Timeo,* Genève, 1982, p. 80 *sq.*

48. *Vita B. Columbae Reatinae auctore Sebastiano Perusino confessario Beatae, Acta sanctorum,* 5 mai, cap. XIV, p. 361.

Cinquième partie – Le chat à l'époque moderne

24 – Le chat miroir de l'homme

1. Rabelais, *Pantagruel,* éd. P. Jourda, Paris, 1962, chap. VII, p. 251.
2. Le *Cinquième Livre* est une œuvre composite dont l'attribution à Rabelais demeure controversée.
3. Dans *Gargantua* (éd. P. Jourda, Paris, 1962, chap. LIV, p. 195), on trouve le nom commun *grippeminaulx* au pluriel dans l'inscription portée sur la porte de Thélème, qui interdit l'entrée de l'abbaye à une longue série d'indésirables, hypocrites, juges, usuriers, lécheurs, etc.
4. *Cinquième livre, op. cit.*, chap. XI, p. 316.
5. On a identifié ce poète avec Jean Lemaire des Belges, qui avait attaqué la papauté dans un traité paru en 1511. Dans *Pantagruel,* Lemaire est en effet évoqué comme « faisant du grobis », c'est-à-dire faisant l'important (chap. XXX, p. 372). Raminagrobis est, en revanche, un nom péjoratif du chat chez La Fontaine, qui en affuble dans « Le chat, la belette et le petit lapin » un « chat vivant comme un dévot ermite, un chat faisant la chattemite, un saint homme de chat bien fourré, gros et gras ». Paradis de Moncrif propose une étymologie significative à ce nom dont il fait un composé de Raoul – on retrouve ce nom de chat déjà rencontré au Moyen Âge –, d'hermine et de grobis et auquel il attribue le sens de : « un chat qui fait le gros monsieur sous la robe d'hermine » (*Les Chats,* Paris, 1727, p. 90).
6. *Œuvres complètes de Tabarin,* éd. G. Aventin, Paris, 1858, t. II, fantaisie XXVII, p. 73.
7. Le résultat de cette commande fut « Le vieux chat et la jeune souris » où une souricette tente de convaincre un vieux chat de l'inutilité de la manger. Mais la morale tombe comme un couperet : « La jeunesse se flatte et croit tout obtenir. La vieillesse est impitoyable. » Le 12ᵉ livre (1694), dans lequel se trouve cette fable ainsi que « Le chat et les deux moineaux » et « La querelle des chiens et des chats, et celle des chats et des souris », est une œuvre de vieillesse de La Fontaine, adressée au jeune duc de Bourgogne.
8. La Rochefoucaud, *Maximes...,* texte établi par J. Truchet, Paris, 1992, maxime 11.
9. G. Basile, *Le Conte des contes ou le divertissement des petits enfants,* trad. F. Decroisette, Strasbourg, 1995, p. 154.
10. G. Haudent, *366 apologues d'Ésope... reproduits... d'après l'édition de 1547,* Rouen, 1877.
11. N. du Fail, *Propos rustiques,* dans *Conteurs fançais du XVIᵉ siècle,* éd. P. Jourda, Paris, 1995, p. 624.
12. *Ibid.*, p. 619.
13. Béroalde de Verville, *Le Moyen de parvenir,* éd. I. Zinguer, 1985, p. 109.
14. Honoré d'Urfé, *La Sylvanire ou la morte vive : fable bocagère,* Paris, 1627, p. 73-74.

15. Un chat se pend par la patte et attrape plusieurs rats en faisant le mort ; il essaie ensuite de se couvrir de farine, mais un vieux rat lui dit : « Quand tu serais même le sac de farine, je ne m'approcherai pas. ». *Cf.* C Perrault, *Contes,* textes établis et présentés par M. Soriano, Paris, 1989, p. 102.

16. *Cf.* P. Sébillot, *Folklore de la France. La Faune,* Paris, 1984, p. 135 et *sq.*

17. G. Basile, *op. cit.*, p. 137.

18. Il y figure sous le titre *Le Maître chat ou le Chat botté.* Perrault se serait inspiré d'un cahier de contes de son fils, Pierre d'Armancour, dont il fit un exemplaire d'apparat offert à Mademoiselle, Élisabeth-Charlotte d'Orléans, qui devait épouser le duc de Lorraine. Ce cadeau devait attirer à Pierre – qui en signa l'adresse en 1694 ou 1695 – les faveurs de la princesse, et Charles espérait ainsi qu'elle ferait de son fils son secrétaire. *Cf.* C. Perrault, *op. cit.*, p. 22 et *sq.* Notons que le frontispice dessiné par Perrault, de même que celui qui fut gravé dans l'édition de 1697 par F. Clousier, montre la mère l'Oye en train de conter au coin du feu où se blottit un chat.

19. G. Basile, *op. cit.*, p. 166.

20. Nicolas de Troyes, *Le Grand Parangon des nouvelles nouvelles,* Paris, 1970 (Société des textes français modernes), p. 206 et *sq.* Ce recueil resté manuscrit a été redécouvert au XIXe siècle

21. G. Basile, *op. cit.*, p. 295.

22. C. Joisten, « Un cas de migration de contes populaires », *Arts et traditions populaires,* n° 3-4, 1969, p. 1 *sq.*

25 – Les chats de peu

1. L.-S. Mercier, *Tableau de Paris,* I-IV, Amsterdam, 1782, chap. CCCXXXVII, « Consommation », p. 206-207.

2. *Œuvres complètes de Tabarin,* éd. G. Aventin, Paris, 1858, t. II, fantaisie XXV, p. 71.

3. Les ouvrages utilisés comme source sont récents – on compte parmi eux le *Dictionnaire universel de médecine* de Robert James paru en 1746 (dont Diderot avait été un des traducteurs) et la *Pharmacologia* de Samuel Dale parue à Londres en 1693 (5e éd., 1751) –, mais les recettes viennent directement de la pharmacopée médiévale.

4. Massin, *Les Cris de la ville : commerce ambulant et petits métiers de la rue,* Paris, 1985, p. 102.

5. I. C. Calvete de Estrella, *El felicissimo viaie del muy alto y muy poderoso principe Don Phelippe...,* Anvers, 1552, p. 77.

6. L.-S. Mercier, *op. cit.*, V-VII, chap. CCCCXXII, « Rats », p. 227-229.

7. Buffon, *Œuvres complètes,* III. *Les Quadrupèdes,* Paris, vers 1855, p. 497 *sq.*

8. L'article « Chat » est dû au chevalier Louis de Jaucourt (1704-1790), spécialiste de Leibniz et également auteur d'un ouvrage sur la physique naturelle. Rappelons que Matthiole est un des plus célèbres médecins de la Renaissance.

9. *Cf.* Salvatore Battaglia, *Grande dizionario della lingua italiana,* t. VI, s.v. « gatto ».

10. A. Bruyelle, « Notice sur les feux de joie allumés à Cambrai depuis

1511 jusqu'à nos jours », Cambrai, 1865, p. 265-266 (*Mémoires de la Société d'émulation de Cambrai.* tome XXVIII, 2ᵉ partie). Cité par A. Van Gennep, *Le Folklore de la France et du Hainaut,* Paris, 1935, I, p. 188-189.

11. Dans les violentes polémiques qui opposèrent catholiques et protestants, le chat désignait les papistes. Le franciscain Thomas Murner, accusé par Luther d'être un chat (Murr) fou (Narr), retourna l'insulte en sa faveur et se représenta sous la forme d'un chat pourfendant l'hérésie.

12. K. Thomas, *Dans le jardin de la nature : la mutation des sensibilités en Angleterre à l'époque moderne,* Paris, 1985, p. 143-144.

13. I. Cloulas (dir.), *L'Italie de la Renaissance : un monde en mutation (1378-1494),* Paris, 1990, p. 330.

14. Ce texte est donné en appendice par R. Darnton, *Le Grand Massacre des chats,* Paris, 1984, p. 118-121. Le corps de La Grise avait été dissimulé car, note Contat avec humour, c'était un meurtre qu'il fallait cacher.

15. *Ibid.*, p. 99 et *sq.*

16. Robert Darnton signale qu'en Bourgogne les jeunes « faisaient le chat » lors des charivaris, ce qui consistait à passer un chat de main en main et à l'écorcher pour le faire hurler. Les Allemands appelaient les charivaris *Katzenmusik,* « musique de chats », peut-être à cause des hurlements des bêtes torturées (*ibid.*, p. 100).

17. A. Van Gennep, *Le Folklore de la France et du Hainaut, op. cit.*, p. 189 et *sq.* Avant 1231, les chats étaient jetés du haut de la tour du château ou de la tour Saint-Martin, ils le furent ensuite du haut du beffroi de la halle quand celle-ci eut été terminée. La coutume prit place le deuxième mercredi de carême à partir de 1475.

18. R. Darnton, *op. cit.*, p. 105-106.

19. A. Van Gennep, *Manuel du folklore français contemporain,* Paris, 1937-1958, tome I (4), p. 1857 et *sq.*

20. *Cf.* pour ces références et celles qui suivent M.-C. Mangin, « Le sacrifice des chats messins », *Cahiers Élie Fleur,* nº 11, 1995, p. 73 et *sq.* A. Franklin signale pour sa part en 1594 un libelle de l'autre bord qui suggère de mettre le roi des Ligueurs dans le « muid » où l'on mettait les chats la veille de la Saint-Jean (*La Vie privée d'autrefois : arts et métiers, modes, mœurs, usages des Parisiens du XIIᵉ au XVIIIᵉ siècle,* Paris, 1899, tome XXIV, p. 203-204).

21. Cité par A. Franklin, *op. cit.*, tome XXIV, p. 216.

22. A. Van Gennep, *Manuel du folklore français contemporain, op. cit.*, p. 1855 et *sq.*

23. On trouvera cette *Dissertation* dans le même numéro des *Cahiers Élie Fleur, op. cit.*, p. 49 et *sq.*

24. A. Van Gennep, *Le Folklore de la France et du Hainaut, op. cit.*, p. 189. *Cf.* aussi *Manuel du folklore français contemporain, op. cit.*, p. 1860.

25. M.M. Howard, « Dried cats », *Man,* 1951, nº 51, p. 149-151. Un recensement systématique permettrait sans doute d'arriver en France à un résultat de même grandeur. Signalons par exemple la momie de l'aître Saint-Maclou à Rouen et une autre retrouvée dans une cheminée (Museum d'histoire naturelle de Nantes).

26. P. Sébillot, *Les Travaux publics et les mines dans les traditions et les superstitions de tous les pays,* Paris, 1894, p. 145-151. Une légende similaire concerne les ponts de Saint-Cloud, plusieurs ponts bretons dont un construit par saint Cado avec l'aide du diable, celui de Beaugency (James Joyce en a donné une version à l'intention des enfants, *Le chat et le diable,* Paris, 1990),

celui de Pont-de-l'Arche… À la fin du XIXᵉ siècle encore, deux chats auraient été précipités du haut du pont de Garabit.

27. Massin, *op. cit.*, p. 111.

28. *Ibid.*, p. 104.

26 – Vers une nouvelle sensibilité ?

1. A. Franklin, *La Vie privée d'autrefois… XX,* 1897, p. 324-325.

2. G. Bouchet, *Sérées,* Lyon, 1618, 14ᵉ sérée, p. 47-48.

3. Montaigne, *Essais,* éd. M. Rat, Paris, 1962, II, 12, p. 430 et 546.

4. Cité par A. Franklin, *op. cit.*, t. XXIV, 1899, p. 97-98.

5. *Ibid.*, p. 96-97.

6. *Lettres de M. de Voiture,* Paris, 1654, lettre 154, p. 471-472. Le proverbe « laisser aller le chat au fromage », qui s'applique à une dame qui garde mal sa vertu, a ici toute sa saveur.

7. Bayle, qui ne donne pas d'entrée à chat dans son *Dictionnaire,* évoque cette anecdote dans l'article qu'il consacre à un gentilhomme livonien, Reinhold Rosen. Ce dernier légua à son cheval, dont il prétendait qu'il lui avait sauvé la vie à la bataille de Rocroy, une pension, un pré et la liberté. Bayle, citant d'autres exemples de reconnaissance à l'égard des chevaux, évoque en sens contraire la condamnation infligée à un gentilhomme napolitain pour avoir abandonné son vieux cheval. Semblable jugement eût été inadmissible pour un chat : c'est ici qu'il rapporte le testament de Mlle Dupuy qui fut attaqué pour l'extravagance de ses dispositions, la pension et les visites imposées au chat ayant, selon Bayle, provoqué un tollé. D'après un *factum,* Jeanne Félix Dupuy aurait eu deux chats, mais Bayle comme Paradis de Moncrif ne retient qu'un seul de ses protégés, peut-être parce qu'un chat unique et adoré donnait plus de relief à l'histoire.

8. Paradis de Moncrif, *Les Chats,* Paris, 1727, p. 138-139.

9. Ce tombeau, érigé dans l'hôtel de Lesdiguières, était de marbre noir, surmonté d'une chatte de même couleur posée sur un coussin de marbre blanc. Coypel en fit une gravure qui illustre l'ouvrage de Moncrif.

10. A. Franklin, *op. cit.*, t. XXIV, p. 168-169, 173.

11. *Ibid.*, p. 177-178.

12. K. Thomas, *Dans le jardin de la nature : la mutation des sensibilités à l'époque moderne,* Paris, 1985, p. 143-144.

13. D. Balestrieri, *Lagrime in morte di un gatto,* Milan, 1741. Une gravure de F. Porta représente le poète penché sur le corps de ce chat célébré. Balestrieri fut par ailleurs un grand admirateur du Tasse, que l'on sait amateur de chats : il donna une version en vers milanais de la *Jérusalem délivrée.*

14. Cité par A. Landrin, *Le Chat,* Paris, 1894, p. 44.

15. *Cf.* J.-L. Graulich, « Un chat au Tribunal des XXII : note sur une peinture allégorique de Joseph Dreppe », *Revue des historiens de l'art… de l'Université de Liège, Mélanges Pierre Colman,* 15, 1996, p. 166-168.

16. G. de Tervarent, *Attributs et symboles dans l'art profane,* Genève, 1958, I, p. 90.

17. Gravelot et C.-N. Cochin, *L'Iconologie par figures ou Traité complet des allégories, emblèmes, etc.,* Paris, s.d., III, p. 31.

18. *L'Ami des enfants,* Paris, 1822, vol. 1, p. 132-133.

19. K. Thomas, *op. cit.*, p. 144.

20. Citons une lithographie de Cosnier pour l'eau de Cologne Dufour, vers 1820.

27 – Le succès des races exotiques

1. En France, le chat de Du Bellay appartenait à cette race nouvelle : Belaud, ce « sourian », venait du reste d'Italie. En Angleterre, Keith Thomas signale à la fin des années 1630 les premiers chats tigrés importés qui valaient cinq livres chacun mais qui devinrent rapidement assez communs pour remplacer l'ancien chat anglais bleu et blanc (K. Thomas, *Dans le jardin de la nature : la mutation des sensibilités à l'époque moderne,* Paris, 1985, p. 143).

2. Deux éditions françaises parurent à Paris, en quatre volumes, entre 1661 et 1664-1665.

3. *I Viaggi di Pietro della Valle,* Venise, 1661, III, p. 196-197.

4. *Lettres inédites de M. de Peiresc,* éd. par A. J. A. Fauris de Saint-Vincens, Paris, 1815. Cité par J. Simonnet, *Le Chat des chartreux,* Paris, 1980, p. 69.

5. *Lettres de Peiresc,* éd. P. Tamizey de Larroque, Paris, 1888-1898, vol. 7, p. 305 et 307.

6. *Ibid.*, p. 308-309.

7. *Ibid.*, p. 195-196.

8. Lettre du 22 novembre 1632 citée par Jean Simonnet, *Le Chat des chartreux, op. cit.*, p. 70-71. Peiresc avait chargé le même prieur, en octobre 1632, soit un mois avant cette lettre, d'apporter à M. d'Auberry un petit chat damasquin et sa femelle grise qui était pleine ainsi que deux chats rayés de noir et blanc, et d'employer par ailleurs au mieux de ses intérêts deux chats plus petits à poils ras en les offrant à M. du Puy ou à M. de Roissy.

9. Paradis de Moncrif, *Les Chats,* Paris, 1727, p. 133-134. Il faut noter que Moncrif commet l'erreur de dater de 1521 la lettre relative aux chats de Khorassan expédiée par Pietro della Valle.

10. *Cf.* sur ces points, J.-P. Digard, « Chah des chats, chat de chah ? Sur les traces du chat persan », dans *Géographie historique et culturelle de l'Europe : hommage au professeur X. de Planhol,* Paris, 1995. Au XIXe siècle, en revanche, Jean-Pierre Digard signale plusieurs témoignages confirmant l'existence d'un intense trafic de chats à poils longs, notamment entre la Perse et les Indes, où les Anglais devaient les apprécier.

11. *Cf. Encyclopédie de l'Islam,* s. v. « sinnwr » (communiqué par J.-P. Digard) et *Encyclopaedia iranica,* Costa Mesa, 1990, vol. 5, fascicule 1, s.v. « cat ». Amr ibn Bahr al-Kinani ou Jâhiz (776-868) est un polygraphe dont l'ouvrage sur les animaux est célèbre. Plusieurs catégories de gens mangeaient selon lui des chats : les propriétaires de colombiers qui éliminaient ainsi les chats prédateurs mais aussi des dépravés qui attribuait à la chair de chat noir la propriété de prémunir contre les sorts et les enchantements. La loi musulmane interdit la consommation de la chair du chat comme celle de tout carnivore muni de crocs.

12. *Ad-Damîri's Hayât al Hayawân (a zoological lexixon),* trad. A.S.G. Jayakar, Londres, Bombay, 1908, vol. 2, p. 83 et *sq.*

13. La plus connue veut que Mahomet ait préféré couper la manche de son vêtement, sur laquelle dormait sa chatte, plutôt que de la réveiller. Il aurait aussi déclaré qu'une femme qui laissait mourir son chat de faim irait en enfer. Selon la femme du Prophète, il était permis de faire des ablutions avec de l'eau qu'avait bue un chat (*Encyclopaedia iranica, op. cit.*, s.v. « cat »).

14. Paradis de Moncrif, *op. cit.*, p. 65-66.

15. Cornelis de Bruin (ou de Bruyn), *Voyage au Levant…,* Delft, 1700, p. 113. L'édition originale, en flamand, de ce récit de voyage était parue en 1698.

16. Joseph Pitton de Tournefort, *Relation d'un voyage du Levant…,* Lyon, 1717, lettre XIV, p. 355.

17. Jacques Savary des Bruslons, *Dictionnaire universel de commerce, contenant tout ce qui concerne le commerce qui se fait dans les quatre parties du monde…,* Paris, 1723-1730.

18. D. Diderot, *Les Bijoux indiscrets,* Paris, 1968, chapitre XXIII, p. 123.

19. Buffon, *op. cit.*, p. 502.

20. J. Simonnet, *Le Chat des chartreux, op. cit.*, p. 17.

28 – Le chat en littérature : une consécration ultime ?

1. *Regrets facétieux et plaisantes harangues funèbres du sieur Thomassin sur la mort de divers animaux… avec plusieurs chansons joviales et comiques,* Rouen, 1632. Les *Regrets facétieux* sont en fait la traduction d'un ouvrage écrit en toscan par Ortensio Lando (1512-1553).

2. Paradis de Moncrif, *Les Chats,* Paris, 1727, p. 74.

3. Alexandre Martin a écrit sous divers pseudonymes de très nombreux ouvrages pratiques dans le domaine de la gastronomie (Manuels de l'amateur de café, de melons, de truffes…), du savoir-vivre, du tourisme ainsi que des drames et des vaudevilles.

4. Champfleury, *Les Chats,* Paris, 1992, p. VII.

5. *Ibid.*, p. 128 et *sq.*

6. E.T.A. Hoffmann, *Le Chat Murr,* Paris, 1980, p. 17-18.

7. Champfleury, *op. cit.*, p. 121.

8. *Ibid.*, p. 117.

9. J.-P. Digard, *L'Homme et les animaux domestiques : anthropologie d'une passion,* Paris, 1990, p. 234.

BIBLIOGRAPHIE

PRINCIPALES SOURCES CITÉES

Acta sanctorum, Bruxelles, Anvers, 68 vol., 1643-1940.

ALBERT LE GRAND, *De animalibus libri XXVI*, éd. Hermann Stadler, Munster, 1916-1921 (*Beiträge zur Geschichte der Philosophie des Mittelalters*, XV-XVI).

ALDROVANDI, Ulysse, *De quadrupedibus digitatis viviparis libri tres et de quadrupedibus digitatis oviparis libri duo Barthomaeus Ambrosinus collegit*, Bologne, 1637.

Anonimo dei Proverbia super natura feminarum, dans *Poeti del Duecento*, éd. G. Contini Ricciardi, Milan, Naples, 1960.

BARBAZAN, Étienne, MÉON, Dominique-Martin, *Fabliaux et contes des poètes français des XIIe, XIIIe, XIVe et XVe siècles*, 2 vol., Genève, 1976 (Slatkine repr.).

BARTHÉLEMY L'ANGLAIS, *De genuinis rerum coelestium, terrestrium et infernarum proprietatibus libri XVIII*, éd. Giorgius Bartholdus Pontanus, Francfort, 1609.

BASTIN, Julia, *Recueil général des Isopets*, Paris, 2 vol., 1929-1930 (*Société des anciens textes français*, 73, I-II).

BÉROALDE DE VERVILLE, *Le Moyen de parvenir*, éd. Ilana Zinguer, Nice, Centre de la Méditerranée moderne et contemporaine, 1985.

BOCCACE, *Décaméron*, éd. C. Bec, Paris, Livre de poche, 1994, (*Bibliothèque classique*).

CÉSAIRE DE HEISTERBACH, *Dialogus miraculorum*, éd. J. Strange, 2 vol., Cologne, Bonn, Bruxelles, 1851.

—, *Die Fragmente der Libri VIII Miraculorum des Caesarius von Heisterbach*, éd. A. Meister, *Römische Quartalschrift für christliche Altertumskunde und für Kirchengeschichte*, 13, Suppl. Heft, Rome, 1901.

CHAUCER, Geoffroy, *Les Contes de Cantorbéry. 1re partie*, trad. fr. par Juliette de Caluwé-Dor, Gand, Éditions scientifiques, 1977.

—, *Les Contes de Cantorbéry, 2e partie*, trad. fr. par Juliette de Caluwé-Dor, Louvain, Peeters, 1986.

Ci-nous dit, éd. Gérard Blangez, 2 vol., Paris, A. et J. Picard, 1979-1986 (S.A.T.F.).

EGBERT DE LIÈGE, *Fecunda ratis*, éd. Ernst Voigt, Halle, 1889.

ÉTIENNE DE BOURBON, *Anecdotes historiques, légendes et apologues tirés du recueil inédit d'Etienne de Bourbon, dominicain du XIIIe siècle*, éd. A. Lecoy de La Marche, Paris, 1877.

EUSTACHE DESCHAMPS, *Œuvres complètes*, éd. A.-H.-E. De Queux de saint-Hilaire, 11 vol., Paris, F. Didot, 1878-1903.

Les Évangiles des quenouilles, Paris, P. Jannet, 1855 (*Bibliothèque elzévirienne*, 24).

La Fontaine de toutes sciences du philosophe Sydrach, Paris, Antoine Vérard [entre 1495 et 1497].

GESNER, Conrad, *Historia animalium. De quadrupedibus*, Zurich, 1551.

GODESCALC D'ORBAIS, *Œuvres théologiques et grammaticales*, éd. Lambot, D.C., Louvain, 1945 (*Spicilegium sacrum lovaniense, études et doc.*, 20).

HASSELL, James W., *Middle French Proverbs, Sentences and proverbial Phrases*, Toronto, 1982 (*Subsidia medievalia*, 12).

HERVIEUX, Léopold, *Les Fabulistes latins depuis le siècle d'Auguste jusqu'à la fin du Moyen Âge*, 5 vol., Paris, 1893-1899.

ISIDORE DE SÉVILLE, *Etymologiae sive originum libri XX*, *Patrologie latine*, LXXXII.

JACQUES DE VITRY, *The « Exempla » or Illustrative Story from the « sermones vulgares » of Jacques de Vitry*, éd. Th. F. Crane, 1890 (*Publication of the Folklore Society*, XXVI).

JUBINAL, Achille, *Nouveau Recueil de contes, dits et fabliaux*, t. II, Paris, 1842.

Les Lamentations de Matheolus, éd. A.-G. Van Hamel, Paris, 2 vol., 1892-1895 (*Bibliothèque de l'école des hautes études*, 95-96).

LE ROUX DE LINCY, M., *Le Livre des proverbes français*, 2 vol., Paris, A. Delahays, 1859.

MONTAIGLON, Anatole de, *Recueil général et complet des fabliaux*, 6 vol., Paris, 1872-1883.

MORAWSKI, Joseph, *Proverbes français antérieurs au XVᵉ siècle*, Paris, Champion, 1925.

NICOLE BOZON, *Les Contes moralisés de Nicole Bozon frère mineur*, éd. L. Toulmin-Smith et P. Meyer, Paris, 1889 (*Société des anciens textes français*).

Nouveau Recueil complet des fabliaux, éd. Willem Noomen et Nico Van der Boogaard, 3 t., Assen, 1983-1986.

PLINE L'ANCIEN, *Histoire naturelle*, texte établi, trad. et commenté par Alfred Ernout, Paris, Belles Lettres, 1950-1958.

Li Proverbe au vilain, éd. Adolf Tobler, Leipzig, 1895.

Proverbes en rimes : Text and Illustration of the Fifteenth century, éd. Grace Frank et Dorothy Miner, Baltimore, The John Hopkins press, 1937.

Le Roman de la rose, éd. Daniel Poirion, Paris, 1974.

SACCHETTI, Franco, *Le Novelle*, éd. Ottavio Gigli, 2 vol., Florence, 1860-1861.

Salomon et Marcolphe, éd. W. Benary, Heidelberg, 1914 (*Sammlung mittellateinischer Texte*, 8).

THOMAS DE CANTIMPRÉ, *Liber de natura rerum*, éd. princeps, éd. Helmut Boese, New York, Berlin, Walter de Gruyter, 1973.

VINCENT DE BEAUVAIS, *Speculum historiale*, Akademische Druck u. Verlagsanstadt, Gräz, 1964 (fac.sim. de l'éd. de 1624).

WALTHER, Hans, *Proverbia sententiaeque latinitatis medii aevi : lateinische Sprichwörter und Sentenzen des Mittelalters in alphabetischer Ordnungen*, Göttingen, 1963.

WERNER, Jakob, *Lateinische Sprichwörter und Sinnsprüche des Mittelalters*, Heidelberg, 1912 (*Sammlung mittellateinischer texte*, 3).

OUVRAGES GÉNÉRAUX

AUDOIN-ROUZEAU, Frédérique, *Homme et animaux en Europe : corpus de données archéologiques et historiques*, Paris, CNRS, 1993 (*Dossier de documentation archéologique*, 16).

BERCHTOLD, Jacques, *Des Rats et des Ratières : anamorphoses d'un champ métaphorique de saint Augustin à Jean Racine*, Genève, Droz, 1992.

BICHON, Jean, *L'Animal dans la littérature française au XIIᵉ et XIIIᵉ siècles*, 2 t., Lille, service de reproduction des thèses, 1976.

CHAMPFLEURY, *Les Chats*, Paris, Les Silènes, 1992 (reprise de la 5ᵉ édition, Paris, Rotschild, 1870).

DELAPORTE, Jacqueline, *Le Chat au Moyen Âge. Étude de vocabulaire, de littérature et de civilisation*, thèse dact. de 3ᵉ cycle, litt. fr., Paris-III, 1975.

DELCAMBRE, Étienne, *Le Concept de sorcellerie dans le duché de Lorraine aux XVIᵉ-XVIIᵉ siècles*, 3 vol., Nancy, 1948-1951.

DELORT, Robert, « Les animaux en Occident du Xᵉ au XVIᵉ siècle », dans *Le Monde animal et ses représentations au Moyen Âge*, Toulouse, 1985.

—, *Les animaux ont une histoire*, Paris, Seuil, 1984.

—, « L'Étrange destin des chats », *L'Histoire*, 57, 1983, p. 44-56.

DIGARD, Jean-Pierre, *L'Homme et les animaux domestiques : anthropologie d'une passion*, Paris, Fayard, 1990.

DONATUS, Mary, *Beasts and Birds in the Lives of the Early Irish Saints*, Philadelphie, 1934.

DUFOURNET, Jean, *Le Roman de Renart. Branche XI : les vêpres de Tibert le chat*, Paris, Champion, 1989 (*Traductions des classiques français du Moyen Âge*, XL).

ESPÉRANDIEU, Émile, *Recueil général des bas-reliefs de la Gaule romaine*, 10 vol. et 4 suppl., Paris, 1907-1928.

FOUCART-WALTER, Elizabeth, ROSENBERG, Pierre, *Le Chat et la palette : le chat dans la peinture occidentale du XVᵉ au XXᵉ siècle*, Paris, 1987.

FOUCAULT, Maurice, *Les Procès en sorcellerie dans l'ancienne France devant les juridictions séculières*, Paris, 1907.

FOURNIER, Pierre-François, *Magie et sorcellerie. Essai historique accompagné de documents concernant la magie et la sorcellerie en Auvergne*, Moulins, 1979.

FUMAGALLI, Giuseppe, « Popolarità dei gatti », *L'Illustrazione italiana*, 17, 1890, p. 25-28.

GAY, Victor, *Glossaire archéologique du Moyen Âge et de la Renaissance*, Paris, 1887.

GINZBURG, Carlo, *Les Batailles nocturnes : sorcellerie et rituels agraires en Frioul. XVIᵉ-XVIIᵉ siècle*, Paris, Verdier, 1980.

—, « Présomptions sur le sabbat », *Annales E.S.C.*, 39, n° 2, 1984, p. 341-354.

GOUREVITCH, Aaron J., *Les Catégories de la culture médiévale*, Paris, Gallimard, 1983 (*Bibliothèque des histoires*).

HANSEN, J., *Quellen und Untersuchungen zur Geschichte des Hexenwahns und der hexenverfolgung im Mittelalter*, Bonn, 1901.

HANSEN, Wilhelm, *Kalenderminiaturen der Stundenbücher : mittelalterliches Leben im Jahreslauf*, Munich, Callwey, 1984.

HEHN, Victor, *Kulturpflanzen und Hausthiere*, Berlin, 1887 (5ᵉ éd.).

KELLER, Otto, *Die antike Tierwelt*, Berlin, 1909 (rééd. Georg Olms, 1963).

KRAUS, Dorothy et Henry, *Le Monde caché des miséricordes; suivi du répertoire de 400 stalles d'église en France*, Paris, Éditions de l'amateur, 1986.

LECLANT, Jean, CLERC, Gisèle, *Inventaire bibliographique des isiaca*, Leyde, E. J. Brill, 1972-1991.

MARX, Jean, *L'Inquisition en Dauphiné : étude sur le développement et la répression de l'hérésie du XVᵉ siècle au début du règne de François Iᵉʳ*, Paris, 1914 (*Bibliothèque de l'école des hautes études, sciences historiques et philologiques*, 206).

Le Monde animal et ses représentations au Moyen Âge (XIᵉ-XVᵉ siècle), Toulouse, 1985 (Actes du XVᵉ congrès de la société des historiens médiévistes de l'enseignement supérieur public, Toulouse, 25-26 mai 1984).

PARADIS DE MONCRIF, *Les Chats*, s.l., 1727.

RANDALL, Lilian, *Images in the Margins of Gothic Manuscripts*, University of California press, Berkeley, Los Angeles, 1966.

REUSS, Rodolphe, *La Sorcellerie aux XVIᵉ-XVIIᵉ siècles particulièrement en Alsace*, Paris, 1871.

SAINÉAN, Lazare, *La Création métaphorique en français et en roman : images tirées du monde des animaux domestiques : le chat*, Halle, 1905 (*Beihefte zur Zeitschrift für romanische Philologie*).

SCHMITT, Jean-Claude, « La Parola addomesticata. San Domenico, il gatto e le donne di Fanjeaux », *Quaderni storici*, t. 41, 1979, p. 416-439.

—, *Religione, folklore e società nell' Occidente medievale*, Rome, 1988.

SÉBILLOT, Paul, *Folklore de la France : La Faune*, Paris, Imago, 1984.

THOMAS, Keith, *Dans le jardin de la nature : la mutation des sensibilités en Angleterre à l'époque moderne*, Paris, Gallimard, 1985.

TUBACH, F. C., *Index Exemplorum : a Hanbook of Medieval Religious Tales*, Helsinki, 1969.

L'Uomo di fronte al mondo animale, Settimane di studio del centro italiano di studi sull'alto medioevo, XXXI (7-13 avril 1983), 2 vol., Spolète, 1985.

Table des matières

RÉALISATION : IGS-CP À L'ISLE-D'ESPAGNAC
IMPRESSION : NORMANDIE ROTO S.A.S. À LONRAI
DÉPÔT LÉGAL : MARS 2006. N° 85705-3 (06-2368)
IMPRIMÉ EN FRANCE

Collection Points

SÉRIE HISTOIRE